ŒUVRES COMPLÈTES
DE VOLTAIRE

TOME HUITIÈME

PARIS
LIBRAIRIE HACHETTE ET Cie
79, BOULEVARD SAINT-GERMAIN, 79

ŒUVRES
DES PRINCIPAUX ÉCRIVAINS FRANÇAIS

VOLUMES IN-18 JÉSUS.

On peut se procurer chaque volume de cette série relié en percaline gaufrée, sans être rogné, moyennant 50 cent.; en demi-reliure, dos en chagrin, tranches jaspées, moyennant 1 fr. 50 cent., et avec tranches dorées, moyennant 2 fr. en sus du prix marqué.

1re Série à 1 franc 25 c. le volume.

Barthélemy : *Voyage du jeune Anacharsis en Grèce dans le milieu du IVe siècle avant l'ère chrétienne.* 3 volumes.

Atlas pour le Voyage du jeune Anacharsis, dressé par J. D. Barbié du Bocage, revu par A. D. Barbié du Bocage. In-8, 1 fr. 50 c.

Boileau : *Œuvres complètes.* 2 vol.
Bossuet : *Œuvres choisies.* 5 vol.
Corneille : *Œuvres complètes.* 7 vol.
Fénelon : *Œuvres choisies.* 4 vol.
La Fontaine : *Œuvres complètes.* 3 volumes.
Marivaux : *Œuvres choisies.* 2 vol.
Molière : *Œuvres complètes.* 3 vol.
Montaigne : *Essais,* précédés d'une lettre à M. Villemain sur l'éloge de Montaigne, par P. Christian. 2 vol.

Montesquieu : *Œuvres complètes.* 3 volumes.
Pascal : *Œuvres complètes.* 3 vol.
Racine : *Œuvres complètes.* 3 vol.
Rousseau (J.-J.) : *Œuvres complètes.* 13 volumes.
Saint-Simon (le duc de) : *Mémoires complets et authentiques sur le siècle de Louis XIV et la Régence,* collationnés sur le manuscrit original par M. Chéruel, et précédés d'une notice de M. Sainte-Beuve, de l'Académie française. 13 vol.
Sédaine : *Œuvres choisies.* 1 vol.
Voltaire : *Œuvres complètes.* 46 vol.

2e Série à 3 francs 50 cent. le volume.

Chateaubriand : *Le génie du Christianisme.* 1 vol.
— *Les Martyrs;* — *le Dernier des Abencerrages.* 1 vol.
— *Atala;* — *René;* — *les Natchez.* 1 vol.

Fléchier : *Mémoires sur les Grands-Jours d'Auvergne en 1665,* annotés par M. Chéruel et précédés d'une notice par M. Sainte-Beuve. 1 vol.

Malherbe : *Œuvres poétiques,* réimprimées pour le texte sur la nouvelle édition des Œuvres complètes de Malherbe, publiées par M. Lud. Lalanne dans la Collection des GRANDS ÉCRIVAINS DE LA FRANCE. 1 v.

Sévigné (Mme de) : *Lettres de Mme de Sévigné, de sa famille et de ses amis,* réimprimées pour le texte sur la nouvelle édition publiée par M. Monmerqué dans la Collection des GRANDS ÉCRIVAINS DE LA FRANCE. 8 vol.

COULOMMIERS. — Typogr. ALBERT PONSOT et P. BRODARD.

ŒUVRES COMPLÈTES

DE VOLTAIRE

COULOMMIERS. — TYPOGRAPHIE ALBERT PONSOT ET P. BRODARD.

ŒUVRES COMPLÈTES

DE VOLTAIRE

TOME HUITIÈME

PARIS
LIBRAIRIE HACHETTE ET Cie
79, BOULEVARD SAINT-GERMAIN, 79

1877

ŒUVRES COMPLÈTES

DE VOLTAIRE

TOME NEUVIÈME

PARIS
LIBRAIRIE HACHETTE ET C⁹

ESSAI
SUR LA POÉSIE ÉPIQUE [1].

AVERTISSEMENT DE L'AUTEUR.

On regardera peut-être comme une espèce de présomption que, n'ayant encore passé que dix-huit mois en Angleterre, j'ose écrire dans une langue que je prononce fort mal, et que j'entends à peine dans la conversation. Il me semble que je fais à présent ce que j'ai fait autrefois au collége lorsque j'écrivais en latin et en grec; car il est certain que nous prononçons l'un et l'autre d'une manière pitoyable, et que nous serions hors d'état d'entendre ces deux langues si ceux qui les parlent suivaient la vraie prononciation des Romains et des Grecs. Au reste, je regarde la langue anglaise comme une langue savante, qui mérite que les Français l'étudient avec la même application que les Anglais apprennent la langue française.

Pour moi, j'ai étudié celle des Anglais par une espèce de devoir. Je me suis engagé de donner une relation de mon séjour en Angleterre, et je n'ai point envie d'imiter Sorbières, qui, n'ayant passé que trois mois en ce pays, sans y rien connaître ni des mœurs ni du langage, s'est avisé d'en publier une relation, qui n'est autre chose qu'une satire plate et misérable contre une nation qu'il ne connaissait point.

La plupart de nos voyageurs européans parlent mal de leurs voisins, tandis qu'ils prodiguent la louange aux Persans et aux Chinois. C'est que nous aimons naturellement à rabaisser ceux qu'on peut mettre aisément en parallèle avec nous, et à élever au contraire ceux que l'éloignement met à couvert de notre jalousie.

Cependant une relation de voyage est faite pour instruire les hommes, et non pour favoriser leur malignité. Il me semble que, dans cette sorte d'ouvrage, on devrait principalement s'étudier à faire mention de toutes les choses utiles et de tous les grands hommes du pays dont on parle, afin de les faire connaître utilement à ses compatriotes. Un voyageur qui écrit dans cette vue est un noble négociant qui transporte dans sa patrie les talents et les vertus des autres nations.

Que d'autres décrivent exactement l'église de Saint-Paul, Westminster, etc.; je considère l'Angleterre par d'autres endroits : je la regarde comme le pays qui a produit un Newton, un Locke, un Tillotson, un Milton, un Boyle, et plusieurs autres hommes rares, morts ou vivants encore, dont la gloire dans la

---

1. Cet essai, écrit en anglais par Voltaire a été traduit en français par l'abbé Desfontaines. (ÉD.)

profession des armes, dans la politique, ou dans les lettres, mérite de s'étendre au delà des bornes de cette île.

Pour ce qui est de cet *Essai sur la poésie épique*, c'est un discours que je publie comme une espèce d'introduction à mon *Henriade*, qui paraîtra incessamment.

CHAP. I. — *Des différents goûts des peuples.*

On a accablé presque tous les arts d'un nombre prodigieux de règles, dont la plupart sont inutiles ou fausses. Nous trouvons partout des leçons, mais bien peu d'exemples. Rien n'est plus aisé que de parler d'un ton de maître des choses qu'on ne peut exécuter : il y a cent poétiques contre un poëme. On ne voit que des maîtres d'éloquence, et presque pas un orateur. Le monde est plein de critiques qui, à force de commentaires, de définitions, de distinctions, sont parvenus à obscurcir les connaissances les plus claires et les plus simples. Il semble qu'on n'aime que les chemins difficiles. Chaque science, chaque étude, a son jargon inintelligible, qui semble n'être inventé que pour en défendre les approches. Que de noms barbares ! que de puérilités pédantesques on entassait il n'y a pas longtemps dans la tête d'un jeune homme, pour lui donner en une année ou deux une très-fausse idée de l'éloquence, dont il aurait pu avoir une connaissance très-vraie en peu de mois, par la lecture de quelques bons livres ! La voie par laquelle on a si longtemps enseigné l'art de penser est assurément bien opposée au don de penser.

Mais c'est surtout en fait de poésie que les commentateurs et les critiques ont prodigué leurs leçons. Ils ont laborieusement écrit des volumes sur quelques lignes que l'imagination des poètes a créées en se jouant. Ce sont des tyrans qui ont voulu asservir à leurs lois une nation libre, dont ils ne connaissent point le caractère ; aussi ces prétendus législateurs n'ont fait souvent qu'embrouiller tout dans les États qu'ils ont voulu régler.

La plupart ont discouru avec pesanteur de ce qu'il fallait sentir avec transport ; et quand même leurs règles seraient justes, combien peu seraient-elles utiles ! Homère, Virgile, le Tasse, Milton, n'ont guère obéi à d'autres leçons qu'à celles de leur génie. Tant de prétendues règles, tant de liens ne serviraient qu'à embarrasser les grands hommes dans leur marche, et seraient d'un faible secours à ceux à qui le talent manque. Il faut courir dans la carrière, et non pas s'y traîner avec des béquilles. Presque tous les critiques ont cherché dans Homère des règles qui n'y sont assurément point. Mais comme ce poëte grec a composé deux poëmes d'une nature absolument différente, ils ont été bien en peine pour concilier Homère avec lui-même. Virgile venant ensuite, qui réunit dans son ouvrage le plan de l'*Iliade* et celui de l'*Odyssée*, il fallut qu'ils cherchassent encore de nouvenir expédients pour ajuster leurs règles à l'*Énéide*. Ils ont fait à peu près comme les astronomes, qui inventaient tous les jours des cercles imaginaires, et créaient ou anéantissaient un ciel ou deux de cristal à la moindre difficulté.

Si un de ceux qu'on nomme savants, et qui se croient tels, venait vous dire : « Le poëme épique est une longue fable inventée pour enseigner une vérité morale, et dans laquelle un héros achève quelque grande action avec le secours des dieux, dans l'espace d'une année ; » il faudrait lui répondre : « Votre définition est très-fausse ; car, sans examiner si l'*Iliade* d'Homère est d'accord avec votre règle, les Anglais ont un poëme épique dont le héros, loin de venir à bout d'une grande entreprise par le secours céleste, en une année, est trompé par le diable et par sa femme en un jour, et est chassé du paradis terrestre pour avoir désobéi à Dieu. Ce poëme cependant est mis par les Anglais au niveau de l'*Iliade*, et beaucoup de personnes le préfèrent à Homère avec quelque apparence de raison. »

Mais, me direz-vous, le poëme épique ne sera-t-il donc que le récit d'une aventure malheureuse ? Non : cette définition serait aussi fausse que l'autre. L'*Œdipe* de Sophocle, le *Cinna* de Corneille, l'*Athalie* de Racine, le *César* de Shakspeare, le *Caton* d'Addison, la *Mérope* du marquis Scipion Maffei, le *Roland* de Quinault, sont toutes de belles tragédies, et j'ose dire toutes d'une nature différente : on aurait besoin en quelque sorte d'une définition pour chacune d'elles.

Il faut dans tous les arts se donner bien de garde de ces définitions trompeuses par lesquelles nous osons exclure toutes les beautés qui nous sont inconnues, ou que la coutume ne nous a point encore rendues familières. Il n'en est point des arts, et surtout de ceux qui dépendent de l'imagination, comme des ouvrages de la nature. Nous pouvons définir les métaux, les minéraux, les éléments, les animaux, parce que leur nature est toujours la même ; mais presque tous les ouvrages des hommes changent ainsi que l'imagination qui les produit. Les coutumes, les langues, le goût des peuples les plus voisins diffèrent : que dis-je ? la même nation n'est plus reconnaissable au bout de trois ou quatre siècles. Dans les arts qui dépendent purement de l'imagination, il y a autant de révolutions que dans les États ; ils changent en mille manières, tandis qu'on cherche à les fixer.

Le musique des anciens Grecs, autant que nous en pouvons juger, était très-différente de la nôtre. Celle des Italiens d'aujourd'hui n'est plus celle de Luigi et de Carissimi : des airs persans ne plairaient pas assurément à des oreilles européanes. Mais, sans aller si loin, un Français accoutumé à nos opéras ne peut s'empêcher de rire la première fois qu'il entend du récitatif en Italie ; autant en fait un Italien à l'Opéra de Paris ; et tous deux ont également tort, ne considérant point que le récitatif n'est autre chose qu'une déclamation notée; que le caractère des deux langues est très-différent; que ni l'accent ni le ton ne sont les mêmes; que cette différence est sensible dans la conversation, plus encore sur le théâtre tragique, et doit par conséquent l'être beaucoup dans la musique. Nous suivons à peu près les règles d'architecture de Vitruve; cependant les maisons bâties en Italie par Palladio, et en France par nos architectes, ne ressemblent pas plus à celles de Pline et de Cicéron que nos habillements ne ressemblent aux leurs.

Mais, pour revenir à des exemples qui aient plus de rapport à notre sujet, qu'était la tragédie chez les Grecs? un chœur qui demeurait presque toujours sur le théâtre; point de divisions d'actes, très-peu d'action, encore moins d'intrigue. Chez les Français, c'est pour l'ordinaire une suite de conversations en cinq actes, avec une intrigue amoureuse. En Angleterre, la tragédie est véritablement une action; et, si les auteurs de ce pays joignaient à l'activité qui anime leurs pièces un style naturel, avec de la décence et de la régularité, ils l'emporteraient bientôt sur les Grecs et sur les Français.

Qu'on examine tous les autres arts, il n'y en a aucun qui ne reçoive des tours particuliers du génie différent des nations qui les cultivent.

Quelle sera donc l'idée que nous devons nous former de la poésie épique? Le mot *épique* vient du grec ἔπος, qui signifie *discours* : l'usage a attaché ce nom particulièrement à des récits en vers d'aventures héroïques; comme le mot *d'oratio* chez les Romains, qui signifiait aussi *discours*, ne servit dans la suite que pour les discours d'appareil; et comme le titre *d'imperator*, qui appartenait aux généraux d'armée, fut ensuite conféré aux seuls souverains de Rome.

Le poëme épique, regardé en lui-même, est donc un récit en vers d'aventures héroïques. Que l'action soit simple ou complexe; qu'elle s'achève dans un mois ou dans une année, ou qu'elle dure plus longtemps; que la scène soit fixée dans un seul endroit, comme dans l'*Iliade*; que le héros voyage de mers en mers, comme dans l'*Odyssée*; qu'il soit heureux ou infortuné, furieux comme Achille, ou pieux comme Énée; qu'il y ait un principal personnage ou plusieurs; que l'action se passe sur la terre ou sur la mer; sur le rivage d'Afrique, comme dans *la Lusiada*; dans l'Amérique, comme dans l'*Araucana*; dans le ciel, dans l'enfer, hors des limites de notre monde, comme dans *le Paradis* de Milton; il n'importe : le poëme sera toujours un poëme épique, un poëme héroïque, à moins qu'on ne lui trouve un nouveau titre proportionné à son mérite. Si vous vous faites scrupule, disait le célèbre M. Addison, de donner le titre de poëme épique au *Paradis perdu* de Milton, appelez-le, si vous voulez, un poëme divin, donnez-lui tel nom qu'il vous plaira, pourvu que vous confessiez que c'est un ouvrage aussi admirable en son genre que l'*Iliade*.

Ne disputons jamais sur les noms. Irai-je refuser le nom de comédies aux pièces de M. Congrève ou à celles de Caldéron, parce qu'elles ne sont pas dans nos mœurs? La carrière des arts a plus d'étendue qu'on ne pense. Un homme qui n'a lu que les auteurs classiques méprise tout ce qui est écrit dans les langues vivantes; et celui qui ne sait que la langue de son pays est comme ceux qui, n'étant jamais sortis de la cour de France, prétendent que le reste du monde est peu de chose, et que qui a vu Versailles a tout vu.

Mais le point de la question et de la difficulté est de savoir sur quoi les nations polies se réunissent, et sur quoi elles diffèrent. Un poëme épique doit partout être fondé sur le jugement, et embelli par l'imagination : ce qui appartient au bon sens appartient également à toutes les nations du monde. Toutes vous diront qu'une action une et simple, qui se développe aisément et par degrés, et qui ne coûte point une attention fatigante, leur plaira davantage qu'un amas confus d'aventures monstrueuses. On souhaite généralement que cette unité si sage soit ornée d'une variété d'épisodes qui soient comme les membres d'un corps robuste et proportionné. Plus l'action sera grande, plus elle plaira à tous les hommes, dont la faiblesse est d'être séduits par tout ce qui est au delà de la vie commune. Il faudra surtout que cette action soit intéressante, car tous les cœurs veulent être remués; et un poëme parfait d'ailleurs, s'il ne touchait point, serait insipide en tout temps et en tout pays. Elle doit être entière, parce qu'il n'y a point d'homme qui puisse être satisfait s'il ne reçoit qu'une partie du tout qu'il s'est promis d'avoir.

Telles sont à peu près les principales règles que la nature dicte à toutes les nations qui cultivent les lettres; mais la machine du merveilleux, l'intervention d'un pouvoir céleste, la nature des épisodes, tout ce qui dépend de la tyrannie de la coutume, et de cet instinct qu'on nomme goût, voilà sur quoi il y a mille opinions, et point de règles générales.

Mais, me direz-vous, n'y a-t-il point des beautés de goût qui plaisent également à toutes les nations? il y en a sans doute en très-grand nombre. Depuis le temps de la renaissance des lettres, qu'on a pris les anciens pour modèles, Homère, Démosthène, Virgile, Cicéron, ont en quelque manière réuni sous leurs lois tous les peuples de l'Europe, et fait de tant de nations différentes une seule république des lettres; mais, au milieu de cet accord général, les coutumes de chaque peuple introduisent dans chaque pays un goût particulier.

Vous sentez dans les meilleurs écrivains modernes le caractère de leur pays à travers l'imitation de l'antique : leurs fleurs et leurs fruits sont échauffés et mûris par le même soleil; mais ils reçoivent du terrain qui les nourrit des goûts, des couleurs, et des formes différentes. Vous reconnaîtrez un Italien, un Français, un Anglais, un Espagnol, à son style, comme aux traits de son visage, à sa prononciation, à ses manières. La douceur et la mollesse de la langue italienne s'est insinuée dans le génie des auteurs italiens. La pompe des paroles, les métaphores, un style majestueux, sont, ce me semble, généralement parlant, le caractère des écrivains espagnols. La force, l'énergie, la hardiesse, sont plus particulières aux Anglais; ils sont surtout amoureux des allégories et des comparaisons. Les Français ont pour eux la clarté, l'exactitude, l'élégance : ils hasardent peu; ils n'ont ni la force anglaise, qui leur paraîtrait une force gigantesque et monstrueuse, ni la douceur italienne, qui leur semble dégénérer en une mollesse efféminée.

De toutes ces différences naissent ce dégoût et ce mépris que les nations ont les unes pour les autres. Pour regarder dans tous ses jours cette différence qui se trouve entre les goûts des peuples voisins, considérons maintenant leur style.

On approuve avec raison en Italie ces vers imités de Lucrèce dans la troisième stance du premier chant de *la Jérusalem* :

    Cosi all' egro fanciul porgiamo aspersi
    Di soave licor gli orli del vaso :
    Succhi amari ingannato intanto ei beve,
    E dall' inganno suo vita riceve.

Cette comparaison du charme des fables qui enveloppent des leçons utiles, avec une médecine amère donnée à un enfant dans un vase bordé de miel, ne serait pas soufferte dans un poëme épique français. Nous lisons avec plaisir dans Montaigne qu'il faut emmieller la viande salubre à l'enfant; mais cette image, qui nous plaît dans son style familier, ne nous paraîtrait pas digne de la majesté de l'épopée.

Voici un autre endroit universellement approuvé, et qui mérite de l'être : c'est dans la xxxvi° stance du chant XVI° de *la Jérusalem*, lorsque Armide commence à soupçonner la fuite de son amant :

    Volea gridar : Dove, o crudel, me sola
    Lasci? ma il varco al suon chiuse il dolore :
    Si, che tornò la flebile parola
    Più amara indietro a rimbombar sul core.

Ces quatre vers italiens sont très-touchants et très-naturels; mais si on les traduit exactement, ce sera un galimatias en français. « Elle voulait crier : Cruel, pourquoi me laisses-tu seule? mais la douleur ferma le chemin à sa voix; et ces paroles douloureuses reculèrent avec plus d'amertume, et retentirent sur son cœur. »

CHAPITRE I.

Apportons un autre exemple tiré d'un des plus sublimes endroits du poëme singulier de Milton, dont j'ai déjà parlé ; c'est au premier livre (vers 56-67), dans la description de Satan et des enfers.

————— *Round he throws his baleful eyes*
That witness'd huge affliction and dismay
Mix'd with obdurate pride and stedfast hate :
At once, as far as angels ken, he views
The dismal situation waste and wild ;
A dungeon horrible on all sides round,
As one great furnace flam'd ; yet from those flames
No light, but rather darkness visible
Serv'd only to discover sights of woe,
Regions of sorrow, doleful shades, where peace
And rest can never dwell, hope never comes
That comes to all, etc.

« Il promène de tous côtés ses tristes yeux, dans lesquels sont peints le désespoir et l'horreur, avec l'orgueil et l'irréconciliable haine. Il voit d'un coup d'œil, aussi loin que les regards des chérubins peuvent percer, ce séjour épouvantable, ces déserts désolés, ce donjon immense, enflammé comme une fournaise énorme. Mais de ces flammes il ne sortait point de lumière ; ce sont des ténèbres visibles, qui servent seulement à découvrir des spectacles de désolation, des régions de douleur, dont jamais n'approchent le repos ni la paix, où l'on ne connaît point l'espérance connue partout ailleurs. »

Antonio de Solis, dans son excellente *Histoire de la conquête du Mexique*, après avoir dit que l'endroit où Montézume consultait ses dieux était une large voûte souterraine, où de petits soupiraux laissaient à peine entrer la lumière, ajoute : *O permitian solamente la (luz) que bastava, para que se viesse la obscuridad* : « Où laissaient entrer seulement autant de jour qu'il en fallait pour voir l'obscurité. » Ces ténèbres visibles de Milton ne sont point condamnées en Angleterre, et les Espagnols ne reprennent point cette même pensée dans Solis. Il est très-certain que les Français ne souffriraient point de pareilles libertés. Ce n'est pas assez que l'on puisse excuser la licence de ces expressions ; l'exactitude française n'admet rien qui ait besoin d'excuse.

Qu'il me soit permis, pour ne laisser aucun doute sur cette matière, de joindre un nouvel exemple à tous ceux que j'ai rapportés : je le prendrai dans l'éloquence de la chaire. Qu'un homme, comme le P. Bourdaloue, prêche devant une assemblée de la communion anglicane, et qu'animant, par un geste noble, un discours pathétique, il s'écrie : « Oui, chrétiens, vous étiez bien disposés ; mais le sang de cette veuve que vous avez abandonnée, mais le sang de ce pauvre que vous avez laissé opprimer, mais le sang de ces misérables dont vous n'avez pas pris en main la cause, ce sang retombera sur vous, et vos bonnes dispositions ne serviront qu'à rendre sa voix plus forte pour demander à Dieu vengeance de votre infidélité. Ah! mes chers auditeurs, etc. » Ces paroles pathétiques, prononcées avec force, et accompagnées de grands gestes, feront rire un auditoire anglais : car autant qu'ils aiment sur le théâtre les expressions ampoulées et les mouvements forcés de l'éloquence, autant ils goûtent dans la chaire une simplicité sans ornement. Un sermon en France est une longue déclamation, scrupuleusement divisée en trois points, et récitée avec enthousiasme. En Angleterre, un sermon est une dissertation solide, et quelquefois sèche, qu'un homme lit au peuple sans geste et sans aucun éclat de voix. En Italie, c'est une comédie spirituelle. En voilà assez pour faire voir combien grande est la différence entre les goûts des nations.

Je sais qu'il y a plusieurs personnes qui ne sauraient admettre ce sentiment : ils disent que la raison et les passions sont partout les mêmes; cela est vrai, mais elles s'expriment partout diversement. Les hommes ont en tout pays un nez, deux yeux, et une bouche : cependant l'assemblage des traits qui fait la beauté en France ne réussira pas en Turquie, ni une beauté turque à la Chine; et ce qu'il y a de plus aimable en Asie et en Europe serait regardé comme un monstre dans le pays de la Guinée. Puisque la nature est si différente d'elle-même, comment veut-on asservir à des lois générales des arts sur lesquels la coutume, c'est-à-dire l'inconstance, a tant d'empire? Si donc nous voulons avoir une connaissance un peu étendue de ces arts, il faut nous informer de quelle manière on les cultive chez toutes les nations. Il ne suffit pas, pour connaître l'épopée, d'avoir lu Virgile et Homère; comme ce n'est point assez, en fait de tragédie, d'avoir lu Sophocle et Euripide.

Nous devons admirer ce qui est universellement beau chez les anciens; nous devons nous prêter à ce qui était beau dans leur langue et dans leurs mœurs; mais ce serait s'égarer étrangement que de les vouloir suivre en tout à la piste. Nous ne parlons point la même langue. La religion, qui est presque toujours le fondement de la poésie épique, est parmi nous l'opposé de leur mythologie. Nos coutumes sont plus différentes de celles des héros du siége de Troie que de celles des Américains. Nos combats, nos siéges, nos flottes, n'ont pas la moindre ressemblance; notre philosophie est en tout le contraire de la leur. L'invention de la poudre, celle de la boussole, de l'imprimerie, tant d'autres arts qui ont été apportés récemment dans le monde, ont en quelque façon changé la face de l'univers. Il faut peindre avec des couleurs vraies comme les anciens, mais il ne faut pas peindre les mêmes choses.

CHAPITRE I.

Qu'Homère nous représente ses dieux s'enivrant de nectar, et riant sans fin de la mauvaise grâce dont Vulcain leur sert à boire, cela était bon de son temps, où les dieux étaient ce que les fées sont dans le nôtre; mais assurément personne ne s'avisera aujourd'hui de représenter dans un poëme une troupe d'anges et de saints buvant et riant à table. Que dirait-on d'un auteur qui irait, après Virgile, introduire des harpies enlevant le dîner de son héros, et qui changerait de vieux vaisseaux en belles nymphes? En un mot, admirons les anciens, mais que notre admiration ne soit pas une superstition aveugle : et ne faisons pas cette injustice à la nature humaine et à nous-mêmes, de fermer nos yeux aux beautés qu'elle répand autour de nous, pour ne regarder et n'aimer que ses anciennes productions, dont nous ne pouvons pas juger avec autant de sûreté.

Il n'y a point de monuments en Italie qui méritent plus l'attention d'un voyageur que la *Jérusalem* du Tasse. Milton fait autant d'honneur à l'Angleterre que le grand Newton. Camoëns est en Portugal ce que Milton est en Angleterre. Ce serait sans doute un grand plaisir, et même un grand avantage pour un homme qui pense, d'examiner tous ces poëmes épiques de différente nature, nés en des siècles et dans des pays éloignés les uns des autres. Il me semble qu'il y a une satisfaction noble à regarder les portraits vivants de ces illustres personnages grecs, romains, italiens, anglais, tous habillés, si je l'ose dire, à la manière de leur pays.

C'est une entreprise au delà de mes forces que de prétendre les peindre; j'essayerai seulement de crayonner une esquisse de leurs principaux traits : c'est au lecteur à suppléer aux défauts de ce dessin. Je ne ferai que proposer : il doit juger; et son jugement sera juste, s'il lit avec impartialité, et s'il n'écoute ni les préjugés qu'il a reçus dans l'école, ni cet amour-propre mal entendu qui nous fait mépriser tout ce qui n'est pas dans nos mœurs. Il verra la naissance, le progrès, la décadence de l'art; il le verra ensuite sortir comme de ses ruines; il le suivra dans tous ses changements; il distinguera ce qui est beauté dans tous les temps et chez toutes les nations, d'avec ces beautés locales qu'on admire dans un pays, et qu'on méprise dans un autre. Il n'ira point demander à Aristote ce qu'il doit penser d'un auteur anglais ou portugais, ni à M. Perrault comment il doit juger de l'*Iliade*. Il ne se laissera point tyranniser par Scaliger ni par Le Bossu; mais il tirera ses règles de la nature, et des exemples qu'il aura devant les yeux, et il jugera entre les dieux d'Homère et le dieu de Milton, entre Calypso et Didon, entre Armide et Ève.

Si les nations de l'Europe, au lieu de se mépriser injustement les unes les autres, voulaient faire une attention moins superficielle aux ouvrages et aux manières de leurs voisins, non pas pour en rire, mais pour en profiter, peut-être de ce commerce mutuel d'observations naîtrait ce goût général qu'on cherche si inutilement.

CHAP. II. — *Homère*.

Homère vivait probablement environ huit cent cinquante années avant l'ère chrétienne; il était certainement contemporain d'Hésiode. Or, Hésiode nous apprend qu'il écrivait dans l'âge qui suivait celui de la guerre de Troie, et que cet âge, dans lequel il vivait, finirait avec la génération qui existait alors. Il est donc certain qu'Homère fleurissait deux générations après la guerre de Troie; ainsi il pouvait avoir vu dans son enfance quelques vieillards qui avaient été à ce siège, et il devait avoir parlé souvent à des Grecs d'Europe et d'Asie qui avaient vu Ulysse, Ménélas et Achille.

Quand il composa l'*Iliade* (supposé qu'il soit l'auteur de tout cet ouvrage), il ne fit donc que mettre en vers une partie de l'histoire et des fables de son temps. Les Grecs n'avaient alors que des poètes pour historiens et pour théologiens; ce ne fut même que quatre cents ans après Hésiode et Homère qu'on se réduisit à écrire l'histoire en prose. Cet usage, qui paraîtra bien ridicule à beaucoup de lecteurs, était très-raisonnable : un livre, dans ces temps-là, était une chose aussi rare qu'un bon livre l'est aujourd'hui : loin de donner au public l'histoire in-folio de chaque village, comme on fait à présent, on ne transmettait à la postérité que les grands événements qui devaient l'intéresser. Le culte des dieux et l'histoire des grands hommes étaient les seuls sujets de ce petit nombre d'écrits. On les composa longtemps en vers chez les Égyptiens et chez les Grecs, parce qu'ils étaient destinés à être retenus par cœur et à être chantés : telle était la coutume de ces peuples si différents de nous. Il n'y eut, jusqu'à Hérodote, d'autre histoire parmi eux qu'en vers, et ils n'eurent en aucun temps de poésie sans musique.

A l'égard d'Homère, autant ses ouvrages sont connus, autant est-on dans l'ignorance de sa personne. Tout ce qu'on sait de vrai, c'est que, longtemps après sa mort, on lui a érigé des statues et élevé des temples; sept villes puissantes se sont disputé l'honneur de l'avoir vu naître; mais la commune opinion est que de son vivant il mendiait dans ces sept villes, et que celui dont la postérité a fait un dieu a vécu méprisé et misérable, deux choses très-compatibles.

L'*Iliade*, qui est le grand ouvrage d'Homère, est plein de dieux et de combats peu vraisemblables. Ces sujets plaisent naturellement aux hommes; ils aiment ce qui leur paraît terrible : ils sont comme les enfants qui écoutent avidement ces contes de sorciers qui les effrayent. Il y a des fables pour tout âge, et il n'y a point de nation qui n'ait eu les siennes. De ces deux sujets qui remplissent l'*Iliade*, naissent les deux grands reproches que l'on fait à Homère; on lui impute l'extravagance de ses dieux, et la grossièreté de ses héros : c'est reprocher à un peintre d'avoir donné à ses figures les habillements de son temps. Homère a peint les dieux tels qu'on les croyait, et les hommes tels qu'ils étaient. Ce n'est pas un grand mérite de trouver de l'absurdité dans la théologie païenne; mais il faudrait être bien dépourvu de goût pour ne pas aimer certaines fables d'Homère. Si l'idée des trois Grâces qui doivent toujours accompagner la déesse de la beauté, si la ceinture de Vénus, sont de son invention, quelles louanges ne lui doit-on pas pour avoir ainsi orné cette religion que nous lui reprochons? Et si ces fables étaient déjà reçues avant lui, peut-on mépriser un siècle qui avait trouvé des allégories si justes et si charmantes?

Quant à ce qu'on appelle grossièreté dans les héros d'Homère, on peut rire tant qu'on voudra de voir Patrocle, au IX° livre de l'*Iliade*, mettre trois gigots de mouton dans une marmite, allumer et souffler le feu, et préparer le dîner avec Achille; Achille et Patrocle n'en sont pas moins éclatants. Charles XII, roi de Suède, a fait six mois sa cuisine à Demir-Tocca, sans perdre rien de son héroïsme; et la plupart de nos généraux, qui portent dans un camp tout le luxe d'une cour efféminée, auront bien de la peine à égaler ces héros qui faisaient leur cuisine eux-mêmes. On peut se moquer de la princesse Nausicaa, qui, suivie de toutes ses femmes, va laver ses robes, et celles du roi et de la reine; on peut trouver ridicule que les filles d'Auguste aient filé les habits de leur père lorsqu'il était maître de la moitié de l'univers : cela n'empêchera pas qu'une simplicité si respectable ne vaille bien la vaine pompe, la mollesse et l'oisiveté, dans lesquelles les personnes d'un haut rang sont nourries.

Que si l'on reproche à Homère d'avoir tant loué la force de ses héros, c'est qu'avant l'invention de la poudre, la force du corps décidait de tout dans les batailles; c'est que cette force est l'origine de tout pouvoir chez les hommes; c'est que, par cette supériorité seule, les nations du Nord ont conquis notre hémisphère depuis la Chine jusqu'au mont Atlas. Les anciens se faisaient une gloire d'être robustes; leurs plaisirs étaient des exercices violents : ils ne passaient point leurs jours à se faire traîner dans des chars, à couvert des influences de l'air, pour aller porter languissamment d'une maison dans une autre leur ennui et leur inutilité. En un mot, Homère avait à représenter un Ajax et un Hector, non un courtisan de Versailles ou de Saint-James.

Après avoir rendu justice au fond du sujet des poëmes d'Homère, ce serait ici le lieu d'examiner la manière dont il les a traités, et d'oser juger du prix de ses ouvrages : mais tant de plumes savantes ont épuisé cette matière, que je me bornerai à une seule réflexion dont ceux qui s'appliquent aux belles-lettres pourront peut-être tirer quelque utilité.

Si Homère a eu des temples, il s'est trouvé bien des infidèles qui se sont moqués de sa divinité. Il y a eu dans tous les siècles des savants, des raisonneurs, qui l'ont traité d'écrivain pitoyable, tandis que d'autres étaient à genoux devant lui.

Ce père de la poésie est depuis quelque temps un grand sujet de dispute en France. Perrault commença la querelle contre Despréaux; mais il apporta à ce combat des armes trop inégales : il composa son livre du *Parallèle des anciens et des modernes*, où l'on voit un esprit très-superficiel, nulle méthode, et beaucoup de méprises. Le redoutable Despréaux accabla son adversaire en s'attachant uniquement à relever ses bévues; de sorte que la dispute fut terminée par rire aux dépens de Perrault, sans qu'on entamât seulement le fond de la question. Houdard de La Motte a depuis renouvelé la querelle : il ne savait pas la langue grecque; mais l'esprit a suppléé en lui, autant qu'il est possible, à cette connaissance. Peu d'ouvrages sont écrits avec autant d'art, de discrétion, et de finesse, que ses dissertations sur Homère. Mme Dacier, connue par une érudition qu'on eût admirée dans un homme, soutint la cause d'Homère avec l'emportement d'un commentateur. On eût dit que l'ouvrage de M. de La Motte était d'une femme d'esprit, et celui de Mme Dacier d'un homme savant. L'un, par son ignorance de la langue grecque, ne pouvait sentir les beautés de l'auteur qu'il attaquait; l'autre, toute remplie de la superstition des commentateurs, était incapable d'apercevoir des défauts dans l'auteur qu'elle adorait.

Pour moi, lorsque je lus Homère, et que je vis ces fautes grossières qui justifient les critiques, et ces beautés plus grandes que ces fautes, je ne pus croire d'abord que le même génie eût composé tous les chants de l'*Iliade*. En effet, nous ne connaissons, parmi les Latins et parmi nous, aucun auteur qui soit tombé si bas après s'être élevé si haut. Le grand Corneille, génie pour le moins égal à Homère, a fait, à la vérité, *Pertharite*, *Suréna*, *Agésilas*, après avoir donné *Cinna* et *Polyeucte*; mais *Suréna* et *Pertharite* sont des sujets encore plus mal choisis que mal traités : ces tragédies sont très-faibles, mais non pas remplies d'absurdités, de contradictions, et de fautes grossières. Enfin j'ai trouvé chez les Anglais ce que je cherchais, et le paradoxe de la réputation d'Homère m'a été développé. Shakspeare, leur premier poëte tragique, n'a guère en Angleterre d'autre épithète que celle de divin. Je n'ai jamais vu à Londres la salle de la comédie aussi remplie à l'*Andromaque* de Racine, toute bien traduite qu'elle est par Philips, ou au *Caton* d'Addison, qu'aux anciennes pièces de Shakspeare. Ces pièces sont des monstres en tragédie. Il y en a qui durent plusieurs années; on y baptise au premier acte le héros, qui meurt de vieillesse au cinquième; on y voit des sorciers, des paysans, des ivrognes, des bouffons, des fossoyeurs qui creusent une fosse, et qui chantent des airs à boire en jouant avec des têtes de mort. Enfin imaginez ce que vous pourrez de plus monstrueux et de plus absurde, vous le trouverez dans Shakspeare. Quand je commençais à apprendre la Langue anglaise, je ne pouvais comprendre comment une nation si éclairée pouvait admirer un auteur si extravagant; mais dès que j'eus une plus grande connaissance de la langue, je m'aperçus que les Anglais avaient raison, et qu'il est impossible que toute une nation se trompe en fait de sentiment, et ait tort d'avoir du plaisir. Ils voyaient comme moi les fautes grossières de leur auteur favori; mais ils sentaient mieux que moi ses beautés, d'autant plus singulières que ce sont des éclairs qui ont brillé dans la nuit la plus profonde. Il y a cent cinquante années qu'il jouit de sa réputation. Les auteurs qui sont venus après lui ont servi à l'augmenter plutôt qu'ils ne l'ont diminuée. Le grand sens de l'auteur de *Caton*, et ses talents, qui en ont fait un secrétaire d'État, n'ont pu le placer à côté de Shakspeare. Tel est le privilége du génie d'invention : il se fait une route où personne n'a marché avant lui; il court sans guide, sans art, sans règle; il s'égare dans sa carrière, mais il laisse loin derrière lui tout ce qui n'est que raison et qu'exactitude. Tel à peu près était Homère : il a créé son art, et l'a laissé imparfait : c'est un chaos encore ; mais la lumière y brille déjà de tous côtés.

Le *Clovis* de Desmarets, la *Pucelle* de Chapelain, ces poëmes fameux par leur ridicule, sont, à la honte des règles, conduits avec plus de régularité que l'*Iliade*, comme le *Pyrame* de Pradon est plus exact que *le Cid* de Corneille. Il y a peu de petites nouvelles où les événements ne soient mieux ménagés, préparés avec plus d'artifice, arrangés avec mille fois plus d'industrie que dans Homère ; cependant douze beaux vers de l'*Iliade* sont au-dessus de la perfection de ces bagatelles, autant qu'un gros diamant, ouvrage brut de la nature, l'emporte sur des colifichets de fer ou de laiton, quelque bien travaillés qu'ils puissent être par des mains industrieuses. Le grand mérite d'Homère est d'avoir été un peintre sublime. Inférieur de beaucoup à Virgile dans tout le reste, il lui est supérieur en cette partie. S'il décrit une armée en marche, « c'est un feu dévorant qui, poussé par les vents, consume la terre devant lui. » Si c'est un dieu qui se transporte d'un lieu à un autre, « il fait trois pas, et au quatrième il arrive au bout de la terre. » Quand il décrit la ceinture de Vénus, il n'y a point de tableau de l'Albane qui approche de cette peinture riante. Veut-il fléchir la colère d'Achille, il personnifie les prières : « Elles sont filles du maître des dieux, elles marchent tristement, le front couvert de confusion, les yeux trempés de larmes, et ne pouvant se soutenir sur leurs pieds chancelants; elles suivent de loin l'injure, l'injure altière, qui court sur la terre d'un pied léger, levant sa tête audacieuse. » C'est ici sans doute qu'on ne peut surtout s'empêcher d'être un peu révolté contre feu La Motte Houdard de l'Académie française, qui, dans sa traduction d'Homère, étrangle tout ce beau passage, et le raccourcit ainsi en deux vers :

> On apaise les dieux; mais, par des sacrifices,
> De ces dieux irrités on fait des dieux propices.

Quel malheureux don de la nature que l'esprit, s'il a empêché M. de La Motte de sentir ces grandes beautés d'imagination, et si cet académicien si ingénieux a cru que quelques antithèses, quelques tours délicats, pourraient suppléer à ces grands traits d'éloquence! La Motte a ôté beaucoup de défauts à Homère, mais il n'a conservé aucune de ses beautés; il a fait un petit squelette d'un corps démesuré et trop plein d'embonpoint. En vain tous les journaux ont prodigué des louanges à La Motte; en vain avec tout l'art possible, et soutenu de beaucoup de mérite, s'était-il fait un parti considérable; son parti, ses éloges, sa traduction, tout a disparu, et Homère est resté.

Ceux qui ne peuvent pardonner les fautes d'Homère en faveur de ses beautés sont la plupart des esprits trop philosophiques, qui ont étouffé en eux-mêmes tout sentiment. On trouve dans les *Pensées* de M. Pascal qu'il n'y a point de beauté poétique, et que, faute d'elle, on a inventé de grands mots, comme *fatal laurier*, *bel astre*, et que c'est cela qu'on appelle beauté poétique. Que prouve un tel passage, sinon que l'auteur parlait de ce qu'il n'entendait pas? Pour juger des poëtes, il faut savoir sentir, il faut être né avec quelques étincelles du feu qui anime ceux qu'on veut connaître; comme, pour décider sur la musique, ce n'est pas assez, ce n'est rien même de calculer en mathématicien la proportion des tons, il faut avoir de l'oreille et de l'âme.

Qu'on ne croie point encore connaître les poëtes par les traductions; ce serait vouloir apercevoir le coloris d'un tableau dans une estampe. Les traductions augmentent les fautes d'un ouvrage, et en gâtent les beautés. Qui n'a lu que Mme Dacier n'a point lu Homère; c'est dans le grec seul qu'on peut voir le style du poëte, plein de négligences extrêmes, mais jamais affecté, et paré de l'harmonie naturelle de la plus belle langue qu'aient jamais parlée les hommes. Enfin on verra Homère lui-même, qu'on trouvera, comme ses héros, tout plein de défauts, mais sublime. Malheur à qui l'imiterait dans l'économie de son poëme! heureux qui peindrait les détails comme lui! et c'est précisément par ces détails que la poésie charme les hommes.

Chap. III. — *Virgile.*

Il ne faut avoir aucun égard à la Vie de Virgile, qu'on trouve à la tête de plusieurs éditions des ouvrages de ce grand homme; elle est pleine de puérilités et de contes ridicules. On y représente Virgile comme une espèce de maquignon et de faiseur de prédictions, qui devine qu'un poulain qu'on avait envoyé à Auguste était né d'une jument malade; et qui, étant interrogé sur le secret de la naissance de l'empereur, répond qu'Auguste était fils d'un boulanger, parce qu'il n'avait été jusque-là récompensé de l'empereur qu'en rations de pain. Je ne sais par quelle fatalité la mémoire des grands hommes est presque toujours défigurée par des contes insipides. Tenons-nous-en à ce que nous savons certainement de Virgile. Il naquit l'an 684 de la fondation de Rome, dans le village d'Andez, à une lieue de Mantoue, sous le premier consulat du grand Pompée et de Crassus. Les ides d'octobre, qui étaient le 15 de ce mois, devinrent à jamais fameuses par sa naissance : *Octobris Maro consecravit idus*, dit Martial. Il ne vécut que cinquante-deux ans, et mourut à Brindes comme il allait en Grèce pour mettre, dans la retraite, la dernière main à son *Énéide*, qu'il avait été onze ans à composer.

Il est le seul de tous les poètes épiques qui ait joui de sa réputation pendant sa vie. Les suffrages et l'amitié d'Auguste, de Mécène, de Tucca, de Pollion, d'Horace, de Gallus, ne servirent pas peu sans doute à diriger les jugements de ses contemporains, qui peut-être sans cela ne lui auraient pas rendu sitôt justice. Quoi qu'il en soit, telle était la vénération qu'on avait pour lui à Rome, qu'un jour, comme il vint paraître au théâtre après qu'on eut récité quelques-uns de ses vers, tout le peuple se leva avec des acclamations, honneur qu'on ne rendait alors qu'à l'empereur. Il était né d'un caractère doux, modeste, et même timide; il se dérobait très-souvent, en rougissant, à la multitude qui accourait pour le voir. Il était embarrassé de sa gloire; ses mœurs étaient simples; il négligeait sa personne et ses habillements; mais cette négligence était aimable; il faisait les délices de ses amis par cette simplicité qui s'accorde si bien avec le génie, et qui semble être donnée aux véritables grands hommes pour adoucir l'envie.

Comme les talents sont bornés, et qu'il arrive rarement qu'on touche aux deux extrémités à la fois, il n'était plus le même, dit-on, lorsqu'il écrivait en prose. Sénèque le philosophe nous apprend que Virgile n'avait pas mieux réussi en prose que Cicéron ne passait pour avoir réussi en vers. Cependant il nous reste de très-beaux vers de Cicéron. Pourquoi Virgile n'aurait-il pu descendre à la prose, puisque Cicéron s'éleva quelquefois à la poésie?

Horace et lui furent comblés de biens par Auguste. Cet heureux tyran savait bien qu'un jour sa réputation dépendrait d'eux aussi est-il arrivé que l'idée que ces deux grands écrivains nous ont donnée d'Auguste a effacé l'horreur de ses proscriptions; ils nous font aimer sa mémoire; ils ont fait, si j'ose le dire, illusion à toute la terre. Virgile mourut assez riche pour laisser des sommes considérables à Tucca, à Varius, à Mécénas, et à l'empereur même. On sait qu'il ordonna par son testament que l'on brûlât son *Énéide*, dont il n'était point satisfait; mais on se donna bien de garde d'obéir à sa dernière volonté. Nous avons encore les vers qu'Auguste composa au sujet de cet ordre que Virgile avait donné en mourant; ils sont beaux, et semblent partir du cœur.

Ergone supremis potuit vox improba verbis
Tam dirum mandare nefas? ergo ibit in ignes,
Magnaque doctiloqui morietur musa Maronis? etc.

Cet ouvrage, que l'auteur avait condamné aux flammes, est encore, avec ses défauts, le plus beau monument qui nous reste de toute l'antiquité. Virgile tira le sujet de son poëme des traditions fabuleuses que la superstition populaire avait transmises jusqu'à lui, à peu près comme Homère avait fondé son *Iliade* sur la tradition du siège de Troie; car, en vérité, il n'est pas croyable qu'Homère et Virgile se soient soumis par hasard à cette règle bizarre que le P. Le Bossu a prétendu établir : c'est de choisir son sujet avant ses personnages, et de disposer toutes les actions qui se passent dans le poëme avant de savoir à qui on les attribuera. Cette règle peut avoir lieu dans la comédie, qui n'est qu'une représentation des ridicules du siècle, ou dans un roman frivole, qui n'est qu'un tissu de petites intrigues, lesquelles n'ont besoin ni de l'autorité de l'histoire, ni du poids d'aucun nom célèbre. Les poëtes épiques, au contraire, sont obligés de choisir un héros connu, dont le nom seul puisse imposer au lecteur, et un point d'histoire qui soit par lui-même intéressant. Tout poëte épique qui suivra la règle de Le Bossu sera sûr de n'être jamais lu : mais heureusement il est impossible de la suivre; car si vous tirez votre sujet tout entier de votre imagination, et que vous cherchiez ensuite quelque événement dans l'histoire pour l'adapter à votre fable, toutes les annales de l'univers ne pourraient pas vous fournir un événement entièrement conforme à votre plan : il faudra de nécessité que vous altériez l'un pour le faire cadrer avec l'autre; et y a-t-il rien de plus ridicule que de commencer à bâtir pour être ensuite obligé de détruire?

Virgile rassembla donc dans son poëme tous ces différents matériaux qui étaient épars dans plusieurs livres, et dont on peut voir quelques-uns dans Denys d'Halicarnasse. Cet historien trace exactement le cours de la navigation d'Énée; il n'oublie ni la fable des harpies, ni les prédictions de Céléno, ni le petit Ascagne qui s'écrie que *les Troyens ont mangé leurs assiettes*, etc.

Pour la métamorphose des vaisseaux d'Énée en nymphes, Denys d'Halicarnasse n'en parle point ; mais Virgile lui-même prend soin de nous avertir que ce conte était une ancienne tradition, *Prisca fides facto, sed fama perennis* : il semble qu'il ait eu honte de cette fable puérile, et qu'il ait voulu se l'excuser à lui-même en se rappelant la croyance publique. Si on considérait dans cette vue plusieurs endroits de Virgile qui choquent au premier coup d'œil, on serait moins prompt à le condamner.

N'est-il pas vrai que nous permettrions à un auteur français, qui prendrait Clovis pour son héros, de parler de la sainte ampoule, qu'un pigeon apporta du ciel dans la ville de Reims pour oindre le roi, et qui se conserve encore avec foi dans cette ville? Un Anglais qui chanterait le roi Arthur n'aurait-il pas la liberté de parler de l'enchanteur Merlin? Tel est le sort de toutes ces anciennes fables où se perd l'origine de chaque peuple, qu'on respecte leur antiquité en riant de leur absurdité. Après tout, quelque excusable qu'on soit de mettre en œuvre de pareils contes, je pense qu'il vaudrait encore mieux les rejeter entièrement : un seul lecteur sensé que ces faits rebutent mérite plus d'être ménagé qu'un vulgaire ignorant qui les croit.

A l'égard de la construction de sa fable, Virgile est blâmé par quelques critiques, et loué par d'autres, de s'être asservi à imiter Homère. Pour moi, si j'ose hasarder mon sentiment, je pense qu'il ne mérite ni ces reproches ni ces louanges. Il ne pouvait éviter de mettre sur la scène les dieux d'Homère, qui étaient aussi les siens, et qui, selon la tradition, avaient eux-mêmes guidé Énée en Italie; mais assurément il les fait agir avec plus de jugement que le poëte grec : il parle comme lui du siége de Troie; mais j'ose dire qu'il y a plus d'art et des beautés plus touchantes dans la description que fait Virgile de la prise de cette ville, que dans toute l'*Iliade* d'Homère. On nous crie que l'épisode de Didon est d'après celui de Circé et de Calypso; qu'Énée ne descend aux enfers qu'à l'imitation d'Ulysse. Le lecteur n'a qu'à comparer ces prétendues copies avec l'original supposé, il y trouvera une prodigieuse différence. *Homère a fait Virgile*, dit-on; si cela est, c'est sans doute son plus bel ouvrage.

Il est bien vrai que Virgile a emprunté du grec quelques comparaisons, quelques descriptions, dans lesquelles même pour l'ordinaire il est au-dessous de l'original. Quand Virgile est grand, il est lui-même; s'il bronche quelquefois, c'est lorsqu'il se plie à suivre la marche d'un autre.

J'ai entendu souvent reprocher à Virgile de la stérilité dans l'invention : on le compare à ces peintres qui ne savent point varier leurs figures. Voyez, dit-on, quelle profusion de caractères Homère a jetés dans son *Iliade* : au lieu que, dans l'*Énéide*, le fort Cloanthe, le brave Gyas, et le fidèle Achate, sont des personnages insipides, des domestiques d'Énée, et rien de plus, dont les hommes ne servent qu'à remplir quelques vers. Cette remarque me paraît juste, mais j'ose dire qu'elle tourne à l'avantage de Virgile. Il chanta les actions d'Énée, et Homère l'oisiveté d'Achille. Le poète grec était dans la nécessité de supplier à l'inaction de son principal héros, et, comme son talent était de faire des tableaux plutôt que d'ourdir avec art la trame d'une fable intéressante, il a suivi l'impulsion de son génie en représentant avec plus de force que de choix des caractères éclatants, mais qui ne touchent point. Virgile, au contraire, sentait qu'il ne fallait point affaiblir son principal personnage et le perdre dans la foule : c'est au seul Énée qu'il a voulu et qu'il a dû nous attacher; aussi ne nous le fait-il jamais perdre de vue. Toute autre méthode aurait gâté son poëme.

Saint-Évremond dit qu'Énée est plus propre à être le fondateur d'un ordre de moines que d'un empire. Il est vrai qu'Énée passe auprès de bien des gens plutôt pour un dévot que pour un guerrier; mais leur préjugé vient de la fausse idée qu'ils ont du courage. Ils ont les yeux éblouis de la fureur d'Achille, ou des exploits gigantesques des héros du roman. Si Virgile avait été moins sage; si, au lieu de représenter le courage calme d'un chef prudent, il avait peint la témérité emportée d'Ajax et de Diomède, qui combattent contre les dieux, il aurait plu davantage à ces critiques, mais il mériterait peut-être moins de plaire aux hommes sensés.

Je viens à la grande et universelle objection que l'on fait contre l'Énéide : les six derniers chants, dit-on, sont indignes des six premiers. Mon admiration pour ce grand génie ne me ferme point les yeux sur ce défaut; je suis persuadé qu'il le sentait lui-même, et que c'était la vraie raison pour laquelle il avait eu dessein de brûler son ouvrage. Il n'avait voulu réciter à Auguste que le premier, le second, le quatrième et le sixième livres, qui sont effectivement la plus belle partie de l'Énéide. Il n'est point donné aux hommes d'être parfaits. Virgile a épuisé tout ce que l'imagination a de plus grand dans la descente d'Énée aux enfers; il a dit tout au cœur dans les amours de Didon; la terreur et la compassion ne peuvent aller plus loin que dans la description de la ruine de Troie : de cette haute élévation, où il était parvenu au milieu de son vol, il ne pouvait guère que descendre. Le projet du mariage d'Énée avec une Lavinie qu'il n'a jamais vue ne saurait nous intéresser après les amours de Didon; la guerre contre les Latins, commencée à l'occasion d'un cerf blessé, ne peut que refroidir l'imagination échauffée par la ruine de Troie. Il est bien difficile de s'élever quand le sujet baisse. Cependant il ne faut pas croire que les six derniers chants de l'Énéide soient sans beautés; il n'y en a aucun où vous ne reconnaissiez Virgile : ce que la force de son art a tiré de ce terrain ingrat est presque incroyable; vous voyez partout la main d'un homme sage qui lutte contre les dificultés; il dispose avec choix tout ce que la brillante imagination d'Homère avait répandu avec une profusion sans règle.

Pour moi, s'il m'est permis de dire ce qui me blesse davantage dans les six derniers livres de l'*Énéide*, c'est qu'on est tenté, en les lisant, de prendre le parti de Turnus contre Énée. Je vois en la personne de Turnus un jeune prince passionnément amoureux, prêt à épouser une princesse qui n'a point pour lui de répugnance; il est favorisé dans sa passion par la mère de Lavinie, qui l'aime comme son fils; les Latins et les Rutules désirent également ce mariage, qui semble devoir assurer la tranquillité publique, le bonheur de Turnus, celui d'Amate, et même de Lavinie: au milieu de ces douces espérances, lorsqu'on touche au moment de tant de félicités, voici qu'un étranger, un fugitif, arrive des côtes d'Afrique. Il envoie une ambassade au roi latin pour obtenir un asile; le bon vieux roi commence par lui offrir sa fille, qu'Énée ne lui demandait pas; de là suit une guerre cruelle; encore ne commence-t-elle que par hasard, et par une aventure commune et petite. Turnus, en combattant pour sa maîtresse, est tué impitoyablement par Énée; la mère de Lavinie au désespoir se donne la mort; et le faible roi latin, pendant tout ce tumulte, ne sait ni refuser ni accepter Turnus pour son gendre, ni faire la guerre ni la paix; il se retire au fond de son palais, laissant Turnus et Énée se battre pour sa fille, sûr d'avoir un gendre, quoi qu'il arrive.

Il eût été aisé, ce me semble, de remédier à ce grand défaut: il fallait peut-être qu'Énée eût à délivrer Lavinie d'un ennemi, plutôt qu'à combattre un jeune et aimable amant qui avait tant de droits sur elle, et qu'il secourût le vieux roi Latinus au lieu de ravager son pays. Il a trop l'air du ravisseur de Lavinie; j'aimerais qu'il en fût le vengeur; je voudrais qu'il eût un rival que je pusse haïr, afin de m'intéresser davantage au héros; une telle disposition eût été une source de beautés nouvelles; le père et la mère de Lavinie, cette jeune princesse même, eussent eu des personnages plus convenables à jouer. Mais ma présomption va trop loin, ce n'est point à un jeune peintre à oser reprendre les défauts d'un Raphaël; et je ne puis pas dire, comme le Corrége: *Son pittore anch' io*.

CHAP. IV. — *Lucain.*

Après avoir levé nos yeux vers Homère et Virgile, il est inutile de les arrêter sur leurs copistes. Je passerai sous silence Statius et Silius Italicus, l'un faible, l'autre monstrueux imitateur de l'*Iliade* et de l'*Énéide*; mais il ne faut pas omettre Lucain, dont le génie original a ouvert une route nouvelle. Il n'a rien imité; il ne doit à personne ni ses beautés ni ses défauts, et mérite par cela seul une attention particulière.

«Lucain était d'une ancienne maison de l'ordre des chevaliers. Il naquit à Cordoue, en Espagne, sous l'empereur Caligula. Il n'avait encore que huit mois lorsqu'on l'amena à Rome, où il fut élevé dans la maison de Sénèque son oncle. Ce fait suffit pour imposer silence à des critiques qui ont révoqué en doute la pureté de son langage; ils ont pris Lucain pour un Espagnol qui a fait des vers latins; trompés par ce préjugé, ils ont cru trouver dans son style des barbarismes qui n'y sont point, et qui, supposé qu'ils y fussent, ne peuvent assurément être aperçus par aucun moderne. Il fut d'abord favori de Néron, jusqu'à ce qu'il eût la noble imprudence de disputer contre lui le prix de la poésie, et le dangereux honneur de le remporter. Le sujet qu'ils traitaient tous deux était Orphée. La hardiesse qu'eurent les juges de déclarer Lucain vainqueur est une preuve bien forte de la liberté dont on jouissait dans les premières années de ce règne.

Tandis que Néron fit les délices des Romains, Lucain crut pouvoir lui donner des éloges; il le loua même avec trop de flatterie, et en cela seul il a imité Virgile, qui avait eu la faiblesse de donner à Auguste un encens que jamais un homme ne doit donner à un autre homme, tel qu'il soit. Néron démentit bientôt les louanges outrées dont Lucain l'avait comblé : il força Sénèque à conspirer contre lui. Lucain entra dans cette fameuse conjuration, dont la découverte coûta la vie à trois cents Romains du premier rang. Étant condamné à la mort, il se fit ouvrir les veines dans un bain chaud, et mourut en récitant des vers de sa *Pharsale*, qui exprimaient le genre de mort dont il expirait.

Il ne fut pas le premier qui choisit une histoire récente pour le sujet d'un poëme épique : Varius, contemporain, ami, et rival de Virgile, mais dont les ouvrages ont été perdus, avait exécuté avec succès cette dangereuse entreprise. La proximité des temps, la notoriété publique de la guerre civile, le siècle éclairé, politique, et peu superstitieux, où vivaient César et Lucain, la solidité de son sujet, ôtaient à son génie toute liberté d'invention fabuleuse. La grandeur véritable des héros réels qu'il fallait peindre d'après nature était une nouvelle difficulté. Les Romains, du temps de César, étaient des personnages bien autrement importants que Sarpédon, Diomède, Mézence, et Turnus. La guerre de Troie était un jeu d'enfants en comparaison des guerres civiles de Rome, où les plus grands capitaines et les plus puissants hommes qui aient jamais été disputaient de l'empire de la moitié du monde connu.

Lucain n'a osé s'écarter de l'histoire; par là il a rendu son poëme sec et aride. Il a voulu suppléer au défaut d'invention par la grandeur des sentiments; mais il a caché trop souvent sa sécheresse sous de l'enflure. Ainsi il est arrivé qu'Achille et Énée, qui étaient peu importants par eux-mêmes, sont devenus grands dans Homère et dans Virgile, et que César et Pompée sont petits quelquefois dans Lucain. Il n'y a dans son poëme aucune description brillante comme dans Homère : il n'a point connu, comme Virgile, l'art de narrer, et de ne rien dire de trop ; il n'a ni son élégance ni son harmonie : mais aussi vous trouvez dans *la Pharsale* des beautés qui ne sont ni dans l'*Iliade* ni dans l'*Énéide* ; au milieu de ses déclamations ampoulées, il y a de ces pensées mâles et hardies, de ces maximes politiques dont Corneille est rempli ; quelques-uns de ses discours ont la majesté de ceux de Tite Live, et la force de Tacite. Il peint comme Salluste ; en un mot, il est grand partout où il ne veut point être poëte : une seule ligne telle que celle-ci, en parlant de César :

Nil actum reputans, si quid superesset agendum,

vaut bien assurément une description poétique.

Virgile et Homère avaient fort bien fait d'amener les divinités sur la scène : Lucain a fait tout aussi bien de s'en passer. Jupiter, Junon, Mars, Vénus, étaient des embellissements nécessaires aux actions d'Énée et d'Agamemnon ; on savait peu de chose de ces héros fabuleux : ils étaient comme ces vainqueurs des jeux olympiques que Pindare chantait, et dont il n'avait presque rien à dire ; il fallait qu'il se jetât sur les louanges de Castor, de Pollux, et d'Hercule. Les faibles commencements de l'empire romain avaient besoin d'être relevés par l'intervention des dieux ; mais César, Pompée, Caton, Labiénus, vivaient dans un autre siècle qu'Énée ; les guerres civiles de Rome étaient trop sérieuses pour ces jeux d'imagination. Quel rôle César jouerait-il dans la plaine de Pharsale, si Iris venait lui apporter son épée, ou si Vénus descendait dans un nuage d'or à son secours ?

Ceux qui prennent les commencements d'un art pour les principes de l'art même sont persuadés qu'un poëme ne saurait subsister sans divinités, parce que l'*Iliade* en est pleine ; mais ces divinités sont si peu essentielles au poëme, que le plus bel endroit qui soit dans Lucain, et peut-être dans aucun poëte, est le discours de Caton, dans lequel ce stoïque ennemi des fables dédaigne d'aller voir le temple de Jupiter Ammon. Je me sers de la traduction de Brébeuf, malgré ses défauts.

Laissons, laissons, dit-il, un secours si honteux
A ces âmes qu'agite un avenir douteux....
Pour être convaincu que la vie est à plaindre,
Que c'est un long combat dont l'issue est à craindre,
Qu'un trépas glorieux vaut bien mieux que les fers,
Je ne consulte point les dieux ni les enfers....
Lorsque d'un rien fécond nous passons jusqu'à l'être,
Le ciel met dans nos cœurs tout ce qu'il faut connaître ;
Nous trouvons Dieu partout, partout il parle à nous ;
Nous savons ce qui fait ou détruit son courroux·

Et chacun porte en soi ce conseil salutaire,
Si le charme des sens ne le force à se taire.
Croyons-nous qu'à ce temple un Dieu soit limité?
Qu'il ait dans ces sablons caché la vérité?
Faut-il d'autre séjour à ce monarque auguste
Que les cieux, que la terre, et que le cœur du juste?
C'est lui qui nous soutient, c'est lui qui nous conduit :
C'est sa main qui nous guide, et son feu qui nous luit;
Tout ce que nous voyons est cet Être suprême....
C'est donc assez, Romains, de ces vives leçons
Qu'il grave dans notre âme au point que nous naissons.
Si nous n'y savons pas lire nos aventures,
Percer avant le temps dans les choses futures,
Loin d'appliquer en vain nos soins à les chercher,
Ignorons sans douleur ce qu'il veut nous cacher.

Ce n'est donc point pour n'avoir pas fait usage du ministère des dieux, mais pour avoir ignoré l'art de bien conduire les affaires des hommes, que Lucain est si inférieur à Virgile. Faut-il qu'après avoir peint César, Pompée, Caton, avec des traits si forts, il soit si faible quand il les fait agir! Ce n'est presque plus qu'une gazette pleine de déclamations : il me semble que je vois un portique hardi et immense qui me conduit à des ruines.

CHAP. V. — Le Trissin.

Après que l'empire romain eut été détruit par les Barbares, plusieurs langues se formèrent des débris du latin, comme plusieurs royaumes s'élevèrent sur les ruines de Rome. Les conquérants portèrent dans tout l'Occident leur barbarie et leur ignorance; tous les arts périrent ; et lorsqu'après huit cents ans ils commencèrent à renaître, ils renaquirent goths et vandals. Ce qui nous reste malheureusement de l'architecture et de la sculpture de ces temps-là est un composé bizarre de grossièreté et de colifichets. Le peu qu'on écrivait était dans le même goût. Les moines conservèrent la langue latine pour la corrompre; les Francs, les Vandales, les Lombards, mêlèrent à ce latin corrompu leur jargon irrégulier et stérile. Enfin la langue italienne, comme la fille aînée de la latine, se polit la première, ensuite l'espagnole, puis la française et l'anglaise se perfectionnèrent.

La poésie fut le premier art qui fut cultivé avec succès. Dante et Pétrarque écrivirent dans un temps où l'on n'avait pas encore un ouvrage de prose supportable : chose étrange que presque toutes les nations du monde aient eu des poètes avant que d'avoir aucune autre sorte d'écrivains! Homère fleurit chez les Grecs plus d'un siècle avant qu'il parût un historien. Les cantiques de Moïse sont le plus ancien monument des Hébreux. On a trouvé des chansons chez les Caraïbes, qui ignoraient tous les arts. Les Barbares des côtes de la mer Baltique avaient leurs fameuses rimes runiques dans les temps qu'ils ne savaient pas lire : ce qui prouve, en passant, que la poésie est plus naturelle aux hommes qu'on ne pense.

Quoi qu'il en soit, le Tasse était encore au berceau, lorsque le Trissin, auteur de la fameuse *Sophonisbe*, la première tragédie écrite en langue vulgaire, entreprit un poème épique. Il prit pour son sujet « l'Italie délivrée des Goths par Bélisaire, sous l'empire de Justinien. » Son plan est sage et régulier ; mais la poésie y est faible. Toutefois l'ouvrage réussit, et cette aurore du bon goût brilla pendant quelque temps, jusqu'à ce qu'elle fût absorbée dans le grand jour qu'apporta le Tasse.

Le Trissin était un homme d'un savoir très-étendu et d'une grande capacité. Léon X l'employa dans plus d'une affaire importante. Il fut ambassadeur auprès de Charles-Quint; mais enfin il sacrifia son ambition et la prétendue solidité des affaires à son goût pour les lettres, bien différent en cela de quelques hommes célèbres que nous avons vus quitter et même mépriser les lettres, après avoir fait fortune par elles. Il était avec raison charmé des beautés qui sont dans Homère; et cependant sa grande faute est de l'avoir imité; il en a tout pris, hors le génie. Il s'appuie sur Homère pour marcher, et tombe en voulant le suivre; il cueille les fleurs du poète grec, mais elles se flétrissent dans les mains de l'imitateur. Le Trissin, par exemple, a copié ce bel endroit d'Homère où Junon, parée de la ceinture de Vénus, dérobe à Jupiter des caresses qu'il n'avait pas coutume de lui faire. La femme de l'empereur Justinien a les mêmes vues sur son époux dans l'*Italia liberata*. Elle commence par se baigner dans sa belle chambre; elle met une chemise blanche; et après une longue énumération de tous les affiquets d'une toilette, elle va trouver l'empereur, qui est assis sur un gazon dans un petit jardin; elle lui fait une menterie avec beaucoup d'agaceries, et enfin Justinien

.... *Le diede un bascio*
Soave, e le gettò le braccia al collo,
Ed ella stette, e sorridendo disse :
« *Signor mio dolce, or che volete fare?*
Chè se venisse alcuno in questo luogo,
E ci vedesse, avrei tanta vergogna,
Chè più non ardirei levar la fronte.
Entriamo nelle nostre usate stanze,
Chiudiamo gli usci, e sopra il vostro letto
Poniamci, e fate poi quel che vi piace. »
L'imperator rispose : « *Alma mia vita,*
Non dubitate de la vista altrui ;
Chè qui non può venir persona umana

> *Se non per la mia stanza, ed io la chiusi*
> *Come qui venni, ed ho la chiave a canto;*
> *E penso, che ancor voi chiudeste l'uscio*
> *Che vien in esso dalle stanze vostre;*
> *Perchè giammai non lo lasciate aperto. »*
> *E detto questo, subito abbracciolla;*
> *Poi si colcar ne la minuta erbetta,*
> *La quale allegra gli floria d'intorno*, etc.

« L'empereur lui donna un doux baiser, et lui jeta les bras au cou. Elle s'arrêta, et lui dit en souriant : « Mon doux seigneur, « que voulez-vous faire ? Si quelqu'un entrait ici, et nous décou- « vrait, je serais si honteuse, que je n'oserais plus lever les yeux. « Allons dans notre appartement, fermons les portes, mettons- « nous sur le lit, et puis faites ce que vous voudrez. » L'empereur lui répondit : « Ma chère âme, ne craignez point d'être aperçue, « personne ne peut entrer ici que par ma chambre ; je l'ai fer- « mée, et j'en ai la clef dans ma poche : je présume que vous « avez aussi fermé la porte de votre appartement qui entre dans « le mien ; car vous ne le laissez jamais ouvert. » Après avoir ainsi parlé, il l'embrasse, et la jette sur l'herbe tendre, qui sem- ble partager leurs plaisirs, et qui se couronne de fleurs. » Ainsi ce qui est décrit noblement dans Homère devient aussi bas et aussi dégoûtant dans le Trissin que les caresses d'un mari et d'une femme devant le monde.

Le Trissin semble n'avoir copié Homère que dans les détails des descriptions : il est très-exact à peindre les habillements et les meubles de ses héros ; mais il oublie leurs caractères. Je ne prétends pas parler de lui pour remarquer seulement ses fautes, mais pour lui donner l'éloge qu'il mérite d'avoir été le premier moderne en Europe qui ait fait un poëme épique régulier et sensé, quoique faible, et qui ait osé secouer le joug de la rime : de plus, il est le seul des poètes italiens dans lequel il n'y ait ni jeux de mots ni pointes, et celui de tous qui a le moins introduit d'enchanteurs et de héros enchantés dans ses ouvrages ; ce qui n'était pas un petit mérite.

CHAP. VI. — *Le Camoëns.*

Tandis que le Trissin, en Italie, suivait d'un pas timide et faible les traces des anciens, le Camoëns, en Portugal, ouvrait une carrière toute nouvelle, et s'acquérait une réputation qui dure encore parmi ses compatriotes, qui l'appellent le *Virgile portugais*.

Camoëns, d'une ancienne famille portugaise, naquit en Espagne, dans les dernières années du règne célèbre de Ferdinand et d'Isabelle, tandis que Jean II régnait en Portugal. Après la mort de Jean, il vint à la cour de Lisbonne, la première année du règne d'Emmanuel le Grand, héritier du trône et des grands desseins du roi Jean. C'étaient alors les beaux jours du Portugal, et le temps marqué pour la gloire de cette nation.

Emmanuel, déterminé à suivre le projet qui avait échoué tant de fois, de s'ouvrir une route aux Indes orientales par l'Océan, fit partir, en 1497, Vasco de Gama avec une flotte pour cette fameuse entreprise, qui était regardée comme téméraire et impraticable, parce qu'elle était nouvelle. Gama, et ceux qui eurent la hardiesse de s'embarquer avec lui, passèrent pour des insensés qui se sacrifiaient de gaieté de cœur. Ce n'était qu'un cri dans la ville contre le roi : tout Lisbonne vit partir avec indignation et avec larmes ces aventuriers, et les pleura comme morts. Cependant l'entreprise réussit, et fut le premier fondement du commerce que l'Europe fait aujourd'hui avec les Indes par l'Océan.

Camoëns n'accompagna point Vasco de Gama dans son expédition, comme je l'avais dit dans mes éditions précédentes; il n'alla aux Grandes-Indes que longtemps après. Un désir vague de voyager et de faire fortune, l'éclat que faisaient à Lisbonne ses galanteries indiscrètes, ses mécontentements de la cour, et surtout cette curiosité assez inséparable d'une grande imagination, l'arrachèrent à sa patrie. Il servit d'abord volontaire sur un vaisseau, et il perdit un œil dans un combat de mer. Les Portugais avaient déjà un vice-roi dans les Indes. Camoëns étant à Goa en fut exilé par le vice-roi. Être exilé d'un lieu qui pouvait être regardé lui-même comme un exil cruel, c'était un de ces malheurs singuliers que la destinée réservait à Camoëns. Il languit quelques années dans un coin de terre barbare sur les frontières de la Chine, où les Portugais avaient un petit comptoir, et où ils commençaient à bâtir la ville de Macao. Ce fut là qu'il composa son poëme de la découverte des Indes, qu'il intitula *Lusiade ;* titre qui a peu de rapport au sujet, et qui, à proprement parler, signifie *la Portugade.*

Il obtint un petit emploi à Macao même, et de là retournant ensuite à Goa, il fit naufrage sur les côtes de la Chine, et se sauva, dit-on, en nageant d'une main, et tenant de l'autre son poëme, seul bien qui lui restait. De retour à Goa, il fut mis en prison; il n'en sortit que pour essuyer un plus grand malheur, celui de suivre en Afrique un petit gouverneur arrogant et avare: il éprouva toute l'humiliation d'en être protégé. Enfin il revint à Lisbonne avec son poëme pour toute ressource. Il obtint une petite pension d'environ huit cents livres de notre monnaie d'aujourd'hui; mais on cessa bientôt de la lui payer. Il n'eut d'autre retraite et d'autre secours qu'un hôpital. Ce fut là qu'il passa le reste de sa vie, et qu'il mourut dans un abandon général. A peine fut-il mort, qu'on s'empressa de lui faire des épitaphes honorables, et de le mettre au rang des grands hommes. Quelques villes se disputèrent l'honneur de lui avoir donné la naissance.

Ainsi il éprouva en tout le sort d'Homère. Il voyagea comme lui ; il vécut et mourut pauvre, et n'eut de réputation qu'après sa mort. Tant d'exemples doivent apprendre aux hommes de génie que ce n'est point par le génie qu'on fait sa fortune et qu'on vit heureux.

Le sujet de la *Lusiade*, traité par un esprit aussi vif que le Camoëns, ne pouvait que produire une nouvelle espèce d'épopée. Le fond de son poëme n'est ni une guerre, ni une querelle de héros, ni le monde en armes pour une femme; c'est un nouveau pays découvert à l'aide de la navigation.

Voici comme il débute : « Je chante ces hommes au-dessus du vulgaire, qui des rives occidentales de la Lusitanie, portés sur des mers qui n'avaient point encore vu de vaisseaux, allèrent étonner la Taprobane de leur audace; eux dont le courage patient à souffrir des travaux au delà des forces humaines établit un nouvel empire sous un ciel inconnu et sous d'autres étoiles. Qu'on ne vante plus les voyages du fameux Troyen qui porta ses dieux en Italie; ni ceux du sage Grec qui revit Ithaque après vingt ans d'absence; ni ceux d'Alexandre, cet impétueux conquérant. Disparaissez, drapeaux que Trajan déployait sur les frontières de l'Inde : voici un homme à qui Neptune a abandonné son trident; voici des travaux qui surpassent tous les vôtres.

« Et vous, nymphes du Tage, si jamais vous m'avez inspiré des sons doux et touchants, si j'ai chanté les rives de votre aimable fleuve, donnez-moi aujourd'hui des accents fiers et hardis ; qu'ils aient la force et la clarté de votre cours; qu'ils soient purs comme vos ondes, et que désormais le dieu des vers préfère vos eaux à celles de la fontaine sacrée. »

Le poëte conduit la flotte portugaise à l'embouchure du Gange : il décrit, en passant, les côtes occidentales, le midi et l'orient de l'Afrique, et les différents peuples qui vivent sur cette côte; il entremêle avec art l'histoire du Portugal. On voit dans le troisième chant la mort de la célèbre Inez de Castro, épouse du roi don Pedro, dont l'aventure déguisée a été jouée depuis peu sur le théâtre de Paris. C'est, à mon gré, le plus beau morceau du Camoëns; il y a peu d'endroits dans Virgile plus attendrissants et mieux écrits. La simplicité du poëme est rehaussée par des fictions aussi neuves que le sujet. En voici une qui, j'ose le dire, doit réussir dans tous les temps et chez toutes les nations.

Lorsque la flotte est prête à doubler le cap de Bonne-Espérance, appelé alors le promontoire des Tempêtes, on aperçoit tout à coup un formidable objet. C'est un fantôme qui s'élève du fond de la mer; sa tête touche aux nues; les tempêtes, les vents, les tonnerres, sont autour de lui ; ses bras s'étendent au loin sur la surface des eaux : ce monstre, ou ce dieu, est le gardien de cet océan dont aucun vaisseau n'avait encore fendu les flots ; il menace la flotte, il se plaint de l'audace des Portugais, qui viennent lui disputer l'empire de ces mers; il leur annonce toutes les calamités qu'ils doivent essuyer dans leur entreprise. Cela est grand en tout pays sans doute.

Voici une autre fiction qui fut extrêmement du goût des Portugais, et qui me paraît conforme au génie italien : c'est une île enchantée qui sort de la mer pour le rafraîchissement de Gama et de sa flotte. Cette île a servi, dit-on, de modèle à l'île d'Armide, décrite quelques années après par le Tasse. C'est là que Vénus, aidée des conseils du Père éternel, et secondée en même temps des flèches de Cupidon, rend les Néréides amoureuses des Portugais. Les plaisirs les plus lascifs y sont peints sans ménagement; chaque Portugais embrasse une Néréide; Thétis obtient Vasco de Gama pour son partage. Cette déesse le transporte sur une haute montagne, qui est l'endroit le plus délicieux de l'île, et de là lui montre tous les royaumes de la terre, et lui prédit les destinées du Portugal.

Camoëns, après s'être abandonné sans réserve à la description voluptueuse de cette île, et des plaisirs où les Portugais sont plongés, s'avise d'informer le lecteur que toute cette fiction ne signifie autre chose que le plaisir qu'un honnête homme sent à faire son devoir. Mais il faut avouer qu'une île enchantée, dont Vénus est la déesse, et où des nymphes caressent des matelots après un voyage de long cours, ressemble plus à un musico d'Amsterdam qu'à quelque chose d'honnête. J'apprends qu'un traducteur du Camoëns prétend que dans ce poëme Vénus signifie la sainte Vierge, et que Mars est évidemment Jésus-Christ. A la bonne heure, je ne m'y oppose pas; mais j'avoue que je ne m'en serais pas aperçu. Cette allégorie nouvelle rendra raison de tout; on ne sera plus tant surpris que Gama, dans une tempête, adresse ses prières à Jésus-Christ, et que ce soit Vénus qui vienne à son secours. Bacchus et la vierge Marie se trouveront tout naturellement ensemble.

Le principal but des Portugais, après l'établissement de leur commerce, est la propagation de la foi, et Vénus se charge du succès de l'entreprise. A parler sérieusement, un merveilleux si absurde défigure tout l'ouvrage aux yeux des lecteurs sensés. Il semble que ce grand défaut eût dû faire tomber ce poëme, mais la poésie du style et l'imagination dans l'expression l'ont soutenu; de même que les beautés de l'exécution ont placé Paul Véronèse parmi les grands peintres, quoiqu'il ait placé des pères bénédictins et des soldats suisses dans des sujets de l'Ancien Testament, et qu'il ait toujours péché contre le costume.

Le Camoëns tombe presque toujours dans de telles disparates. Je me souviens que Vasco, après avoir raconté ses aventures au roi de Mélinde, lui dit : « O roi, jugez si Ulysse et Énée ont voyagé aussi loin que moi, et couru autant de périls : » comme si un barbare africain des côtes de Zanguebar savait son Homère et son Virgile. Mais de tous les défauts de ce poëme le plus grand est le peu de liaison qui règne dans toutes ses parties; il ressemble au voyage dont il est le sujet. Les aventures se succèdent les unes aux autres, et le poëte n'a d'autre art que celui de bien conter les détails : mais cet art seul, par le plaisir qu'il donne, tient quelquefois lieu de tous les autres. Tout cela prouve enfin que l'ouvrage est plein de grandes beautés, puisque depuis deux cents ans il fait les délices d'une nation spirituelle qui doit en connaître les fautes.

Chap. VII. — Le Tasse.

Torquato Tasso commença sa *Gerusalemme liberata* dans le temps que la *Lusiade* du Camoëns commençait à paraître. Il entendait assez le portugais pour lire ce poëme et pour en être jaloux; il disait que le Camoëns était le seul rival en Europe qu'il craignît. Cette crainte, si elle était sincère, était très-mal fondée; le Tasse était autant au-dessus de Camoëns que le Portugais était supérieur à ses compatriotes. Le Tasse eût eu plus de raison d'avouer qu'il était jaloux de l'Arioste, par qui sa réputation fut si longtemps balancée, et qui lui est encore préféré par bien des Italiens. Il y aura même quelques lecteurs qui s'étonneront que l'on ne place point ici l'Arioste parmi les poëtes épiques. Il est vrai que l'Arioste a plus de fertilité, plus de variété, plus d'imagination que tous les autres ensemble; et si on lit Homère par une espèce de devoir, on lit et on relit l'Arioste pour son plaisir. Mais il ne faut pas confondre les espèces. Je ne parlerais point des comédies de *l'Avare* et du *Joueur* en traitant de la tragédie. L'*Orlando furioso* est d'un autre genre que l'*Iliade* et l'*Énéide*. On peut même dire que ce genre, quoique plus agréable au commun des lecteurs, est cependant très-inférieur au véritable poëme épique. Il en est des écrits comme des hommes : les caractères sérieux sont les plus estimés, et celui qui domine son imagination est supérieur à celui qui s'y abandonne. Il est plus aisé de peindre des ogres et des géants que des héros, et d'outrer la nature que de la suivre.

Le Tasse naquit à Sorrento en 1544, le 11 mars, de Bernardo Tasso et de Porzia de Rossi. La maison dont il sortait était une des plus illustres d'Italie, et avait été longtemps une des plus puissantes. Sa grand'mère était une *Cornaro* : on sait assez qu'une noble vénitienne a d'ordinaire la vanité de ne point épouser un homme d'une qualité médiocre; mais toute cette grandeur passée ne servit peut-être qu'à le rendre plus malheureux. Son père, né dans le déclin de sa maison, s'était attaché au prince de Salerne, qui fut dépouillé de sa principauté par Charles-Quint. De plus, Bernardo était poëte lui-même; avec ce talent, et le malheur qu'il eut d'être domestique d'un petit prince, il n'est pas étonnant qu'il ait été pauvre et malheureux.

CHAPITRE VII. — LE TASSE.

Torquato fut d'abord élevé à Naples. Son génie poétique, la seule richesse qu'il avait reçue de son père, se manifesta dès son enfance. Il faisait des vers à l'âge de sept ans. Bernardo, banni de Naples avec les partisans du prince de Salerne, et qui connaissait par une dure expérience le danger de la poésie et d'être attaché aux grands, voulut éloigner son fils de ces deux sortes d'esclavage. Il l'envoya étudier le droit à Padoue. Le jeune Tasse y réussit, parce qu'il avait un génie qui s'étendait à tout : il reçut même ses degrés en philosophie et en théologie. C'était alors un grand honneur, car on regardait comme savant un homme qui savait par cœur la Logique d'Aristote, et ce bel art de disputer pour et contre, en termes inintelligibles, sur des matières qu'on ne comprend point. Mais le jeune homme, entraîné par l'impulsion irrésistible du génie, au milieu de toutes ces études qui n'étaient point de son goût, composa, à l'âge de dix-sept ans, son poëme de *Renaud*, qui fut comme le précurseur de sa *Jérusalem*. La réputation que ce premier ouvrage lui attira le détermina dans son penchant pour la poésie. Il fut reçu dans l'Académie des *Eterei* de Padoue sous le nom de *Pentito*, du repentant, pour marquer qu'il se repentait du temps qu'il croyait avoir perdu dans l'étude du droit, et dans les autres où son inclination ne l'avait pas appelé.

Il commença la *Jérusalem* à l'âge de vingt-deux ans. Enfin, pour accomplir la destinée que son père avait voulu lui faire éviter, il alla se mettre sous la protection du duc de Ferrare, et crut qu'être logé et nourri chez un prince pour lequel il faisait des vers était un établissement assuré. A l'âge de vingt-sept ans il alla en France, à la suite du cardinal d'Este. « Il fut reçu du roi Charles IX, disent les historiens italiens, avec des distinctions dues à son mérite, et revint à Ferrare comblé d'honneurs et de biens. » Mais ces biens et ces honneurs tant vantés se réduisaient à quelques louanges ; c'est la fortune des poëtes. On prétend qu'il fut amoureux, à la cour de Ferrare, de la sœur du duc, et que cette passion, jointe aux mauvais traitements qu'il reçut dans cette cour, fut la source de cette humeur mélancolique qui le consuma vingt années, et qui fit passer pour fou un homme qui avait mis tant de raison dans ses ouvrages.

Quelques chants de son poëme avaient déjà paru sous le nom de *Godefroi* ; il le donna tout entier au public à l'âge de trente ans, sous le titre plus judicieux de la *Jérusalem délivrée*. Il pouvait dire alors comme un grand homme de l'antiquité : « J'ai vécu assez pour le bonheur et pour la gloire. » Le reste de sa vie ne fut plus qu'une chaîne de calamités et d'humiliations. Enveloppé dès l'âge de huit ans dans le bannissement de son père, sans patrie, sans bien, sans famille, persécuté par les ennemis que lui suscitaient ses talents, plaint, mais négligé, par ceux qu'il appelait ses amis, il souffrit l'exil, la prison, la plus extrême pauvreté, la faim même; et, ce qui devait ajouter un poids insupportable à tant de malheurs, la calomnie l'attaqua et l'opprima. Il s'enfuit de Ferrare, où le protecteur qu'il avait tant célébré l'avait fait mettre en prison. Il alla à pied, couvert de haillons, depuis Ferrare jusqu'à Sorrento, dans le royaume de Naples, trouver une sœur qu'il y avait, et dont il espérait quelques secours, mais dont probablement il n'en reçut point, puisqu'il fut obligé de retourner à pied à Ferrare, où il fut emprisonné encore. Le désespoir altéra sa constitution robuste, et le rejeta dans des maladies violentes et longues, qui lui ôtèrent quelquefois l'usage de la raison. Il prétendit un jour avoir été guéri par le secours de la sainte Vierge et de sainte Scolastique, qui lui apparurent dans un grand accès de fièvre. Le marquis Manso di Villa rapporte ce fait comme certain. Tout ce que la plupart des lecteurs en croiront, c'est que le Tasse avait la fièvre.

Sa gloire poétique, cette consolation imaginaire dans des malheurs réels, fut attaquée de tous côtés. Le nombre de ses ennemis éclipsa pour un temps sa réputation. Il fut presque regardé comme un mauvais poète. Enfin, après vingt années, l'envie fut lasse de l'opprimer; son mérite surmonta tout. On lui offrit des honneurs et de la fortune, mais ce ne fut que lorsque son esprit, fatigué d'une suite de malheurs si longue, était devenu insensible à tout ce qui pouvait le flatter. Il fut appelé à Rome par le pape Clément VII, qui, dans une congrégation de cardinaux, avait résolu de lui donner la couronne de laurier et les honneurs du triomphe; cérémonie bizarre, qui paraît ridicule aujourd'hui, surtout en France, et qui était alors très-sérieuse et très-honorable en Italie. Le Tasse fut reçu à un mille de Rome par les deux cardinaux neveux, et par un grand nombre de prélats et d'hommes de toutes conditions. On le conduisit à l'audience du pape : « Je désire, lui dit le pontife, que vous honoriez la couronne de laurier, qui a honoré jusqu'ici tous ceux qui l'ont portée. » Les deux cardinaux Aldobrandin, neveux du pape, qui aimaient et admiraient le Tasse, se chargèrent de l'appareil du couronnement; il devait se faire au Capitole : chose assez singulière, que ceux qui éclairent le monde par leurs écrits triomphent dans la même place que ceux qui l'avaient désolé par leurs conquêtes! Le Tasse tomba malade dans le temps de ces préparatifs; et, comme si la fortune avait voulu le tromper jusqu'au dernier moment, il mourut la veille du jour destiné à la cérémonie.

Le temps, qui sape la réputation des ouvrages médiocres, a assuré celle du Tasse. La *Jérusalem délivrée* est aujourd'hui chantée en plusieurs endroits de l'Italie, comme les poèmes d'Homère l'étaient en Grèce; et on ne fait nulle difficulté de la mettre à côté de Virgile et d'Homère, malgré ses fautes, et malgré la critique de Despréaux.

La *Jérusalem* paraît à quelques égards être copiée d'après

l'*Iliade*; mais si c'est imiter que de choisir dans l'histoire un sujet qui a des ressemblances avec la fable de la guerre de Troie, si Renaud est une copie d'Achille, et Godefroi d'Agamemnon, j'ose dire que le Tasse a été bien au delà de son modèle. Il a autant de feu qu'Homère dans ses batailles, avec plus de variété. Ses héros ont tous des caractères différents comme ceux de l'*Iliade*; mais ses caractères sont mieux annoncés, plus fortement décrits, et mieux soutenus; car il n'y en a presque pas un seul qui ne se démente dans le poëte grec, et pas un qui ne soit invariable dans l'italien.

Il a peint ce qu'Homère crayonnait; il a perfectionné l'art de nuancer les couleurs, et de distinguer les différentes espèces de vertus, de vices, et de passions, qui ailleurs semblent être les mêmes. Ainsi Godefroi est prudent et modéré; l'inquiet Aladin a une politique cruelle; la généreuse valeur de Tancrède est opposée à la fureur d'Argant; l'amour, dans Armide, est un mélange de coquetterie et d'emportement; dans Herminie, c'est une tendresse douce et aimable. Il n'y a pas jusqu'à l'ermite Pierre qui ne fasse un personnage dans le tableau, et un beau contraste avec l'enchanteur Ismeno; et ces deux figures sont assurément au-dessus de Calchas et de Talthybius. Renaud est une imitation d'Achille : mais ses fautes sont plus excusables, son caractère est plus aimable, son loisir est mieux employé. Achille éblouit, et Renaud intéresse.

Je ne sais si Homère a bien ou mal fait d'inspirer tant de compassion pour Priam, l'ennemi des Grecs; mais c'est sans doute un coup de l'art d'avoir rendu Aladin odieux. Sans cet artifice, plus d'un lecteur se serait intéressé pour les mahométans contre les chrétiens; on serait tenté de regarder ces derniers comme des brigands ligués pour venir, du fond de l'Europe, désoler un pays sur lequel ils n'avaient aucun droit, et massacrer de sang-froid un vénérable monarque âgé de quatre-vingts ans, et tout un peuple innocent qui n'avait rien à démêler avec eux.

C'était une chose bien étrange que la folie des croisés. Les moines prêchaient ces saints brigandages, moitié par enthousiasme, moitié par intérêt. La cour de Rome les encourageait par une politique qui profitait de la faiblesse d'autrui. Des princes quittaient leurs États, les épuisaient d'hommes et d'argent, et les laissaient exposés au premier occupant pour aller se battre en Syrie.

Tous les gentilshommes vendaient leurs biens, et partaient pour la terre sainte avec leurs maîtresses. L'envie de courir, la mode, la superstition, concouraient à répandre dans l'Europe cette maladie épidémique. Les croisés mêlaient les débauches les plus scandaleuses et la fureur la plus barbare avec des sentiments tendres de dévotion; ils égorgèrent tout dans Jérusalem, sans distinction de sexe ni d'âge; mais quand ils arrivèrent au

Saint-Sépulcre, ces monstres, ornés de croix blanches encore toutes dégouttantes du sang des femmes qu'ils venaient de massacrer après les avoir violées, fondirent tendrement en larmes, baisèrent la terre, et se frappèrent la poitrine : tant la nature humaine est capable de réunir les extrêmes !

Le Tasse fait voir, comme il le doit, les croisades dans un jour tout opposé. C'est une armée de héros qui, sous la conduite d'un chef vertueux, vient délivrer du joug des infidèles une terre consacrée par la naissance et la mort d'un Dieu. Le sujet de la *Jérusalem*, à le considérer dans ce sens, est le plus grand qu'on ait jamais choisi. Le Tasse l'a traité dignement ; il y a mis autant d'intérêt que de grandeur. Son ouvrage est bien conduit ; presque tout y est lié avec art ; il amène adroitement les aventures ; il distribue sagement les lumières et les ombres. Il fait passer le lecteur des alarmes de la guerre aux délices de l'amour, et de la peinture des voluptés il le ramène aux combats ; il excite la sensibilité par degrés ; il s'élève au-dessus de lui-même de livre en livre. Son style est presque partout clair et élégant ; et lorsque son sujet demande de l'élévation, on est étonné comment la mollesse de la langue italienne prend un nouveau caractère sous ses mains, et se change en majesté et en force.

On trouve, il est vrai, dans la *Jérusalem*, environ deux cents vers où l'auteur se livre à des jeux de mots et à des concetti puérils ; mais ces faiblesses étaient une espèce de tribut que son génie payait au mauvais goût de son siècle pour les pointes, qui même a augmenté depuis lui, mais dont les Italiens sont entièrement désabusés.

Si cet ouvrage est plein de beautés qu'on admire partout, il y a aussi bien des endroits qu'on n'approuve qu'en Italie, et quelques-uns qui ne doivent plaire nulle part. Il me semble que c'est une faute par tout pays d'avoir débuté par un épisode qui ne tient en rien au reste du poëme ; je parle de l'étrange et inutile talisman que fait le sorcier Ismeno avec une image de la vierge Marie, et de l'histoire d'Olindo et de Sofronia. Encore si cette image de la Vierge servait à quelque prédiction ; si Olindo et Sofronia, prêts à être les victimes de leur religion, étaient éclairés d'en haut, et disaient un mot de ce qui doit arriver ; mais ils sont entièrement hors d'œuvre. On croit d'abord que ce sont les principaux personnages du poëme ; mais le poëte ne s'est épuisé à décrire leur aventure avec tous les embellissements de son art, et n'excite tant d'intérêt et de pitié pour eux, que pour n'en plus parler du tout dans le reste de l'ouvrage. Sophronie et Olinde sont aussi inutiles aux affaires des chrétiens que l'image de la Vierge l'est aux mahométans.

Il y a dans l'épisode d'Armide, qui d'ailleurs est un chef-d'œuvre, des excès d'imagination qui assurément ne seraient point admis en France ni en Angleterre : dix princes chrétiens métamorphosés en poissons, et un perroquet chantant des chansons de sa propre composition, sont des fables bien étranges aux yeux d'un lecteur sensé, accoutumé à n'approuver que ce qui est naturel. Les enchantements ne réussiraient pas aujourd'hui avec des Français ou des Anglais; mais du temps du Tasse ils étaient reçus dans toute l'Europe, et regardés presque comme un point de foi par le peuple superstitieux d'Italie. Sans doute un homme qui vient de lire Locke ou Addison sera étrangement révolté de trouver dans la *Jérusalem* un sorcier chrétien qui tire Renaud des mains des sorciers mahométans. Quelle fantaisie d'envoyer Ubalde et son compagnon à un vieux et saint magicien, qui les conduit jusqu'au centre de la terre! Les deux chevaliers se promènent là sur le bord d'un ruisseau rempli de pierres précieuses de tout genre. De ce lieu on les envoie à Ascalon, vers une vieille qui les transporte aussitôt dans un petit bateau aux îles Canaries. Ils y arrivent sous la protection de Dieu, tenant dans leurs mains une baguette magique: ils s'acquittent de leur ambassade, et ramènent au camp des chrétiens le brave Renaud, dont toute l'armée avait grand besoin. Encore ces imaginations, dignes des contes de fées, n'appartiennent-elles pas au Tasse; elles sont copiées de l'Arioste, ainsi que son Armide est une copie d'Alcine. C'est là surtout ce qui fait que tant de littérateurs italiens ont mis l'Arioste beaucoup au-dessus du Tasse.

Mais quel était ce grand exploit qui était réservé à Renaud? Conduit par enchantement depuis le pic de Ténériffe jusqu'à Jérusalem, la Providence l'avait destiné pour abattre quelques vieux arbres dans une forêt: cette forêt est le grand merveilleux du poëme. Dans les premiers chants, Dieu ordonne à l'archange Michel de précipiter dans l'enfer les diables répandus dans l'air, qui excitaient des tempêtes, et qui tournaient son tonnerre contre les chrétiens en faveur des mahométans. Michel leur défend absolument de se mêler désormais des affaires des chrétiens. Ils obéissent aussitôt, et se plongent dans l'abîme; mais bientôt après le magicien Ismeno les en fait sortir. Ils trouvent alors les moyens d'éluder les ordres de Dieu; et, sous le prétexte de quelques distinctions sophistiques, ils prennent possession de la forêt, où les chrétiens se préparaient à couper le bois nécessaire pour la charpente d'une tour. Les diables prennent une infinité de différentes formes pour épouvanter ceux qui coupent les arbres. Tancrède trouve sa Clorinde enfermée dans un pin, et blessée du coup qu'il a donné au tronc de cet arbre: Armide s'y présente à travers l'écorce d'un myrte, tandis qu'elle est à plusieurs milles dans l'armée d'Égypte. Enfin, les prières de l'ermite Pierre et le mérite de la contrition de Renaud rompent l'enchantement.

Je crois qu'il est à propos de faire voir comment Lucain a traité différemment dans sa *Pharsale* un sujet presque semblable

César ordonne à ses troupes de couper quelques arbres dans la forêt sacrée de Marseille, pour en faire des instruments et des machines de guerre. Je mets sous les yeux du lecteur les vers de Lucain et la traduction de Brébeuf, qui, comme toutes les autres traductions, est au-dessous de l'original :

> Lucus erat, longo nunquam violatus ab ævo,
> Obscurum cingens connexis aera ramis,
> Et gelidas alte summotis solibus umbras.
> Hunc non ruricolæ Panes, nemorumque potentes
> Silvani, nymphæque tenent; sed barbara ritu
> Sacra deum, structæ diris altaribus aræ;
> Omnis et humanis lustrata cruoribus arbos.
> Si qua fidem meruit superos mirata vetustas,
> Illic et volucres metuunt insidere ramis,
> Et lustris recubare feræ : nec ventus in illas
> Incubuit silvas, excussaque nubibus atris
> Fulgura : non ullis frondem præbentibus auris,
> Arboribus suus horror inest. Tum plurima nigris
> Fontibus unda cadit, simulacraque mœsta deorum
> Arte carent, cæsisque exstant informia truncis.
> Ipse situs, putrique facit jam robore pallor
> Attonitos : non vulgatis sacrata figuris
> Numina sic metuunt : tantum terroribus addit,
> Quos timeant, non nosse deos! Jam fama ferebat
> Sæpe cavas motu terræ mugire cavernas,
> Et procumbentes iterum consurgere taxos,
> Et non ardentis fulgere incendia silvæ,
> Roboraque amplexos circumfluxisse dracones.
> Non illum cultu populi propiore frequentant,
> Sed cessere deis. Medio quum Phœbus in axe est,
> Aut cœlum nox atra tenet, pavet ipse sacerdos
> Accessus, dominumque timet deprendere luci.
>
> Hanc jubet immisso silvam procumbere ferro :
> Nam vicina operi, belloque intacta priori,
> Inter nudatos stabat densissima montes.
> Sed fortes tremuere manus, motique verenda
> Majestate loci, si robora sacra ferirent,
> In suo credebant redituras membra secures.
> Implicitas magno Cæsar terrore cohortes
> Ut vidit, primus raptam vibrare bipennem
> Ausus, et æriam ferro proscindere quercum,
> Effatur merso violata in robora ferro;
> « Jam ne quis vestrum dubitet subvertere silvam,
> Credite me fecisse nefas. » Tunc paruit omnis
> Imperiis non sublato secura pavore
> Turba, sed expensa superorum et Cæsaris ira.

CHAPITRE VII. — LE TASSE. 35

Procumbunt orni, nodosa impellitur ilex,
Silvaque Dodones, et fluctibus aptior alnus,
Et non plebeios luctus testata cupressus,
Tum primum posuere comas, et fronde carentes
Admisere diem, propulsaque robore denso
Sustinuit se silva cadens. Gemuere videntes
Gallorum populi : muris sed clausa juventus
Exultat. Quis enim læsos impune putaret
Esse deos?

Voici la traduction de Brébeuf : on sait qu'il était plus ampoulé encore que Lucain; il gâte souvent son original en voulant le surpasser; mais il y a toujours dans Brébeuf quelques vers heureux :

On voit auprès du camp une forêt sacrée,
Formidable aux humains, et des temps révérée,
Dont le feuillage sombre et les rameaux épais
Du dieu de la clarté font mourir tous les traits.
Sous la noire épaisseur des ormes et des hêtres,
Les faunes, les sylvains, et les nymphes champêtres,
Ne vont point accorder aux accents de la voix
Le son des chalumeaux ou celui des hautbois.
Cette ombre, destinée à de plus noirs offices,
Cache aux yeux du soleil ses cruels sacrifices;
Et les vœux criminels qui s'offrent en ces lieux
Offensent la nature en révérant les dieux.
Là, du sang des humains on voit suer les marbres;
On voit fumer la terre, on voit rougir les arbres :
Tout y parle d'horreur, et même les oiseaux
Ne se perchent jamais sur ces tristes rameaux.
Les sangliers, les lions, les bêtes les plus fières,
N'osent pas y chercher leur bauge ou leurs tanières.
La foudre, accoutumée à punir les forfaits,
Craint ce lieu si coupable, et n'y tombe jamais.
Là, de cent dieux divers les grossières images
Impriment l'épouvante, et forcent les hommages;
La mousse et la pâleur de leurs membres hideux
Semblent mieux attirer les respects et les vœux.
Sous un air plus connu la Divinité peinte
Trouverait moins d'encens, et ferait moins de crainte :
Tant aux faibles mortels il est bon d'ignorer
Les dieux qu'il leur faut craindre et qu'il faut adorer !
Là, d'une obscure source il coule une onde obscure
Qui semble du Cocyte emprunter la teinture.
Souvent un bruit confus trouble ce noir séjour,
Et l'on entend mugir les roches d'alentour :
Souvent du triste éclat d'une flamme ensoufrée

La forêt est couverte, et n'est pas dévorée;
Et l'on a vu cent fois les troncs entortillés
De cérastes hideux et de dragons ailés.
Les voisins de ce bois si sauvage et si sombre
Laissent à ses démons son horreur et son ombre;
Et le druide craint, en abordant ces lieux,
D'y voir ce qu'il adore, et d'y trouver ses dieux.

Il n'est rien de sacré pour des mains sacriléges,
Les dieux mêmes, les dieux n'ont point de priviléges :
César veut qu'à l'instant leurs droits soient violés,
Les arbres abattus, les autels dépouillés;
Et de tous les soldats les âmes étonnées
Craignent de voir contre eux retourner leurs cognées.
Il querelle leur crainte, il frémit de courroux,
Et, le fer à la main, porte les premiers coups :
« Quittez, quittez, dit-il, l'effroi qui vous maîtrise;
Si ces bois sont sacrés, c'est moi qui les méprise :
Seul j'offense aujourd'hui le respect de ces lieux,
Et seul je prends sur moi tout le courroux des dieux. »
A ces mots tous les siens, cédant à la contrainte,
Dépouillent le respect, sans dépouiller la crainte :
Les dieux parlent encore à ces cœurs agités;
Mais, quand Jules commande, ils sont mal écoutés.
Alors on voit tomber sous un fer téméraire
Des chênes et des ifs aussi vieux que leur mère;
Des pins et des cyprès, dont les feuillages verts
Conservent le printemps au milieu des hivers.
A ces forfaits nouveaux tous les peuples frémissent;
A ce fier attentat tous les prêtres gémissent.
Marseille seulement, qui le voit de ses tours,
Du crime des Latins fait son plus grand secours.
Elle croit que les dieux, d'un éclat de tonnerre,
Vont foudroyer César, et terminer la guerre.

J'avoue que toute la *Pharsale* n'est pas comparable à la *Jérusalem délivrée;* mais au moins cet endroit fait voir combien la vraie grandeur d'un héros réel est au-dessus de celle d'un héros imaginaire, et combien les pensées fortes et solides surpassent ces inventions qu'on appelle des beautés poétiques, et que les personnes de bon sens regardent comme des contes insipides propres à amuser les enfants.

Le Tasse semble avoir reconnu lui-même sa faute, et il n'a pu s'empêcher de sentir que ces contes ridicules et bizarres, si fort à la mode alors, non-seulement en Italie, mais encore dans toute l'Europe, étaient absolument incompatibles avec la gravité de la poésie épique. Pour se justifier, il publia une préface dans laquelle il avança que tout son poëme était allégorique. L'armée des princes chrétiens, dit-il, représente le corps et l'âme; Jérusalem est la figure du vrai bonheur, qu'on acquiert par le travail et avec beaucoup de difficulté : Godefroi est l'âme; Tancrède, Renaud, etc., en sont les facultés; le commun des soldats sont les membres du corps; les diables sont à la fois figures et figurés, *figura e figurato;* Armide et Ismeno sont les tentations qui assiégent nos âmes; les charmes, les illusions de la forêt enchantée, représentent les faux raisonnements, *falsi sillogismi*, dans lesquels nos passions nous entraînent.

Telle est la clef que le Tasse ose donner de son poëme. Il en use en quelque sorte avec lui-même comme les commentateurs ont fait avec Homère et avec Virgile : il se suppose des vues et des desseins qu'il n'avait pas probablement quand il fit son poëme; ou si, par malheur, il les a eus, il est bien incompréhensible comment il a pu faire un si bel ouvrage avec des idées si alambiquées.

Si le diable joue dans son poëme le rôle d'un misérable charlatan, d'un autre côté tout ce qui regarde la religion y est exposé avec majesté, et, si je l'ose dire, dans l'esprit de la religion; les processions, les litanies, et quelques autres détails des pratiques religieuses, sont représentés dans la *Jérusalem délivrée* sous une forme respectable : telle est la force de la poésie, qui sait ennoblir tout, et étendre la sphère des moindres choses.

Il a eu l'inadvertance de donner aux mauvais esprits les noms de Pluton et d'Alecton, et d'avoir confondu les idées païennes avec les idées chrétiennes. Il est étrange que la plupart des poëtes modernes soient tombés dans cette faute : on dirait que nos diables et notre enfer chrétien auraient quelque chose de bas et de ridicule qui demanderait d'être ennobli par l'idée de l'enfer païen. Il est vrai que Pluton, Proserpine, Rhadamanthe, Tisiphone, sont des noms plus agréables que Belzébuth et Astaroth : nous rions du mot de *diable*, nous respectons celui de *furie*. Voilà ce que c'est que d'avoir le mérite de l'antiquité; il n'y a pas jusqu'à l'enfer qui n'y gagne.

CHAP. VIII. — *Don Alonzo de Ercilla.*

Sur la fin du XVIe siècle, l'Espagne produisit un poëme épique célèbre par quelques beautés particulières qui y brillent, aussi bien que par la singularité du sujet, mais encore plus remarquable par le caractère de l'auteur.

Don Alonzo de Ercilla y Cuniga, gentilhomme de la chambre de l'empereur Maximilien II, fut élevé dans la maison de Philippe II, et combattit à la bataille de Saint-Quentin, où les Français furent défaits. Philippe, qui n'était point à cette bataille, moins jaloux d'acquérir de la gloire au dehors que d'établir ses affaires au dedans, retourna en Espagne. Le jeune

Alonzo, entraîné par une insatiable avidité du vrai savoir, c'est-à-dire de connaître les hommes et de voir le monde, voyagea par toute la France, parcourut l'Italie et l'Allemagne, et séjourna longtemps en Angleterre. Tandis qu'il était à Londres, il entendit dire que quelques provinces du Pérou et du Chili avaient pris les armes contre les Espagnols leurs conquérants. Je dirai, en passant, que cette tentative des Américains pour recouvrer leur liberté est traitée de rébellion par les auteurs espagnols. La passion qu'il avait pour la gloire, et le désir de voir et d'entreprendre des choses singulières, l'entraînèrent dans ces pays du Nouveau Monde. Il alla au Chili à la tête de quelques troupes, et il y resta pendant tout le temps de la guerre.

Sur les frontières du Chili, du côté du sud, est une petite contrée montagneuse nommée Araucana, habitée par une race d'hommes plus robustes et plus féroces que tous les autres peuples de l'Amérique : ils combattirent pour la défense de leur liberté avec plus de courage et plus longtemps que les autres Américains, et ils furent les derniers que les Espagnols soumirent. Alonzo soutint contre eux une pénible et longue guerre ; il courut des dangers extrêmes ; il vit et fit les actions les plus étonnantes, dont la seule récompense fut l'honneur de conquérir des rochers, et de réduire quelques contrées incultes sous l'obéissance du roi d'Espagne.

Pendant le cours de cette guerre, Alonzo conçut le dessein d'immortaliser ses ennemis en s'immortalisant lui-même. Il fut en même temps le conquérant et le poëte : il employa les intervalles de loisir que la guerre lui laissait à en chanter les événements ; et, faute de papier, il écrivit la première partie de son poëme sur de petits morceaux de cuir, qu'il eut ensuite bien de la peine à arranger. Le poëme s'appelle *Arauçana*, du nom de la contrée.

Il commence par une description géographique du Chili, et par la peinture des mœurs et des coutumes des habitants. Ce commencement, qui serait insupportable dans tout autre poëme, est ici nécessaire, et ne déplaît pas dans un sujet où la scène est par delà l'autre tropique, et où les héros sont des sauvages, qui nous auraient été toujours inconnus s'il ne les avait pas conquis et célébrés. Le sujet, qui était neuf, a fait naître des pensées neuves. J'en présenterai une au lecteur pour échantillon, comme une étincelle du beau feu qui animait quelquefois l'auteur.

« Les Araucaniens, dit-il, furent bien étonnés de voir des créatures pareilles à des hommes portant du feu dans leurs mains, et montées sur des monstres qui combattaient sous eux ; ils les prirent d'abord pour des dieux descendus du ciel, armés du tonnerre, et suivis de la destruction ; et alors ils se soumirent, quoique avec peine : mais dans la suite, s'étant familiarisés avec leurs conquérants, ils connurent leurs passions et leurs

CHAPITRE VIII. — DON ALONZO DE ERCILLA.

vices, et jugèrent que c'étaient des hommes : alors, honteux d'avoir succombé sous des mortels semblables à eux, ils jurèrent de laver leur erreur dans le sang de ceux qui l'avaient produite, et d'exercer sur eux une vengeance exemplaire, terrible, et mémorable. »

Il est à propos de faire connaître ici un endroit du deuxième chant, dont le sujet ressemble beaucoup au commencement de l'*Iliade*, et qui, ayant été traité d'une manière différente, mérite d'être mis sous les yeux des lecteurs qui jugent sans partialité. La première action de l'*Araucana* est une querelle qui naît entre les chefs des Barbares, comme, dans Homère, entre Achille et Agamemnon. La dispute n'arrive pas au sujet d'une captive ; il s'agit du commandement de l'armée. Chacun de ces généraux sauvages vante son mérite et ses exploits ; enfin la dispute s'échauffe tellement, qu'ils sont près d'en venir aux mains : alors un des caciques, nommé Colocolo, aussi vieux que Nestor, mais moins favorablement prévenu en sa faveur que le héros grec, fait la harangue suivante :

« Caciques, illustres défenseurs de la patrie, le désir ambitieux de commander n'est point ce qui m'engage à vous parler. Je ne me plains pas que vous disputiez avec tant de chaleur un honneur qui peut-être serait dû à ma vieillesse, et qui ornerait mon déclin ; c'est ma tendresse pour vous, c'est l'amour que je dois à ma patrie, qui me sollicite à vous demander attention pour ma faible voix. Hélas ! comment pouvons-nous avoir assez bonne opinion de nous-mêmes pour prétendre à quelque grandeur, et pour ambitionner des titres fastueux, nous qui avons été les malheureux sujets et les esclaves des Espagnols ? Votre colère, caciques, votre fureur, ne devraient-elles pas s'exercer plutôt contre nos tyrans ? Pourquoi tournez-vous contre vous-mêmes ces armes qui pourraient exterminer vos ennemis et venger notre patrie ? Ah ! si vous voulez périr, cherchez une mort qui vous procure de la gloire : d'une main brisez un joug honteux, et de l'autre attaquez les Espagnols, et ne répandez pas dans une querelle stérile les précieux restes d'un sang que les dieux vous ont laissé pour vous venger. J'applaudis, je l'avoue, à la fière émulation de vos courages ; ce même orgueil que je condamne augmente l'espoir que je conçois. Mais que votre valeur aveugle ne combatte pas contre elle-même, et ne se serve pas de ses propres forces pour détruire le pays qu'elle doit défendre. Si vous êtes résolus de ne point cesser vos querelles, trempez vos glaives dans mon sang glacé. J'ai vécu trop longtemps : heureux qui meurt sans voir ses compatriotes malheureux, et malheureux par leur faute ! Écoutez donc ce que j'ose vous proposer : votre valeur, ô caciques ! est égale ; vous êtes tous également illustres par votre naissance, par votre pouvoir, par vos richesses, par vos exploits ; vos âmes sont également dignes de commander, également capables de subjuguer l'univers; ce sont ces présents célestes qui causent vos querelles. Vous manquez de chef, et chacun de vous mérite de l'être; ainsi, puisqu'il n'y a aucune différence entre vos courages, que la force du corps décide ce que l'égalité de vos vertus n'aurait jamais décidé, etc. » Le vieillard propose alors un exercice digne d'une nation barbare, de porter une grosse poutre, et de déférer à qui en soutiendrait le poids plus longtemps l'honneur du commandement.

Comme la meilleure manière de perfectionner notre goût est de comparer ensemble des choses de même nature, opposez le discours de Nestor à celui de Colocolo; et, renonçant à cette adoration que nos esprits, justement préoccupés, rendent au grand nom d'Homère, pesez les deux harangues dans la balance de l'équité et de la raison.

Après qu'Achille, instruit et inspiré par Minerve, déesse de la sagesse, a donné à Agamemnon les noms d'ivrogne et de chien, le sage Nestor se lève pour adoucir les esprits irrités de ces deux héros, et parle ainsi : « Quelle satisfaction sera-ce aux Troyens lorsqu'ils entendront parler de vos discordes ! Votre jeunesse doit respecter mes années, et se soumettre à mes conseils. J'ai vu autrefois des héros supérieurs à vous. Non, mes yeux ne verront jamais des hommes semblables à l'invincible Pirithoüs, au brave Céneus, au divin Thésée, etc.... J'ai été à la guerre avec eux, et, quoique je fusse jeune, mon éloquence persuasive avait du pouvoir sur leurs esprits; ils écoutaient Nestor : jeunes guerriers, écoutez donc les avis que vous donne ma vieillesse. Atride, vous ne devez pas garder l'esclave d'Achille : fils de Thétis, vous ne devez pas traiter avec hauteur le chef de l'armée. Achille est le plus grand, le plus courageux des guerriers; Agamemnon est le plus grand des rois, etc. » Sa harangue fut infructueuse; Agamemnon loua son éloquence, et méprisa son conseil.

Considérez, d'un côté, l'adresse avec laquelle le barbare Colocolo s'insinue dans l'esprit des caciques, la douceur respectable avec laquelle il calme leur animosité, la tendresse majestueuse de ses paroles, combien l'amour du pays l'anime, combien les sentiments de la vraie gloire pénètrent son cœur; avec quelle prudence il loue leur courage en réprimant leur fureur; avec quel art il ne donne la supériorité à aucun : c'est un censeur, un panégyriste adroit; aussi tous se soumettent à ses raisons, confessant la force de son éloquence, non par de vaines louanges, mais par une prompte obéissance. Qu'on juge, d'un autre côté, si Nestor est si sage de parler tant de sa sagesse; si c'est un moyen sûr de s'attirer l'attention des princes grecs, que de les rabaisser et de les mettre au-dessous de leurs aïeux; si toute l'assemblée peut entendre dire avec plaisir à Nestor qu'Achille est le plus courageux des chefs qui sont là présents. Après avoir comparé le babil présomptueux et impoli de Nestor avec le discours modeste et mesuré de Colocolo, l'odieuse différence qu'il met entre le rang d'Agamemnon et le mérite d'Achille, avec cette portion égale de grandeur et de courage attribuée avec art à tous les caciques, que le lecteur prononce; et s'il y a un général dans le monde qui souffre volontiers qu'on lui préfère son inférieur pour le courage; s'il y a une assemblée qui puisse supporter sans s'émouvoir un harangueur qui, leur parlant avec mépris, vante leurs prédécesseurs à leurs dépens, alors Homère pourra être préféré à Alonzo dans ce cas particulier.

Il est vrai que si Alonzo est dans un seul endroit supérieur à Homère, il est dans tout le reste au-dessous du moindre des poëtes ; on est étonné de le voir tomber si bas, après avoir pris un vol si haut. Il y a sans doute beaucoup de feu dans ses batailles, mais nulle invention, nul plan, point de variété dans les descriptions, point d'unité dans le dessein. Ce poëme est plus sauvage que les nations qui en font le sujet. Vers la fin de l'ouvrage, l'auteur, qui est un des premiers héros du poëme, fait pendant la nuit une longue et ennuyeuse marche, suivi de quelques soldats; et, pour passer le temps, il fait naître entre eux une dispute au sujet de Virgile, et principalement sur l'épisode de *Didon*. Alonzo saisit cette occasion pour entretenir ses soldats de la mort de Didon, telle qu'elle est rapportée par les anciens historiens; et, afin de mieux donner le démenti à Virgile, et de restituer à la reine de Carthage sa réputation, il s'amuse à en discourir pendant deux chants entiers.

Ce n'est pas d'ailleurs un défaut médiocre de son poëme d'être composé de trente-six chants très-longs. On peut supposer avec raison qu'un auteur qui ne sait ou qui ne peut s'arrêter n'est pas propre à fournir une telle carrière.

Un si grand nombre de défauts n'a pas empêché le célèbre Michel Cervantes de dire que l'*Araucana* peut être comparé avec les meilleurs poëmes d'Italie. L'amour aveugle de la patrie a sans doute dicté ce faux jugement à l'auteur espagnol. Le véritable et solide amour de la patrie consiste à lui faire du bien, et à contribuer à sa liberté autant qu'il nous est possible; mais disputer seulement sur les auteurs de notre nation, nous vanter d'avoir parmi nous de meilleurs poëtes que nos voisins, c'est plutôt sot amour de nous-mêmes qu'amour de notre pays.

Chap. IX. — Milton.

On trouvera ici, touchant Milton, quelques particularités omises dans l'abrégé de sa Vie qui est au-devant de la traduction française de son *Paradis perdu*. Il n'est pas étonnant qu'ayant recherché avec soin en Angleterre tout ce qui regarde ce grand homme, j'aie découvert des circonstances de sa vie que le public ignore.

Milton, voyageant en Italie dans sa jeunesse, vit représenter à

Milan une comédie intitulée *Adam, ou le Péché originel*, écrite par un certain Andreino, et dédiée à Marie de Médicis, reine de France. Le sujet de cette comédie était la chute de l'homme. Les acteurs étaient Dieu le père, les diables, les anges, Adam, Ève, le serpent, la Mort, et les sept Péchés mortels. Ce sujet, digne du génie absurde du théâtre de ce temps-là, était écrit d'une manière qui répondait au dessein.

La scène s'ouvre par un chœur d'anges, et Michel parle ainsi au nom de ses confrères : « Que l'arc-en-ciel soit l'archet du violon du firmament; que les sept planètes soient les sept notes de notre musique; que le Temps batte exactement la mesure, que les vents jouent de l'orgue », etc. Toute la pièce est dans ce goût. J'avertis seulement les Français qui en riront, que notre théâtre ne valait guère mieux alors ; que *la Mort de saint Jean-Baptiste*, et cent autres pièces, sont écrites dans ce style ; mais que nous n'avions ni *Pastor fido* ni *Aminte*.

Milton, qui assista à cette représentation, découvrit, à travers l'absurdité de l'ouvrage, la sublimité cachée du sujet. Il y a souvent, dans des choses où tout paraît ridicule au vulgaire, un coin de grandeur qui ne se fait apercevoir qu'aux hommes de génie. Les sept Péchés mortels dansant avec le diable sont assurément le comble de l'extravagance et de la sottise ; mais l'univers rendu malheureux par la faiblesse d'un homme, les bontés et les vengeances du Créateur, la source de nos malheurs et de nos crimes, sont des objets dignes du pinceau le plus hardi : il y a surtout dans ce sujet je ne sais quelle horreur ténébreuse, un sublime sombre et triste qui ne convient pas mal à l'imagination anglaise. Milton conçut le dessein de faire une tragédie de la farce d'Andreino : il en composa même un acte et demi. Ce fait m'a été assuré par des gens de lettres, qui le tenaient de sa fille, laquelle est morte lorsque j'étais à Londres.

La tragédie de Milton commençait par ce monologue de Satan, qu'on voit dans le quatrième chant de son poëme épique : c'est lorsque cet esprit de révolte, s'échappant du fond des enfers, découvre le soleil qui sortait des mains du Créateur :

Toi, sur qui mon tyran prodigue ses bienfaits[1],
Soleil, astre de feu, jour heureux que je hais,
Jour qui fais mon supplice, et dont mes yeux s'étonnent,
Toi qui sembles le dieu des cieux qui t'environnent,
Devant qui tout éclat disparaît et s'enfuit,
Qui fais pâlir le front des astres de la nuit;
Image du Très-Haut qui régla ta carrière,
Hélas! j'eusse autrefois éclipsé ta lumière;
Sous la voûte des cieux, élevé plus que toi,

1. *Paradis perdu*, liv. IV, vers 32.

CHAPITRE IX. — MILTON.

Le trône où tu t'assieds s'abaissait devant moi.
Je suis tombé, l'orgueil m'a plongé dans l'abîme.

Dans le temps qu'il travaillait à cette tragédie, la sphère de ses idées s'élargissait à mesure qu'il pensait. Son plan devint immense sous sa plume; et enfin, au lieu d'une tragédie, qui, après tout, n'eût été que bizarre et non intéressante, il imagina un poëme épique, espèce d'ouvrage dans lequel les hommes sont convenus d'approuver souvent le bizarre sous le nom du merveilleux.

Les guerres civiles d'Angleterre ôtèrent longtemps à Milton le loisir nécessaire pour l'exécution d'un si grand dessein. Il était né avec une passion extrême pour la liberté : ce sentiment l'empêcha toujours de prendre parti pour aucune des sectes qui avaient la fureur de dominer dans sa patrie; il ne voulut fléchir sous le joug d'aucune opinion humaine; et il n'y eut point d'Église qui pût se vanter de compter Milton pour un de ses membres. Mais il ne garda point cette neutralité dans les guerres civiles du roi et du parlement : il fut un des plus ardents ennemis de l'infortuné roi Charles Ier : il entra même assez avant dans la faveur de Cromwell; et, par une fatalité qui n'est que trop commune, ce zélé républicain fut le serviteur d'un tyran. Il fut secrétaire d'Olivier Cromwell, de Richard Cromwell, et du parlement, qui dura jusqu'au temps de la restauration. Les Anglais employèrent sa plume pour justifier la mort de leur roi, et pour répondre au livre que Charles II avait fait écrire par Saumaise au sujet de cet événement tragique. Jamais cause ne fut plus belle, et ne fut si mal plaidée de part et d'autre. Saumaise défendit en pédant le parti d'un roi mort sur l'échafaud, d'une famille royale errante dans l'Europe, et de tous les rois même de l'Europe, intéressés dans cette querelle. Milton soutint en mauvais déclamateur la cause d'un peuple victorieux, qui se vantait d'avoir jugé son prince selon les lois. La mémoire de cette révolution étrange ne périra jamais chez les hommes, et les livres de Saumaise et de Milton sont déjà ensevelis dans l'oubli. Milton, que les Anglais regardent aujourd'hui comme un poète divin, était un très-mauvais écrivain en prose.

Il avait cinquante-deux ans lorsque la famille royale fut rétablie. Il fut compris dans l'amnistie que Charles II donna aux ennemis de son père; mais il fut déclaré, par l'acte même d'amnistie, incapable de posséder aucune charge dans le royaume. Ce fut alors qu'il commença son poëme épique, à l'âge où Virgile avait fini le sien. A peine avait-il mis la main à cet ouvrage. qu'il fut privé de la vue. Il se trouva pauvre, abandonné, et aveugle, et ne fut point découragé. Il employa neuf années à composer *le Paradis perdu*. Il avait alors très-peu de réputation; les beaux esprits de la cour de Charles II ou ne le connaissaient pas, ou n'avaient pour lui nulle estime. Il n'est pas étonnant qu'un ancien secrétaire de Cromwell, vieilli dans la retraite, aveugle, et sans bien, fût ignoré ou méprisé dans une cour qui avait fait succéder à l'austérité du gouvernement du Protecteur toute la galanterie de la cour de Louis XIV, et dans laquelle on ne goûtait que les poésies efféminées, la mollesse de Waller, les satires du comte de Rochester, et l'esprit de Cowley.

Une preuve indubitable qu'il avait très-peu de réputation, c'est qu'il eut beaucoup de peine à trouver un libraire qui voulût imprimer son *Paradis perdu* : le titre seul révoltait, et tout ce qui avait quelque rapport à la religion était alors hors de mode. Enfin Thompson lui donna trente pistoles de cet ouvrage, qui a valu depuis plus de cent mille écus aux héritiers de ce Thompson. Encore ce libraire avait-il si peur de faire un mauvais marché, qu'il stipula que la moitié de ces trente pistoles ne serait payable qu'en cas qu'on fît une seconde édition du poëme, édition que Milton n'eut jamais la consolation de voir. Il resta pauvre et sans gloire : son nom doit augmenter la liste des grands génies persécutés de la fortune.

Le Paradis perdu fut donc négligé à Londres, et Milton mourut sans se douter qu'il aurait un jour de la réputation. Ce fut le lord Somers et le docteur Atterbury, depuis évêque de Rochester, qui voulurent enfin que l'Angleterre eût un poëme épique. Ils engagèrent les héritiers de Thompson à faire une belle édition du *Paradis perdu*. Leur suffrage en entraîna plusieurs : depuis, le célèbre M. Addison écrivit en forme, pour prouver que ce poëme égalait ceux de Virgile et d'Homère. Les Anglais commencèrent à se le persuader, et la réputation de Milton fut fixée.

Il peut avoir imité plusieurs morceaux du grand nombre de poëmes latins faits de tout temps sur ce sujet, l'*Adamus exul* de Grotius, un nommé Mazen ou Mazenius, et beaucoup d'autres, tous inconnus au commun des lecteurs. Il a pu prendre dans le Tasse la description de l'enfer, le caractère de Satan, le conseil des démons : imiter ainsi, ce n'est point être plagiaire, c'est lutter, comme dit Boileau, contre son original; c'est enrichir sa langue des beautés des langues étrangères; c'est nourrir son génie et l'accroître du génie des autres; c'est ressembler à Virgile, qui imita Homère. Sans doute Milton a jouté contre le Tasse avec des armes inégales; la langue anglaise ne pouvait rendre l'harmonie des vers italiens :

> *Chiama gli abitator dell' ombre eterne*
> *Il rauco suon della tartarea tromba;*
> *Treman le spaziose atre caverne,*
> *E l'aer cieco a quel romor rimbomba*, etc....

Cependant Milton a trouvé l'art d'imiter heureusement tous ces beaux morceaux. Il est vrai que ce qui n'est qu'un épisode dans le Tasse est le sujet même dans Milton ; il est encore vrai que, sans la peinture des amours d'Adam et d'Ève, comme sans l'amour de Renaud et d'Armide, les diables de Milton et du Tasse n'auraient pas eu un grand succès. Le judicieux Despréaux, qui a presque toujours eu raison, excepté contre Quinault, a dit à tous les poëtes :

  Et quel objet enfin à présenter aux yeux
  Que le diable toujours hurlant contre les cieux !

Je crois qu'il y a deux causes du succès que *le Paradis perdu* aura toujours : la première, c'est l'intérêt qu'on prend à deux créatures innocentes et fortunées qu'un être puissant et jaloux rend par sa séduction coupables et malheureuses ; la seconde est la beauté des détails.

Les Français riaient encore quand on leur disait que l'Angleterre avait un poëme épique, dont le sujet était le diable combattant contre Dieu, et un serpent qui persuade à une femme de manger une pomme : ils ne croyaient pas qu'on pût faire sur ce sujet autre chose que des vaudevilles. Je fus le premier qui fis connaître aux Français quelques morceaux de Milton et de Shakspeare. M. Dupré de Saint-Maur donna une traduction en prose française de ce poëme singulier. On fut étonné de trouver, dans un sujet qui paraît si stérile, une si grande fertilité d'imagination ; on admira les traits majestueux avec lesquels il ose peindre Dieu, et le caractère encore plus brillant qu'il donne au diable ; on lut avec beaucoup de plaisir la description du jardin d'Éden, et des amours innocents d'Adam et d'Ève. En effet, il est à remarquer que dans tous les autres poëmes l'amour est regardé comme une faiblesse ; dans Milton seul il est une vertu. Le poëte a su lever d'une main chaste le voile qui couvre ailleurs les plaisirs de cette passion ; il transporte le lecteur dans le jardin de délices ; il semble lui faire goûter les voluptés pures dont Adam et Ève sont remplis : il ne s'élève pas au-dessus de la nature humaine, mais au-dessus de la nature humaine corrompue ; et, comme il n'y a point d'exemple d'un pareil amour, il n'y en a point d'une pareille poésie.

Mais tous les critiques judicieux, dont la France est pleine, se réunirent à trouver que le diable parle trop souvent et trop longtemps de la même chose. En admirant plusieurs idées sublimes, ils jugèrent qu'il y en a plusieurs d'outrées, et que l'auteur n'a rendu que puériles en s'efforçant de les faire grandes. Ils condamnèrent unanimement cette futilité avec laquelle Satan fait bâtir une salle d'ordre dorique au milieu de l'enfer, avec des colonnes d'airain et de beaux chapiteaux d'or, pour haranguer les diables, auxquels il venait de parler tout aussi bien en plein air. Pour comble de ridicule, les grands diables, qui auraient occupent trop de place dans ce parlement d'enfer, se transforment en pygmées, afin que tout le monde puisse se trouver à l'aise au conseil.

Après la tenue des états infernaux, Satan s'apprête à sortir de l'abîme; il trouve la Mort à la porte, qui veut se battre contre lui; ils étaient prêts à en venir aux mains, quand le Péché, monstre féminin, à qui des dragons sortent du ventre, court au-devant de ces deux champions : « Arrête, ô mon père ! dit-il au diable; arrête; ô mon fils ! dit-il à la Mort. — Et qui es-tu donc, répond le diable, toi qui m'appelles ton père ? — Je suis le Péché, réplique ce monstre; tu accouchas de moi dans le ciel; je sortis de ta tête par le côté gauche; tu devins bientôt amoureux de moi, nous couchâmes ensemble; j'entraînai beaucoup de chérubins dans la révolte; j'étais grosse quand la bataille se donna dans le ciel; nous fûmes précipités ensemble; j'accouchai dans l'enfer, et ce fut ce monstre que tu vois dont je fus père; il est ton fils et le mien. A peine fut-il né, qu'il viola sa mère, et qu'il me fit tous ces enfants que tu vois, qui sortent à tous moments de mes entrailles, qui y rentrent, et qui les déchirent. »

Après cette dégoûtante et abominable histoire, le Péché ouvre à Satan les portes de l'enfer; il laisse les diables sur le bord du Phlégéthon, du Styx, et du Léthé; les uns jouent de la harpe, les autres courent la bague; quelques-uns disputent sur la grâce et sur la prédestination. Cependant Satan voyage dans les espaces imaginaires; il tombe dans le vide, et il tomberait encore si une nuée ne l'avait repoussé en haut. Il arrive dans le pays du chaos; il traverse le paradis des fous, *the paradise of fools* (c'est l'un des endroits qui ne sont point traduits en français); il trouve dans ce paradis les indulgences, les *Agnus Dei*, les chapelets, les capuchons, et les scapulaires des moines.

Voilà des imaginations dont tout lecteur sensé a été révolté; et il faut que le poëme soit bien beau d'ailleurs pour qu'on ait pu le lire, malgré l'ennui que doit causer cet amas de folies désagréables.

La guerre entre les bons et les mauvais anges a paru aussi aux connaisseurs un épisode où le sublime est trop noyé dans l'extravagant. Le merveilleux même doit être sage; il faut qu'il conserve un air de vraisemblance, et qu'il soit traité avec goût. Les critiques les plus judicieux n'ont trouvé dans cet endroit ni goût, ni vraisemblance, ni raison : ils ont regardé comme une grande faute contre le goût la peine que prend Milton de peindre le caractère de Raphaël, de Michel, d'Abdiel, d'Uriel, de Moloch, de Nisroth, d'Astaroth, tous ces êtres imaginaires dont le lecteur ne peut se former aucune idée, et auxquels on ne peut prendre aucun intérêt. Homère, en parlant de ses dieux, les caractérisait par leurs attributs que l'on connaissait; mais un lecteur chrétien a envie de rire quand on veut lui faire connaître à fond Nisroth,

Moloch, et Abdiel. On a reproché à Homère de longues et inutiles harangues, et surtout les plaisanteries de ses héros : comment souffrir dans Milton les harangues et les railleries des anges et des diables, pendant la bataille qui se donne dans le ciel? Ces mêmes critiques ont jugé que Milton péchait contre le vraisemblable, d'avoir placé du canon dans l'armée de Satan, et d'avoir armé d'épées tous ces esprits, qui ne pouvaient se blesser; car il arrive que, lorsque je ne sais quel ange a coupé en deux je ne sais quel diable, les deux parties du diable se réunissent dans le moment.

Ils ont trouvé que Milton choquait évidemment la raison par une contradiction inexcusable, lorsque Dieu le père envoie ses fidèles anges combattre, réduire, et punir les rebelles. « Allez, dit Dieu à Michel et à Gabriel; poursuivez mes ennemis jusqu'aux extrémités du ciel; précipitez-les, loin de Dieu et de leur bonheur, dans le Tartare, qui ouvre déjà son brûlant chaos pour les engloutir. » Comment se peut-il qu'après un ordre si positif la victoire reste indécise? et pourquoi Dieu donne-t-il un ordre inutile? il parle, et n'est point obéi; il veut vaincre, et on lui résiste : il manque à la fois de prévoyance et de pouvoir. Il ne devait point ordonner à ses anges de faire ce que son fils unique seul devait faire.

C'est ce grand nombre de fautes grossières qui fit sans doute dire à Dryden, dans sa préface sur l'*Énéide*, que Milton ne vaut guère mieux que notre Chapelain et notre Lemoyne; mais aussi ce sont les beautés admirables de Milton qui font dire à ce même Dryden que la nature l'avait formé de l'âme d'Homère et de celle de Virgile. Ce n'est pas la première fois qu'on a porté du même ouvrage des jugements contradictoires : quand on arrive à Versailles du côté de la cour, on voit un vilain petit bâtiment écrasé avec sept croisées de face, accompagné de tout ce que l'on a pu imaginer de plus mauvais goût; quand on le regarde du côté des jardins, on voit un palais immense, dont les beautés peuvent racheter les défauts.

Lorsque j'étais à Londres, j'osai composer en anglais un petit *Essai sur la poésie épique*[1], dans lequel je pris la liberté de dire que nos bons juges français ne manqueraient pas de relever toutes les fautes dont je viens de parler. Ce que j'avais prévu est arrivé, et la plupart des critiques de ce pays-ci ont jugé, autant qu'on le peut faire sur une traduction, que le *Paradis perdu* est un ouvrage plus singulier que naturel, plus plein d'imagination que de grâces, et de hardiesse que de choix, dont le sujet est tout idéal, et qui semble n'être pas fait pour l'homme.

1. C'est en partie celui-ci même, qui, en plusieurs endroits, est une traduction littérale de l'ouvrage anglais.

CONCLUSION.

Nous n'avions point de poëme épique en France, et je ne sais même si nous en avons aujourd'hui. *La Henriade*, à la vérité, a été imprimée souvent; mais il y aurait trop de présomption à regarder ce poëme comme un ouvrage qui doit passer à la postérité, et effacer la honte qu'on a reprochée si longtemps à la France de n'avoir pu produire un poëme épique. C'est au temps seul à confirmer la réputation des grands ouvrages. Les artistes ne sont bien jugés que quand ils ne sont plus.

Il est honteux pour nous, à la vérité, que les étrangers se vantent d'avoir des poëmes épiques, et que nous, qui avons réussi en tant de genres, nous soyons forcés d'avouer, sur ce point, notre stérilité et notre faiblesse. L'Europe a cru les Français incapables de l'épopée; mais il y a un peu d'injustice à juger la France sur les Chapelain, les Lemoyne, les Desmarets, les Cassaigne, et les Scudéri. Si un écrivain, célèbre d'ailleurs, avait échoué dans cette entreprise; si un Corneille, un Despréaux, un Racine, avaient fait de mauvais poëmes épiques, on aurait raison de croire l'esprit français incapable de cet ouvrage : mais aucun de nos grands hommes n'a travaillé dans ce genre; il n'y a eu que les plus faibles qui aient osé porter ce fardeau, et ils ont succombé. En effet, de tous ceux qui ont fait des poëmes épiques, il n'y en a aucun qui soit connu par quelque autre écrit un peu estimé. La comédie des *Visionnaires* de Desmarets est le seul ouvrage d'un poëte épique qui ait eu, en son temps, quelque réputation; mais c'était avant que Molière eût fait goûter la bonne comédie. *Les Visionnaires* de Desmarets étaient réellement une très-mauvaise pièce, aussi bien que la *Mariamne* de Tristan, et l'*Amour tyrannique* de Scudéri, qui ne devaient leur réputation passagère qu'au mauvais goût du siècle.

Quelques-uns ont voulu réparer notre disette en donnant au *Télémaque* le titre de poëme épique; mais rien ne prouve mieux la pauvreté que de se vanter d'un bien qu'on n'a pas : on confond toutes les idées, on transpose toutes les limites des arts, quand on donne le nom de poëme à la prose. Le *Télémaque* est un roman moral, écrit, à la vérité, dans le style dont on aurait dû se servir pour traduire Homère en prose; mais l'illustre auteur du *Télémaque* avait trop de goût, était trop savant et trop juste pour appeler son roman du nom de poëme. J'ose dire plus : c'est que, si cet ouvrage était écrit en vers français, je dis même en beaux vers, il deviendrait un poëme ennuyeux, par la raison qu'il est plein de détails que nous ne souffrons point dans notre poésie, et que de longs discours politiques et économiques ne plairaient assurément pas en vers français. Quiconque connaîtra bien le goût de notre nation sentira qu'il serait ridicule d'exprimer en vers, « qu'il faut distinguer les citoyens en sept classes :

habiller la première de blanc avec une frange d'or, lui donner un anneau et une médaille; habiller la seconde de bleu, avec un anneau et point de médaille; la troisième de vert, avec une médaille, sans anneau et sans frange, etc.; et enfin donner aux esclaves des habits gris brun. » Il ne conviendrait pas davantage de dire « qu'il faut qu'une maison soit tournée à un aspect sain, que les logements en soient dégagés, que l'ordre et la propreté s'y conservent, que l'entretien soit de peu de dépense, que chaque maison un peu considérable ait un salon et un petit péristyle, avec de petites chambres pour les hommes libres. » En un mot, tous les détails dans lesquels Mentor daigne entrer seraient aussi indignes d'un poëme épique qu'ils le sont d'un ministre d'État.

On a encore accusé longtemps notre langue de n'être pas assez sublime pour la poésie épique. Il est vrai que chaque langue a son génie, formé en partie par le génie même du peuple qui la parle, et en partie par la construction de ses phrases, par la longueur ou la brièveté de ses mots, etc. Il est vrai que le latin et le grec étaient des langues plus poétiques et plus harmonieuses que celles de l'Europe moderne; mais, sans entrer dans un plus long détail, il est aisé de finir cette dispute en deux mots. Il est certain que notre langue est plus forte que l'italienne, et plus douce que l'anglaise. Les Anglais et les Italiens ont des poëmes épiques : il est donc clair que, si nous n'en avions pas, ce ne serait pas la faute de la langue française.

On s'en est aussi pris à la gêne de la rime, et avec encore moins de raison. La *Jérusalem* et le *Roland furieux* sont rimés, sont beaucoup plus longs que l'*Énéide*, et ont de plus l'uniformité des stances; et non-seulement tous les vers, mais presque tous les mots finissent par une de ces voyelles, *a, e, i, o* : cependant on lit ces poëmes sans dégoût, et le plaisir qu'ils font empêche qu'on ne sente la monotonie qu'on leur reproche.

Il faut avouer qu'il est plus difficile à un Français qu'à un autre de faire un poëme épique; mais ce n'est ni à cause de la rime, ni à cause de la sécheresse de notre langue. Oserai-je le dire? c'est que, de toutes les nations polies, la nôtre est la moins poétique. Les ouvrages en vers qui sont le plus à la mode en France sont les pièces de théâtre : ces pièces doivent être écrites dans un style naturel, qui approche assez de celui de la conversation. Despréaux n'a jamais traité que des sujets didactiques, qui demandent de la simplicité : on sait que l'exactitude et l'élégance font le mérite de ses vers, comme de ceux de Racine; et lorsque Despréaux a voulu s'élever dans une ode, il n'a plus été Despréaux.

Ces exemples ont en partie accoutumé la poésie française à une marche trop uniforme; l'esprit géométrique, qui de nos jours s'est emparé des belles-lettres, a encore été un nouveau frein pour la poésie. Notre nation, regardée comme si légère par des étrangers qui ne jugent de nous que par nos petits-maîtres, est de toutes les nations la plus sage, la plume à la main. La méthode est la qualité dominante de nos écrivains. On cherche le vrai en tout; on préfère l'histoire au roman; les *Cyrus*, les *Clélie*, et les *Astrée*, ne sont aujourd'hui lus de personne. Si quelques romans nouveaux paraissent encore, et s'ils font pour un temps l'amusement de la jeunesse frivole, les vrais gens de lettres les méprisent. Insensiblement il s'est formé un goût général qui donne assez l'exclusion aux imaginations de l'épopée; on se moquerait également d'un auteur qui emploierait les dieux du paganisme, et de celui qui se servirait de nos saints: Vénus et Junon doivent rester dans les anciens poëmes grecs et latins; sainte Geneviève, saint Denys, saint Roch, et saint Christophe, ne doivent se trouver ailleurs que dans notre légende. Les cornes et les queues des diables ne sont tout au plus que des sujets de raillerie; on ne daigne pas même en plaisanter.

Les Italiens s'accommodent assez des saints, et les Anglais ont donné beaucoup de réputation au diable; mais bien des idées qui seraient sublimes pour eux ne nous paraîtraient qu'extravagantes. Je me souviens que lorsque je consultai, il y a plus de douze ans, sur ma *Henriade* feu M. de Malezieux, homme qui joignait une grande imagination à une littérature immense, il me dit : « Vous entreprenez un ouvrage qui n'est pas fait pour notre nation; *les Français n'ont pas la tête épique*. » Ce furent ses propres paroles; et il ajouta : « Quand vous écririez aussi bien que MM. Racine et Despréaux, ce sera beaucoup si on vous lit. »

C'est pour me conformer à ce génie sage et exact qui règne dans le siècle où je vis, que j'ai choisi un héros véritable au lieu d'un héros fabuleux; que j'ai décrit les guerres réelles, et non des batailles chimériques; que je n'ai employé aucune fiction qui ne soit une image sensible de la vérité. Quelque chose que je dise de plus sur cet ouvrage, je ne dirai rien que les critiques éclairés ne sachent; c'est à *la Henriade* seule à parler en sa défense, et au temps seul de désarmer l'envie.

RÉPONSE

A LA CRITIQUE DE *LA HENRIADE*.

I. « Puisque l'illustre M. de Voltaire a fait connaître son génie parmi nous comme en France. »

Je ne suis point illustre.

II. « Je ne suis pas un juge compétent de la poésie française. »

Pourquoi en parles-tu donc?

RÉPONSE A LA CRITIQUE DE LA HENRIADE.

III. « On est bientôt rassasié de leurs grands vers rimés, qu'ils appellent bien tournés, mais qui manquent presque tous de force et d'énergie. »

Cela n'est pas vrai. Corneille est plein de force et d'énergie.

IV. « Mais je prends la liberté de demander à M. de Voltaire pour quelle raison il a voulu choisir pour sujet d'un si beau poëme une si vilaine action, je veux dire le changement de religion de Henri IV. »

Par la raison que le sujet est beau dans Paris.

V. « Y a-t-il, en vérité, une chose plus lâche et plus indigne sur la terre que de changer de religion par intérêt ? »

Ce n'est pas à moi à blâmer Henri IV.

VI. « Il (Henri IV) se fit protestant pour être chef de parti, il se fit papiste pour sauver sa vie à la sainte journée de Barthélemy..., il redevint protestant ; et..... il se fit papiste encore pour entrer dans Paris. C'est cette dernière action que M. de Voltaire a embellie avec toute la grandeur de son imagination. »

Je suis né catholique ; si j'étais né mahométan, il faudrait bien que je louasse Mahomet.

VII. « Voilà M. de Voltaire qui, selon les principes de sa secte, dans laquelle il a été nourri, fait le panégyrique de Henri IV devenu catholique romain. »

Le critique est plagiaire ; car j'ai employé cette pensée dans un de mes ouvrages.

VIII. « Cependant on ne veut pas souffrir son ouvrage en France, parce qu'il ne dit pas assez de mal de ces *méchants huguenots*. »

Je n'ai rien dit de tout cela.

IX. « Qu'on dise ce qu'on voudra ; les Français font peut-être la révérence aux étrangers mieux que nous ; mais nous les recevons mieux. »

Le docteur Burnet a été mieux reçu en France que moi en Angleterre.

X. « Oui, le crime sans doute est l'enfant de l'erreur,
   Oui, dans les différends où l'Europe se plonge,
La trahison, le meurtre est le sceau du mensonge ;
   Mais la compassion, la générosité,
   La liberté surtout, vient de la vérité.

« Ces vers ne sont pas si bons que ceux de M. de Voltaire. »

Il est vrai que ces vers sont mauvais.

XI. « ..... Un vieillard catholique qui prédit deux choses : l'une, que notre religion sera bientôt détruite ; l'autre, que Henri IV se fera papiste dans l'occasion. De ces deux prédictions, la première me semble difficile à accomplir ; au contraire, il y a plus d'apparence que le papisme sera à sa fin plus tôt que le protestantisme. »

RÉPONSE

Je le souhaite de tout mon cœur; et ni moi ni mon ouvrage ne s'y opposent.

XII. « Les poëtes sont comme les théologiens : Dieu est leur machine. Il semble que ces deux professions aient pour but de nous tromper avec des paroles. »

Je vous supplie de croire que je ne parle de religion qu'en vers.

XIII. « Le troisième chant n'est pas, je crois, si poétique que le second ; mais il me paraît qu'il y a plus d'art. »

Vous avez raison.

XIV. « Je suis fâché que la peinture qu'Élisabeth fait du pape Sixte ne soit pas si belle que celle que fait le poëte, au chant IV, du même pape. »

Et moi aussi.

XV. « Allons ! quelques touches de votre pinceau sur cette infaillibilité. »

De tout mon cœur.

XVI. « Voici un chant digne d'attention : un bon moine y assassine son roi. »

C'est l'infaillibilité, ou pour la souscription [1].

XVII. « . . . . Il fait la même chose positivement que Mutius Scévola. Mais il a, par-dessus Scévola, l'avantage d'une révélation. Un ange de lumière lui apparaît de la part de Dieu. »

Ne voyez-vous pas que cette apparition poétique ne figure autre chose que l'imagination égarée d'un moine ?

XVIII. « Je ne saurais approuver l'opération magique dans ce cinquième chant. M. de Voltaire s'est déclaré ouvertement contre ces choses dans son *Essay on Epic poetry*. »

Avec votre permission, ce sortilège n'est point dans le goût de la *Jérusalem*. Il est représenté comme une folie superstitieuse, et non comme *le Piomage* du Tasse.

XIX. « Ma foi, Mornay est plus grand que Henri IV. »

Point du tout ; le chapelain de milord Marlborough n'est-il pas plus grand que lui ?

XX. « La fin (du VII° chant) est froide : il ne parle que de la France. »

Je suis né Français. Pourquoi ne voulez-vous pas que je parle de la France ?

XXI. « Je souhaiterais que M. de Voltaire eût fait comme son ami Camoëns le Portugais, lequel, en sa *Lusiada*, ne s'arrête pas dans les limites du Portugal, mais permet à sa muse de courir par toute la terre, et parler de chaque nation. »

Je ne suis point si babillard.

---

[1]. L'auteur des critiques disait ici : « Je vous ferai une souscription pour ce seul endroit. » (Éd.)

XXII. « De plus, ce chant n'est ni assez varié, ni ne fait partie du tout. »
Vous vous trompez.
XXIII. « Donnez-moi les deux bouts de ce chant (le VII°), je vous quitte du milieu; ce qui précède et qui suit la bataille est admirable, mais la bataille est froide. »
Volontiers; la critique n'est pas mauvaise.
XXIV. « La clémence de Henri IV tire des larmes; mais saint Louis fait rire. Il s'en va trouver le bon Dieu, pour le prier d'envoyer Henri IV à la messe. »
Saint Louis allait à la messe aussi bien que vos ancêtres.

LA PUCELLE D'ORLÉANS.

PRÉFACE
DE DOM APULEIUS RISORIUS, BÉNÉDICTIN.

Remercions la bonne âme par laquelle une *Pucelle* nous est venue. Ce poëme héroïque et moral fut composé vers l'an 1730, comme les doctes le savent, et comme il appert par plusieurs traits de cet ouvrage. Nous voyons dans une lettre de 1740, imprimée dans le Recueil des opuscules d'un grand prince, sous le nom du *Philosophe de Sans-Souci*, qu'une princesse d'Allemagne, à laquelle on avait prêté le manuscrit, seulement pour le lire, fut si édifiée de la circonspection qui règne dans un sujet si scabreux, qu'elle passa un jour et une nuit à le faire copier, et à transcrire elle-même tous les endroits les plus moraux. C'est cette même copie qui nous est enfin parvenue. On a souvent imprimé des lambeaux de notre *Pucelle*, et les vrais amateurs de la saine littérature ont été bien scandalisés de la voir si horriblement défigurée. Des éditeurs l'ont donnée en quinze chants, d'autres en seize, d'autres en dix-huit, d'autres en vingt-quatre, tantôt en coupant un chant en deux, tantôt en remplissant des lacunes par des vers que le cocher de Verthamon, sortant du cabaret pour aller en bonne fortune, aurait désavoués [1].

Voici donc Jeanne dans toute sa pureté. Nous craignons de faire un jugement téméraire en nommant l'auteur à qui on attribue ce poëme épique. Il suffit que les lecteurs puissent tirer quelque instruction de la morale cachée sous les allégories du poëme. Qu'importe de connaître l'auteur ? il y a beaucoup d'ou-

---

1. Dans les dernières éditions que des barbares ont faites de ce poëme, le lecteur est indigné de voir une multitude de vers tels que ceux-ci :

> Chandos, suant et soufflant comme un bœuf,
> Tâte du doigt si l'autre est une fille.
> « Au diable soit, dit-il, la sotte aiguille ! »
> Bientôt le diable emporte l'étui neuf.
> Il veut encor secouer sa guenille.
> ....
> Chacun avait son trot et son allure.

On y dit de saint Louis :

> Qu'il eût mieux fait, certes, le pauvre sire,
> De se gaudir avec sa margoton....
> Onc ne tâta de bisques, d'ortolans, etc.

On y trouve Calvin du temps de Charles VII ; tout est défiguré, tout est gâté par des absurdités sans nombre. C'est un capucin défroqué, lequel a pris le nom de Maubert, qui est l'auteur de cette infamie, faite uniquement pour la canaille.

PRÉFACE DE DOM APULEIUS RISORIUS. 55

vrages que les doctes et les sages lisent avec délices sans savoir qui les a faits, comme le *Pervigilium Veneris*, la satire sous le nom de *Pétrone*, et tant d'autres.

Ce qui nous console beaucoup, c'est qu'on trouvera dans notre *Pucelle* bien moins de choses hardies et libres que dans tous les grands hommes d'Italie qui ont écrit dans ce goût.

Verum enim vero, à commencer par le Pulci, nous serions bien fâchés que notre discret auteur eût approché des petites libertés que prend ce docteur florentin dans son *Morgante*. Ce Luigi Pulci, qui était un grave chanoine, composa son poëme, au milieu du xv° siècle, pour la signora Lucrezia Tornabuoni, mère de Laurent de Médicis le Magnifique; et il est rapporté qu'on chantait le *Morgante* à la table de cette dame. C'est le second poëme épique qu'ait eu l'Italie. Il y a eu de grandes disputes parmi les savants pour savoir si c'est un ouvrage sérieux ou plaisant.

Ceux qui l'ont cru sérieux se fondent sur l'exorde de chaque chant, qui commence par des versets de l'Écriture. Voici, par exemple, l'exorde du premier chant :

In principio era il Verbo appresso a Dio;
Ed era Iddio il Verbo, e'l Verbo lui.
Questo era il principio al parer mio, etc.

Si le premier chant commence par l'Évangile, le dernier finit par le *Salve regina*; et cela peut justifier l'opinion de ceux qui ont cru que l'auteur avait écrit très-sérieusement, puisque, dans ces temps-là, les pièces de théâtre qu'on jouait en Italie étaient tirées de la Passion et des Actes des saints.

Ceux qui ont regardé le *Morgante* comme un ouvrage badin n'ont considéré que quelques hardiesses trop fortes, auxquelles il s'abandonne.

Morgante demande à Margutte s'il est chrétien ou mahométan :

E se egli crede in Cristo o in Maometto.

Rispose allor Margutte : A dirtel tosto,
Io non credo più al nero che al azzurro;
Ma nel cappone, o lesso o vuogli arrosto
. . . .

Ma sopra tutto nel buon vino ho fede;
E crede che sia salvo chi gli crede.
Or queste son tre virtù cardinale,
La gola, e'l culo, e'l dado, come io t'ho detto.

Vous remarquerez, s'il vous plaît, que le Crescimbeni, qui ne fait nulle difficulté de ranger le Pulci parmi les vrais poëtes épiques, dit, pour l'excuser, qu'il était l'écrivain de son temps le plus modeste et le plus mesuré : *il più modesto e moderato scrittore*. Le fait est qu'il fut le précurseur du Boyardo et de l'Arioste. C'est par lui que les Roland, les Renaud, les Olivier, les Dudon, furent célèbres en Italie, et il est presque égal à l'Arioste pour la pureté de la langue.

On en a fait depuis peu une très-belle édition *con licenza de' superiori*. Ce n'est pas moi assurément qui l'ai faite ; et, si notre

Pucelle parlait aussi impudemment que ce Margutte, fils d'un prêtre turc et d'une religieuse grecque, je me garderais bien de l'imprimer.

On ne trouvera pas non plus dans Jeanne les mêmes témérités que dans l'Arioste; on n'y verra point un saint Jean qui habite dans la lune, et qui dit :

Gli scrittori amo, e fo il debito mio,
Che al vostro mondo fui scrittore anche io.

. . . .
E ben convenne ad mio lodato Cristo
Rendermi guiderdon di sì gran sorte, etc.

Cela est gaillard; et saint Jean prend là une licence qu'aucun saint de *la Pucelle* ne prendra jamais. Il semble que Jésus ne doive sa divinité qu'au premier chapitre de saint Jean, et que cet évangéliste l'ait flatté. Ce discours sent un peu son socinien. Notre auteur discret n'a garde de tomber dans un tel excès.

C'est encore pour nous un grand sujet d'édification, que notre modeste auteur n'ait imité aucun de nos anciens romans, dont le savant Huet, évêque d'Avranches, et le compilateur l'abbé Lenglet, ont fait l'histoire. Qu'on se donne seulement le plaisir de lire *Lancelot du Lac*, au chapitre intitulé *Comment Lancelot coucha avec la royne, et comment le sire de Lagant la reprint*, on verra quelle est la pudeur de notre auteur, en comparaison de nos auteurs antiques.

Mais *quid dicam* de l'histoire merveilleuse de Gargantua, dédiée au cardinal de Tournon[1]? On sait que le chapitre des Torche-culs est un des plus modestes de l'ouvrage.

Nous ne parlons point ici des modernes : nous dirons seulement que tous les vieux contes imaginés en Italie, et mis en vers par La Fontaine, sont encore moins moraux que notre *Pucelle*. Au reste, nous souhaitons à tous nos graves censeurs les sentiments délicats du beau Monrose; à nos prudes, s'il y en a, la naïveté d'Agnès et la tendresse de Dorothée; à nos guerriers, le bras de la robuste Jeanne; à tous les jésuites, le caractère du bon confesseur Bonifoux; à tous ceux qui tiennent une bonne maison, les attentions et le savoir-faire de Bonneau.

Nous croyons d'ailleurs ce petit livre un remède excellent contre les vapeurs qui affligent en ce temps-ci plusieurs dames et plusieurs abbés; et quand nous n'aurions rendu que ce service au public, nous croirions n'avoir pas perdu notre temps.

---

1. Non pas au cardinal de Tournon, mais au cardinal de Châtillon frère de l'amiral Coligny. (Ed.)

CHANT PREMIER.

ARGUMENT. — Amours honnêtes de Charles VII et d'Agnès Sorel. Siége d'Orléans par les Anglais. Apparition de saint Denys, etc.

Je ne suis né pour célébrer les saints [1] :
Ma voix est faible, et même un peu profane.
Il faut pourtant vous chanter cette Jeanne
Qui fit, dit-on, des prodiges divins.
Elle affermit, de ses pucelles mains,
Des fleurs de lis la tige gallicane,
Sauva son roi de la rage anglicane,
Et le fit oindre au maître autel de Reims.
Jeanne montra sous féminin visage,
Sous le corset et sous le cotillon,
D'un vrai Roland le vigoureux courage.
J'aimerais mieux, le soir, pour mon usage,
Une beauté douce comme un mouton;
Mais Jeanne d'Arc eut un cœur de lion :
Vous le verrez, si lisez cet ouvrage.
Vous tremblerez de ses exploits nouveaux;
Et le plus grand de ses rares travaux
Fut de garder un an son pucelage.
O Chapelain [2], toi dont le violon,
De discordante et gothique mémoire,
Sous un archet maudit par Apollon,
D'un ton si dur a raclé son histoire;
Vieux Chapelain, pour l'honneur de ton art,

---

1. Plusieurs éditions portent :

Vous m'ordonnez de célébrer des saints.

Cette leçon est correcte; mais nous avons adopté l'autre, comme plus récréative. De plus, elle montre la grande modestie de l'auteur. Il avoue qu'il n'est pas digne de chanter une pucelle. Il donne en cela un démenti aux éditeurs qui, dans une de leurs éditions de ses Œuvres, lui ont attribué une ode *A sainte Geneviève*, dont assurément il n'est pas l'auteur*.

2. Tous les doctes savent qu'il y eut, du temps du cardinal de Richelieu, un Chapelain, auteur d'un fameux poëme de *la Pucelle*, dans lequel, à ce que dit Boileau,

Il fit de méchants vers douze fois douze cents.

Boileau ne savait pas que ce grand homme en fit douze fois vingt-quatre cents, mais que, par discrétion, il n'en fit imprimer que la moitié. La maison de Longueville, qui descendait du beau bâtard Dunois, fit à l'illustre Chapelain une pension de douze mille livres tournois. On pouvait mieux employer son argent.

* Voltaire, quoi qu'il en dise ici, est l'auteur de l'ode *A sainte Geneviève*. (ED.)

Tu voudrais bien me prêter ton génie :
Je n'en veux point; c'est pour Lamotte-Houdart[1],
Quand l'*Iliade* est par lui travestie.
    Le bon roi Charle, au printemps de ses jours,
Au temps de Pâque, en la cité de Tours,
A certain bal (ce prince aimait la danse)
Avait trouvé, pour le bien de la France,
Une beauté nommée Agnès Sorel[2].
Jamais l'Amour ne forma rien de tel.
Imaginez de Flore la jeunesse,
La taille et l'air de la nymphe des bois,
Et de Vénus la grâce enchanteresse,
Et de l'Amour le séduisant minois,
L'art d'Arachné, le doux chant des sirènes :
Elle avait tout; elle aurait dans ses chaînes
Mis les héros, les sages, et les rois.
La voir, l'aimer, sentir l'ardeur naissante
Des doux désirs, et leur chaleur brûlante,
Lorgner Agnès, soupirer et trembler,
Perdre la voix en voulant lui parler,
Presser ses mains d'une main caressante,
Laisser briller sa flamme impatiente,
Montrer son trouble, en causer à son tour,
Lui plaire enfin, fut l'affaire d'un jour.
Princes et rois vont très-vite en amour.
Agnès voulut, savante en l'art de plaire,
Couvrir le tout des voiles du mystère,
Voiles de gaze, et que les courtisans
Percent toujours de leurs yeux malfaisants.
    Pour colorer comme on put cette affaire,
Le roi fit choix du conseiller Bonneau[3],
Confident sûr, et très-bon Tourangeau :
Il eut l'emploi qui certes n'est pas mince,
Et qu'à la cour, où tout se peint en beau,
Nous appelons être l'ami du prince,
Mais qu'à la ville, et surtout en province,
Les gens grossiers ont nommé maq......

1. La Motte-Houdart, auteur d'une traduction en vers de l'*Iliade*, traduction très-abrégée, et cependant très-mal reçue. Fontenelle, dans l'éloge académique de Lamotte, dit que c'est la faute de l'original.
2. Agnès Sorel, dame de Fromenteau, près de Tours. Le roi Charles VII lui donna le château de Beauté-sur-Marne, et on l'appela dame de Beauté. Elle eut deux enfants du roi son amant, quoiqu'il n'eût point de privauté avec elle, suivant les historiographes de Charles VII, gens qui disent toujours la vérité du vivant des rois.
3. Personnage feint. Quelques curieux prétendent que le discret auteur avait en vue certain gros valet de chambre d'un certain prince: mais nous ne sommes pas de cet avis, et notre remarque subsiste, comme dit Dacier.

Monsieur Bonneau, sur le bord de la Loire,
Était seigneur d'un fort joli château;
Agnès un soir s'y rendit en bateau,
Et le roi Charle y vint à la nuit noire.
On y soupa; Bonneau servit à boire;
Tout fut sans faste, et non pas sans apprêts.
Festins des dieux, vous n'êtes rien auprès!
Nos deux amants, pleins de trouble et de joie,
Ivres d'amour, à leurs désirs en proie,
Se renvoyaient des regards enchanteurs,
De leurs plaisirs brûlants avant-coureurs.
Les doux propos, libres sans indécence,
Aiguillonnaient leur vive impatience.
Le prince en feu des yeux la dévorait;
Contes d'amour d'un air tendre il faisait,
Et du genou le genou lui serrait.
 Le souper fait, on eut une musique
Italienne, en genre chromatique [1];
On y mêla trois différentes voix
Aux violons, aux flûtes, aux hautbois.
Elles chantaient l'allégorique histoire
De ces héros qu'Amour avait domptés,
Et qui, pour plaire à de tendres beautés,
Avaient quitté les fureurs de la gloire.
Dans un réduit cette musique était,
Près de la chambre où le bon roi soupait.
La belle Agnès, discrète et retenue,
Entendait tout, et d'aucuns n'était vue.
 Déjà la lune est au haut de son cours :
Voilà minuit; c'est l'heure des amours.
Dans une alcôve artistement dorée,
Point trop obscure, et point trop éclairée,
Entre deux draps que la Frise a tissus,
D'Agnès Sorel les charmes sont reçus.
Près de l'alcôve une porte est ouverte,
Que dame Alix, suivante très-experte,
En s'en allant oublia de fermer.
O vous, amants, vous qui savez aimer,
Vous voyez bien l'extrême impatience
Dont petillait notre bon roi de France!
Sur ses cheveux, en tresse retenus,
Parfums exquis sont déjà répandus.
Il vient, il entre au lit de sa maîtresse;
Moment divin de joie et de tendresse!

---

1. Le chromatique procède par plusieurs semi-tons consécutifs, ce qui produit une musique efféminée, très-convenable à l'amour.

Le cœur leur bat; l'amour et la pudeur
Au front d'Agnès font monter la rougeur.
La pudeur passe, et l'amour seul demeure.
Son tendre amant l'embrasse tout à l'heure.
Ses yeux ardents, éblouis, enchantés,
Avidement parcourent ses beautés.
Qui n'en serait en effet idolâtre ?
  Sous un cou blanc qui fait honte à l'albâtre
Sont deux tétons séparés, faits au tour
Allants, venants, arrondis par l'Amour;
Leur boutonnet a la couleur des roses,
Téton charmant, qui jamais ne reposes,
Vous invitiez les mains à vous presser,
L'œil à vous voir, la bouche à vous baiser.
Pour mes lecteurs tout plein de complaisance,
J'allais montrer à leurs yeux ébaudis
De ce beau corps les contours arrondis ;
Mais la vertu qu'on nomme bienséance
Vient arrêter mes pinceaux trop hardis.
Tout est beauté, tout est charme dans elle.
La volupté, dont Agnès a sa part,
Lui donne encore une grâce nouvelle;
Elle l'anime : amour est un grand fard,
Et le plaisir embellit toute belle.
  Trois mois entiers nos deux jeunes amants
Furent livrés à ces ravissements.
Du lit d'amour ils vont droit à la table.
Un déjeuner, restaurant délectable,
Rend à leurs sens leur première vigueur;
Puis pour la chasse épris de même ardeur,
Ils vont tous deux, sur des chevaux d'Espagne
Suivre cent chiens jappants dans la campagne.
A leur retour on les conduit aux bains.
Pâtes, parfums, odeurs de l'Arabie,
Qui font la peau douce, fraîche et polie,
Sont prodigués sur eux à pleines mains.
  Le dîner vient; la délicate chère,
L'oiseau du Phase et le coq de bruyère,
De vingt ragoûts l'apprêt délicieux,
Charment le nez, le palais et les yeux.
Du vin d'Aï la mousse petillante,
Et du Tokai la liqueur jaunissante,
En chatouillant les fibres des cerveaux,
Y porte un feu qui s'exhale en bons mots
Aussi brillants que la liqueur légère
Qui monte et saute, et mousse au bord du verre
L'ami Bonneau d'un gros rire applaudit

A son bon roi qui montre de l'esprit.
Le dîner fait, on digère, on raisonne,
On conte, on rit, on médit du prochain,
On fait brailler des vers à maître Alain,
On fait venir des docteurs de Sorbonne,
Des perroquets, un singe, un arlequin.
Le soleil baisse; une troupe choisie
Avec le roi court à la comédie,
Et, sur la fin de ce fortuné jour,
Le couple heureux s'enivre encor d'amour.
  Plongés tous deux dans le sein des délices,
Ils paraissaient en goûter les prémices.
Toujours heureux et toujours plus ardents,
Point de soupçons, encor moins de querelles,
Nulle langueur, et l'Amour et le Temps
Auprès d'Agnès ont oublié leurs ailes.
Charles souvent disait entre ses bras,
En lui donnant des baisers tout de flamme :
« Ma chère Agnès, idole de mon âme,
Le monde entier ne vaut point vos appas.
Vaincre et régner, ce n'est rien que folie.
Mon parlement¹ me bannit aujourd'hui;
Au fier Anglais la France est asservie :
Ah! qu'il soit roi, mais qu'il me porte envie;
J'ai votre cœur, je suis plus roi que lui. »
  Un tel discours n'est pas trop héroïque;
Mais un héros, quand il tient dans un lit
Maîtresse honnête, et que l'amour le pique,
Peut s'oublier, et ne sait ce qu'il dit.
  Comme il menait cette joyeuse vie,
Tel qu'un abbé dans sa grasse abbaye,
Le prince anglais², toujours plein de furie,
Toujours aux champs, toujours armé, botté,
Le pot en tête, et la dague au côté,
Lance en arrêt, la visière haussée,
Foulait aux pieds la France terrassée.
Il marche, il vole, il renverse en son cours
Les murs épais, les menaçantes tours,
Répand le sang, prend l'argent, taxe, pille,
Livre aux soldats et la mère et la fille,
Fait violer des couvents de nonnains,
Boit le muscat des pères bernardins,

---

1. Le parlement de Paris fit ajourner trois fois à son de trompe le roi, alors dauphin, à la table de marbre, sur les conclusions de l'avocat du roi, Marigni (voyez les *Recherches* de Pasquier).
2. Ce prince anglais est le duc de Bedford, frère puîné de Henri V, roi d'Angleterre, couronné roi de France à Paris.

Frappe en écus l'or qui couvre les saints,
Et, sans respect pour Jésus ni Marie,
De mainte église il fait mainte écurie :
Ainsi qu'on voit dans une bergerie
Des loups sanglants de carnage altérés,
Et sous leurs dents les troupeaux déchirés,
Tandis qu'au loin, couché dans la prairie,
Colin s'endort sur le sein d'Égérie,
Et que son chien près d'eux est occupé
A se saisir des restes du soupé.
 Or, du plus haut du brillant apogée,
Séjour des saints, et fort loin de nos yeux,
Le bon Denys¹, prêcheur de nos aïeux,
Vit les malheurs de la France affligée,
L'état horrible où l'Anglais l'a plongée,
Paris aux fers, et le roi très-chrétien
Baisant Agnès, et ne songeant à rien.
Ce bon Denys est patron de la France,
Ainsi que Mars fut le saint des Romains,
Ou bien Pallas chez les Athéniens.
Il faut pourtant en faire différence;
Un saint vaut mieux que tous les dieux païens.
 « Ah! par mon chef, dit-il, il n'est pas juste
De voir ainsi tomber l'empire auguste
Où de la foi j'ai planté l'étendard :
Trône des lis, tu cours trop de hasard;
Sang des Valois, je ressens tes misères.
Ne souffrons pas que les superbes frères
De Henri cinq², sans droit et sans raison,
Chassent ainsi le fils de la maison.
J'ai, quoique saint, et Dieu me le pardonne,
Aversion pour la race bretonne :
Car, si j'en crois le livre des destins,
Un jour ces gens raisonneurs et mutins
Se gausseront des saintes décrétales,
Déchireront les romaines annales,
Et tous les ans le pape brûleront.

1. Ce bon Denys n'est point Denys le prétendu aréopagite, mais un évêque de Paris. L'abbé Hilduin fut le premier qui écrivit que cet évêque, ayant été décapité, porta sa tête entre ses bras, de Paris jusqu'à l'abbaye qui porte son nom. On érigea ensuite des croix dans tous les endroits où ce saint s'était arrêté en chemin. Le cardinal de Polignac contant cette histoire à Mme la marquise du ***, et ajoutant que Denys n'avait eu de peine à porter sa tête que jusqu'à la première station, cette dame lui répondit : « Je le crois bien; il n'y a, dans de telles affaires, que le premier pas qui coûte. »
2. Henri V, roi d'Angleterre, le plus grand homme de son temps, beau-frère de Charles VII, dont il avait épousé la sœur, était mort à

Vengeons de loin ce sacrilège affront :
Mes chers Français seront tous catholiques,
Ces fiers Anglais seront tous hérétiques :
Frappons, chassons ces dogues britanniques :
Punissons-les, par quelque nouveau tour,
De tout le mal qu'ils doivent faire un jour. »
 Des Gallicans ainsi parlait l'apôtre,
De maudissons lardant sa patenôtre;
Et cependant que tout seul il parlait,
Dans Orléans un conseil se tenait.
Par les Anglais cette ville, bloquée,
Au roi de France allait être extorquée.
Quelques seigneurs et quelques conseillers,
Les uns pédants et les autres guerriers,
Sur divers tons déplorant leur misère,
Pour leur refrain disaient : « Que faut-il faire? »
Poton, La Hire et le brave Dunois [1],
S'écriaient tous en se mordant les doigts :
« Allons, amis, mourons pour la patrie;
Mais aux Anglais vendons cher notre vie. »
Le Richemont criait tout haut : « Par Dieu,
Dans Orléans il faut mettre le feu;
Et que l'Anglais, qui pense ici nous prendre,
N'ait rien de nous que fumée et que cendre. »
 Pour La Trimouille, il disait : « C'est en vain
Que mes parents me firent Poitevin;
J'ai dans Milan laissé ma Dorothée;
Pour Orléans, hélas! je l'ai quittée.
Je combattrai, mais je n'ai plus d'espoir :
Faut-il mourir, ô ciel! sans la revoir! »
Le président Louvet [2], grand personnage,
Au maintien grave, et qu'on eût pris pour sage,
Dit : « Je voudrais que préalablement
Nous fissions rendre arrêt de parlement
Contre l'Anglais, et qu'en ce cas énorme
Sur toute chose on procédât en forme. »
Louvet était un grand clerc; mais, hélas!
Il ignorait son triste et piteux cas :

Vincennes, après avoir été reconnu roi de France à Paris; son frère, le duc de Bedford, gouvernait la meilleure partie de la France au nom de son neveu Henri VI, reconnu aussi pour roi de France à Paris par le parlement, l'hôtel de ville, le châtelet, l'évêque, les corps de métiers, et la Sorbonne.
 1. Poton de Saintrailles, La Hire, grands capitaines; Jean de Dunois, fils naturel de Jean d'Orléans et de la comtesse d'Enghien; Richemont, connétable de France, depuis duc de Bretagne; La Trimouille, d'une grande maison du Poitou.
 2. Le président Louvet, ministre d'État sous Charles VII.

S'il le savait, sa gravité prudente
Procéderait contre sa présidente.
Le grand Talbot, le chef des assiégeants,
Brûle pour elle, et règne sur ses sens :
Louvet l'ignore ; et sa mâle éloquence
N'a pour objet que de venger la France.
Dans ce conseil de sages, de héros,
On entendait les plus nobles propos ;
Le bien public, la vertu les inspire ;
Surtout l'adroit et l'éloquent La Hire
Parla longtemps, et pourtant parla bien.
Ils disaient d'or, et ne concluaient rien.

Comme ils parlaient, on vit par la fenêtre
Je ne sais quoi dans les airs apparaître.
Un beau fantôme au visage vermeil,
Sur un rayon détaché du soleil,
Des cieux ouverts fend la voûte profonde.
Odeur de saint se sentait à la ronde.
Le farfadet dessus son chef avait
A deux pendants une mitre pointue
D'or et d'argent, sur le sommet fendue ;
Sa dalmatique au gré des vents flottait ;
Son front brillait d'une sainte auréole[1],
Son cou penché laissait voir son étole,
Sa main portait ce bâton pastoral
Qui fut jadis *lituus* augural[2].
A cet objet qu'on discernait fort mal,
Voilà d'abord monsieur de La Trimouille,
Paillard dévot, qui prie et s'agenouille.
Le Richemont, qui porte un cœur de fer,
Blasphémateur, jureur impitoyable,
Haussant la voix, dit que c'était le diable
Qui leur venait du fin fond de l'enfer,
Que ce serait chose très-agréable
Si l'on pouvait parler à Lucifer.
Maître Louvet s'en courut au plus vite
Chercher un pot tout rempli d'eau bénite.
Poton, La Hire et Dunois, ébahis,
Ouvrent tous trois de grands yeux ébaubis.

---

1. Auréole, c'est la couronne de rayons que les saints ont toujours sur la tête. Elle paraît imitée de la couronne de laurier dont les feuilles divergentes semblaient environner de rayons la tête des héros ; ce qui a fait tirer à quelques-uns l'étymologie d'auréole de *laurum*, *laureola* : d'autres la tirent d'*aurum*. Saint Bernard dit que cette couronne est d'or pour les vierges : « Coronam quam nostri majores aureolam vocant, « idcirco nominatam…. »

2. Le bâton des augures ressemblait parfaitement à une crosse

Tous les valets sont couchés sur le ventre.
L'objet approche, et le saint fantôme entre
Tout doucement porté sur son rayon,
Puis donne à tous sa bénédiction.
Soudain chacun se signe et se prosterne.
 Il les relève avec un air paterne;
Puis il leur dit : « Ne faut vous effrayer :
Je suis Denys [1], et saint de mon métier.
J'aime la Gaule, et l'ai catéchisée,
Et ma bonne âme est très-scandalisée
De voir Charlot, mon filleul tant aimé,
Dont le pays en cendre est consumé,
Et qui s'amuse, au lieu de le défendre,
A deux tétons qu'il ne cesse de prendre.
J'ai résolu d'assister aujourd'hui
Les bons Français qui combattent pour lui.
Je veux finir leur peine et leur misère.
Tout mal, dit-on, guérit par son contraire.
Or si Charlot veut, pour une catin,
Perdre la France et l'honneur avec elle,
J'ai résolu, pour changer son destin,
De me servir des mains d'une pucelle.
Vous, si d'en haut vous désirez les biens,
Si vos cœurs sont et français et chrétiens,
Si vous aimez le roi, l'État, l'Église,
Assistez-moi dans ma sainte entreprise;
Montrez le nid où nous devons chercher
Ce vrai phénix que je veux dénicher. »
 Ainsi parla le vénérable sire.
Quand il eut fait, chacun se prit à rire.
Le Richemont, né plaisant et moqueur,
Lui dit : « Ma foi, mon cher prédicateur,
Monsieur le saint, ce n'était pas la peine
D'abandonner le céleste domaine
Pour demander à ce peuple méchant
Ce beau joyau que vous estimez tant.
Quand il s'agit de sauver une ville,
Un pucelage est une arme inutile.

---

1. Ce Denys, patron de la France, est un saint de la façon des moines. Il ne vint jamais dans les Gaules. Voyez sa légende dans les *Questions sur l'Encyclopédie*, à l'article DENYS : vous apprendrez qu'il fut d'abord créé évêque d'Athènes par saint Paul; qu'il alla rendre une visite à la vierge Marie, et la complimenta sur la mort de son fils; qu'ensuite il quitta l'évêché d'Athènes pour celui de Paris; qu'on le pendit, qu'il prêcha fort éloquemment du haut de sa potence; qu'on lui coupa la tête pour l'empêcher de parler; qu'il prit sa tête entre ses bras, qu'il la baisait en chemin, en allant à une lieue de Paris fonder une abbaye de son nom.

Pourquoi d'ailleurs le prendre en ce pays?
Vous en avez tant dans le paradis!
Rome et Lorette ont cent fois moins de cierges
Que chez les saints il n'est là-haut de vierges.
Chez les Français, hélas! il n'en est plus.
Tous nos moutiers sont à sec là-dessus.
Nos francs archers, nos officiers, nos princes,
Ont dès longtemps dégarni les provinces.
Ils ont tous fait, en dépit de vos saints,
Plus de bâtards encor que d'orphelins.
Monsieur Denys, pour finir nos querelles,
Cherchez ailleurs, s'il vous plait, des pucelles. »
 Le saint rougit de ce discours brutal;
Puis aussitôt il remonte à cheval
Sur son rayon, sans dire une parole,
Pique des deux, et par les airs s'envole,
Pour déterrer, s'il peut, ce beau bijou
Qu'on tient si rare, et dont il semble fou.
Laissons-le aller; et tandis qu'il se perche
Sur l'un des traits qui vont porter le jour,
Ami lecteur, puissiez-vous en amour
Avoir le bien de trouver ce qu'il cherche!

CHANT SECOND.

ARGUMENT. — Jeanne, armée par saint Denys, va trouver Charles VII à Tours; ce qu'elle fit en chemin, et comment elle eut son brevet de pucelle.

 Heureux cent fois qui trouve un pucelage!
C'est un grand bien; mais de toucher un cœur
Est, à mon sens, un plus cher avantage.
Se voir aimé, c'est là le vrai bonheur.
Qu'importe, hélas! d'arracher une fleur?
C'est à l'amour à nous cueillir la rose.
De très-grands clercs ont gâté par leur glose
Un si beau texte; ils ont cru faire voir
Que le plaisir n'est point dans le devoir.
Je veux contre eux faire un jour un beau livre,
J'enseignerai le grand art de bien vivre;
Je montrerai qu'en réglant nos désirs,
C'est du devoir que viennent nos plaisirs.
Dans cette honnête et savante entreprise,
Du haut des cieux saint Denys m'aidera
Je l'ai chanté, sa main me soutiendra.
En attendant, il faut que je vous dise

Quel fut l'effet de sa sainte entremise.
   Vers les confins du pays champenois,
Où cent poteaux, marqués de trois merlettes [1],
Disaient aux gens : « En Lorraine vous êtes, »
Est un vieux bourg peu fameux autrefois;
Mais il mérite un grand nom dans l'histoire,
Car de lui vient le salut et la gloire
Des fleurs de lis et du peuple gaulois.
De Domremi chantons tous le village;
Faisons passer son beau nom d'âge en âge.
   O Domremi ! tes pauvres environs
N'ont ni muscats, ni pêches, ni citrons;
Ni mine d'or, ni bon vin qui nous damne;
Mais c'est à toi que la France doit Jeanne.
Jeanne y naquit [2] : certain curé du lieu,
Faisant partout des serviteurs à Dieu,
Ardent au lit, à table, à la prière,
Moine autrefois, de Jeanne fut le père;
Une robuste et grasse chambrière
Fut l'heureux moule où ce pasteur jeta
Cette beauté, qui les Anglais dompta.
   Vers les seize ans, en une hôtellerie
On l'engagea pour servir d'écurie,
A Vaucouleurs; et déjà de son nom
La renommée emplissait le canton.
Son air est fier, assuré, mais honnête;
Ses grands yeux noirs brillent à fleur de tête;
Trente-deux dents d'une égale blancheur
Sont l'ornement de sa bouche vermeille,
Qui semble aller de l'une à l'autre oreille,
Mais bien bordée et vive en sa couleur,
Appétissante, et fraîche par merveille.
Ses tetons bruns, mais fermes comme un roc,
Tentent la robe, et le casque, et le froc.
Elle est active, adroite, vigoureuse;
Et d'une main potelée et nerveuse
Soutient fardeaux, verse cent brocs de vin,
Sert le bourgeois, le noble, le robin;
Chemin faisant, vingt soufflets distribue
Aux étourdis dont l'indiscrète main
Va tâtonnant sa cuisse ou gorge nue;

1. Il y avait alors sur toutes les frontières de Lorraine des poteaux aux armes du duc, qui sont trois alérions; ils ont été ôtés en 1738.
2. Elle était en effet native du village de Domremi, fille de Jean d'Arc et d'Isabeau, âgée alors de vingt-sept ans, et servante de cabaret; ainsi son père n'était point curé. C'est une fiction poétique qui n'est peut-être pas permise dans un sujet grave.

Travaille et rit du soir jusqu'au matin,
Conduit chevaux, les panse, abreuve, étrille;
Et les pressant de sa cuisse gentille,
Les monte à cru comme un soldat romain [1].
  O profondeur! ô divine sagesse!
Que tu confonds l'orgueilleuse faiblesse
De tous ces grands si petits à tes yeux!
Que les petits sont grands quand tu le veux!
Ton serviteur Denys le bienheureux
N'alla rôder aux palais des princesses,
N'alla chez vous, mesdames les duchesses;
Denys courut, amis, qui le croirait?
Chercher l'honneur, où? dans un cabaret.
  Il était temps que l'apôtre de France
Envers sa Jeanne usât de diligence.
Le bien public était en grand hasard.
De Satanas la malice est connue;
Et, si le saint fût arrivé plus tard
D'un seul moment, la France était perdue.
Un cordelier qu'on nommait Grisbourdon,
Avec Chandos arrivé d'Albion,
Était alors dans cette hôtellerie;
Il aimait Jeanne autant que sa patrie.
C'était l'honneur de la pénaillerie;
De tous côtés allant en mission;
Prédicateur, confesseur, espion;
De plus, grand clerc en la sorcellerie [2],
Savant dans l'art en Égypte sacré,
Dans ce grand art cultivé chez les mages,
Chez les Hébreux, chez les antiques sages,
De nos savants dans nos jours ignoré.
Jours malheureux! tout est dégénéré.
  En feuilletant ses livres de cabale,
Il vit qu'aux siens Jeanne serait fatale;
Qu'elle portait dessous son court jupon
Tout le destin d'Angleterre et de France.
Encouragé par la noble assistance
De son génie, il jura son cordon,
Son Dieu, son diable, et saint François d'Assise
Qu'à ses vertus Jeanne serait soumise,
Qu'il saisirait ce beau palladion [3].

[1] « Montait chevaux à poil et faisait apertises qu'autres filles n'ont point coutume de faire, » comme dit la *Chronique* de Monstrelet.
[2] La sorcellerie était alors si en vogue, que Jeanne d'Arc elle-même fut brûlée depuis comme sorcière, sur la requête de la Sorbonne.
[3] Figure de Pallas, à laquelle le destin de Troie était attaché : presque tous les peuples ont eu de pareilles superstitions.

Il s'écriait en faisant l'oraison :
« Je servirai ma patrie et l'Église ;
Moine et Breton, je dois faire le bien
De mon pays, et plus encor le mien. »
　　Au même temps, un ignorant, un rustre,
Lui disputait cette conquête illustre :
Cet ignorant valait un cordelier,
Car vous saurez qu'il était muletier;
Le jour, la nuit, offrant sans fin, sans terme,
Son lourd service et l'amour le plus ferme.
L'occasion, la douce égalité,
Faisaient pencher Jeanne de son côté ;
Mais sa pudeur triomphait de la flamme
Qui par les yeux se glissait dans son âme.
Le Grisbourdon vit sa naissante ardeur :
Mieux qu'elle encore il lisait dans son cœur.
Il vint trouver son rival si terrible ;
Puis il lui tint ce discours très-plausible :
« Puissant héros, qui passez au besoin
Tous les mulets commis à votre soin,
Vous méritez, sans doute, la pucelle ;
Elle a mon cœur comme elle a tous vos vœux ;
Rivaux ardents, nous nous craignons tous deux,
Et comme vous je suis amant fidèle.
Çà, partageons, et, rivaux sans querelle,
Tâtons tous deux de ce morceau friand
Qu'on pourrait perdre en se le disputant.
Conduisez-moi vers le lit de la belle ;
J'évoquerai le démon du dormir ;
Ses doux pavots vont soudain l'assoupir ;
Et tour à tour nous veillerons pour elle. »
　　Incontinent le père au grand cordon
Prend son grimoire, évoque le démon
Qui de Morphée eut autrefois le nom.
Ce pesant diable est maintenant en France :
Vers le matin, lorsque nos avocats
Vont s'enrouer à commenter Cujas,
Avec messieurs il ronfle à l'audience ;
L'après-dînée il assiste aux sermons
Des apprentis dans l'art des Massillons,
A leurs trois points, à leurs citations,
Aux lieux communs de leur belle éloquence ;
Dans le parterre il vient bâiller le soir.
　　Aux cris du moine il monte en son char noir,
Par deux hiboux traîné dans la nuit sombre.
Dans l'air il glisse, et doucement fend l'ombre.
Les yeux fermés, il arrive en bâillant,

Se met sur Jeanne, et tâtonne, et s'étend ;
Et secouant son pavot narcotique,
Lui souffle au sein vapeur soporifique.
Tel on nous dit que le moine Girard [1],
En confessant la gentille Cadière,
Insinuait de son souffle paillard
De diabloteaux une ample fourmilière.

Nos deux galants, pendant ce doux sommeil,
Aiguillonnés du démon du réveil,
Avaient de Jeanne ôté la couverture.
Déjà trois dés, roulant sur son beau sein,
Vont décider, au jeu de saint Guilain [2],
Lequel des deux doit tenter l'aventure.
Le moine gagne ; un sorcier est heureux !
Le Grisbourdon se saisit des enjeux ;
Il fond sur Jeanne. O soudaine merveille !
Denys arrive, et Jeanne se réveille.
O Dieu ! qu'un saint fait trembler tout pécheur !
Nos deux rivaux se renversent de peur.
Chacun d'eux fuit, emportant dans le cœur
Avec la crainte un désir de paillarde.
Vous avez vu, sans doute, un commissaire
Cherchant de nuit un couvent de Vénus :
Un jeune essaim de tendrons demi-nus
Saute du lit, s'esquive, se dérobe
Aux yeux hagards du noir pédant en robe :
Ainsi fuyaient mes paillards confondus.

Denys s'avance et réconforte Jeanne,
Tremblante encor de l'attentat profane ;
Puis il lui dit : « Vase d'élection,
Le Dieu des rois, par tes mains innocentes
Veut des Français venger l'oppression,
Et renvoyer dans les champs d'Albion
Des fiers Anglais les cohortes sanglantes.
Dieu sait changer, d'un souffle tout-puissant,
Le roseau frêle en cèdre du Liban,
Sécher les mers, abaisser les collines,
Du monde entier réparer les ruines.
Devant tes pas la foudre grondera ;
Autour de toi la terreur volera,

---

1. Le jésuite Girard, convaincu d'avoir eu de petites privautés avec la demoiselle Cadière, sa pénitente, fut accusé de l'avoir ensorcelée en soufflant sur elle. Voyez les notes du chant troisième.

2. On connaît l'aventure de saint Guilain, qui joua aux trois dés contre le diable l'âme d'une pécheresse mourante. Le diable trichait ; saint Guilain fit un miracle : il amena trois sept, et gagna son âme. (Ed.)

Et tu verras l'ange de la victoire
Ouvrir pour toi les sentiers de la gloire.
Suis-moi, renonce à tes humbles travaux;
Viens placer Jeanne au nombre des héros. »
  A ce discours terrible et pathétique,
Très-consolant et très-théologique,
Jeanne étonnée, ouvrant un large bec,
Crut quelque temps que l'on lui parlait grec.
La grâce agit : cette augustine grâce
Dans son esprit porte un jour efficace.
Jeanne sentit dans le fond de son cœur
Tous les élans d'une sublime ardeur.
Non, ce n'est plus Jeanne la chambrière;
C'est un héros, c'est une âme guerrière.
Tel un bourgeois humble, simple, grossier,
Qu'un vieux richard a fait son héritier,
En un palais fait changer sa chaumière ;
Son air honteux devient démarche fière;
Les grands surpris admirent sa hauteur,
Et les petits l'appellent monseigneur.
  Telle plutôt cette heureuse grisette
Que la nature ainsi que l'art forma
Pour le b...., ou bien pour l'Opéra,
Qu'une maman avisée et discrète
Au noble lit d'un fermier éleva,
Et que l'Amour, d'une main plus adrète,
Sous un monarque entre deux draps plaça.
Sa vive allure est un vrai port de reine,
Ses yeux fripons s'arment de majesté,
Sa voix a pris le ton de souveraine,
Et sur son rang son esprit s'est monté.
  Or, pour hâter leur auguste entreprise,
Jeanne et Denys s'en vont droit à l'église.
Lors apparut dessus le maître autel
(Fille de Jean, quelle fut ta surprise!)
Un beau harnois tout frais venu du ciel,
Des arsenaux du terrible empyrée.
En cet instant, par l'archange Michel
La noble armure avait été tirée.
On y voyait l'armet de Débora [1],
Ce clou pointu, funeste à Sisara;

---

[1]. Débora est la première femme guerrière dont il soit parlé dans le monde. Jahel, autre héroïne, enfonça un clou dans la tête du général Sisara ; on conserve ce clou dans plusieurs couvents grecs et latins, avec la machoire d'âne dont se servit Samson, la fronde de David, et le couperet avec lequel la célèbre Judith coupa la tête du général Holopherne, ou Olphern, après avoir couché avec lui.

Le caillou rond dont un berger fidèle
De Goliath entama la cervelle ;
Cette mâchoire avec quoi combattit
Le fier Samson, qui ses cordes rompit
Lorsqu'il se vit vendu par sa donzelle ;
Le coutelet de la belle Judith,
Cette beauté si galamment perfide,
Qui, pour le ciel saintement homicide,
Son cher amant massacra dans son lit.
A ces objets la sainte émerveillée,
De cette armure est bientôt habillée.
Elle vous prend et casque et corselet,
Brassards, cuissards, baudrier, gantelet,
Lance, clou, dague, épieu, caillou, mâchoire,
Marche, s'essaye, et brûle pour la gloire.
　Toute héroïne a besoin d'un coursier :
Jeanne en demande au triste muletier.
Mais aussitôt un âne se présente,
Au beau poil gris, à la voix éclatante,
Bien étrillé, sellé, bridé, ferré,
Portant arçons, avec chanfrein doré,
Caracolant, du pied frappant la terre,
Comme un coursier de Thrace ou d'Angleterre.
　Ce beau grison deux ailes possédait
Sur son échine, et souvent s'en servait.
Ainsi Pégase, au haut des deux collines,
Portait jadis neuf pucelles divines ;
Et l'hippogriffe, à la lune volant,
Portait Astolphe au pays de saint Jean.
Mon cher lecteur veut connaître cet âne,
Qui vint alors offrir sa croupe à Jeanne :
Il le saura, mais dans un autre chant [1].
Je l'avertis cependant qu'il révère
Cet âne heureux qui n'est pas sans mystère.
　Sur son grison Jeanne a déjà sauté ;
Sur son rayon Denys est remonté :
Tous deux s'en vont vers les rives de Loire
Porter au roi l'espoir de la victoire.
L'âne tantôt trotte d'un pied léger,
Tantôt s'élève et fend les champs de l'air.
Le cordelier, toujours plein de luxure,

1. *N. B.* Lecteur qui avez du goût, remarquez que notre auteur, qui en a aussi, et qui est au-dessus des préjugés, rime toujours pour les oreilles plus que pour les yeux. Vous ne le verrez point faire rimer *trône* avec *bonne*, *pâle* avec *patte*, *homme* avec *heaume*. Une brève n'a pas le même son, et ne se prononce pas comme une longue. *Jean* et *chant* se prononcent de même.

Un peu remis de sa triste aventure,
Usant enfin de ses droits de sorcier,
Change en mulet le pauvre muletier,
Monte dessus, chevauche, pique, et jure
Qu'il suivra Jeanne au bout de la nature
Le muletier, en son mulet caché,
Bât sur le dos, crut gagner au marché;
Et du vilain l'âme terrestre et crasse
A peine vit qu'elle eût changé de place.
 Jeanne et Denys s'en allaient donc vers Tours
Chercher ce roi plongé dans les amours.
Près d'Orléans comme ensemble ils passèrent,
L'ôst des Anglais de nuit ils traversèrent.
Ces fiers Bretons, ayant bu tristement,
Cuvaient leur vin, dormaient profondément.
Tout était ivre, et goujats et vedettes;
On n'entendait ni tambours ni trompettes :
L'un dans sa tente était couché tout nu,
L'autre ronflait sur son page étendu.
 Alors Denys, d'une voix paternelle,
Tint ces propos tout bas à la pucelle :
« Fille de bien, tu sauras que Nisus[1],
Étant un soir aux tentes de Turnus,
Bien secondé de son cher Euryale,
Rendit la nuit aux Rutulois fatale.
Le même advint au quartier de Rhésus[2],
Quand la valeur du preux fils de Tydée,
Par la nuit noire et par Ulysse aidée,
Sut envoyer, sans danger, sans effort,
Tant de Troyens du sommeil à la mort.
Tu peux jouir de semblable victoire.
Parle, dis-moi, veux-tu de cette gloire? »
Jeanne lui dit : « Je n'ai point lu l'histoire;
Mais je serais d'un courage bien bas,
De tuer gens qui ne combattent pas. »
Disant ces mots, elle avise une tente
Que les rayons de la lune brillante
Faisaient paraître à ses yeux éblouis
Tente d'un chef ou d'un jeune marquis.
Cent gros flacons remplis de vin exquis
Sont tout auprès. Jeanne avec assurance
D'un grand pâté prend les vastes débris,
Et boit six coups avec monsieur Denys,
A la santé de son bon roi de France.

1. Aventure décrite dans l'*Énéide*.
2. Aventure de l'*Iliade*.

La tente était celle de Jean Chandos[1],
Fameux guerrier, qui donnait sur le dos.
Jeanne saisit sa redoutable épée,
Et sa culotte en velours découpée.
Ainsi jadis David, aimé de Dieu,
Ayant trouvé Saül en certain lieu,
Et lui pouvant ôter très-bien la vie,
De sa chemise il lui coupa partie,
Pour faire voir à tous les potentats
Ce qu'il put faire, et ce qu'il ne fit pas.
Près de Chandos était un jeune page
De quatorze ans, mais charmant pour son âge,
Lequel montrait deux globes faits au tour,
Qu'on aurait pris pour ceux du tendre Amour.
Non loin du page était une écritoire
Dont se servait le jeune homme après boire,
Quand tendrement quelques vers il faisait
Pour la beauté qui son cœur séduisait.
Jeanne prend l'encre, et sa main lui dessine
Trois fleurs de lis juste dessous l'échine ;
Présage heureux du bonheur des Gaulois,
Et monument de l'amour de ses rois.
Le bon Denys voyait, se pâmant d'aise,
Les lis français sur une fesse anglaise.

Qui fut penaud le lendemain matin ?
Ce fut Chandos, ayant cuvé son vin ;
Car s'éveillant, il vit sur ce beau page
Les fleurs de lis. Plein d'une juste rage,
Il crie alerte, il croit qu'on le trahit ;
A son épée il court auprès du lit ;
Il cherche en vain, l'épée est disparue ;
Point de culotte ; il se frotte la vue,
Il gronde, il crie, et pense fermement
Que le grand diable est entré dans le camp.

Ah ! qu'un rayon de soleil et qu'un âne,
Cet âne ailé qui fut son dos à Jeanne,
Du monde entier feraient bientôt le tour !
Jeanne et Denys arrivent à la cour.
Le doux prélat sait par expérience
Qu'on est railleur à cette cour de France.
Il se souvient des propos insolents
Que Richemont lui tint dans Orléans,
Et ne veut plus à pareille aventure
D'un saint évêque exposer la figure.
Pour son honneur il prit un nouveau tour,

---

1. L'un des grands capitaines de ce temps-là.

Il s'affubla de la triste encolure
Du bon Roger, seigneur de Baudricour[1],
Preux chevalier et ferme catholique,
Hardi parleur, loyal et véridique;
Malgré cela, pas trop mal à la cour.
 « Eh! jour de Dieu, dit-il, parlant au prince
Vous languissez au fond d'une province,
Esclave roi, par l'Amour enchaîné!
Quoi! votre bras indignement repose!
Ce front royal, ce front n'est couronné
Que de tissus et de myrte et de rose!
Et vous laissez vos cruels ennemis
Rois dans la France et sur le trône assis!
Allez mourir, ou faites la conquête
De vos États ravis par ces mutins :
Le diadème est fait pour votre tête,
Et les lauriers n'attendent que vos mains.
Dieu, dont l'esprit allume mon courage,
Dieu, dont ma voix annonce le langage,
De sa faveur est prêt à vous couvrir.
Osez le croire, osez vous secourir :
Suivez du moins cette auguste amazone;
C'est votre appui, c'est le soutien du trône;
C'est par son bras que le maître des rois
Veut rétablir nos princes et nos lois.
Jeanne avec vous chassera la famille
De cet Anglais si terrible et si fort :
Devenez homme; et, si c'est votre sort
D'être à jamais mené par une fille,
Fuyez au moins celle qui vous perdit,
Qui votre cœur dans ses bras amollit;
Et, digne enfin de ce secours étrange,
Suivez les pas de celle qui vous venge. »
 L'amant d'Agnès eut toujours dans le cœur,
Avec l'amour, un très-grand fonds d'honneur.
Du vieux soldat le discours pathétique
A dissipé son sommeil léthargique,
Ainsi qu'un ange, un jour, du haut des airs,
De sa trompette ébranlant l'univers,
Rouvrant la tombe, animant la poussière,
Rappellera les morts à la lumière.

1. Il ne s'appelait point Roger, mais Robert : cette faute est légère. Ce fut lui qui mena Jeanne d'Arc à Tours en 1429, et qui la présenta au roi. C'était un bon Champenois qui n'y entendait pas finesse. Son château était auprès de Brienne en Champagne. J'ai vu sa devise sur la porte de ce pauvre château : c'était un cep de vigne, avec la légende *Beou, dru, et court*. On peut juger par là de l'esprit du temps.

Charle éveillé, Charle bouillant d'ardeur,
Ne lui répond qu'en s'écriant : « Aux armes! »
Les seuls combats à ses yeux ont des charmes.
Il prend sa pique, il brûle de fureur.
 Bientôt après la première chaleur
De ces transports où son âme est en proie,
Il voulut voir si celle qu'on envoie
Vient de la part du diable ou du Seigneur,
Ce qu'il doit croire, et si ce grand prodige
Est en effet ou miracle ou prestige.
Donc se tournant vers la fière beauté,
Le roi lui dit d'un ton de majesté
Qui confondrait toute autre fille qu'elle :
« Jeanne, écoutez : Jeanne, êtes-vous pucelle? »
Jeanne lui dit : « O grand sire, ordonnez
Que médecins, lunettes sur le nez,
Matrones, clercs, pédants, apothicaires,
Viennent sonder ces féminins mystères ;
Et, si quelqu'un se connaît à cela,
Qu'il trousse Jeanne, et qu'il regarde là. »
 A sa réponse et sage et mesurée,
Le roi vit bien qu'elle était inspirée.
« Or sus, dit-il, si vous en savez tant,
Fille de bien, dites-moi dans l'instant
Ce que j'ai fait cette nuit à ma belle ;
Mais parlez net. — Rien du tout, » lui dit-elle.
Le roi surpris soudain s'agenouilla,
Cria tout haut : « Miracle! » et se signa.
Incontinent la cohorte fourrée,
Bonnet en tête, Hippocrate à la main,
Vint observer le pur et noble sein
De l'amazone à leurs regards livrée.
On la met nue, et monsieur le doyen,
Ayant le tout considéré très-bien,
Dessus, dessous, expédie à la belle
En parchemin un brevet de pucelle.
 L'esprit tout fier de ce brevet sacré,
Jeanne soudain d'un pas délibéré
Retourne au roi, devant lui s'agenouille,
Et, déployant la superbe dépouille
Que sur l'Anglais elle a prise en passant :
« Permets, dit-elle, ô mon maître puissant!
Que sous tes lois la main de ta servante
Ose ranger la France gémissante.

---

1. Effectivement, des médecins et des matrones visitèrent Jeanne d'Arc, et la déclarèrent pucelle.

Je remplirai les oracles divins :
J'ose à tes yeux jurer par mon courage,
Par cette épée et par mon pucelage,
Que tu seras huilé bientôt à Reims ;
Tu chasseras les anglaises cohortes
Qui d'Orléans environnent les portes.
Viens accomplir tes augustes destins ;
Viens, et, de Tours abandonnant la rive,
Dès ce moment souffre que je te suive. »
　　Les courtisans autour d'elle pressés,
Les yeux au ciel et vers Jeanne adressés,
Battent des mains, l'admirent, la secondent.
Cent cris de joie à son discours répondent.
Dans cette foule il n'est point de guerrier
Qui ne voulût lui servir d'écuyer,
Porter sa lance, et lui donner sa vie ;
Il n'en est point qui ne soit possédé
Et de la gloire, et de la noble envie
De lui ravir ce qu'elle a tant gardé.
Prêt à partir, chaque officier s'empresse :
L'un prend congé de sa vieille maîtresse ;
L'un, sans argent, va droit à l'usurier ;
L'autre à son hôte, et compte sans payer.
Denys a fait déployer l'oriflamme [1].
A cet aspect le roi Charles s'enflamme
D'un noble espoir à sa valeur égal.
Cet étendard aux ennemis fatal,
Cette héroïne, et cet âne aux deux ailes,
Tout lui promet des palmes immortelles.

　　Denys voulut, en partant de ces lieux,
Des deux amants épargner les adieux.
On eût versé des larmes trop amères,
On eût perdu des heures toujours chères.
Agnès dormait, quoiqu'il fût un peu tard :
Elle était loin de craindre un tel départ.
Un songe heureux, dont les erreurs la frappent,
Lui retraçait des plaisirs qui s'échappent.
Elle croyait tenir entre ses bras
Le cher amant dont elle est souveraine ;
Songe flatteur, tu trompais ses appas :
Son amant fuit, et saint Denys l'entraîne.
Tel dans Paris un médecin prudent
Force au régime un malade gourmand,
A l'appétit se montre inexorable,

---

1. Étendard apporté par un ange dans l'abbaye de Saint-Denys, lequel était autrefois entre les mains des comtes de Vexin.

Et sans pitié le fait sortir de table.
  Le bon Denys eut à peine arraché
Le roi de France à son charmant péché,
Qu'il courut vite à son ouaille chère,
A sa pucelle, à sa fille guerrière.
Il a repris son air de bienheureux,
Son ton dévot, ses plats et courts cheveux,
L'anneau bénit, la grosse pastorale,
Ses gants, sa croix, sa mitre épiscopale.
  « Va, lui dit-il, sers la France et son roi,
Mon œil bénin sera toujours sur toi.
Mais au laurier du courage héroïque
Joins le rosier de la vertu pudique.
Je conduirai tes pas dans Orléans.
Lorsque Talbot, le chef des mécréants,
Le cœur saisi du démon de luxure,
Croira tenir sa présidente impure,
Il tombera sous ton robuste bras.
Punis son crime, et ne l'imite pas.
Sois à jamais dévote avec courage.
Je pars, adieu, pense à ton pucelage. »
  La belle en fit un serment solennel;
Et son patron repartit pour le ciel.

CHANT TROISIÈME.

ARGUMENT. — Description du palais de la Sottise. Combat vers Orléans. Agnès se revêt de l'armure de Jeanne pour aller trouver son amant : elle est prise par les Anglais, et sa pudeur souffre beaucoup.

  Ce n'est le tout d'avoir un grand courage,
Un coup d'œil ferme au milieu des combats,
D'être tranquille à l'aspect du carnage,
Et de conduire un monde de soldats;
Car tout cela se voit en tous climats,
Et tour à tour ils ont cet avantage.
Qui me dira si nos ardents Français
Dans ce grand art, l'art affreux de la guerre,
Sont plus savants que l'intrépide Anglais?
Si le Germain l'emporte sur l'Ibère?
Tous ont vaincu, tous ont été défaits.
Le grand Condé fut vaincu par Turenne[1]

---

1. A la fameuse bataille des Dunes, près de Dunkerque.

Le fier Villars fut battu par Eugène [1] ;
De Stanislas le vertueux support,
Ce roi soldat, don Quichotte du Nord,
Dont la valeur a paru plus qu'humaine,
N'a-t-il pas vu, dans le fond de l'Ukraine,
A Pultava tous ses lauriers flétris [2]
Par un rival, objet de ses mépris ?

Un beau secret serait, à mon avis,
De bien savoir éblouir le vulgaire,
De s'établir un divin caractère ;
D'en imposer aux yeux des ennemis ;
Car les Romains, à qui tout fut soumis,
Domptaient l'Europe au milieu des miracles.
Le ciel pour eux prodigua les oracles.
Jupiter, Mars, Pollux, et tous les dieux,
Guidaient leur aigle et combattaient pour eux.
Le grand Bacchus, qui mit l'Asie en cendre,
L'antique Hercule, et le fier Alexandre,
Pour mieux régner sur les peuples conquis,
De Jupiter ont passé pour les fils ;
Et l'on voyait les princes de la terre
A leurs genoux redouter le tonnerre,
Tomber du trône, et leur offrir des vœux.

Denys suivit ces exemples fameux ;
Il prétendit que Jeanne la Pucelle
Chez les Anglais passât même pour telle ;
Et que Bedford, et l'amoureux Talbot,
Et Tirconel, et Chandos l'indévot,
Crussent la chose, et qu'ils vissent dans Jeanne
Un bras divin, fatal à tout profane.

Pour réussir en ce hardi dessein,
Il s'en va prendre un vieux bénédictin,
Non tel que ceux dont le travail immense
Vient d'enrichir les libraires de France ;
Mais un prieur engraissé d'ignorance,
Et n'ayant lu que son missel latin :
Frère Lourdis fut le bon personnage
Qui fut choisi pour ce nouveau voyage.

Devers la lune, où l'on tient que jadis
Était placé des fous le paradis [3],
Sur les confins de cet abîme immense,

---

1. A Malplaquet, près de Mons, en 1709. — 2. Aussi en 1709.
3. On appelait autrefois *paradis des fous, paradis des sots,* les limbes ; et on plaça dans ces limbes les âmes des imbéciles et des petits enfants morts sans baptême. *Limbe* signifie *bord, bordure* ; et c'était vers les bords de la lune qu'on avait établi ce paradis. Milton en parle ; il fait passer le diable par le paradis des sots, *the paradise of fool*.

Où le Chaos, et l'Érèbe et la Nuit,
Avant les temps de l'univers produit,
Ont exercé leur aveugle puissance,
Il est un vaste et caverneux séjour,
Peu caressé des doux rayons du jour,
Et qui n'a rien qu'une lumière affreuse,
Froide, tremblante, incertaine, et trompeuse :
Pour toute étoile on a des feux follets,
L'air est peuplé de petits farfadets.
De ce pays la reine est la Sottise.
Ce vieil enfant porte une barbe grise,
Œil de travers, et bouche à la Danchet¹,
Sa lourde main tient pour sceptre un hochet.
De l'Ignorance elle est, dit-on, la fille.
Près de son trône est sa sotte famille,
Le fol Orgueil, l'Opiniâtreté,
Et la Paresse, et la Crédulité.
Elle est servie, elle est flattée en reine;
On la croirait en effet souveraine ;
Mais ce n'est rien qu'un fantôme impuissant,
Un Chilpéric, un vrai roi fainéant.
La Fourberie est son ministre avide.
Tout est réglé par ce maire perfide,
Et la Sottise est son digne instrument.
Sa cour plénière est à son gré fournie
De gens profonds en fait d'astrologie,
Sûrs de leur art, à tous moments déçus,
Dupes, fripons, et partant toujours crus.
C'est là qu'on voit les maîtres d'alchimie
Faisant de l'or, et n'ayant pas un sou.
Les roses-croix, et tout ce peuple fou
Argumentant sur la théologie.
Le gros Lourdis, pour aller en ces lieux,
Fut donc choisi parmi tous ses confrères
Lorsque la nuit couvrait le front des cieux
D'un tourbillon de vapeurs non légères,
Enveloppé dans le sein du repos,
Il fut conduit au paradis des sots².

---

1. Ceci paraît une allusion aux fameux couplets de Rousseau :

Je te vois, innocent Danchet,
Grands yeux ouverts, bouche béante.

Une bouche à la Danchet était devenu une espèce de proverbe. Ce Danchet était un poète médiocre qui a fait quelques pièces de théâtre, etc.

2. Ce sont les limbes inventées, dit-on, par un nommé Pierre Chrysologue. C'est là qu'on envoie tous les petits enfants qui meurent sans avoir été baptisés, car s'ils meurent à quinze ans, ils sont damnés sans difficulté.

CHANT III.

Quand il y fut, il ne s'étonna guères ;
Tout lui plaisait, et même en arrivant
Il crut encore être dans son couvent.
　　Il vit d'abord la suite emblématique
Des beaux tableaux de ce séjour antique.
Cacodémon, qui ce grand temple orna,
Sur la muraille à plaisir griffonna
Un long croquis de toutes nos sottises,
Traits d'étourdi, pas de clerc, balourdises,
Projets mal faits, plus mal exécutés,
Et tous les mois du *Mercure* vantés.
Dans cet amas de merveilles confuses,
Parmi ces flots d'imposteurs et de buses,
On voit surtout un superbe Écossais,
Lass est son nom ; nouveau roi des Français,
D'un beau papier il porte un diadème,
Et sur son front il est écrit *système* ¹ ;
Environné de grands ballots de vent,
Sa noble main les donne à tout venant :
Prêtres, catins, guerriers, gens de justice,
Lui vont porter leur or par avarice.
　　Ah ! quel spectacle ! ah ! vous êtes donc là,
Tendre Escobar, suffisant ² Molina,
Petit Doucin, dont la main pateline
Donne à baiser une bulle divine
Que Le Tellier ³ lourdement fabriqua,
Dont Rome même en secret se moqua,
Et qui chez nous est la noble origine
De nos partis, de nos divisions,
Et, qui pis est, de volumes profonds,
Remplis, dit-on, de poisons hérétiques,
Tous poisons froids, et tous soporifiques.
　　Les combattants, nouveaux Bellérophons,
Dans cette nuit, montés sur des Chimères,
Les yeux bandés, cherchent leurs adversaires ;
De longs sifflets leur servent de clairons ;

---

1. Le système fameux du sieur Lass ou Law, Écossais, qui bouleversa tant de fortunes en France depuis 1718 jusqu'à 1720, avait encore laissé des traces funestes, et l'on s'en ressentait en 1730, qui fut le temps où nous jugeons que l'auteur commença ce poëme.

2. On connaît assez, par les excellentes *Lettres provinciales*, les casuistes Escobar et Molina ; ce Molina est appelé ici *suffisant*, par allusion à la grâce *suffisante* et *versatile*, sur laquelle il avait fait un système absurde comme celui de ses adversaires.

3. Le Tellier, jésuite, fils d'un procureur de Vire en Basse-Normandie, confesseur de Louis XIV, auteur de la bulle et de tous les troubles qui la suivirent, exilé pendant la régence, et dont la mémoire est abhorrée de nos jours. Le P. Doucin était son premier ministre.

Et, dans leur docte et sainte frénésie,
Ils vont frappant à grands coups de vessie.
Ciel ! que d'écrits, de disquisitions,
De mandements, et d'explications,
Que l'on explique encor, peur de s'entendre !
O chroniqueur des héros du Scamandre,
Toi qui jadis des grenouilles, des rats
Si doctement as chanté les combats,
Sors du tombeau, viens célébrer la guerre
Que pour la bulle on fera sur la terre !
Le janséniste, esclave du destin,
Enfant perdu de la grâce efficace,
Dans ses drapeaux porte un Saint-Augustin,
Et pour plusieurs il marche avec audace¹;
Les ennemis s'avancent tout courbés
Dessus le dos de cent petits abbés.
  Cessez, cessez, ô discordes civiles !
Tout va changer : place, place, imbéciles !
Un grand tombeau sans ornement, sans art,
Est élevé non loin de Saint-Médard².
L'esprit divin, pour éclairer la France,
Sous cette tombe enferme sa puissance.
L'aveugle y court, et d'un pas chancelant
Aux Quinze-Vingts retourne en tâtonnant;
Le boiteux vient clopinant sur la tombe,
Crie *hosanna*, saute, gigotte, et tombe.
Le sourd approche, écoute, et n'entend rien.
Tout aussitôt de pauvres gens de bien,
D'aise pâmés, vrais témoins de miracle,
Du bon Pâris baisent le tabernacle*.
Frère Lourdis, fixant ses deux gros yeux,

---

1. Les jansénistes disent que le Messie n'est venu que pour plusieurs.
2. Ceci désigne les convulsionnaires et les miracles attestés par des milliers de jansénistes, miracles dont Carré de Montgeron fit imprimer un gros recueil qu'il présenta au roi Louis XV.
3. Le bon Pâris était un diacre imbécile, mais qui, étant un des jansénistes les plus zélés et les plus accrédités parmi la populace, fut regardé comme un saint par cette populace. Ce fut vers l'an 1724* qu'on imagina d'aller prier sur la tombe de ce bonhomme, au cimetière d'une église de Paris érigée à un saint Médard, qui d'ailleurs est peu connu. Ce saint Médard n'avait jamais fait de miracles, mais l'abbé Pâris en fit une multitude. Le plus marqué est celui que Mme la duchesse du Maine célébra dans cette chanson :

  Un décrotteur à la royale
  Du talon gauche estropié
  Obtint pour grâce spéciale
  D'être boiteux de l'autre pied.

Ce saint Pâris fit trois ou quatre cents miracles de cette espèce ; il aurait

* Pâris n'est mort qu'en 1727.

CHANT III.

Voit ce saint œuvre, en rend grâces aux cieux,
Joint les deux mains, et, riant d'un sot rire,
Ne comprend rien, et toute chose admire.
Ah! le voici ce savant tribunal,
Moitié prélats et moitié monacal;
D'inquisiteurs une troupe sacrée
Est là pour Dieu de sbires entourée.
Ces saints docteurs, assis en jugement,
Ont pour habits plumes de chat-huant;
Oreilles d'âne ornent leur tête auguste,
Et, pour peser le juste avec l'injuste,
Le vrai, le faux, balance est dans leurs mains.
Cette balance a deux larges bassins;
L'un tout comblé contient l'or qu'ils escroquent,
Le bien, le sang des pénitents qu'ils croquent;
Dans l'autres sont bulles, brefs, premus,
Beaux chapelets, scapulaires, agnus.
Aux pieds bénits de la docte assemblée
Voyez-vous pas le pauvre Galilée[1],
Qui tout contrit leur demande pardon,
Bien condamné pour avoir eu raison?
   Murs de Loudun, quel nouveau feu s'allume?
C'est un curé que le bûcher consume.
Douze faquins ont déclaré sorcier
Et fait griller messire Urbain Grandier[2].
   Galigaï, ma chère maréchale[3],
Du parlement, épaulé de maint pair,
La compagnie ignorante et vénale
Te fait chauffer un feu brillant et clair,
Pour avoir fait pacte avec Lucifer.

ressuscité des morts si on l'avait laissé faire; mais la police y mit ordre; de là ce distique connu :

De par le roi, défense à Dieu
D'opérer miracle en ce lieu.

1. Galilée, le fondateur de la philosophie en Italie, fut condamné par la congrégation du saint-office, mis en prison, et traité très-durement, non-seulement comme hérétique, mais comme ignorant, pour avoir démontré le mouvement de la terre.

2. Urbain Grandier, curé de Loudun, condamné au feu en 1629, par une commission du conseil, pour avoir mis le diable dans le corps de quelques religieuses. Un nommé La Ménardaye a été assez imbécile pour faire imprimer, en 1749, un livre dans lequel il croit prouver la vérité de ces possessions.

3. Éléonore Galigaï, fille de grande qualité, attachée à la reine Marie de Médicis, et sa dame d'honneur, épouse de Concino Concini, Florentin, marquis d'Ancre, maréchal de France, fut non-seulement décapitée à la Grève en 1617, comme il est dit dans l'*Abrégé chronologique de l'Histoire de France*, mais fut brûlée comme sorcière, et ses biens furent donnés à ses ennemis. Il n'y eut que cinq conseillers qui, indignés d'une horreur si absurde, ne voulurent pas assister au jugement.

Ah ! qu'aux savants notre France est fatale !
Qu'il y fait bon croire au pape, à l'enfer,
Et se borner à savoir son *Pater !*
Je vois plus loin cet arrêt authentique [1]
Pour Aristote et contre l'émétique.

Venez, venez, mon beau père Girard [2],
Vous méritez un long article à part.
Vous voilà donc, mon confesseur de fille,
Tendre dévot qui prêchez à la grille !
Que dites-vous des pénitents appas
De ce tendron converti dans vos bras ?
J'estime fort cette douce aventure.
Tout est humain, Girard, en votre fait ;
Ce n'est pas là pécher contre nature :
Que de dévots en ont encor plus fait !
Mais, mon ami, je ne m'attendais guère
De voir entrer le diable en cette affaire.
Girard, Girard, tous vos accusateurs,
Jacobin, carme, et faiseur d'écriture,
Juges, témoins, ennemis, protecteurs,
Aucun de vous n'est sorcier, je vous jure.

Lourdis enfin voit nos vieux parlements
De vingt prélats brûler les mandements,
Et par arrêt exterminer la race
D'un certain fou qu'on nomme saint Ignace ;
Mais, à leur tour, eux-même on les proscrit :
Quesnel en pleure, et saint Ignace en rit.
Paris s'émeut à leur destin tragique,
Et s'en console à l'Opéra-Comique.

O toi, Sottise ! ô grosse déité,
De qui les flancs à tout âge ont porté
Plus de mortels que Cybèle féconde
N'avait jadis donné de dieux au monde,
Qu'avec plaisir ton grand œil hébété
Voit tes enfants dont ma patrie abonde !
Sots traducteurs, et sots compilateurs,
Et sots auteurs, et non moins sots lecteurs.
Je t'interroge, ô suprême puissance !
Daigne m'apprendre, en cette foule immense,
De tes enfants qui sont les plus chéris,

---

1. Le parlement, sous Louis XIII, défendit, sous peine des galères, qu'on enseignât une autre doctrine que celle d'Aristote, et défendit ensuite l'émétique, mais sans condamner aux galères les médecins ni les malades. Louis XIV fut guéri à Calais par l'émétique, et l'arrêt du parlement perdit de son crédit.
2. L'histoire du jésuite Girard et de La Cadière est assez publique ; le jésuite fut condamné au feu comme sorcier par la moitié du parlement d'Aix, et absous par l'autre moitié.

Les plus féconds en lourds et plats écrits,
Les plus constants à broncher comme à braire
A chaque pas dans la même carrière :
Ah ! je connais que tes soins les plus doux
Sont pour l'auteur du *Journal de Trévoux.*

Tandis qu'ainsi Denys notre bon père
Devers la lune en secret préparait
Contre l'Anglais cet innocent mystère,
Une autre scène en ce moment s'ouvrait
Chez les grands fous du monde sublunaire.
Charle est déjà parti pour Orléans,
Ses étendards flottent au gré des vents.
A ses côtés, Jeanne, le casque en tête,
Déjà de Reims lui promet la conquête.
Voyez-vous pas ses jeunes écuyers,
Et cette fleur de loyaux chevaliers ?
La lance au poing, cette troupe environne
Avec respect notre sainte amazone.
Ainsi l'on voit le sexe masculin
A Fontevrauld servir le féminin [1].
Le sceptre est là dans les mains d'une femme,
Et père Anselme est béni par madame.

La belle Agnès, en ces cruels moments,
Ne voyant plus son amant qu'elle adore,
Cède au chagrin dont l'excès la dévore;
Un froid mortel s'empare de ses sens :
L'ami Bonneau, toujours plein d'industrie,
En cent façons la rappelle à la vie.
Elle ouvre encor ses yeux, ces doux vainqueurs,
Mais ce n'est plus que pour verser des pleurs;
Puis sur Bonneau se penchant d'un air tendre :
« C'en est donc fait, dit-elle, on me trahit.

---

1. Fontevraud, Fontevraux, Fontevrauld, Fons-Ebraldi, est un bourg en Anjou, à trois lieues de Saumur, connu par une célèbre abbaye de filles, chef d'ordre, érigée par Robert d'Arbrissel, né en 1047, et mort en 1117. Après avoir fixé ses tabernacles à la forêt de Fontevrauld, il parcourut nu-pieds les provinces du royaume, afin d'exhorter à la pénitence les filles de joie, et les attirer dans son cloître; il fit de grandes conversions en ce genre, entre autres dans la ville de Rouen. Il persuada à la célèbre reine Bertrade de prendre l'habit de Fontevrauld, et il établit son ordre par toute la France. Le pape Paschal II le mit sous la protection du saint-siège, en 1106. Robert, quelque temps avant sa mort, en conféra le généralat à une dame nommée Pétronille du Chemille, et voulut que toujours une femme succédât à une autre femme dans la dignité de chef de l'ordre, commandant également aux religieux comme aux religieuses. Trente-quatre ou trente-cinq abbesses ont succédé, jusqu'à ce jour, à Pétronille, parmi lesquelles on compte quatorze princesses, et dans ce nombre, cinq de la maison de Bourbon. Voyez sur cela Sainte-Marthe, dans le quatrième volume du *Gallia christiana*, et le *Clypeus ordinis Fontebraldensis*, du P. de La Mainferme.

Où va-t-il donc? que veut-il entreprendre?
Était-ce là le serment qu'il me fit,
Lorsqu'à sa flamme il me fit condescendre?
Toute la nuit il faudra donc m'étendre,
Sans mon amant, seule au milieu d'un lit?
Et cependant cette Jeanne hardie,
Non des Anglais, mais d'Agnès ennemie,
Va contre moi lui prévenir l'esprit.
Ciel! que je hais ces créatures fières,
Soldats en jupe, hommasses chevalières [1],
Du sexe mâle affectant la valeur,
Sans posséder les agréments du nôtre,
A tous les deux prétendant faire honneur
Et qui ne sont ni de l'un ni de l'autre! »
Disant ces mots elle pleure et rougit,
Frémit de rage, et de douleur gémit.
La jalousie en ses yeux étincelle;
Puis, tout à coup, d'une ruse nouvelle
Le tendre Amour lui fournit le dessein.

    Vers Orléans elle prend son chemin,
De dame Alix et de Bonneau suivie.
Agnès arrive en une hôtellerie,
Où dans l'instant, lasse de chevaucher,
La fière Jeanne avait été coucher.
Agnès attend qu'en ce logis tout dorme,
Et cependant subtilement s'informe
Où couche Jeanne, où l'on met son harnois;
Puis dans la nuit se glisse en tapinois,
De Jean Chandos prend la culotte, et passe
Ses cuisses entre, et l'aiguillette lace;
De l'amazone elle prend la cuirasse.
Le dur acier, forgé pour les combats,
Presse et meurtrit ses membres délicats.
L'ami Bonneau la soutient sous les bras.

    La belle Agnès dit alors à voix basse :
« Amour, Amour, maître de tous mes sens,
Donne la force à cette main tremblante,
Fais-moi porter cette armure pesante,
Pour mieux toucher l'auteur de mes tourments.
Mon amant veut une fille guerrière,
Tu fais d'Agnès un soldat pour lui plaire :
Je le suivrai; qu'il permette aujourd'hui
Que ce soit moi qui combatte avec lui;

---

1. Il y a grande apparence que l'auteur a ici en vue les héroïnes de l'Arioste et du Tasse. Elles devaient être un peu malpropres; mais les chevaliers n'y regardaient pas de si près.

Et si jamais la terrible tempête
Des dards anglais vient menacer sa tête,
Qu'ils tombent tous sur ces tristes appas ;
Qu'il soit du moins sauvé par mon trépas ;
Qu'il vive heureux ; que je meure pâmée
Entre ses bras, et que je meure aimée ! »
Tandis qu'ainsi cette belle parlait,
Et que Bonneau ses armes lui mettait,
Le roi Charlot à trois milles était.

La tendre Agnès prétend à l'heure même,
Pendant la nuit, aller voir ce qu'elle aime.
Ainsi vêtue et pliant sous le poids,
N'en pouvant plus, maudissant son harnois,
Sur un cheval elle s'en va juchée,
Jambe meurtrie, et la fesse écorchée.
Le gros Bonneau, sur un normand monté,
Va lourdement, et ronfle à son côté.
Le tendre Amour, qui craint tout pour la belle,
La voit partir, et soupire pour elle.

Agnès à peine avait gagné chemin,
Qu'elle entendit devers un bois voisin
Bruit de chevaux et grand cliquetis d'armes.
Le bruit redouble ; et voici des gendarmes,
Vêtus de rouge ; et, pour comble de maux,
C'étaient les gens de monsieur Jean Chandos.
L'un d'eux s'avance, et demande : « Qui vive ? »
A ce grand cri, notre amante naïve,
Songeant au roi, répondit sans détour :
« Je suis Agnès ; vive France et l'Amour ! »
A ces deux noms, que le ciel équitable
Voulut unir du nœud le plus durable,
On prend Agnès et son gros confident ;
Ils sont tous deux menés incontinent
A ce Chandos qui, terrible en sa rage,
Avait juré de venger son outrage,
Et de punir les brigands ennemis
Qui sa culotte et son fer avaient pris.

Dans ces moments où la main bienfaisante
Du doux sommeil laisse nos yeux ouverts,
Quand les oiseaux reprennent leurs concerts,
Qu'on sent en soi sa vigueur renaissante,
Que les désirs, pères des voluptés,
Sont par les sens dans notre âme excités ;
Dans ces moments, Chandos, on te présente
La belle Agnès, plus belle et plus brillante
Que le soleil au bord de l'Orient.
Que sentis-tu, Chandos, en t'éveillant,

Lorsque tu vis cette nymphe si belle
A tes côtés, et tes grègues sur elle?
Chandos, pressé d'un aiguillon bien vif,
La dévorait de son regard lascif.
Agnès en tremble, et l'entend qui marmotte
Entre ses dents : « Je raurai ma culotte ! »
A son chevet d'abord il la fait seoir.
« Quittez, dit-il, ma belle prisonnière,
Quittez ce poids d'une armure étrangère. »
Ainsi parlant, plein d'ardeur et d'espoir,
Il la décasque, il vous la décuirasse.
La belle Agnès s'en défend avec grâce;
Elle rougit d'une aimable pudeur,
Pensant à Charle, et soumise au vainqueur.
Le gros Bonneau, que le Chandos destine
Au digne emploi de chef de sa cuisine,
Va dans l'instant mériter cet honneur.
Des boudins blancs il était l'inventeur,
Et tu lui dois, ô nation française,
Pâtés d'anguille et gigots à la braise.
    « Monsieur Chandos, hélas! que faites-vous?
Disait Agnès d'un ton timide et doux.
— Pardieu, dit-il (tout héros anglais jure[1]),
Quelqu'un m'a fait une sanglante injure.
Cette culotte est mienne, et je prendrai
Ce qui fut mien où je le trouverai. »
Parler ainsi, mettre Agnès toute nue,
C'est même chose; et la belle éperdue,
Tout en pleurant était entre ses bras,
Et lui disait : « Non, je n'y consens pas. »
    Dans l'instant même un horrible fracas
Se fait entendre, on crie : « Alerte, aux armes! »
Et la trompette, organe du trépas,
Sonne la charge, et porte les alarmes.
A son réveil, Jeanne, cherchant en vain
L'affublement du harnois masculin,
Son bel armet ombragé de l'aigrette,
Et son haubert[2], et sa large braguette[3],

---

1. Les Anglais jurent *by God! God damn me! blood!* etc.; les Allemands, *sacrament*; les Français, par un mot qui est au jurement des Italiens ce que l'action est à l'instrument; les Espagnols, *voto a Dios*. Un révérend père récollet a fait un livre sur les jurements de toutes les nations, qui sera probablement très-exact et très-instructif; on l'imprime actuellement.

2. *Aubert, aubergeon*, cotte d'armes; elle était d'ordinaire composée de mailles de fer, quelquefois couverte de soie ou de laine blanche; elle avait des manches larges, et un gorgerin. Les fiefs de haubert sont ceux dont le seigneur avait droit de porter cette cotte.

3. *Braguettes*, de *braye, bracca*. On portait de longues braguettes

Sans raisonner saisit soudainement
D'un écuyer le dur accoutrement,
Monte à cheval sur son âne, et s'écrie :
« Venez venger l'honneur de la patrie. »
Cent chevaliers s'empressent sur ses pas ;
Ils sont suivis de six cent vingt soldats.
 Frère Lourdis, en ce moment de crise,
Du beau palais où règne la Sottise
Est descendu chez les Anglais guerriers,
Environné d'atomes tout grossiers,
Sur son gros dos portant balourderies,
Œuvres de moine, et belles âneries.
Ainsi bâté, sitôt qu'il arriva,
Sur les Anglais sa robe il secoua,
Son ample robe ; et dans leur camp versa
Tous les trésors de sa crasse ignorance,
Trésors communs au bon pays de France.
Ainsi des nuits la noire déité,
Du haut d'un char d'ébène marqueté,
Répand sur nous les pavots et les songes,
Et nous endort dans le sein des mensonges.

CHANT QUATRIÈME.

ARGUMENT. — Jeanne et Dunois combattent les Anglais. Ce qui leur arrive dans le château d'Hermaphrodix.

Si j'étais roi, je voudrais être juste,
Dans le repos maintenir mes sujets,
Et tous les jours de mon empire auguste
Seraient marqués par de nouveaux bienfaits.
Que si j'étais contrôleur des finances,
Je donnerais à quelques beaux esprits,
Par-ci, par-là, de bonnes ordonnances :
Car, après tout, leur travail vaut son prix.
Que si j'étais archevêque à Paris,
Je tâcherais avec le moliniste
D'apprivoiser le rude janséniste.

détachées du haut-de-chausses, et souvent au fond de ces braguettes on portait une orange qu'on présentait aux dames. Rabelais parle d'un beau livre intitulé *De la dignité des braguettes*. C'était la prérogative distinctive du sexe le plus noble ; c'est pourquoi la Sorbonne présenta requête pour faire brûler la Pucelle, attendu qu'elle avait porté culotte avec braguette. Six évêques de France, assistés de l'évêque de Vinchester, la condamnèrent au feu : ce qui était bien juste : c'est dommage que cela n'arrive pas plus souvent ; mais il ne faut désespérer de rien.

Mais si j'aimais une jeune beauté,
Je ne voudrais m'éloigner d'auprès d'elle,
Et chaque jour une fête nouvelle,
Chassant l'ennui de l'uniformité,
Tiendrait son cœur en mes fers arrêté.
Heureux amants, que l'absence est cruelle !
Que de dangers on essuie en amour !
On risque, hélas ! dès qu'on quitte sa belle,
D'être cocu deux ou trois fois par jour.
 Le preux Chandos à peine avait la joie
De s'ébaudir sur sa nouvelle proie,
Que tout à coup Jeanne de rang en rang
Porte la mort, et fait couler le sang.
De Débora la redoutable lance
Perce Dildo si fatal à la France,
Lui qui pilla les trésors de Clairvaux,
Et viola les sœurs de Fontevraux.
D'un coup nouveau les deux yeux elle crève
A Fonkinar, digne d'aller en Grève.
Cet impudent, né dans les durs climats
De l'Hibernie, au milieu des frimats,
Depuis trois ans faisait l'amour en France,
Comme un enfant de Rome ou de Florence.
Elle terrasse et milord Halifax,
Et son cousin l'impertinent Borax,
Et Midarblou qui renia son père,
Et Bartonay qui fit cocu son frère.
A son exemple on ne voit chevalier,
Il n'est gendarme, il n'est bon écuyer,
Qui dix Anglais n'enfile de sa lance.
La mort les suit, la terreur les devance :
On croyait voir en ce moment affreux
Un dieu puissant qui combat avec eux.
 Parmi le bruit de l'horrible tempête,
Frère Lourdis criait à pleine tête :
« Elle est pucelle, Anglais, frémissez tous ;
C'est saint Denys qui l'arme contre vous ;
Elle est pucelle, elle a fait des miracles ;
Contre son bras vous n'avez point d'obstacles ;
Vite à genoux, excréments d'Albion,
Demandez-lui sa bénédiction. »
Le fier Talbot, écumant de colère,
Incontinent fait empoigner le frère ;
On vous le lie, et le moine content,
Sans s'émouvoir, continuait criant :
« Je suis martyr ; Anglais, il faut me croire ;
Elle est pucelle ; elle aura la victoire. »

L'homme est crédule, et dans son faible cœur
Tout est reçu; c'est une molle argile.
Mais que surtout il paraît bien facile
De nous surprendre et de nous faire peur !
Du bon Lourdis le discours extatique
Fit plus d'effet sur le cœur des soldats,
Que l'amazone et sa troupe héroïque
N'en avaient fait par l'effort de leurs bras.
Ce vieil instinct qui fait croire aux prodiges,
L'esprit d'erreur, le trouble, les vertiges,
La froide crainte, et les illusions,
Ont fait tourner la tête des Bretons.
De ces Bretons la nation hardie
Avait alors peu de philosophie;
Maints chevaliers étaient des esprits lourds :
Les beaux esprits ne sont que de nos jours.
  Le preux Chandos, toujours plein d'assurance,
Criait aux siens : « Conquérants de la France,
Marchez à droite. » Il dit, et dans l'instant
On tourne à gauche, et l'on fuit en jurant.
Ainsi jadis dans ces plaines fécondes
Que de l'Euphrate environnent les ondes,
Quand des humains l'orgueil capricieux
Voulut bâtir près des voûtes des cieux¹,
Dieu, ne voulant d'un pareil voisinage,
En cent jargons transmua leur langage.
Sitôt qu'un deux à boire demandait,
Plâtre ou mortier d'abord on lui donnait;
Et cette gent, de qui Dieu se moquait,
Se sépara, laissant là son ouvrage.
  On sait bientôt aux remparts d'Orléans
Ce grand combat contre les assiégeants :
La renommée y vole à tire-d'aile,
Et va prônant le nom de la Pucelle.
Vous connaissez l'impétueuse ardeur
De nos Français; ces fous sont pleins d'honneur :
Ainsi qu'au bal ils vont tous aux batailles.

1. La tour de Babel fut élevée, comme on sait, cent vingt ans après le déluge universel. Flavius-Josèphe croit qu'elle fut bâtie par Nemrod ou Nembrod; le judicieux dom Calmet a donné le profil de cette tour élevée jusqu'à onze étages, et il a orné son *Dictionnaire* de tailles-douces dans ce goût, d'après les monuments ; le livre du savant Juif Jaleus donne à la tour de Babel vingt-sept mille pas de hauteur, ce qui est bien vraisemblable; plusieurs voyageurs ont vu les restes de cette tour.
Le saint patriarche Alexandre Eutychius assure, dans ses *Annales*, que soixante et douze hommes bâtirent cette tour. Ce fut, comme on le sait, l'époque de la confusion des langues : le fameux Bécan prouve admirablement que la langue flamande fut celle qui retint le plus de l'hébraïque.

Déjà Dunois la gloire des bâtards,
Dunois qu'en Grèce on aurait pris pour Mars,
Et La Trimouille, et La Hire, et Saintrailles,
Et Richemont, sont sortis des murailles,
Croyant déjà chasser les ennemis,
Et criant tous : « Où sont-ils? où sont-ils? »
    Ils n'étaient pas bien loin : car près des portes
Sire Talbot, homme de très-grand sens,
Pour s'opposer à l'ardeur de nos gens,
En embuscade avait mis dix cohortes.
    Sire Talbot a depuis plus d'un jour
Juré tout haut par saint George et l'Amour
Qu'il entrerait dans la ville assiégée.
Son âme était vivement partagée :
Du gros Louvet la superbe moitié
Avait pour lui plus que de l'amitié;
Et ce héros, qu'un noble espoir enflamme,
Veut conquérir et la ville et sa dame.
Nos chevaliers à peine ont fait cent pas,
Que ce Talbot leur tombe sur les bras;
Mais nos Français ne s'étonnèrent pas.
Champs d'Orléans, noble et petit théâtre
De ce combat terrible, opiniâtre,
Le sang humain dont vous fûtes couverts
Vous engraissa pour plus de cent hivers.
Jamais les champs de Zama, de Pharsale[1],
De Malplaquet la campagne fatale[2],

    1. Remarquez qu'à la bataille de Zama, entre Publius Scipion et Annibal, il y avait des Français qui servaient dans l'armée carthaginoise, selon Polybe. Ce Polybe, contemporain et ami de Scipion, dit que le nombre était égal de part et d'autre; le chevalier de Folard n'en convient pas : il prétend que Scipion attaqua en colonnes. Cependant il paraît que la chose n'est pas possible, puisque Polybe dit que les troupes combattaient toutes de main à main : c'est sur quoi nous nous en rapportons aux doctes.
    Nota bene qu'à Pharsale Pompée avait cinquante-cinq mille hommes, et César vingt-deux mille. Le carnage fut grand : les vingt-deux mille césariens, après un combat opiniâtre, vainquirent les cinquante-cinq mille pompéiens. Cette bataille décida du sort de la république, et mit sous la puissance du mignon de Nicomède la Grèce, l'Asie Mineure, l'Italie, les Gaules, l'Espagne, etc., etc.
    Cette bataille eut plus de suites que le petit combat de Jeanne; mais enfin c'est Jeanne, c'est notre Pucelle : sachons gré à notre cher compatriote d'avoir comparé les exploits de cette chère fille à ceux de César, qui n'avait pas son pucelage. Les révérends pères jésuites n'ont-ils pas comparé saint Ignace à César, et saint François-Xavier à Alexandre? Ils leur ressemblaient comme les vingt-quatre vieillards de Pascal ressemblent aux vingt-quatre vieillards de l'*Apocalypse*. On compare tous les jours le premier roi venu à César; pardonnons donc au grave chantre de notre héroïne d'avoir comparé un petit choc de bibus aux batailles de Zama et de Pharsale.
    2. Il y eut à cette bataille vingt-huit mille sept cents hommes cou-

CHANT IV.

Célèbres lieux couverts de tant de morts,
N'ont vu tenter de plus hardis efforts.
Vous eussiez vu les lances hérissées,
L'une sur l'autre en cent tronçons cassées;
Les écuyers, les chevaux renversés,
Dessus leurs pieds dans l'instant redressés;
Le feu jaillir des coups de cimeterre,
Et du soleil redoubler la lumière;
De tous côtés voler, tomber à bas,
Épaules, nez, mentons, pieds, jambes, bras.
 Du haut des cieux les anges de la guerre,
Le fier Michel, et l'exterminateur,
Et des Persans le grand flagellateur [1],
Avaient les yeux attachés sur la terre,
Et regardaient ce combat plein d'horreur.
 Michel alors prit la vaste balance [2]
Où dans le ciel on pèse les humains;
D'une main sûre il pesa les destins
Et les héros d'Angleterre et de France.
Nos chevaliers, pesés exactement,
Légers de poids par malheur se trouvèrent :
Du grand Talbot les destins l'emportèrent :
C'était du ciel un secret jugement.
Le Richemont se voit incontinent
Percé d'un trait de la hanche à la fesse;
Le vieux Saintraille au-dessus du genou;
Le beau La Hire, ah! je n'ose dire où;
Mais que je plains sa gentille maîtresse!
Dans un marais La Trimouille enfoncé
N'en put sortir qu'avec un bras cassé :
Donc à la ville il fallut qu'ils revinssent
Tout écloppés, et qu'au lit ils se tinssent.
Voilà comment ils furent bien punis,
Car ils s'étaient moqués de saint Denys.
 Comme il lui plaît Dieu fait justice ou grâce;

chés, non pas sur le carreau, comme le dit un historien, mais dans la boue et dans le sang; ils furent comptés par le marquis de Crèvecœur, aide de camp du maréchal de Villars, chargé de faire enterrer les morts. Voyez le *Siècle de Louis XIV*, année 1709.

1. Apparemment que notre profond auteur donne le nom de *Persans* aux soldats de Sennacherib, qui étaient Assyriens, parce que les Persans furent longtemps dominateurs en Assyrie; mais il est constant que l'ange du Seigneur tua tout seul cent quatre-vingt-cinq mille soldats de l'armée de Sennacherib, qui avait l'insolence de marcher contre Jérusalem; et quand Sennacherib vit tous ces corps morts, il s'en retourna. Ceci arriva l'an du monde 3293, comme on dit; cependant plusieurs doctes prétendent que cette aventure toute simple est de l'an 3295 : nous la croyons de 3296, comme nous le prouverons ci-dessous.

2. Cet endroit paraît imité d'Homère. Milton fait peser les destins des hommes dans le signe de la balance.

Quesnel¹ l'a dit, nul ne peut en douter !
Or il lui plut le bâtard excepter
Des étourdis dont il punit l'audace.
Un chacun d'eux, laidement ajusté,
S'en retournait sur un brancard porté,
En maugréant et Jeanne et sa fortune.
Dunois, n'ayant égratignure aucune,
Pousse aux Anglais, plus prompt que les éclairs :
Il fend leurs rangs, se fait jour à travers,
Passe, et se trouve aux lieux où la Pucelle
Fait tout tomber, où tout fuit devant elle.
Quand deux torrents, l'effroi des laboureurs,
Précipités du sommet des montagnes,
Mêlent leurs flots, assemblent leurs fureurs,
Ils vont noyer l'espoir de nos campagnes :
Plus dangereux étaient Jeanne et Dunois,
Unis ensemble, et frappant à la fois.

Dans leur ardeur si bien ils s'emportèrent,
Si rudement les Anglais ils chassèrent,
Que de leurs gens bientôt ils s'écartèrent.
La nuit survint; Jeanne et l'autre héros,
N'entendant plus ni Français ni Chandos,
Font tous deux halte en criant : « Vive France ! »
Au coin d'un bois où régnait le silence.
Au clair de lune ils cherchent le chemin.
Ils viennent, vont, tournent, le tout en vain ;
Enfin rendus, ainsi que leur monture,
Mourants de faim, et lassés de chercher,
Ils maudissaient la fatale aventure
D'avoir vaincu sans savoir où coucher.
Tel un vaisseau sans voile, sans boussole,
Tournoie au gré de Neptune et d'Éole.

Un certain chien, qui passa tout auprès,
Pour les sauver sembla venir exprès ;
Ce chien approche, il jappe, il leur fait fête ;
Virant sa queue, et portant haut sa tête,
Devant eux marche ; et, se tournant cent fois,
Il paraissait leur dire en son patois :
« Venez par là, messieurs, suivez-moi vite ;
Venez, vous dis-je, et vous aurez bon gîte. »
Nos deux héros entendirent fort bien
Par ses façons ce que voulait ce chien ;
Ils suivent donc, guidés par l'espérance,
En priant Dieu pour le bien de la France,
Et se faisant tous deux de temps en temps

1. Allusion aux sentiments répandus dans les livres de Quesnel, prêtre de l'Oratoire.

CHANT IV

Sur leurs exploits de très-beaux compliments.
Du coin lascif d'une vive prunelle,
Dunois lorgnait malgré lui la Pucelle;
Mais il savait qu'à son bijou caché
De tout l'État le sort est attaché,
Et qu'à jamais la France est ruinée,
Si cette fleur se cueille avant l'année.
Il étouffait noblement ses désirs,
Et préférait l'État à ses plaisirs.
Et cependant, quand la route mal sûre
De l'âne saint faisait clocher l'allure,
Dunois ardent, Dunois officieux
De son bras droit retenait la guerrière,
Et Jeanne d'Arc, en clignotant des yeux,
De son bras gauche étendu par derrière
Serrait aussi ce héros vertueux :
Dont il advint, tandis qu'ils chevauchèrent,
Que très-souvent leurs bouches se touchèrent,
Pour se parler tous les deux de plus près
De la patrie et de ses intérêts.
  On m'a conté, ma belle Konismare[1],
Que Charles douze, en son humeur bizarre,
Vainqueur des rois et vainqueur de l'amour,
N'osa t'admettre à sa brutale cour :
Charles craignit de te rendre les armes;
Il se sentit, il évita tes charmes.
Mais tenir Jeanne et ne point y toucher,
Se mettre à table, avoir faim sans manger,
Cette victoire était cent fois plus belle.
Dunois ressemble à Robert d'Arbrisselle[2],
A ce grand saint qui se plut à coucher
Entre les bras de deux nonnes fessues,
A caresser quatre cuisses dodues,
Quatre tetons, et le tout sans pécher.
  Au point du jour apparut à leur vue
Un beau palais d'une vaste étendue :
De marbre blanc était bâti le mur;
Une dorique et longue colonnade
Porte un balcon formé de jaspe pur;

---

1. Aurore Konismare, maîtresse du roi de Pologne Auguste III, et mère du célèbre comte de Saxe.

2. Robert d'Arbrissel, fondateur du bel ordre de Fontevrauld : il convertit, en 1100, d'un coup de filet, par un seul sermon, toutes les filles de joie de la ville de Rouen. Il s'imposa un nouveau genre de martyre : ce fut de coucher toutes les nuits entre deux jeunes religieuses pour tromper le diable, qui apparemment le lui rendit bien. Il n'aimait pas la loi salique, car il fit une femme abbé général des moines et moinesses de son ordre.

De porcelaine était la balustrade.
Nos paladins, enchantés, éblouis,
Crurent entrer tout droit en paradis.
Le chien aboie : aussitôt vingt trompettes
Se font entendre, et quarante estafiers
A pourpoints d'or, à brillantes braguettes,
Viennent s'offrir à nos deux chevaliers.
Très-galamment deux jeunes écuyers
Dans le palais par la main les conduisent;
Dans des bains d'or filles les introduisent
Honnêtement; puis lavés, essuyés,
D'un déjeuner amplement festoyés,
Dans de beaux lits brodés ils se couchèrent,
Et jusqu'au soir en héros ils ronflèrent.

Il faut savoir que le maître et seigneur
De ce logis digne d'un empereur
Était le fils de l'un de ces génies,
Des vastes cieux habitants éternels,
De qui souvent les grandeurs infinies
S'humanisaient chez les faibles mortels.
Or cet esprit, mêlant sa chair divine
Avec la chair d'une bénédictine,
En avait eu le noble Hermaphrodix,
Grand nécromant, et le très-digne fils
De cet incube et de la mère Alix.
Le jour qu'il eut quatorze ans accomplis,
Son géniteur, descendant de sa sphère,
Lui dit : « Enfant, tu me dois la lumière;
Je viens te voir, tu peux former des vœux;
Souhaite, parle, et je te rends heureux. »
Hermaphrodix, né très-voluptueux,
Et digne en tout de sa belle origine,
Dit : « Je me sens de race bien divine,
Car je rassemble en moi tous les désirs,
Et je voudrais avoir tous les plaisirs.
De voluptés rassasiez mon âme;
Je veux aimer comme homme et comme femme,
Être la nuit du sexe féminin,
Et tout le jour du sexe masculin. »
L'incube dit : « Tel sera ton destin; »
Et dès ce jour la ribaude figure
Jouit des droits de sa double nature :
Ainsi Platon, le confident des dieux [1],
A prétendu que nos premiers aïeux,

---

1. Selon Platon, l'homme fut formé avec les deux sexes. Adam apparut tel à la dévote Bourignon et à son directeur Abbadie.

D'un pur limon pétri des mains divines,
Nés tous parfaits et nommés androgynes,
Également des deux sexes pourvus,
Se suffisaient par leurs propres vertus.
Hermaphrodix était bien au-dessus :
Car se donner du plaisir à soi-même,
Ce n'est pas là le sort le plus divin ;
Il est plus beau d'en donner au prochain,
Et deux à deux est le bonheur suprême.
Ses courtisans disaient que tour à tour
C'était Vénus, c'était le tendre Amour :
De tous côtés ils lui cherchaient des filles,
Des bacheliers ou des veuves gentilles.
Hermaphrodix avait oublié net
De demander un don plus nécessaire,
Un don sans quoi nul plaisir n'est parfait,
Un don charmant ; eh quoi ? celui de plaire.
Dieu, pour punir cet effréné paillard,
Le fit plus laid que Samuel Bernard ;
Jamais ses yeux ne firent de conquêtes ;
C'est vainement qu'il prodiguait les fêtes,
Les longs repas, les danses, les concerts ;
Quelquefois même il composait des vers.
Mais quand le jour il tenait une belle,
Et quand la nuit sa vanité femelle
Se soumettait à quelque audacieux,
Le ciel alors trahissait tous ses vœux ;
Il recevait pour toutes embrassades,
Mépris, dégoûts, injures, rebuffades :
Le juste ciel lui faisait bien sentir
Que les grandeurs ne sont pas du plaisir.
« Quoi ! disait-il, la moindre chambrière
Tient son galant étendu sur son sein ;
Un lieutenant trouve une conseillère ;
Dans un moutier un moine a sa nonnain :
Et moi génie, et riche, et souverain,
Je suis le seul dans la machine ronde
Privé d'un bien dont jouit tout le monde ! »
Lors il jura, par les quatre éléments,
Qu'il punirait les garçons et les belles
Qui n'auraient pas pour lui des sentiments,
Et qu'il ferait des exemples sanglants
Des cœurs ingrats, et surtout des cruelles.
Il recevait en ce [...]
Et de Saba la r[...]

---

1. La reine de Saba vint voir Salomon, dont elle eut un fils, qui est

Et Thalestris, dans la Perse amenée
Avaient reçu de moins riches présents
Des deux grands rois qui brûlèrent pour elles.
Qu'il n'en faisait aux chevaliers errants,
Aux bacheliers, aux gentes demoiselles.
Mais si quelqu'un d'un esprit trop rétif
Manquait pour lui d'un peu de complaisance,
S'il lui faisait la moindre résistance,
Il était sûr d'être empalé tout vif.

Le soir venu, monseigneur étant femme,
Quatre huissiers de la part de madame
Viennent prier notre aimable bâtard
De vouloir bien descendre sur le tard
Dans l'entre-sol, tandis qu'en compagnie
Jeanne soupait avec cérémonie.
Le beau Dunois, tout parfumé, descend
Au cabinet où le souper l'attend.
Tel que jadis la sœur de Ptolémée,
De tout plaisir noblement affamée,
Sut en donner à ces Romains fameux,
A ces héros fiers et voluptueux,
Au grand César, au brave ivrogne Antoine,
Tel que moi-même en ai fait chez un moine
Vainqueur heureux de ses pesants rivaux,
Quand on l'élut roi tondu de Clairvaux,
Ou tel encore, aux voûtes éternelles,
Si l'on en croit frère Orphée et Nason,
Et frère Homère, Hésiode, Platon,
Le dieu des dieux, patron des infidèles,
Loin de Junon soupe avec Sémélé
Avec Isis, Europe, ou Danaé.
Les plats sont mis sur la table divine
Des belles mains de la tendre Euphrosine
Et de Thalie, et de la jeune Eglé,
Qui, comme on sait, sont là-haut les trois Grâces,
Dont nos pédants suivent si peu les traces.
Le doux nectar est servi par Hébé
Et par l'enfant du fondateur de Troie
Qui dans Ida par un aigle enlevé
De son seigneur en secret fait la joie.
Ainsi soupa madame Hermaphrodix
Avec Dunois, juste entre neuf et dix.
Madame avait prodigué la parure

certainement la tige des rois d'Éthiopie, comme cela est prouvé. On ne sait pas ce que devint la race d'Alexandre et de Thalestris.

1. Cléopâtre. — 2. Ganymède.

Les diamants surchargeaient sa coiffure;
Son gros cou jaune, et ses deux bras carrés,
Sont de rubis, de perles entourés;
Elle en était encor plus effroyable.
Elle le presse au sortir de la table :
Dunois trembla pour la première fois.
Des chevaliers c'était le plus courtois :
Il eût voulu de quelque politesse
Payer au moins les soins de son hôtesse,
Et du tendron contemplant la laideur,
Il se disait : « J'en aurai plus d'honneur. »
Il n'en eut point : le plus brillant courage
Peut quelquefois essuyer cet outrage.
Hermaphrodix, en son affliction,
Eut pour Dunois quelque compassion;
Car en secret son âme était flattée
Des grands efforts du triste champion.
Sa probité, sa bonne intention
Fut cette fois pour le fait réputée.
« Demain, dit-elle, on pourra vous offrir
Votre revanche. Allez, faites en sorte
Que votre amour sur vos respects l'emporte,
Et soyez prêt, seigneur, à mieux servir. »
  Déjà du jour la belle avant-courrière
De l'orient entr'ouvrait la barrière :
Or vous savez que cet instant préfix
En cavalier changeait Hermaphrodix.
Alors brûlant d'une flamme nouvelle
Il s'en va droit au lit de la Pucelle,
Les rideaux tire, et lui fourrant au sein
Sans compliment son impudente main,
Et lui donnant un baiser immodeste,
Attente en maître à sa pudeur céleste :
Plus il s'agite, et plus il devient laid.
Jeanne, qu'anime une chrétienne rage,
D'un bras nerveux lui détache un soufflet
A poing fermé sur son vilain visage.
Ainsi j'ai vu, dans mes fertiles champs,
Sur un pré vert, une de mes cavales,
Au poil de tigre, aux taches inégales,
Aux pieds légers, aux jarrets bondissants,
Réprimander d'une fière ruade
Un bourriquet de sa croupe amoureux,
Qui dans sa lourde et grossière embrassade
Dressait l'oreille, et se croyait heureux.
Jeanne en cela fit sans doute une faute;
Elle devait des égards à son hôte.

De la pudeur je prends les intérêts ;
Cette vertu n'est point chez moi bannie :
Mais quand un prince, et surtout un génie,
De vous baiser a quelque douce envie,
Il ne faut pas lui donner des soufflets.
Le fils d'Alix, quoiqu'il fût des plus laids,
N'avait point vu de femme assez hardie
Pour l'oser battre en son propre palais.
Il crie, on vient; ses pages, ses valets,
Gardes, lutins, à ses ordres sont prêts :
L'un d'eux lui dit que la fière Pucelle
Envers Dunois n'était pas si cruelle.
O calomnie! affreux poison des cours,
Discours malins, faux rapports, médisance,
Serpents maudits, sifflerez-vous toujours
Chez les amants comme à la cour de France?

Notre tyran, doublement outragé,
Sans nul délai voulut être vengé.
Il prononça la sentence fatale :
« Allez, dit-il, amis, qu'on les empale. »
On obéit; on fit incontinent
Tous les apprêts de ce grand châtiment.
Jeanne et Dunois, l'honneur de leur patrie,
S'en vont mourir au printemps de leur vie.
Le beau bâtard est garrotté tout nu,
Pour être assis sur un bâton pointu.
Au même instant, une troupe profane
Mène au poteau la belle et fière Jeanne;
Et ses soufflets, ainsi que ses appas,
Seront punis par un affreux trépas.
De sa chemise aussitôt dépouillée,
De coups de fouet en passant flagellée,
Elle est livrée aux cruels empaleurs.
Le beau Dunois, soumis à leurs fureurs,
N'attendant plus que son heure dernière,
Faisait à Dieu sa dévote prière;
Mais une œillade impérieuse et fière
De temps en temps étonnait les bourreaux,
Et ses regards disaient : « C'est un héros. »
Mais quand Dunois eut vu son héroïne,
Des fleurs de lis vengeresse divine,
Prête à subir cette effroyable mort,
Il déplora l'inconstance du sort :
De la Pucelle il parcourait les charmes;
Et regardant les funestes apprêts
De ce trépas, il répandit des larmes,
Que pour lui-même il ne versa jamais.

Non moins superbe et non moins charitable,
Jeanne, aux frayeurs toujours impénétrable,
Languissamment le beau bâtard lorgnait,
Et pour lui seul son grand cœur gémissait.
Leur nudité, leur beauté, leur jeunesse,
En dépit d'eux réveillaient leur tendresse.
Ce feu si doux, si discret, et si beau,
Ne s'échappait qu'au bord de leur tombeau;
Et cependant l'animal amphibie,
A son dépit joignant la jalousie,
Faisait aux siens l'effroyable signal
Qu'on empalât le couple déloyal.
 Dans ce moment, une voix de tonnerre,
Qui fit trembler et les airs et la terre,
Crie : « Arrêtez, gardez-vous d'empaler,
N'empalez pas. » Ces mots font reculer
Les fiers licteurs. On regarde, on avise
Sous le portail un grand homme d'Église,
Coiffé d'un froc, les reins ceints d'un cordon :
On reconnut le père Grisbourdon.
Ainsi qu'un chien dans la forêt voisine,
Ayant senti d'une adroite narine
Le doux fumet, et tous ces petits corps
Sortant au loin de quelque cerf dix-cors,
Il le poursuit d'une course légère,
Et sans le voir, par l'odorat mené,
Franchit fossés, se glisse en la bruyère,
Par d'autres cerfs il n'est point détourné :
Ainsi le fils de saint François d'Assise,
Porté toujours par son lourd muletier,
De la Pucelle a suivi le sentier,
Courant sans cesse, et ne lâchant point prise.
 En arrivant il cria : « Fils d'Alix,
Au nom du diable, et par les eaux du Styx,
Par le démon qui fut ton digne père,
Par le psautier de sœur Alix ta mère,
Sauve le jour à l'objet de mes vœux;
Regarde-moi, je viens payer pour deux.
Si ce guerrier et si cette pucelle
Ont mérité ton indignation,
Je tiendrai lieu de ce couple rebelle;
Tu sais quelle est ma réputation.
Tu vois de plus cet animal insigne,
Ce mien mulet, de me porter si digne;
Je t'en fais don, c'est pour toi qu'il est fait,
Et tu diras : « Tel moine, tel mulet. »
Laissons aller ce gendarme profane;

Qu'on le délie, et qu'en nous laisse Jeanne ;
Nous demandons tous deux pour digne prix
Cette beauté dont nos cœurs sont épris.
 Jeanne écoutait cet horrible langage
En frémissant : sa foi, son pucelage,
Ses sentiments d'amour et de grandeur,
Plus que la vie étaient chers à son cœur.
La grâce encor, du ciel ce don suprême,
Dans son esprit combattait Dunois même.
Elle pleurait, elle implorait les cieux,
Et, rougissant d'être ainsi toute nue,
De temps en temps fermant ses tristes yeux,
Ne voyant point, pensait n'être point vue.
 Le bon Dunois était désespéré.
« Quoi ! disait-il, ce pendard décloîtré
Aura ma Jeanne, et perdra ma patrie !
Tout va céder à ce sorcier impie !
Tandis que moi, discret jusqu'à ce jour,
Modestement je cachais mon amour ! »
 Et cependant l'offre honnête et polie
De Grisbourdon fit un très-bon effet
Sur les cinq sens, sur l'âme du génie.
Il s'adoucit, il parut satisfait.
« Ce soir, dit-il, vous et votre mulet
Tenez-vous prêts : je cède, je pardonne
A ces Français, je vous les abandonne. »
 Le moine gris possédait le bâton
Du bon Jacob, l'anneau de Salomon,
Sa clavicule, et la verge enchantée
Des conseillers-sorciers de Pharaon,
Et le balai sur qui parut montée
Du preux Saül la sorcière édentée,
Quand dans Endor à ce prince imprudent
Elle fit voir l'âme d'un revenant.
Le cordelier en savait tout autant ;
Il fit un cercle, et prit de la poussière,
Que sur la bête il jeta par derrière,
En lui disant ces mots toujours puissants
Que Zoroastre enseignait aux Persans[2].

  1. Les charlatans ont le bâton de Jacob ; les magiciens, les livres de Salomon intitulés *l'Anneau* et *la Clavicule*. Les conseillers du roi, sorciers à la cour de Pharaon, qui firent les mêmes prodiges que Moïse, s'appelaient Jannès et Mambrès. On ne sait pas le nom de la pythonisse d'Endor qui évoqua l'ombre de Samuel ; mais tout le monde sait ce que c'est qu'une ombre, et que cette femme avait un esprit Python ou de Python.

  2. Zoroastre, dont le nom propre est Zerdust, était un grand magicien, ainsi qu'Albert le Grand, Roger Bacon, et le révérend P. Grisbourdon.

A ces grands mots dits en langue du diable,
O grand pouvoir ! ô merveille ineffable !
Notre mulet sur deux pieds se dressa,
Sa tête oblongue en ronde se changea,
Ses longs crins noirs petits cheveux devinrent,
Sous son bonnet ses oreilles se tinrent.
Ainsi jadis ce sublime empereur¹
Dont Dieu punit le cœur dur et superbe,
Devenu bœuf, et sept ans nourri d'herbe,
Redevint homme, et n'en fut pas meilleur.
  Du cintre bleu de la céleste sphère,
Denys voyait avec des yeux de père
De Jeanne d'Arc le déplorable cas;
Il eût voulu s'élancer ici-bas,
Mais il était lui-même en embarras.
Denys s'était attiré sur les bras
Par son voyage une fâcheuse affaire.
Saint George était le patron d'Angleterre²;
Il se plaignit que monsieur saint Denys,

1. Nébucadnetzar, Nabuchodonosor, fils de Nabo-Polassar, roi des Chaldéens, assiégea Jérusalem, la prit, et fit charger de fers Joachim, roi de Juda, qu'il envoya prisonnier à Babylone, l'an du monde 3429. Nébucadnetzar fit un songe, et l'oublia; les magiciens, les astrologues ni les sages, ne purent le deviner; en conséquence, Arioc, officier de sa maison, eut ordre de les faire mourir : le jeune Daniel devine le songe, et l'explique; ce songe était une belle statue, etc. A quelque temps de là, Nébucadnetzar fit élever un colosse d'or pur, haut de soixante coudées, et large de six; il obligea tout son peuple assemblé d'adorer ce colosse au son du cor, du clairon, de la harpe, de la saquebute, et du psaltérion; et sur le refus qu'en firent Sidrac, Misac, et Zabed-nego, jeunes Hébreux, compagnons de Daniel, le roi les fit jeter dans une fournaise, qu'on chauffa cette fois-là sept fois plus qu'à l'ordinaire; et ils en sortirent sains et saufs. Nébucadnetzar songea encore : il vit un arbre grand et fort ; le sommet touchait les cieux, et les oiseaux habitaient dans ses branches. Un saint alors descendit, et cria : « Coupez l'arbre et l'ébranchez, etc. » Daniel expliqua encore ce songe; il prédit au roi qu'il serait chassé d'entre les hommes; que pendant sept ans son habitation serait avec des bêtes, qu'il paîtrait l'herbe comme les bœufs, jusqu'à ce que son poil crût comme celui de l'aigle, et ses ongles comme ceux des oiseaux; ce qui arriva. Tertullien et saint Augustin disent que Nabuchodonosor s'imagina être bœuf, par l'effet d'une maladie qu'on nomme lycanthropie. Au bout de sept ans, ce prince recouvra sa raison, et remonta sur le trône : il ne vécut qu'un an depuis son rétablissement, mais il l'employa si bien, que saint Augustin, saint Jérôme, saint Epiphane, Théodoret, etc., cités par Pérérius, comptent sur son salut *.
2. Il ne faut pas confondre George, patron d'Angleterre et de l'ordre de la Jarretière, avec saint George, le moine, tué pour avoir soulevé le peuple contre l'empereur Zénon. Notre saint George est le Cappadocien, colonel au service de Dioclétien, martyrisé, dit-on, en Perse, dans une ville nommée Diospole. Mais comme les Persans n'avaient point de ville de ce nom, on a placé depuis son martyre en Arménie, à Mitylène. Il n'y

* C'est dom Calmet et non le jésuite Pérérius qui cite tous les personnages nommés dans la note de Voltaire. (ED.)

Sans aucun ordre et sans acun avis,
　　　A ses Bretons eût fait ainsi la guerre.
　　　George et Denys, de propos en propos,
　　　Piqués au vif, en vinrent aux gros mots.
　　　Les saints anglais ont dans leur caractère
　　　Je ne sais quoi de dur et d'insulaire :
　　　On tient toujours un peu de son pays.
　　　En vain notre âme est dans le paradis;
　　　Tout n'est pas pur, et l'accent de province
　　　Ne se perd point, même à la cour du prince.
　　　　Mais il est temps, lecteur, de m'arrêter;
　　　Il faut fournir une longue carrière;
　　　J'ai peu d'haleine, et je dois vous conter
　　　L'événement de tout ce grand mystère;
　　　Dire comment ce nœud se débrouilla,
　　　Ce que fit Jeanne, et ce qui se passa
　　　Dans les enfers, au ciel, et sur la terre.

CHANT CINQUIÈME

ARGUMENT. — Le cordelier Grisbourdon, qui avait voulu violer Jeanne, est en enfer très-justement. Il raconte son aventure aux diables.

　　　　O mes amis, vivons en bons chrétiens !
　　　C'est le parti, croyez-moi, qu'il faut prendre.
　　　A son devoir il faut enfin se rendre.
　　　Dans mon printemps j'ai hanté les vauriens;
　　　A leurs désirs ils se livraient en proie,
　　　Souvent au bal, jamais dans le saint lieu,
　　　Soupant, couchant chez des filles de joie,
　　　Et se moquant des serviteurs de Dieu.
　　　Qu'arrive-t-il ? la Mort, la Mort fatale,
　　　Au nez camard, à la tranchante faux,
　　　Vient visiter nos diseurs de bons mots;
　　　La Fièvre ardente, à la marche inégale,
　　　Fille du Styx, huissière d'Atropos,
　　　Porte le trouble en leurs petits cerveaux :
　　　A leur chevet une garde, un notaire,
　　　Viennent leur dire : « Allons, il faut partir;
　　　Où voulez-vous, monsieur, qu'on vous enterre ? »
　　　Lors un tardif et faible repentir

« pas plus de Mitylène en Arménie que de Diospole en Perse. Mais ce qui est constant, c'est que George était colonel de cavalerie, puisqu'il a encore son cheval en paradis.

Sort à regret de leur mourante bouche.
L'un à son aide appelle saint Martin,
L'autre saint Roch, l'autre sainte Mitouche¹.
On psalmodie, on braille du latin;
On les asperge, hélas! le tout en vain.
Aux pieds du lit se tapit le malin,
Ouvrant la griffe; et lorsque l'âme échappe
Du corps chétif, au passage il la happe;
Puis vous la porte au fin fond des enfers,
Digne séjour de ces esprits pervers.
 Mon cher lecteur, il est temps de te dire
Qu'un jour Satan, seigneur du sombre empire²,
A ses vassaux donnait un grand régal.
Il était fête au manoir infernal :
On avait fait une énorme recrue,
Et les démons buvaient la bienvenue
D'un certain pape et d'un gros cardinal,
D'un roi du Nord, de quatorze chanoines,
Trois intendants, deux conseillers, vingt moines,
Tous frais venus du séjour des mortels,
Et dévolus aux brasiers éternels.
Le roi cornu de la huaille noire
Se déridait entouré de ses pairs;
On s'enivrait du nectar des enfers,
On fredonnait quelques chansons à boire,
Lorsqu'à la porte il s'élève un grand cri :
« Ah! bonjour donc, vous voilà, vous voici;
C'est lui, messieurs, c'est le grand émissaire;
C'est Grisbourdon, notre féal ami;
Entrez, entrez, et chauffez-vous ici :
Et bras dessus et bras dessous, beau père,
Beau Grisbourdon, docteur de Lucifer,
Fils de Satan, apôtre de l'enfer. »
On vous l'embrasse, on le baise, on le serre;
On vous le porte en moins d'un tour de main,
Toujours baisé, vers le lieu du festin.
 Satan se lève, et lui dit : « Fils du diable,
O des frapparts ornement véritable³,

---

1. On disait autrefois *sainte n'y touche*, et on disait bien. On voit aisément que c'est une femme qui a l'air de n'y pas toucher; c'est par corruption qu'on dit *sainte Mitouche*. La langue dégénère tous les jours. J'aurais souhaité que l'auteur eût eu le courage de dire *sainte n'y touche*, comme nos pères.
2. *Satan* est un mot chaldéen, qui signifie à peu près l'*Arimane* des Perses, le *Typhon* des Égyptiens, le *Pluton* des Grecs, et parmi nous le *diable*. Ce n'est que chez nous qu'on le peint avec des cornes. Voyez le septième tome *De forma diaboli*, du révérend P. Tambourini.
3. *Frappart*, nom d'amitié que les cordeliers se donnèrent entre eux

Certes sitôt je m'écrierais de voir,
Chez les humains tu m'étais nécessaire.
Qui mieux que toi sauplait entre ennoir?
Par toi la France était mon séminaire;
En te voyant je perds tout mon espoir.
Mais du destin la volonté soit faite !
Bois avec nous, et prends place à la droite. »
 Le cordelier, plein d'une sainte horreur,
Baise à genoux l'ergot de son seigneur;
Puis d'un air morne il jette au loin la vue
Sur cette vaste et brûlante étendue.
Séjour de feu qu'habitent pour jamais
L'affreuse Mort, les Tourments, les Forfaits;
Trône éternel où sied l'esprit immonde,
Abîme immense où s'engloutit le monde;
Sépulcre où gît la docte antiquité,
Esprit, amour, savoir, grâce, beauté,
Et cette foule immortelle, innombrable,
D'enfants du ciel créés tous pour le diable.
Tu sais, lecteur, qu'en ces feux dévorants
Les meilleurs rois sont avec les tyrans.
Nous y plaçons Antonins, Marc Aurèle,
Ce bon Trajan, des princes le modèle,
Ce doux Titus, l'amour de l'univers;
Les deux Catons, ces fléaux des pervers;
Ce Scipion maître de son courage,
Lui qui vainquit et l'amour et Carthage.
Vous y grillez, sage et docte Platon,
Divin Homère, éloquent Cicéron.
Et vous, Socrate, enfant de la sagesse,
Martyr de Dieu dans la profane Grèce;
Juste Aristide, et vertueux Solon,
Tous malheureux morts sans confession.
 Mais ce qui plus étonna Grisbourdon,
Ce fut de voir en la chaudière grande
Certains quidams, saints ou rois, dont le nom
Orne l'histoire, et pare la légende.
Un des premiers était le roi Clovis !
Je vois d'abord mon lecteur qui s'étonne
Qu'un si grand roi, qui tout son peuple a mis

dès le xve siècle. Les doctes sont partagés sur l'étymologie de ce nom ;
il signifie certainement frappeur robuste, roide jouteur.
 1. On ne peut regarder cette damnation de Clovis, et de tant d'autres,
que comme une fiction poétique ; cependant on peut, moralement parlant, dire que Clovis a pu être puni pour avoir fait assassiner plusieurs
régus ses voisins, et plusieurs de ses parents, ce qui n'est pas trop
chrétien.

CHANT V.

Dans le chemin du benoît paradis,
N'ait pu jouir du salut qu'il nous donne.
Ah ! qui croirait qu'un premier roi chrétien
Fût en effet damné comme un païen ?
Mais mon lecteur se souviendra très-bien
Qu'être lavé de cette eau salutaire
Ne suffit pas quand le cœur est gâté.
Or ce Clovis, dans le crime empâté,
Portait un cœur inhumain, sanguinaire ;
Et saint Remi ne put laver jamais
Ce roi des Francs, gangrené de forfaits.

Parmi ces grands, ces souverains du monde,
Ensevelis dans cette nuit profonde,
On discernait le fameux Constantin.
« Est-il bien vrai ? criait avec surprise
Le moine gris : ô rigueur ! ô destin !
Quoi ! ce héros fondateur de l'Église,
Qui de la terre a chassé les faux dieux,
Est descendu dans l'enfer avec eux ? »
Lors Constantin dit ces propres paroles[1] :
« J'ai renversé le culte des idoles ;
Sur les débris de leurs temples fumants
Au Dieu du ciel j'ai prodigué l'encens :
Mais tous mes soins pour sa grandeur suprême
N'eurent jamais d'autre objet que moi-même ;
Les saints autels n'étaient à mes regards
Qu'un marchepied du trône des Césars.
L'ambition, les fureurs, les délices,
Étaient mes dieux, avaient mes sacrifices.
L'or des chrétiens, leurs intrigues, leur sang,
Ont cimenté ma fortune et mon rang.
Pour conserver cette grandeur si chère,
J'ai massacré mon malheureux beau-père.
Dans les plaisirs et dans le sang plongé,
Faible et barbare, en ma fureur jalouse,
Ivre d'amour, et de soupçons rongé,
Je fis périr mon fils et mon épouse.
O Grisbourdon, ne sois plus étonné
Si comme toi Constantin est damné ! »
    Le révérend de plus en plus admire
Tous les secrets du ténébreux empire,
Il voit partout de grands prédicateurs,

---

1. Constantin arracha la vie à son beau-père, à son beau-frère, à son neveu, à sa femme, à son fils, et fut le plus vain et le plus voluptueux de tous les hommes, d'ailleurs bon catholique ; mais il mourut arien, et baptisé par un évêque arien.

Riches prélats, casuistes, docteurs,
Moines d'Espagne, et nonnains d'Italie.
De tous les rois il voit les confesseurs,
De nos beautés il voit les directeurs :
Le paradis ils ont eu dans leur vie.
Il aperçut dans le fond d'un dortoir
Certain frocard moitié blanc, moitié noir,
Portant crinière en écuelle arrondie.
Au fier aspect de cet animal pie,
Le cordelier, riant d'un ris malin,
Se dit tout bas : « Cet homme est jacobin¹.
Quel est ton nom ? » lui cria-t-il soudain.
L'ombre répond d'un ton mélancolique :
« Hélas ! mon fils, je suis saint Dominique². »
A ce discours, à cet auguste nom,
Vous eussiez vu reculer Grisbourdon ;
Il se signait, il ne pouvait le croire.
« Comment, dit-il, dans la caverne noire
Un si grand saint, un apôtre, un docteur !
Vous de la foi le sacré promoteur,
Homme de Dieu, prêcheur évangélique,
Vous dans l'enfer ainsi qu'un hérétique !
Certes ici la grâce est en défaut.
Pauvres humains, qu'on est trompé là-haut !
Et puis allez, dans vos cérémonies,
De tous les saints chanter les litanies ! »
Lors repartit avec un ton dolent
Notre Espagnol au manteau noir et blanc :
« Ne songeons plus aux vains discours des hommes ;
De leurs erreurs qu'importe le fracas ?
Infortunés, tourmentés où nous sommes,
Loués, fêtés où nous ne sommes pas :
Tel sur la terre a plus d'une chapelle,
Qui dans l'enfer rôtit bien tristement ;
Et tel au monde on damne impunément,
Qui dans les cieux a la vie éternelle.
Pour moi, je suis dans la noire séquelle
Très-justement, pour avoir autrefois
Persécuté ces pauvres albigeois.

1. Les cordeliers ont été de tout temps ennemis des dominicains.
2. Il semble que l'auteur n'ait voulu faire ici qu'une plaisanterie. Cependant ce Guzman, inventeur de l'inquisition, et que nous appelons Dominique, fut réellement un persécuteur. Il est certain que les Languedociens nommés albigeois étaient des peuples fidèles à leur souverain, et qu'on leur fit la guerre la plus barbare, uniquement à cause de leurs dogmes. Il n'y a rien de plus abominable que de faire périr par le fer et par le feu un prince et ses sujets, sous prétexte qu'ils ne pensent pas comme nous.

Je n'étais pas envoyé pour détruire,
Et je suis cuit pour les avoir fait cuire. »
Oh! quand j'aurais une langue de fer,
Toujours parlant je ne pourrais suffire,
Mon cher lecteur, à te nombrer et dire
Combien de saints on rencontre en enfer.

Quand des damnés la cohorte rôtie
Eut assez fait au fils de saint François
Tous les honneurs de leur triste patrie,
Chacun cria d'une commune voix :
« Cher Grisbourdon, conte-nous, conte, conte
Qui t'a conduit vers une fin si prompte;
Conte-nous donc par quel étonnant cas
Ton âme dure est tombée ici-bas.
— Messieurs, dit-il, je ne m'en défends pas;
Je vous dirai mon étrange aventure;
Elle pourra vous étonner d'abord :
Mais il ne faut me taxer d'imposture;
On ne ment plus sitôt que l'on est mort.

« J'étais là-haut, comme on sait, votre apôtre;
Et, pour l'honneur du froc et pour le vôtre,
Je concluais l'exploit le plus galant
Que jamais moine ait fait hors du couvent.
Mon muletier, ah l'animal insigne!
Ah le grand homme ! ah quel rival condigne¹
Mon muletier, ferme dans son devoir,
D'Hermaphrodix avait passé l'espoir.
J'avais aussi pour ce monstre femelle,
Sans vanité, prodigué tout mon zèle;
Le fils d'Alix, ravi d'un tel effort,
Nous laissait Jeanne en vertu de l'accord.
Jeanne la forte, et Jeanne la rebelle,
Perdait bientôt ce grand nom de Pucelle;
Entre mes bras elle se débattait,
Le muletier par-dessous la tenait;
Hermaphrodix de bon cœur ricanait.

« Mais croirez-vous ce que je vais vous dire ?
L'air s'entr'ouvrit, et du haut de l'empire
Qu'on nomme ciel (lieux où ni vous ni moi
N'irons jamais, et vous savez pourquoi),
Je vis descendre, ô fatale merveille !
Cet animal qui porte longue oreille,
Et qui jadis à Balaam parla,
Quand Balaam sur la montagne alla.

---

1. *Condigne*, du latin *condignus*; ce mot se trouve dans les auteurs du XVIᵉ siècle.

Quel terrible âne ! il portait une selle,
D'un beau velours, et sur l'arçon d'icelle
Était un sabre à deux larges tranchants ;
De chaque épaule il lui sortait une aile
Dont il volait, et devançait les vents.
A haute voix alors s'écria Jeanne :
« Dieu soit loué ! voici venir mon âne. »
A ce discours je fus transi d'effroi ;
L'âne à l'instant ses quatre genoux plie,
Lève sa queue et sa tête polie,
Comme disant à Dunois : « Monte-moi. »
Dunois le monte, et l'animal s'envole,
Sur notre tête, et passe, et caracole.
Dunois planant, le cimeterre en main,
Sur moi chétif fondit d'un vol soudain.
Mon cher Satan, mon seigneur souverain,
Ainsi, dit-on, lorsque tu fis la guerre
Imprudemment au maître du tonnerre,[1]
Tu vis sur toi s'élancer saint Michel,
Vengeur fatal des injures du ciel.
 « Réduit alors à défendre ma vie,
J'eus mon recours à la sorcellerie.
Je dépouillai d'un nerveux cordelier
Le sourcil noir et le visage altier ;
Je pris la mine et la forme charmante,
D'une beauté douce, fraîche, innocente ;
De blonds cheveux se jouaient sur mon sein ;
De gaze fine une étoffe brillante
Fit entrevoir une gorge naissante ;
J'avais tout l'art du sexe féminin ;
Je composais mes yeux et mon visage ;
On y voyait cette naïveté
Qui toujours trompe, et qui toujours engage.
Sous ce vernis un air de volupté
Eût des humains rendu fou le plus sage.
J'eusse amolli le cœur le plus sauvage ;
Car j'avais tout, artifice et beauté.
Mon paladin en parut enchanté.
J'allais périr ; ce héros invincible
Avait levé son braquemart[2] terrible ;
Son bras était à demi descendu,

---

1. Cette guerre n'est rapportée que dans le livre apocryphe sous le nom d'Enoch ; il n'en est parlé ailleurs dans aucun livre juif. Le chef de l'armée céleste était en effet Michel, comme le dit notre auteur : mais le capitaine des mauvais anges n'était point Satan, c'était Semexiah : on peut excuser cette inadvertance dans un long poème.
2. Ancien mot qui signifie cimeterre.

Et Grisbourdon se croyait pourfendre.
Dunois regarde, il s'émeut, il s'arrête.
Qui de Méduse eût vu jadis la tête,
Était un coq mué soudainement.
Le beau Dunois changea bien autrement :
Il avait l'âme avec les yeux frappée ;
Je vis tomber sa redoutable épée.
Je vis Dunois sentir à mon aspect
Beaucoup d'amour et beaucoup de respect.
Qui n'aurait cru que j'eusse eu la victoire ?
Mais voici bien le pis de mon histoire.
  Le muletier, qui pressait dans ses bras
De Jeanne d'Arc les robustes appas,
En me voyant si gentille et si belle,
Brûla soudain d'une flamme nouvelle.
Hélas ! mon cœur ne le soupçonnait pas,
De convoiter des charmes délicats.
Un cœur grossier connaître l'inconstance !
Il lâcha prise, et j'eus la préférence.
Il quitte Jeanne ; ah ! funeste beauté !
A peine Jeanne est-elle en liberté,
Qu'elle aperçut le brillant cimeterre
Qu'avait Dunois laissé tomber par terre.
Du fer tranchant sa dextre se saisit,
Et, dans l'instant que le rustre infidèle,
Quittait pour moi la superbe Pucelle,
Par le chignon Jeanne d'Arc m'abattit,
Et, d'un revers, la nuque me fendit.
Depuis ce temps je n'ai nulle nouvelle
Du muletier, de Jeanne la cruelle,
D'Hermaphrodix, de l'âne, de Dunois.
Puissent-ils tous être empalés cent fois !
Et que le ciel, qui confond les coupables,
Pour mon plaisir les donne à tous les diables !
Ainsi parlait le moine avec aigreur,
Et tout l'enfer en rit d'assez bon cœur.

CHANT SIXIÈME.

ARGUMENT. — Aventure d'Agnès et de Monrose. Temple de la Renommée. Aventure tragique de Dorothée.

Quittons l'enfer, quittons ce gouffre immonde,
Où Grisbourdon brûle avec Lucifer ;
Dressons mon vol aux campagnes de l'air,
Et revoyons ce qui se passe au monde.

Ce monde, hélas! est bien un autre enfer.
J'y vois partout l'innocence proscrite,
L'homme de bien flétri par l'hypocrite,
L'esprit, le goût, les beaux-arts, éperdus,
Sont envolés, ainsi que les vertus;
Une rampante et lâche politique
Tient lieu de tout, est le mérite unique;
Le zèle affreux des dangereux dévots
Contre le sage arme la main des sots;
Et l'Intérêt, ce vil roi de la terre,
Pour qui l'on fait et la paix et la guerre,
Triste et pensif, auprès d'un coffre-fort,
Vend le plus faible aux crimes du plus fort.
Chétifs mortels, insensés et coupables,
De tant d'horreurs à quoi bon vous noircir?
Ah, malheureux! qui péchez sans plaisir,
Dans vos erreurs soyez plus raisonnables;
Soyez au moins des pécheurs fortunés;
Et, puisqu'il faut que vous soyez damnés,
Damnez-vous donc pour des fautes aimables.

Agnès Sorel sut en user ainsi.
On ne lui peut reprocher dans sa vie
Que les douceurs d'une tendre folie.
Je lui pardonne, et je pense qu'aussi
Dieu tout clément aura pris pitié d'elle.
En paradis tout saint n'est pas pucelle;
Le repentir est vertu du pécheur.

Quand Jeanne d'Arc défendait son honneur,
Et que du fil de sa céleste épée
De Grisbourdon la tête fut coupée,
Notre âne ailé, qui dessus son harnois
Portait en l'air le chevalier Dunois,
Conçut alors le caprice profane
De l'éloigner, et de l'ôter à Jeanne.
Quelle raison en avait-il? l'amour.
Le tendre amour, et la naissante envie
Dont en secret son âme était saisie.
L'ami lecteur apprendra quelque jour
Quel trait de flamme, et quelle idée hardie
Pressait déjà ce héros d'Arcadie.
L'animal saint eut donc la fantaisie
De s'envoler devers la Lombardie;
Le bon Denys en secret conseilla
Cette escapade à sa monture ailée.
Vous demandez, lecteur, pourquoi cela.
C'est que Denys lut dans l'âme troublée
De son bel âne et de son beau bâtard.

CHANT VI

Tous deux brûlaient d'un feu qui tôt ou tard
Aurait pu nuire à la cause commune,
Perdre la France, et Jeanne, et sa Fortune.
Denys pensa que l'absence et le temps
Les guériraient de leurs amours naissants.
Denys encore avait en cette affaire
Un autre but, une bonne œuvre à faire.
Craignez, lecteur, de blâmer ses desseins,
Et respectez tout ce que font les saints.
L'âne céleste, où Denys met sa gloire,
S'envola donc loin des rives de Loire,
Droit vers le Rhône, et Dunois stupéfait
A tire-d'aile est parti comme un trait.
Il regardait de loin son héroïne,
Qui, toute nue, et le fer à la main,
Le cœur ému d'une fureur divine,
Rouge de sang se frayait un chemin.
Hermaphrodix veut l'arrêter en vain;
Ses farfadets, son peuple aérien,
En cent façons volent sur son passage :
Jeanne s'en moque, et passe avec courage.
Lorsqu'en un bois quelque jeune imprudent
Voit une ruche, et, s'approchant, admire
L'art étonnant de ce palais de cire;
De toutes parts un essaim bourdonnant
Sur mon badaud s'en vient fondre avec rage;
Un peuple ailé lui couvre le visage :
L'homme piqué court à tort, à travers;
De ses deux mains il frappe, il se démène,
Dissipe, tue, écrase par centaine
Cette canaille habitante des airs.
C'était ainsi que la Pucelle fière
Chassait au loin cette foule légère.
 A ses genoux le chétif muletier,
Craignant pour soi le sort du cordelier,
Tremble et s'écrie : « O Pucelle! ô ma mie!
Dans l'écurie autrefois tant servie!
Quelle furie! épargne au moins ma vie;
Que les honneurs ne changent point tes mœurs;
Tu vois mes pleurs, ah, Jeanne! je me meurs. »
 Jeanne répond : « Faquin, je te fais grâce;
Dans ton vil sang, de fange tout chargé,
Ce fer divin ne sera point plongé.
Végète encore, et que ta lourde masse
Ait à l'instant l'honneur de me porter :
Je ne te puis en mulet translater;
Mais ne m'importe ici de ta figure;

Homme ou mulet, tu seras ma monture.
Dunois m'a pris l'âne qui fut pour moi,
Et je prétends le retrouver en toi.
Çà, qu'on se courbe. » Elle dit, et la bête
Baisse à l'instant sa chauve et lourde tête,
Marche des mains, et Jeanne sur son dos
Va dans les champs affronter les héros.
Pour le génie, il jura par son père
De tourmenter toujours les bons Français;
Son cœur navré pencha vers les Anglais;
Il se promit, dans sa juste colère,
De se venger du tour qu'on lui jouait,
De bien punir tout Français indiscret
Qui pour son dam passerait sur sa terre.
Il fait bâtir au plus vite un château
D'un goût bizarre, et tout à fait nouveau,
Un labyrinthe, un piége où sa vengeance
Veut attraper les héros de la France [1].

Mais que devint la belle Agnès Sorel?
Vous souvient-il de son trouble cruel?
Comme elle fut interdite, éperdue,
Quand Jean Chandos l'embrassait toute nue?
Ce Jean Chandos s'élança de ses bras
Très-brusquement, et courut aux combats.
La belle Agnès crut sortir d'embarras.
De son danger encor toute surprise,
Elle jurait de n'être jamais prise
A l'avenir en un semblable cas.
Au bon roi Charle elle jurait tout bas
D'aimer toujours ce roi qui n'aime qu'elle,
De respecter ce tendre et doux lien,
Et de mourir plutôt qu'être infidèle :
Mais il ne faut jamais jurer de rien.

Dans ce fracas, dans ce trouble effroyable,
D'un camp surpris tumulte inséparable,
Quand chacun court, officier et soldat,
Que l'un s'enfuit et que l'autre combat,
Que les valets, fripons suivant l'armée,
Pillent le camp, de peur des ennemis :
Parmi les cris, la poudre, et la fumée,
La belle Agnès, se voyant sans habits,
Du grand Chandos entre en la garde-robe;
Puis avisant chemise, mules, robe,
Saisit le tout en tremblant et sans bruit;
Même elle prend jusqu'au bonnet de nuit.

1. Voyez le dix-septième chant.

Tout vint à point : car de bonne fortune
Elle aperçut une jument bai-brune,
Bride à la bouche et selle sur le dos,
Que l'on devait amener à Chandos.
Un écuyer, vieil ivrogne intrépide,
Tout en dormant la tenait par la bride.
L'adroite Agnès s'en va subtilement
Oter la bride à l'écuyer dormant;
Puis se servant de certaine escabelle,
Y pose un pied, monte, se met en selle,
Pique et s'en va, croyant gagner les bois,
Pleine de crainte et de joie à la fois.
L'ami Bonneau court à pied dans la plaine,
En maudissant sa pesante bedaine,
Ce beau voyage, et la guerre, et la cour,
Et les Anglais, et Sorel, et l'amour.
   Or de Chandos le très-fidèle page
(Monrose était le nom du personnage[1]),
Qui revenait ce matin d'un message,
Voyant de loin tout ce qui se passait,
Cette jument qui vers les bois courait,
Et de Chandos la robe et le bonnet,
Devinant mal ce que ce pouvait être,
Crut fermement que c'était son cher maître,
Qui loin du camp demi-nu s'enfuyait.
Épouvanté de l'étrange aventure,
D'un coup de fouet il hâte sa monture,
Galope, et crie : « Ah, mon maître! ah, seigneur!
Vous poursuit-on? Charlot est-il vainqueur?
Où courez-vous? Je vais partout vous suivre :
Si vous mourez, je cesserai de vivre. »
Il dit, et vole, et le vent emportait
Lui, son cheval, et tout ce qu'il disait.
   La belle Agnès, qui se croit poursuivie,
Court dans le bois, au péril de sa vie;
Le page y vole, et plus elle s'enfuit,
Plus notre Anglais avec ardeur la suit.
La jument bronche, et la belle éperdue,
Jetant un cri dont retentit la nue,
Tombe à côté sur la terre étendue.
Le page arrive, aussi prompt que les vents;
Mais il perdit l'usage de ses sens,
Quand cette robe ouverte et voltigeante
Lui découvrit une beauté touchante,

---

1. C'est le même page sur le derrière duquel Jeanne avait crayonné trois fleurs de lis.

Un sein d'albâtre, et les charmants trésors
Dont la nature enrichissait son corps.
Bel Adonis¹, telle fut ta surprise,
Quand la maîtresse et de Mars et d'Anchise,
Du haut des cieux, le soir, au coin d'un bois,
S'offrit à toi pour la première fois.
Vénus sans doute avait plus de parures;
Une jument n'avait point renversé
Son corps divin, de fatigue harassé;
Bonnet de nuit n'était point sa coiffure;
Son cul d'ivoire était sans meurtrissure :
Mais Adonis, à ces attraits tout nus,
Balancerait entre Agnès et Vénus.
Le jeune Anglais se sentit l'âme atteinte
D'un feu mêlé de respect et de crainte;
Il prend Agnès, et l'embrasse en tremblant :
« Hélas! dit-il, seriez-vous point blessée? »
Agnès sur lui tourne un œil languissant,
Et d'une voix timide, embarrassée,
En soupirant elle lui parle ainsi :
« Qui que tu sois qui me poursuis ici,
Si tu n'as point un cœur né pour le crime,
N'abuse point du malheur qui m'opprime;
Jeune étranger, conserve mon honneur,
Sois mon appui, sois mon libérateur. »
Elle ne put en dire davantage :
Elle pleura, détourna son visage,
Triste, confuse, et tout bas promettant
D'être fidèle au bon roi son amant.
Monrose ému fut un temps en silence;
Puis il lui dit d'un ton tendre et touchant :
« O de ce monde adorable ornement,
Que sur les cœurs vous avez de puissance!
Je suis à vous, comptez sur mon secours;
Vous disposez de mon cœur, de mes jours,
De tout mon sang, ayez tant d'indulgence
Que d'accepter que j'ose vous servir.
Je n'en veux point une autre récompense;
C'est être heureux que de vous secourir. »
Il tire alors un flacon d'eau des carmes;
Sa main timide en arrose ses charmes,
Et les endroits de roses et de lis
Qu'avaient la selle et la chute meurtris.

1. Adonis ou Adoni, fils de Cinyras et de Myrrha, dieu des Phéniciens, amant de Vénus Astarté. Les Phéniciens pleuraient tous les ans sa mort, ensuite ils se réjouissaient de sa résurrection.

La belle Agnès rougissait sans colère,
Ne trouvait point sa main trop téméraire,
Et le lorgnait sans bien savoir pourquoi,
Jurant toujours d'être fidèle au roi.
Le page ayant employé sa bouteille :
« Rare beauté, dit-il, je vous conseille
De cheminer jusques au bourg voisin :
Nous marcherons par ce petit chemin.
Dedans ce bourg nul soldat ne demeure;
Nous y serons avant qu'il soit une heure.
J'ai de l'argent; et l'on vous trouvera
Et coiffe, et jupe, et tout ce qu'il faudra
Pour habiller avec plus de décence
Une beauté digne d'un roi de France. »
La dame errante approuva son avis;
Monrose était si tendre et si soumis,
Etait si beau, savait à tel point vivre,
Qu'on ne pouvait s'empêcher de le suivre.
Quelque censeur, interrompant le fil
De mon discours, dira : « Mais se peut-il
Qu'un étourdi, qu'un jeune Anglais, qu'un page,
Fût près d'Agnès respectueux et sage,
Qu'il ne prit point la moindre liberté? »
Ah! laissez là vos censures rigides;
Ce page aimait; et, si la volupté
Nous rend hardis, l'amour nous rend timides.
Agnès et lui marchaient donc vers ce bourg,
S'entretenant de beaux propos d'amour,
D'exploits de guerre et de chevalerie,
De vieux romans pleins de galanterie.
Notre écuyer, de cent pas en cent pas,
S'approchait d'elle, et baisait ses beaux bras,
Le tout d'un air respectueux et tendre,
La belle Agnès ne savait s'en défendre :
Mais rien de plus; ce jeune homme de bien
Voulait beaucoup, et ne demandait rien.
Dedans le bourg ils sont entrés à peine,
Dans un logis son écuyer la mène
Bien fatiguée : Agnès entre deux draps
Modestement repose ses appas.
Monrose court, et va tout hors d'haleine
Chercher partout pour dignement servir,
Alimenter, chauffer, coiffer, vêtir
Cette beauté déjà sa souveraine.
Charmant enfant dont l'amour et l'honneur
Ont pris plaisir à diriger le cœur,
Où sont les gens dont la sagesse égale

Les procédés de ton âme loyale?
Dans ce logis (je ne puis le nier)
De Jean Chandos logeait un aumônier.
Tout aumônier est plus hardi qu'un page:
Le scélérat, informé du voyage
Du beau Monrose et de la belle Agnès,
Et trop instruit que dans son voisinage
A quatre pas reposaient tant d'attraits,
Pressé soudain de son désir infâme,
Les yeux ardents, le sang rempli de flamme,
Le corps en rut, de luxure enivré,
Entre en jurant comme un désespéré,
Ferme la porte, et les deux rideaux tire.
Mais, cher lecteur, il convient de te dire
Ce que faisait en ce même moment
Le grand Dunois sur son âne volant.

Au haut des airs, où les Alpes chenues
Portent leur tête et divisent les nues,
Vers ce rocher fendu par Annibal [1],
Fameux passage aux Romains si fatal,
Qui voit le ciel s'arrondir sur sa tête
Et sous ses pieds se former la tempête,
Est un palais de marbre transparent,
Sans toit ni porte, ouvert à tout venant.
Tous les dedans sont des glaces fidèles;
Si que chacun qui passe devant elles,
Ou belle ou laide, ou jeune homme ou barbon,
Peut se mirer tant qu'il lui semble bon.

Mille chemins mènent devers l'empire
De ces beaux lieux où si bien l'on se mire;
Mais ces chemins sont tous bien dangereux;
Il faut franchir des abîmes affreux.
Tel, bien souvent, sur ce nouvel Olympe
Est arrivé sans trop savoir par où;
Chacun y court; et tandis que l'un grimpe,
Il en est cent qui se cassent le cou.

De ce palais la superbe maîtresse
Est cette vieille et bavarde déesse,
La Renommée, à qui dans tous les temps
Le plus modeste a donné quelque encens.
Le sage dit que son cœur la méprise;
Qu'il hait l'éclat que lui donne un grand nom,
Que la louange est pour l'âme un poison :
Le sage ment, et dit une sottise.

1. On croit qu'Annibal passa par la Savoie : c'est donc chez les Savoyards qu'est le temple de la Renommée.

CHANT VI.

La Renommée est donc en ces hauts lieux,
Les courtisans dont elle est entourée,
Princes, pédants, guerriers, religieux,
Cohorte vaine, et de vent enivrée,
Vont tous priant, et criant à genoux :
« O Renommée ! ô puissante déesse
Qui savez tout, et qui parlez sans cesse,
Par charité, parlez un peu de nous ! »
  Pour contenter leurs ardeurs indiscrètes,
La Renommée a toujours deux trompettes :
L'une, à sa bouche appliquée à propos,
Va célébrant les exploits des héros ;
L'autre est au cul, puisqu'il faut vous le dire,
C'est celle-là qui sert à nous instruire
De ce fatras de volumes nouveaux,
Productions de plumes mercenaires,
Et du Parnasse insectes éphémères,
Qui l'un par l'autre éclipsés tour à tour,
Faits en un mois, périssent en un jour,
Ensevelis dans le fond des colléges,
Rongés des vers, eux et leurs priviléges.
  Un vil ramas de prétendus auteurs,
Du vrai génie infâmes détracteurs,
Guyon, Fréron, La Beaumelle, Nonnotte,
Et ce rebut de la troupe bigote,
Ce Savatier¹, de la fraude instrument
Qui vend sa plume, et ment pour de l'argent,
Tous ces marchands d'opprobre et de fumée,
Osent pourtant chercher la Renommée ;
Couverts de fange, ils ont la vanité
De se montrer à la divinité.
A coups de fouet chassés du sanctuaire,
A peine encore ils ont vu son derrière²,
  Gentil Dunois, sur ton ânon monté
En ce beau lieu tu te vis transporté.
Ton nom fameux, qu'avec justice on fête,
Était corné par la trompette honnête.
Tu regardas ces miroirs si polis

---

1. Sabatier. (ÉD.)
2. Ce ramas est bien vil en effet. Ces gens-là, comme on sait, ont vomi des torrents de calomnies contre l'auteur, qui ne leur avait fait aucun mal. Ils ont imprimé qu'il était un plagiaire ; qu'il ne croyait pas en Dieu ; que le bienfaiteur de la race de Corneille était l'ennemi de Corneille ; qu'il était fils d'un paysan. Ils lui ont attribué les aventures les plus fausses. Ils ont redit vingt fois qu'il vendait ses ouvrages. Il est bien juste qu'à la fin il chasse cette canaille du sanctuaire de la Renommée, où elle a voulu s'introduire, comme des voleurs se glissent de nuit dans une église pour y voler des calices.

O quelle joie enchantait tes esprits!
Car tu voyais dans ces glaces brillantes
De tes vertus les peintures vivantes,
Non-seulement des siéges, des combats,
Et ces exploits qui font tant de fracas,
Mais des vertus encor plus difficiles,
Des malheureux, de tes bienfaits chargés,
Te bénissant au sein de leurs asiles;
Des gens de bien à la cour protégés,
Des orphelins de leurs tuteurs vengés.
Dunois ainsi, contemplant son histoire,
Se complaisait à jouir de sa gloire.
Son âne aussi, s'amusant à se voir,
Se pavanait de miroir en miroir.
  On entendit, dessus ces entrefaites,
Sonner en l'air une des deux trompettes;
Elle disait : « Voici l'horrible jour
Où dans Milan la sentence est dictée;
On va brûler la belle Dorothée;
Pleurez, mortels qui connaissez l'amour.
— Qui? dit Dunois; quelle est donc cette belle?
Qu'a-t-elle fait? pourquoi la brûle-t-on?
Passe, après tout, si c'est une laidron,
Mais dans le feu mettre un jeune tendron,
Par tous les saints, c'est chose trop cruelle!
Les Milanais ont donc perdu l'esprit? »
Comme il parlait, la trompette reprit :
« O Dorothée, ô pauvre Dorothée!
En feu cuisant tu vas être jetée,
Si la valeur d'un chevalier loyal
Ne te recout de ce brasier fatal. »
  A cet avis, Dunois sentit dans l'âme
Un prompt désir de secourir la dame;
Car vous savez que, sitôt qu'il s'offrait
Occasion de marquer son courage,
Venger un tort, redresser quelque outrage,
Sans raisonner ce héros y courait.
« Allons, dit-il à son âne fidèle,
Vole à Milan, vole où l'honneur t'appelle. »
L'âne aussitôt ses deux ailes étend;
Un chérubin va moins rapidement[1].
On voit déjà la ville où la justice
Arrangeait tout pour cet affreux supplice.

1. *Chérubin*, esprit céleste, ou ange du second ordre de la première hiérarchie. Ce mot vient de l'hébreu *chérub*, dont le pluriel est *chérubim*. Les chérubins avaient quatre ailes comme quatre faces, et des pieds de bœuf.

CHANT VI.

Dans la grand'place on élève un bûcher;
Trois cents archers, gens cruels et timides,
Du mal d'autrui monstres toujours avides,
Rangent le peuple, empêchent d'approcher.
On voit partout le beau monde aux fenêtres,
Attendant l'heure, et déjà larmoyant;
Sur un balcon l'archevêque et ses prêtres
Observent tout d'un œil ferme et content.
  Quatre alguazils[1] amènent Dorothée,
Nue en chemise, et de fer garrottée.
Le désespoir et la confusion,
Le juste excès de son affliction,
Devant ses yeux répandent un nuage;
Des pleurs amers inondent son visage.
Elle entrevoit, d'un œil mal assuré,
L'affreux poteau pour sa mort préparé;
Et ses sanglots se faisant un passage :
« O mon amant! ô toi qui dans mon cœur
Règnes encore en ces moments d'horreur!... »
Elle ne put en dire davantage;
Et, bégayant le nom de son amant,
Elle tomba sans voix, sans mouvement,
Le front jauni d'une pâleur mortelle :
Dans cet état elle était encor belle.
  Un scélérat, nommé Sacrogorgon,
De l'archevêque infâme champion[2],
La dague au poing, vers le bûcher s'avance,
Le chef armé de fer et d'impudence,
Et dit tout haut : « Messieurs, je jure Dieu
Que Dorothée a mérité le feu.
Est-il quelqu'un qui prenne sa querelle?
Est-il quelqu'un qui combatte pour elle?
S'il en est un, que cet audacieux
Ose à l'instant se montrer à mes yeux;
Voici de quoi lui fendre la cervelle. »
Disant ces mots il marche fièrement,
Branlant en l'air un braquemart[3] tranchant,
Roulant les yeux, tordant sa laide bouche.
On frémissait à son aspect farouche;
Et dans la ville il n'était écuyer
Qui Dorothée osât justifier;
Sacrogorgon venait de les confondre,

---

1. Alguazil : *guazil*, en arabe, signifie huissier; de là *alguazil*, archer espagnol.
2. Champion vient du champ, pion du champ : *pion*, mot indien adopté par les Arabes; il signifie soldat.
3. Braquemart du grec *brachi-makera*, courte épée.

Chacun pleurait, et nul n'osait répondre.
Le fier prélat, du haut de son balcon,
Encourageait le brutal champion.
　Le beau Dunois, qui planait sur la place,
Fut si choqué de l'insolente audace
De ce pervers, et Dorothée en pleurs
Etait si belle au sein de tant d'horreurs,
Son désespoir la rendait si touchante,
Qu'en la voyant il la crut innocente.
Il saute à terre, et d'un ton élevé
« C'est moi, dit-il, face de réprouvé,
Qui viens ici montrer par mon courage
Que Dorothée est vertueuse et sage,
Et que tu n'es qu'un fanfaron brutal,
Suppôt du crime, et menteur déloyal.
Je veux d'abord savoir de Dorothée
Quelle noirceur lui peut être imputée,
Quel est son cas, et par quel guet-apen
On fait brûler les belles à Milan. »
Il dit : le peuple, à la surprise en proie,
Poussa des cris d'espérance et de joie.
Sacrogorgon, qui se mourait de peur,
Fit comme il put semblant d'avoir du cœur.
Le fier prélat, sous sa mine hypocrite,
Ne peut cacher le trouble qui l'agite.
　A Dorothée alors le beau Dunois
S'en vint parler d'un air noble et courtois.
Les yeux baissés, la belle lui raconte,
En soupirant, son malheur et sa honte.
L'âne divin, sur l'église perché,
De tout ce cas paraissait fort touché ;
Et de Milan les dévotes familles
Bénissaient Dieu, qui prend pitié des filles.

CHANT SEPTIÈME.

ARGUMENT. — Comment Dunois sauva Dorothée, condamnée à la mort par l'inquisition.

　Lorsqu'autrefois, au printemps de mes jours,
Je fus quitté par ma belle maîtresse,
Mon tendre cœur fut navré de tristesse,
Et je pensai renoncer aux amours :
Mais d'offenser par le moindre discours
Cette beauté que j'avais encensée,
De son bonheur oser troubler le cours,

Un tel forfait n'entre dans ma pensée,
Gêner un cœur, ce n'est pas ma façon.
Que si je traite ainsi les infidèles,
Vous comprenez, à plus forte raison,
Que je respecte encor plus les cruelles.
Il est affreux d'aller persécuter
Un jeune cœur que l'on n'a pu dompter.
Si la maîtresse objet de votre hommage
Ne peut pour vous des mêmes feux brûler,
Cherchez ailleurs un plus doux esclavage.
On trouve assez de quoi se consoler.
Ou bien buvez, c'est un parti fort sage,
Et plût à Dieu qu'en un cas tout pareil
Le tonsuré qu'Amour rendit barbare,
Cet oppresseur d'une beauté si rare,
Se fût servi d'un aussi bon conseil !
 Déjà Dunois à la belle affligée
Avait rendu le courage et l'espoir ;
Mais avant tout il convenait savoir
Les attentats dont elle était chargée.
« O vous, dit-elle en baissant ses beaux yeux,
Ange divin qui descendez des cieux,
Vous qui venez prendre ici ma défense,
Vous savez bien quelle est mon innocence ! »
Dunois reprit : « Je ne suis qu'un mortel :
Je suis venu par une étrange allure
Pour vous sauver d'un trépas si cruel.
Nul dans les cœurs ne lit que l'Éternel.
Je crois votre âme et vertueuse et pure,
Mais dites-moi, pour Dieu, votre aventure. »
 Lors Dorothée, en essuyant les pleurs
Dont le torrent son beau visage mouille,
Dit : « L'amour seul a fait tout mes malheurs.
Connaissez-vous monsieur de La Trimouille ?
 — Oui, dit Dunois, c'est mon meilleur ami ;
Peu de héros ont une âme aussi belle ;
Mon roi n'a point de guerrier plus fidèle,
L'Anglais n'a point de plus fier ennemi ;
Nul chevalier n'est plus digne qu'on l'aime.
 — Il est trop vrai, dit-elle, c'est lui-même :
Il ne s'est pas écoulé plus d'un an
Depuis le jour qu'il a quitté Milan.
C'est en ces lieux qu'il m'avait adorée ;
Il le jurait, et j'ose être assurée
Que son grand cœur est toujours enflammé,
Qu'il m'aime encor, car il est trop aimé.
 — Ne doutez point, dit Dunois, de son âme ;

Votre beauté vous répond de sa flamme,
Je le connais; il est, ainsi que moi,
A ses amours fidèle comme au roi. »
  L'autre reprit : « Ah! monsieur, je vous crois.
O jour heureux où je le vis paraître
Où des mortels il était à mes yeux
Le plus aimable et le plus vertueux,
Où de mon cœur il se rendit le maître!
Je l'adorais avant que ma raison
Eût pu savoir si je l'aimais ou non.

  « Ce fut, monsieur, ô moment délectable!
Chez l'archevêque, où nous étions à table,
Que ce héros, plein de sa passion,
Me fit, me fit sa déclaration.
Ah! j'en perdis la parole et la vue,
Mon sang brûla d'une ardeur inconnue;
Du tendre amour j'ignorais le danger,
Et de plaisir je ne pouvais manger.
Le lendemain il me rendit visite,
Elle fut courte, il prit congé trop vite,
Quand il partit, mon cœur le rappelait;
Mon tendre cœur après lui s'envolait.
Le lendemain il eut un tête-à-tête
Un peu plus long, mais non pas moins honnête.
Le lendemain il en reçut le prix
Par deux baisers sur mes lèvres ravis.
Le lendemain il osa davantage;
Il me promit la foi de mariage,
Le lendemain il fut entreprenant;
Le lendemain il me fit un enfant.
Que dis-je? hélas! faut-il que je raconte
De point en point mes malheurs et ma honte,
Sans que je sache, ô digne chevalier,
A quel héros j'ose me confier? »
  Le chevalier, par pure obéissance,
Dit, sans vanter ses faits ni sa naissance :
« Je suis Dunois. » C'était en dire assez.
  « Dieu, reprit-elle, ô Dieu qui m'exaucez,
Quoi, vos bontés font voler à mon aide
Ce grand Dunois, ce bras à qui tout cède!
Ah! qu'on voit bien d'où vous tenez le jour,
Charmant bâtard, cœur noble, âme sublime!
Le tendre Amour me faisait sa victime;
Mon salut vient d'un enfant de l'Amour.
Le ciel est juste, et l'espoir me ranime. »
  « Vous saurez donc, brave et gentil Dunois,
Que mon amant, au bout de quelques mois,

Fut obligé de partir pour la guerre,
Guerre funeste, et maudite Angleterre !
Il écouta la voix de son devoir,
Mon tendre amour était au désespoir.
Un tel état vous est connu sans doute,
Et vous savez, monsieur, ce qu'il en coûte.
Ce fier devoir fit seul tous nos malheurs;
Je l'éprouvais en répandant des pleurs :
Mon cœur était forcé de se contraindre,
Et je mourais, mais sans pouvoir me plaindre
Il me donna le présent amoureux
D'un bracelet fait de ses blonds cheveux,
Et son portrait qui, trompant son absence,
M'a fait cent fois retrouver sa présence.
Un cher écrit surtout il me laissa,
Que de sa main le ferme Amour traça.
C'était, monsieur, une juste promesse,
Un sûr garant de sa sainte tendresse :
On y lisait : *Je jure par l'Amour,*
Par les plaisirs de mon âme enchantée,
De revenir bientôt en cette cour,
Pour épouser ma chère Dorothée.
Las ! il partit, il porta sa valeur
Dans Orléans. Peut-être il est encore
Dans ces remparts où l'appela l'honneur.
Ah ! s'il savait quels maux et quelle horreur
Sont, loin de lui, le prix de mon ardeur!
Non, juste ciel! il vaut mieux qu'il l'ignore.
« Il partit donc, et moi je m'en allai,
Loin des soupçons d'une ville indiscrète,
Chercher aux champs une sombre retraite,
Conforme aux soins de mon cœur désolé.
Mes parents morts, libre dans ma tristesse,
Cachée au monde, et fuyant tous les yeux,
Dans le secret le plus mystérieux
J'ensevelis mes pleurs et ma grossesse.
Mais par malheur, hélas! je suis la nièce
De l'archevêque. » A ces funestes mots,
Elle sentit redoubler ses sanglots.
Puis vers le ciel tournant ses yeux en larmes :
« J'avais, dit-elle, en secret mis au jour
Le tendre fruit de mon furtif amour;
Avec mon fils consolant mes alarmes,
De mon amant j'attendais le retour.
A l'archevêque il prit en fantaisie
De venir voir quelle espèce de vie
Menait sa nièce au fond de ces forêts

Pour ma campagne il quitta son palais.
Il fut touché de mes faibles attraits.
Cette beauté, présent cher et funeste,
Ce don fatal, qu'aujourd'hui je déteste,
Perça son cœur des plus dangereux traits.
Il s'expliqua : ciel ! que je fus surprise !
Je lui parlai des devoirs de son rang,
De son état, des nœuds sacrés du sang ;
Je remontrai l'horreur de l'entreprise ;
Elle outrageait la nature et l'Église.
Hélas ! j'eus beau lui parler de devoir,
Il s'entêta d'un chimérique espoir ;
Il se flattait que mon cœur indocile
D'aucun objet ne s'était prévenu,
Qu'enfin l'amour ne m'était point connu,
Que son triomphe en serait plus facile ;
Il m'accablait de ses soins fatigants,
De ses désirs rebutés et pressants.
« Hélas ! un jour que toute à ma tristesse
Je relisais cette douce promesse,
Que de mes pleurs je mouillais cet écrit,
Mon cruel oncle en lisant me surprit.
Il se saisit, d'une main ennemie,
De ce papier qui contenait ma vie !
Il lut ; il vit dans cet écrit fatal
Tous mes secrets, ma flamme, et son rival.
Son âme alors, jalouse et forcenée,
A ses désirs fut plus abandonnée ;
Toujours alerte, et toujours m'épiant,
Il sut bientôt que j'avais un enfant.
Sans doute un autre en eût perdu courage ;
Mais l'archevêque en devint plus ardent ;
Et se sentant sur moi cet avantage :
« Ah ! me dit-il, n'est-ce donc qu'avec moi
« Que vous aurez la fureur d'être sage ?
« Et vos faveurs seront le seul partage
« De l'étourdi qui ravit votre foi !
« Osez-vous bien me faire résistance ?
« Y pensez-vous ? vous ne méritez pas
« Le fol amour que j'ai pour vos appas :
« Cédez sur l'heure, ou craignez ma vengeance. »
Je me jetai tremblante à ses genoux ;
J'attestai Dieu, je répandis des larmes.
Lui, furieux d'amour et de courroux,
En cet état me trouva plus de charmes.
Il me renverse, et va me violer ;
A mon secours il fallut appeler :

Tout son amour soudain se tourne en rage.
D'un oncle, ô ciel! souffrir un tel outrage!
De coups affreux il meurtrit mon visage.
On vient au bruit; mon oncle au même instant
Joint à son crime un crime encor plus grand :
« Chrétiens, dit-il, ma nièce est une impie;
« Je l'abandonne, et je l'excommunie :
« Un hérétique, un damné suborneur
« Publiquement a fait son déshonneur;
« L'enfant qu'ils ont est un fruit d'adultère.
« Que Dieu confonde et le fils et la mère
« Et, puisqu'ils ont ma malédiction,
« Qu'ils soient livrés à l'inquisition. »
 « Il ne fit point une menace vaine;
Et dans Milan le traître arrive à peine,
Qu'il fait agir le grand inquisiteur.
On me saisit, prisonnière on m'entraîne
Dans des cachots, où le pain de douleur
Était ma seule et triste nourriture :
Lieux souterrains, lieux d'une nuit obscure,
Séjour de mort, et tombeau des vivants!
Après trois jours on me rend la lumière,
Mais pour la perdre au milieu des tourments.
Vous les voyez, ces brasiers dévorants
C'est là qu'il faut expirer à vingt ans.
Voilà mon lit à mon heure dernière!
C'est là, c'est là, sans votre bras vengeur,
Qu'on m'arrachait la vie avec l'honneur!
Plus d'un guerrier aurait, selon l'usage,
Pris ma défense, et pour moi combattu;
Mais l'archevêque enchaîne leur vertu!
Contre l'Église ils n'ont point de courage.
Qu'attendre, hélas! d'un cœur italien?
Ils tremblent tous à l'aspect d'une étole [1];
Mais un Français n'est alarmé de rien,
Et braverait le pape au Capitole. »
A ces propos, Dunois piqué d'honneur,
Plein de pitié pour la belle accusée,
Plein de courroux pour son persécuteur.
Brûlait déjà d'exercer sa valeur,
Et se flattait d'une victoire aisée

---

1. Étole, ornement sacerdotal qu'on passe par-dessus le surplis. Ce mot vient du grec στολή, qui signifie une robe longue. L'étole est aujourd'hui une bande large de quatre doigts. L'étole des anciens était fort différente; c'était quelquefois un habit de cérémonie que les rois donnaient à ceux qu'ils voulaient honorer; de là ces expressions de l'Écriture : « Stolam gloriæ induit eum, etc. »

Bien surpris fut de se voir entouré
De cent archers, dont la cohorte fière
L'investissait noblement par derrière.
Un cuistre en robe, avec bonnet carré,
Criait d'un ton de vrai *miserere* :
« On fait savoir, de par la sainte Église,
Par monseigneur, pour la gloire de Dieu,
A tous chrétiens que le ciel favorise,
Que nous venons de condamner au feu
Cet étranger, ce champion profane,
De Dorothée infâme chevalier,
Comme infidèle, hérétique, et sorcier ;
Qu'il soit brûlé sur l'heure avec son âne. »
 Cruel prélat, Busiris en soutane¹,
C'était, perfide, un tour de ton métier ;
Tu redoutais le bras de ce guerrier ;
Tu t'entendais avec le saint-office
Pour opprimer, sous le nom de justice,
Quiconque eût pu lever le voile affreux
Dont tu cachais ton crime à tous les yeux.
 Tout aussitôt l'assassine cohorte,
Du saint-office abominable escorte,
Pour se saisir du superbe Dunois,
Deux pas avance, et recule de trois ;
Puis marche encor ; puis se signe, et s'arrête.
Sacrogorgon, qui tremblait à leur tête,
Leur crie : « Allons, il faut vaincre ou périr ;
De ce sorcier tâchons de nous saisir. »
Au milieu d'eux les diacres de la ville,
Les sacristains arrivent à la file ;
L'un tient un pot, et l'autre un goupillon² ;
Ils font leur ronde, et de leur eau salée
Benoîtement aspergent l'assemblée.
On exorcise, on maudit le démon ;
Et le prélat, toujours l'âme troublée,
Donne partout la bénédiction.
 Le grand Dunois, non sans émotion,
Voit qu'on le prend pour envoyé du diable :
Lors saisissant de son bras redoutable
Sa grande épée, et de l'autre montrant
Un chapelet, catholique instrument,

1. Busiris était un roi d'Égypte qui passait pour un tyran.
2. Le goupillon est un instrument garni en tous sens de soies de porc prises dans des fils d'archal passés à l'extrémité d'un manche de bois ou de métal. Il sert à distribuer l'eau bénite, etc. Cet instrument était usité dans l'antiquité ; on s'en servait pour arroser les initiés de l'eau .ustrale.

De son salut cher et sacré garant :
« Allons, dit-il, venez à moi, mon âne. »
L'Ane descend, Dunois monte, et soudain
Il va frappant, en moins d'un tour de main,
De ces croquants la cohorte profane.
Il perce à l'un le *sternum*[1] et le bras;
Il atteint l'autre à l'os qu'on nomme *atlas*[2];
Qui voit tomber son nez et sa mâchoire,
Qui son oreille, et qui son *humérus*;
Qui pour jamais s'en va dans la nuit noire,
Et qui s'enfuit disant ses *oremus*.
L'âne, au milieu du sang et du carnage,
Du paladin seconde le courage ;
Il vole, il rue, il mord, il foule aux pieds
Ce tourbillon de faquins effrayés.
Sacrogorgon, abaissant sa visière,
Toujours jurant s'en allait en arrière;
Dunois le joint, l'atteint à l'os *pubis*[3];
Le fer sanglant lui sort par le *coccix*[4];
Le vilain tombe, et le peuple s'écrie :
« Béni soit Dieu ! le barbare est sans vie. »
Le scélérat encor se débattait
Sur la poussière, et son cœur palpitait,
Quand le héros lui dit : « Ame traîtresse,
L'enfer t'attend; crains le diable, et confesse
Que l'archevêque est un coquin mitré,
Un ravisseur, un parjure avéré,
Que Dorothée est l'innocence même,
Qu'elle est fidèle au tendre amant qu'elle aime,
Et que tu n'es qu'un sot et qu'un fripon.
— Oui, monseigneur, oui, vous avez raison !
Je suis un sot, la chose est par trop claire
Et votre épée a prouvé cette affaire. »
Il dit ; son âme alla chez le démon.
Ainsi mourut le fier Sacrogorgon.
Dans l'instant même où ce bravache infâme
A Belzébuth rendait sa vilaine âme,

---

1. *Sternum*, terme grec, comme sont presque tous ceux de l'anatomie : c'est cette partie antérieure de la poitrine, à laquelle sont jointes les côtes : elle est composée de sept os si bien assemblés, qu'ils semblent n'en faire qu'un. C'est la cuirasse que la nature a donnée au cœur et aux poumons.
2. *Atlas*, la première vertèbre du cou : elle soutient tous les fardeaux qu'on pose sur la tête, laquelle tourne sur cet *atlas* comme sur un pivot.
3. *Pubis*, de puberté, os barré qui se joint aux deux hanches, *os pubis, os pectinis*.
4. *Coccix*, κόκκυξ, croupion, placé immédiatement au-dessous de l'os *sacrum*. Il n'est pas honnête d'être blessé là.

Devers la place arrive un écuyer,
Portant salade¹ avec lance dorée.
Deux postillons à la jeune livrée
Allaient devant. C'était chose aisée
Qu'il arrivait quelque grand chevalier.
A cet objet, la belle Dorothée
D'étonnement et d'amour transportée,
« Ah, Dieu puissant! se dit-elle à l'ouïr,
Serait-ce lui? serait-il bien possible?
A mes malheurs le ciel est trop sensible. »
   Les Milanais, peuple très-curieux,
Vers l'écuyer avaient tourné les yeux.
   Eh! cher lecteur, n'êtes-vous pas honteux
De ressembler à ce peuple volage,
Et d'occuper vos yeux et votre esprit
Du changement qui dans Milan se fit?
Est-ce donc là le but de mon ouvrage?
Songez, lecteur, aux remparts d'Orléans,
Au roi de France, aux cruels assiégeants,
A la Pucelle, à l'illustre amazone,
La vengeresse et du peuple et du trône,
Qui, sans jupon, sans pourpoint ni bonnet,
Parmi les champs comme un centaure allait
Ayant en Dieu sa plus ferme espérance,
Comptant sur lui plus que sur sa vaillance,
Et s'adressant à monsieur saint Denys,
Qui cabalait alors en paradis
Contre saint George en faveur de la France.
   Surtout, lecteur, n'oubliez point Agnès.
Ayez l'esprit tout plein de ses attraits.
Tout honnête homme, à mon gré, doit s'y plaire.
Est-il quelqu'un si morne et si sévère
Que pour Agnès il soit sans intérêt?
   Et franchement dites-moi, s'il vous plaît,
Si Dorothée au feu fût condamnée,
Si le Seigneur, du haut du firmament,
Sauva le jour à cette infortunée,
Semblable cas advient très-rarement.
Mais que l'objet où votre cœur s'engage,
Pour qui vos pleurs ne peuvent s'essuyer,
Soit dans les bras d'un robuste aumônier,
Ou semble épris pour quelque jeune page,
Cet accident peut-être est plus commun,
Pour l'amener il ne faut miracle aucun.

1. *Salade*, on devrait dire *salde*, ou *salote*, mais la mauvaise usage prévaut partout.

Je l'avouerai, j'aime toute aventure
Qui tient de près à l'humaine nature ;
Car je suis homme, et je me fais honneur
D'avoir ma part aux humaines faiblesses,
J'ai dans mon temps possédé des maîtresses,
Et j'aime encore à retrouver mon cœur.

CHANT HUITIÈME.

ARGUMENT. — Comment le charmant La Trimouille rencontra un Anglais à Notre-Dame de Lorette, et ce qui s'ensuivit avec sa Dorothée.

Que cette histoire est sage, intéressante !
Comme elle forme et l'esprit et le cœur !
Comme on y voit la vertu triomphante,
Des chevaliers le courage et l'honneur,
Les droits des rois, des belles la pudeur !
C'est un jardin dont tout le tour m'enchante
Par sa culture et sa variété.
J'y vois surtout l'aimable chasteté,
Des belles fleurs la fleur la plus brillante,
Comme un lis blanc que le ciel a planté,
Levant sans tache une tête éclatante.
Filles, garçons, lisez assidûment
De la vertu ce divin rudiment.
Il fut écrit par notre abbé Trithème[1],
Savant Picard, de son siècle ornement ;
Il prit Agnès et Jeanne pour son thème.
Que je l'admire, et que je me sais gré
D'avoir toujours hautement préféré
Cette lecture honnête et profitable,
A ce fatras d'insipides romans
Que je vois naître et mourir tous les ans,
De cerveaux creux avortons languissants !
De Jeanne d'Arc l'histoire véritable
Triomphera de l'envie et du temps.
Le vrai me plaît, le vrai seul est durable.

De Jeanne d'Arc cependant, cher lecteur,
En ce moment je ne puis rendre compte ;
Car Dorothée, et Dunois son vengeur,

---

1. L'abbé Trithème n'était point de Picardie ; il était du diocèse de Trèves ; il mourut en 1516. Nous n'oserions assurer que sa famille ne fût pas d'origine picarde ; nous nous en rapportons au savant auteur qui, sans doute, a vu le manuscrit de la Pucelle dans quelque abbaye de bénédictins.

Et La Trimouille, objet de son ardeur,
Ont de grands droits ; et j'avouerai sans honte
Qu'avec raison vous voulez être instruit
Des beaux effets que leur amour produit.
  Près d'Orléans vous avez souvenance
Que La Trimouille, ornement du Poitou,
Pour son bon roi signalant sa vaillance,
Dans un fossé fut plongé jusqu'au cou.
Ses écuyers tirèrent avec peine,
Du sale fond de la fangeuse arène,
Notre héros, en cent endroits froissé,
Un bras démis, le coude fracassé.
Vers les remparts de la ville assiégée
On reportait sa figure affligée ;
Mais de Talbot les efforts vigilants
Avaient fermé les chemins d'Orléans.
On transporta, de crainte de surprise,
Mon paladin par de secrets détours,
Sur un brancard, en la cité de Tours,
Cité fidèle, au roi Charles soumise.
Un charlatan, arrivé de Venise,
Adroitement remit son *radius*
Dont le pivot rejoignit *l'humérus*.
Son écuyer lui fit bientôt connaître
Qu'il ne pouvait retourner vers son maître,
Que les chemins étaient fermés pour lui.
Le chevalier, fidèle à sa tendresse,
Se résolut, dans son cuisant ennui,
D'aller au moins rejoindre sa maîtresse.
  Il courut donc, à travers cent hasards,
Au beau pays conquis par les Lombards.
En arrivant aux portes de la ville,
Le Poitevin est entouré, heurté,
Pressé des flots d'une foule imbécile,
Qui d'un pas lourd, et d'un œil hébété,
Court à Milan des campagnes voisines ;
Bourgeois, manants, moines, bénédictines,
Mères, enfants, c'est un bruit, un concours,
Un chamaillis ; chacun se précipite ;
On tombe, on crie : « Arrivons, entrons vite :
Nous n'aurons pas tels plaisirs tous les jours. »
  Le paladin sut bientôt quelle fête
Allait chômer ce bon peuple lombard,
Et quel spectacle à ses yeux on apprête.

---

a. Le *radius* et l'*ulna* sont les deux os qui partent du coude et se joignent au poignet ; l'*humérus* est l'os du bras qui se joint à l'épaule.

« Ma Dorothée! ô ciel! » Il dit, et part;
Et son coursier, s'élançant sur la tête
Des curieux, le porte en quatre bonds
Dans les faubourgs, dans la ville, à la place
Où du bâtard la généreuse audace
A dissipé tous ces monstres félons;
Où Dorothée, interdite, éperdue,
Osait à peine encor lever la vue.
L'abbé Trithème, avec tout son talent,
N'eût pu jamais nous faire la peinture
De la surprise et du saisissement,
Et des transports dont cette âme si pure
Fut pénétrée en voyant son amant.
Quel coloris, quel pinceau pourrait rendre
Ce doux mélange et si vif et si tendre,
L'impression d'un reste de douleur,
La douce joie où se livrait son cœur,
Son embarras, sa pudeur, et sa honte,
Que par degrés la tendresse surmonte?
Son La Trimouille, ardent, ivre d'amour,
Entre ses bras la tient longtemps serrée,
Faible, attendrie, encor tout éplorée;
Il embrassait, il baisait tour à tour
Le grand Dunois, et sa maîtresse, et l'âne.
 Tout le beau sexe, aux fenêtres penché,
Battait des mains, de tendresse touché;
On voyait fuir tous les gens à soutane,
Sur les débris du bûcher renversé,
Qui dans le sang nage au loin dispersé.
Sur ces débris le bâtard intrépide
De Dorothée affermissant les pas,
A l'air, le port, et le maintien d'Alcide,
Qui, sous ses pieds enchaînant le trépas,
Le triple chien, et la triple Euménide,
Remit Alceste à son dolent époux,
Quoique en secret il fût un peu jaloux.
 Avec honneur la belle Dorothée
Fut en litière à son logis portée,
Des deux héros noblement escortée.
Le lendemain, le bâtard généreux
Vint près du lit du beau couple amoureux.
« Je sens, dit-il, que je suis inutile
Aux doux plaisirs que vous goûtez tous deux;
Il me convient de sortir de la ville;
Jeanne et mon roi me rappellent près d'eux;
Il faut les joindre, et je sens trop que Jeanne
Doit regretter la perte de son âne.

Le grand Denys, le patron de nos lois,
M'a cette nuit présenté sa figure.
J'ai vu Denys tout comme je vous vois.
Il me prêta sa divine monture,
Pour secourir les dames et les rois.
Denys m'enjoint de revoir ma patrie.
Grâces au ciel, Dorothée est servie.
Je dois servir Charles sept à son tour.
Goûtez les fruits de votre tendre amour.
A mon bon roi je vais donner ma vie.
Le temps me presse, et mon âne m'attend.
— Sur mon cheval je vous suis à l'instant,
Lui répliqua l'aimable La Trimouille.
La belle dit : « C'est aussi mon projet ;
Un désir vif dès longtemps me chatouille
De contempler la cour de Charles sept.
Sa cour si belle, en héros si féconde,
Sa tendre Agnès, qui gouverne son cœur,
Sa fière Jeanne, en qui valeur abonde,
Mon cher amant, mon cher libérateur,
Me conduiraient jusques au bout du monde.
Mais sur le point d'être ouïe en ce lieu,
En récitant ma prière secrète,
Je fis tout bas à la Vierge un beau vœu
De visiter sa maison de Lorette,
S'il lui plaisait de me tirer du feu.
Tout aussitôt la mère du bon Dieu
Vous députa sur votre âne céleste,
Vous me sauvez de ce bûcher funeste.
Je vis par vous : mon vœu doit se tenir
Sans quoi la Vierge a droit de me punir.
— Votre discours est très-juste et très-sage,
Dit La Trimouille, et ce pèlerinage
Est à mes yeux un devoir bien sacré ;
Vous permettrez que je sois du voyage.
J'aime Lorette, et je vous conduirai.
Allez, Dunois, par la plaine étoilée,
Fendez les airs, volez aux champs de Blois,
Nous vous joindrons avant qu'il soit un mois.
Et vous, madame, à Lorette appelée,
Venez remplir votre vœu si pieux.
Moi j'en fais un digne de vos beaux yeux
C'est de prouver à toute heure, en tous lieux,
A tout venant, par l'épée et la lance
Que vous devez avoir la préférence
Sur toute fille ou femme de renom
Que nulle n'est et si sage et si belle. »

Elle rougit. Cependant le grison
Frappe du pied, s'élève sur son aile,
Plane dans l'air, et, laissant l'horizon,
Porte Dunois vers les sources du Rhône.
　Le Poitevin prend le chemin d'Ancône
Avec sa dame, un bourdon dans la main,
Portant tous deux chapeau de pèlerin,
Bien relevé de coquilles bénies.
A leur ceinture un rosaire pendait
De beaux grains d'or et de perles unies,
Le paladin souvent le récitait,
Disait *Ave* : la belle répondait
Par des soupirs et par des litanies;
Et *je vous aime* était le doux refrain
Des *oremus* qu'ils chantaient en chemin.
Ils vont à Parme, à Plaisance, à Modène,
Dans Urbino, dans la tour de Césène,
Toujours logés dans de très-beaux châteaux
De princes, ducs, comtes, et cardinaux.
Le paladin eut partout l'avantage
De soutenir que dans le monde entier
Il n'est beauté plus aimable et plus sage
Que Dorothée; et nul n'osa nier
Ce qu'avançait un si grand personnage :
Tant les seigneurs de tout ce beau canton
Avaient d'égards et de discrétion.
　Enfin portés sur les bords du Musône,
Près Ricanate en la Marche d'Ancône,
Les pèlerins virent briller de loin
Cette maison de la sainte Madone,
Ces murs divins de qui le ciel prend soin;
Murs convoités des avides corsaires,
Et qu'autrefois des anges tutélaires
Firent voler dans les plaines des airs,
Comme un vaisseau qui fend le sein des mers.
A Loretto les anges s'arrêtèrent ?;
Les murs sacrés d'eux-mêmes se fondèrent;

1. C'est dans la Marche d'Ancône qu'est la maison de la Vierge apportée de Nazareth par les anges ; ils la mirent d'abord en dépôt en Dalmatie pendant trois ans et sept mois, et ensuite la posèrent près de Recanati. Sa statue est de quatre pieds de haut, son visage noir; elle porte la même tiare que le pape; on connaît ses miracles et ses trésors.
2. Ils ne s'arrêtèrent pas d'abord à Loretto; c'est une inadvertance de notre auteur : « Non ego paucis offendar maculis. » Cependant on peut dire, pour sa défense, que les anges s'arrêtèrent enfin à Loretto aux et la maison, après avoir essayé de plusieurs autres pays qui ne plurent point à la sainte Vierge. Cette aventure se passa sous le pontificat de Boniface VIII, dont on dit qu'il usurpa sa place comme un renard, qu'il

Et ce que l'art a de plus précieux,
De plus brillant, de plus industrieux,
Fut employé depuis par les saints pères,
Maîtres du monde, et du ciel grands vicaires,
A l'ornement de ces augustes lieux.
Les deux amants de cheval descendirent,
D'un cœur contrit à deux genoux se mirent;
Puis chacun d'eux, pour accomplir son vœu
Offrit des dons pleins de magnificence,
Tous acceptés avec reconnaissance
Par la Madone et les moines du lieu.

   Au cabaret les deux amants dînèrent;
Et ce fut là qu'à table ils rencontrèrent
Un brave Anglais, fier, dur, et sans souci,
Qui venait voir la sainte Vierge aussi
Par passe-temps, se moquant dans son âme
Et de Lorette, et de sa Notre-Dame.
Parfait Anglais, voyageant sans dessein,
Achetant cher de modernes antiques,
Regardant tout avec un air hautain,
Et méprisant les saints et leurs reliques.
De tout Français c'est l'ennemi mortel,
Et son nom est Christophe d'Arondel.
Il parcourait tristement l'Italie,
Et se sentant fort sujet à l'ennui,
Il amenait sa maîtresse avec lui,
Plus dédaigneuse encor, plus impolie,
Parlant fort peu, mais belle, faite au tour,
Douce la nuit, insolente le jour,
A table, au lit, par caprice emportée
Et le contraire en tout de Dorothée.
Le beau baron, du Poitou l'ornement,
Lui fit d'abord un petit compliment,
Sans recevoir aucune repartie.
Puis il parla de la Vierge Marie;
Puis il conta comme il avait promis,
Chez les Lombards, à monsieur saint Denys,
De soutenir en tout lieu la sagesse
Et la beauté de sa chère maîtresse.

   Je crois, dit-il au dédaigneux Breton,
Que votre dame est noble et d'un grand nom,
Qu'elle est surtout aussi sage que belle.
Je crois encor, quoiqu'elle n'ait rien dit,

Que dans le fond elle a beaucoup d'esprit ;
Mais Dorothée est fort au-dessus d'elle,
Vous l'avouerez ; on peut, sans l'abaisser,
Au second rang dignement la placer. »
　Le fier Anglais, à ce discours honnête,
Le regarda des pieds jusqu'à la tête.
« Pardieu, dit-il, il m'importe fort peu
Que vous ayez à Denys fait un vœu ;
Et peu me chaut que votre damoiselle
Soit sage ou folle, et soit ou laide ou belle
Chacun se doit contenter de son bien
Tout uniment, sans se vanter de rien.
Mais puisqu'ici vous avez l'impudence
D'oser prétendre à quelque préférence
Sur un Anglais, je vous enseignerai
Votre devoir, et je vous prouverai
Que tout Anglais, en affaires pareilles,
A tout Français donne sur les oreilles ;
Que ma maîtresse, en figure, en couleur,
En gorge, en bras, cuisses, taille, rondeur,
Même en sagesse, en sentiments d'honneur,
Vaut cent fois mieux que votre pèlerine ;
Et que mon roi (dont je fais peu de cas),
Quand il voudra, saura bien mettre à bas
Et votre maître, et sa grosse héroïne.
— Eh bien ! reprit le noble Poitevin,
Sortons de table, éprouvons-nous soudain ;
A vos dépens je soutiendrai peut-être
Mon tendre amour, mon pays, et mon maître.
Mais comme il faut être toujours courtois,
De deux combats je vous laisse le choix,
Soit à cheval, soit à pied ; l'un et l'autre
Me sont égaux : mon choix suivra le vôtre.
— A pied, mordieu ! dit le rude Breton,
Je n'aime point qu'un cheval ait la gloire
De partager ma peine et ma victoire.
Point de cuirasse, et point de morion ;
C'est, à mon sens, une arme de poltron ;
Il fait trop chaud, j'aime à combattre à l'aise.
Je veux tout nu vous soutenir ma thèse :
Nos deux beautés jugeront mieux des coups.
　— Très-volontiers, » dit d'un ton noble et doux
Le beau Français. Sa chère Dorothée
Frémit de crainte à ce défi cruel,
Quoique en secret son âme fût flattée
D'être l'objet d'un si noble duel.
Elle tremblait que Christophe Arondel

Ne transperçât de quelque coup mortel.
La douce peau de son cher La Trimouille,
Que de ses pleurs tendrement elle mouille.
La dame anglaise animait son Anglais
D'un coup d'œil fier et sûr de ses attraits.
Elle n'avait jamais versé de larmes;
Son cœur altier se plaisait aux alarmes;
Et les combats des cocs de son pays
Avaient été ses passe-temps chéris.
Son nom était Judith de Rosamore,
Cher à Bristol, et que Cambridge honore¹.
  Voilà déjà nos braves paladins
Dans un champ clos, près d'en venir aux mains;
Tous deux charmés, dans leurs nobles querelles,
De soutenir leur patrie et leurs belles.
La tête haute, et le fer en droite ligne,
Le bras tendu, le corps en son profil,
En tierce, en quarte, ils joignent leurs épées,
L'une par l'autre à tout moment frappées.
C'est un plaisir de les voir se baisser,
Se relever, reculer, avancer,
Parer, sauter, se ménager des feintes,
Et se porter les plus rudes atteintes.
Ainsi l'on voit dans une belle nuit,
Sous le lion ou sous la canicule,
Tout l'horizon qui s'enflamme et qui brûle
De mille feux dont nous est ébloui;
Un éclair passe, un autre éclair le suit.
  Le Poitevin adresse une apostrophe,
Droit au menton du superbe Christophe;
Puis en arrière il saute allégrement,
Toujours en garde; et Christophe à l'instant
Engage en tierce, et serrant la mesure,
Au ferrailleur inflige une blessure
Sur une cuisse, et de sang empourpré
Ce bel ivoire est teint et bigarré.
  Ils s'acharnaient à cette noble escrime,
Voulant mourir pour jouir de l'estime
De leur maîtresse, et pour bien décider
Quelle beauté doit à l'autre céder,
Lorsqu'un bandit des Etats du saint-père
Avec sa troupe entra dans ces cantons
Pour s'acquitter de ses dévotions.
  Le scélérat se nommait Martinguerre,

1. Bristol et Cambridge, deux villes célèbres, la première par son commerce, la seconde par son université, qui a eu de grands hommes.

CHANT VIII.

Voleur de jour, voleur de nuit, corsaire,
Mais saintement à la Vierge attaché,
Et sans manquer récitant son rosaire,
Pour être pur et net de tout péché,
Il aperçut sur le pré les deux belles,
Et leurs chevaux, et leurs brillantes selles,
Et leurs mulets chargés d'or et d'*agnus*.
Dès qu'il les vit, on ne les revit plus.
Il vous enlève et Judith Rosamore,
Et Dorothée, et le bagage encore,
Mulets, chevaux, et part comme un éclair.
Les champions tenaient toujours en l'air,
A poing fermé, leurs brandissantes lames,
Et ferraillaient pour l'honneur de ces dames.
Le Poitevin s'avise le premier
Que sa maîtresse est comme disparue.
Il voit de loin courir son écuyer;
Il s'ébahit, et son arme pointue
Reste en sa main sans force et sans effet.
Sire Arondel demeure stupéfait.
Tous deux restaient la prunelle effarée,
Bouche béante, et la mine égarée,
L'un contre l'autre. « Oh! oh! dit le Breton,
Dieu me pardonne, on nous a pris nos belles;
Nous nous donnons cent coups d'estramaçon
Très-sottement; courons vite après elles,
Reprenons-les, et nous nous rebattrons
Pour leurs beaux yeux quand nous les trouverons.
L'autre en convient, et, différant la fête,
En bons amis ils se mettent en quête
De leur maîtresse. A peine ils font cent pas,
Que l'un s'écrie : « Ah! la cuisse! ah! le bras! »
L'autre criait la poitrine et la tête,
Et n'ayant plus ces esprits animaux
Qui vont au cœur et qui font les héros,
Ayant perdu cette ardeur enflammée
Avec leur sang au combat consumée,
Tous deux meurtris, faibles, et languissants,
Sur le gazon tombent en même temps
Et de leur sang ils rougissent la terre.
Leurs écuyers, qui suivaient Martinguerre,
Vont à sa piste, et gagnent le pays.
Les deux héros, sans valets, sans habits,
Et sans argent, étendus dans la plaine,
Manquant de tout, croyaient leur fin prochaine;
Lorsqu'une vieille, en passant vers ces lieux,
Les voyant nus, s'approcha plus près d'eux,

En eut pitié, les fit sur des civières
Porter chez elle, et par des restaurants
En moins de rien leur rendit tous leurs sens,
Leur coloris, et leurs forces premières.
 La bonne vieille, en ce lieu respecté,
Est en odeur qu'on dit de sainteté.
Devers Ancône il n'est point de béate,
Point d'âme sainte en qui la grâce éclate
Par des bienfaits plus signalés, plus grands.
Elle prédit la pluie et le beau temps.
Elle guérit les blessures légères
Avec de l'huile et de saintes prières.
Elle a parfois converti des méchants.
 Les paladins à la vieille contèrent
Leur aventure, et conseil demandèrent.
La décrépite alors se recueillit,
Pria Marie, ouvrit la bouche, et dit
« Allez en paix, aimez tous deux vos belles,
Mais que ce soit à bonne intention ;
Et gardez-vous de vous tuer pour elles.
Les doux objets de votre affection
Sont maintenant à des épreuves rudes ;
Je plains leurs maux et vos sollicitudes.
Habillez-vous, prenez des chevaux frais,
Ne manquez pas le chemin qu'il faut prendre;
Le ciel par moi daigne ici vous apprendre,
Pour les trouver, qu'il faut courir après. »
 Le Poitevin admira l'énergie
De ce discours, et le Breton pensif
Lui dit : « Je crois à votre prophétie;
Nous poursuivrons le voleur fugitif
Quand nous aurons retrouvé des montures
Et des pourpoints, et surtout des armures. »
La vieille dit : « On vous en fournira. »
Un circoncis par bonheur était là,
Enfant barbu d'Isaac et de Juda,
Dont la belle âme, à servir empressée,
Faisait fleurir la gent déprépucée.
Le digne Hébreu leur prêta galamment
Deux mille écus à quarante pour cent,
Selon les us de la race bénite
En Canaan par Moïse conduite ;
Et le profit que le Juif s'arrogea
Entre la sainte et lui se partagea.

CHANT NEUVIÈME.

ARGUMENT. — Comment La Trimouille et sire Arondel retrouvèrent leurs maîtresses en Provence, et du cas étrange advenu dans la Sainte-Baume.

Deux chevaliers qui se sont bien battus,
Soit à cheval, soit à la noble escrime,
Avec le sabre ou de longs fers pointus,
De pied en cap tout couverts ou tout nus,
Ont l'un pour l'autre une secrète estime;
Et chacun d'eux exalte les vertus
Et les grands coups de son digne adversaire,
Lorsque surtout il n'est plus en colère.
Mais s'il advient, après ce beau conflit,
Quelque accident, quelque triste fortune,
Quelque misère à tous les deux commune,
Incontinent le malheur les unit :
L'amitié naît de leurs destins contraires,
Et deux héros persécutés sont frères.
C'est ce qu'on vit dans le cas si cruel
De La Trimouille et du triste Arondel.
Cet Arondel reçut de la nature
Une âme altière, indifférente et dure;
Mais il sentit ses entrailles d'airain
Se ramollir pour le doux Poitevin :
Et La Trimouille, en se laissant surprendre
A ces beaux nœuds qui forment l'amitié,
Suivit son goût; car son cœur est né tendre.
« Que je me sens, dit-il, fortifié,
Mon cher ami, par votre courtoisie !
Ma Dorothée, hélas! me fut ravie;
Vous m'aiderez, au milieu des combats,
A retrouver la trace de ses pas,
A délivrer ce que mon cœur adore;
J'affronterai les plus cruels trépas,
Pour vous nantir de votre Rosamore. »
Les deux amants, les deux nouveaux amis,
Partent ensemble, et, sur un faux avis,
Marchent en hâte, et tirent vers Livourne.
Le ravisseur d'un autre côté tourne
Par un chemin justement opposé.
Tandis qu'ainsi le couple se fourvoie,
Au scélérat rien ne fut plus aisé
Que d'enlever sa noble et riche proie.
Il la conduit bientôt en sûreté.

Dans un château des chemins écarté,
Près de la mer, entre Rome et Gaëte,
Masure affreuse, exécrable retraite,
Où l'insolence et la rapacité,
La gourmandise et la malpropreté,
L'emportement de l'ivresse bruyante,
Les démêlés, les combats qu'elle enfante,
La dégoûtante et sale impureté
Qui de l'amour éteint les tendres flammes,
Tous les excès des plus vilaines âmes,
Font voir à l'œil ce qu'est le genre humain
Lorsqu'à lui-même il est livré sans frein.
Du Créateur image si parfaite,
Or voilà donc comme vous êtes faits !
    En arrivant, le corsaire effronté
Se met à table, et fait placer les belles,
Sans compliment chacune à son côté,
Mange, dévore, et boit à leur santé.
Puis il leur dit : « Voyez, mesdemoiselles,
Qui de vous deux couche avec moi la nuit :
Tout m'est égal, tout m'est bon, tout me duit,
Poil blond, poil noir, Anglaise, Italienne,
Petite ou grande, infidèle ou chrétienne,
Il ne m'importe, et buvons. » A ces mots,
La rougeur monte à l'aimable visage.
De Dorothée, elle éclate en sanglots ;
Sur ses beaux yeux il se forme un nuage,
Qui tombe en pleurs sur ce nez fait au tour,
Sur ce menton où l'on dit que l'Amour
Lui fit un creux, la caressant un jour ;
Dans la tristesse elle est ensevelie.
Judith l'Anglaise, un moment recueillie,
Et regardant le corsaire inhumain,
D'un air de tête et d'un souris hautain :
« Je veux, dit-elle, avoir ici la joie
Sur le minuit de me voir votre proie ;
Et l'on saura ce qu'avec un bandit
Peut une Anglaise alors qu'elle est au lit. »
A ce propos le brave Martinguerre
D'un gros baiser la barbouille, et lui dit :
« J'aimai toujours les filles d'Angleterre. »
Il la rebaise, et puis vide un grand verre,
En vide un autre, et mange, et boit, et rit,
Et chante, et jure, et sa main effrontée
Sans nul égard se porte impudemment
Sur Rosamore, et puis sur Dorothée.
Celle-ci pleure ; et l'autre fièrement,

Sans s'émouvoir, sans changer de visage,
Laisse tout faire au rude personnage.
Enfin de table il sort, en bégayant,
Le pied mal sûr, mais l'œil étincelant,
Avertissant, d'un geste de corsaire,
Qu'on soit fidèle aux marchés convenus ;
Et, rayonnant des présents de Bacchus,
Il se prépare aux combats de Cythère.
  La Milanaise, avec des yeux confus,
Dit à l'Anglaise : « Oserez-vous, ma chère,
Du scélérat consommer le désir ?
Mérite-t-il qu'une beauté si fière
S'abaisse au point de donner du plaisir ?
— Je prétends bien lui donner autre chose,
Dit Rosamore ; on verra ce que j'ose ;
Je sais venger ma gloire et mes appas ;
Je suis fidèle au chevalier que j'aime.
Sachez que Dieu, par sa bonté suprême,
M'a fait présent de deux robustes bras,
Et que Judith est mon nom de baptême.
Daignez m'attendre en cet indigne lieu,
Laissez-moi faire, et surtout priez Dieu. »
Puis elle part, et va la tête haute
Se mettre au lit à côté de son hôte.
  La nuit couvrait d'un voile ténébreux
Les toits pourris de ce repaire affreux ;
Des malandrins la grossière cohue
Cuvait son vin, dans la grange étendue ;
Et Dorothée, en ces moments d'horreur,
Demeurait seule, et se mourait de peur.
  Le boucanier, dans la grosse partie
Par où l'on pense, était tout offusqué
De la vapeur des raisins d'Italie,
Moins à l'amour qu'au sommeil provoqué.
Il va pressant d'une main engourdie
Les fiers appas dont son cœur est piqué ;
Et la Judith, prodiguant ses tendresses,
L'enveloppait, par de fausses caresses,
Dans les filets que lui tendait la mort.
  Le diablotin, lassé d'un tel effort,
Bâille un moment, tourne la tête, et dort.
  A son chevet pendait le cimeterre
Qui fit longtemps redouter Martinguerre.
Notre Bretonne aussitôt le tira,
En invoquant Judith et Débora[1] ;

1. Il n'est lecteur qui ne connaisse la belle Judith. Débora,

Jahel, Aod, et Simon nommé Pierre,
Simon Barjone aux oreilles fatal,
Qu'à surpasser l'héroïne s'apprête.
Puis empoignant les crins de l'animal
De sa main gauche, et soulevant la tête
La tête lourde, et le front engourdi
Du mécréant qui ronfle appesanti,
Elle s'ajuste, et sa droite élevée
Tranche le cou du brave débauché.
De sang, de vin la couche est abreuvée;
Le large tronc, de son chef détaché,
Rougit le front de la noble héroïne
Par trente jets de liqueur purpurine.
Notre amazone alors saute du lit,
Portant en main cette tête sanglante;
Et va trouver sa compagne tremblante,
Qui dans ses bras tombe et s'évanouit,
Puis reprenant ses sens et son esprit :
« Ah ! juste Dieu ! quelle femme vous êtes !
Quelle action ! quel coup, et quel danger !
Où fuirons-nous ? si sur ces entrefaites
Quelqu'un s'éveille, on va nous égorger.
— Parlez plus bas, répliqua Rosamore,
Ma mission n'est pas finie encore;
Prenez courage, et marchez avec moi. »
L'autre reprit courage avec effroi.
Leurs deux amants, errants toujours loin d'elles,
Couraient partout sans avoir rien trouvé.
A Gêne enfin l'un et l'autre arrivé,
Ayant par terre en vain cherché leurs belles,
S'en vont par mer, à la merci des flots
Des deux objets qui troublent leur repos
Aux quatre vents demander des nouvelles,
Ces quatre vents les portent tour à tour,
Tantôt au bord de cet heureux séjour
Où des chrétiens le père apostolique
Tient humblement les clefs du paradis;

épouse de Lapidoth, défit le roi Jabin, qui avait neuf cents chariots armés de faux, dans un pays de montagnes où il n'y a aujourd'hui que des ânes. La brave femme Jahel, épouse de Haber, reçut chez elle Sisara, maréchal général de Jabin : elle l'enivra avec du lait, et cloua sa tête à terre d'une tempe à l'autre avec un clou; c'était un maître clou, et elle une maîtresse femme. Aod le gaucher alla trouver le roi Eglon de la part du Seigneur, et lui enfonça un grand couteau dans le ventre avec la main gauche, et aussitôt Eglon alla à la selle. Quant à Simon Barjone, il ne coupa qu'une oreille à Malchus, et encore eut-il ordre de remettre l'épée au fourreau; ce qui prouve que l'Eglise ne doit point verser le sang.

Tantôt au fond du golfe Adriatique,
Où le vieux doge est l'époux de Téthys¹,
Puis devers Naple, au rivage fertile,
Où Sannazar est trop près de Virgile²,
Ces dieux mutins, prompts, ailés, et joufflus,
Qui ne sont plus les enfants d'Orithye,
Sur le dos bleu des flots qu'ils ont émus,
Les font voguer à ces gouffres connus,
Où l'onde amère autrefois engloutie
Par la Charybde, aujourd'hui ne l'est plus³;
Où de nos jours on ne peut plus entendre
Les hurlements des dogues de Scylla;
Où les géants écrasés sous l'Etna⁴
Ne jettent plus la flamme avec la cendre:
Tant l'univers avec le temps changea!
Le couple errant, non loin de Syracuse,
Va saluer la fontaine Aréthuse,
Qui dans son sein, tout couvert de roseaux,
De son amant ne reçoit plus les eaux⁵.
Ils ont bientôt découvert le rivage
Où florissaient Augustin⁶ et Carthage;
Séjour affreux, dans nos jours infecté
Par les fureurs et la rapacité
Des musulmans, enfants de l'ignorance.
Enfin le ciel conduit nos chevaliers
Aux doux climats de la belle Provence.
Là, sur les bords couronnés d'oliviers,
On voit les tours de Marseille l'antique,
Beau monument d'un vieux peuple ionique⁷,
Noble cité, grecque et libre autrefois,
Tu n'as plus rien de ce double avantage;
Il est plus beau de servir sous nos rois:
C'est, comme on sait, un bienheureux partage.
Mais tes confins possèdent un trésor
Plus merveilleux, plus salutaire encor.
Chacun connaît la belle Magdeleine,
Qui de son temps ayant servi l'Amour,
Servit le ciel étant sur le retour,
Et qui pleura sa vanité mondaine.

1. On sait que le doge de Venise épouse la mer.
2. Sannazar, poëte médiocre, enterré près de Virgile, mais dans un plus beau tombeau.
3. Autrefois cet endroit passait pour un gouffre très-dangereux.
4. L'Etna ne jette plus de flammes que très-rarement.
5. Le passage souterrain du fleuve Alphée jusqu'à la fontaine Aréthuse est reconnu pour une fable.
6. Saint Augustin était évêque d'Hippone.
7. Les Phocéens.

Elle partit des rives du Jourdain
Pour s'en aller au pays de Provence,
Et se fessa longtemps par pénitence,
Au fond d'un creux du roc de Maximin.[1]
Depuis ce temps un baume tout divin
Parfume l'air qu'en ces lieux on respire.
Plus d'une fille, et plus d'un pèlerin,
Grimpe au rocher, pour abjurer l'empire
Du dieu d'amour, qu'on nomme esprit malin.
   On tient qu'un jour la pénitente juive,
Prête à mourir, requit une faveur
De Maximin, son pieux directeur.
« Obtenez-moi, si jamais il arrive
Que sur mon roc une paire d'amants
En rendez-vous viennent passer leur temps,
Leurs feux impurs dans tous les deux s'éteignent,
Qu'au même instant ils s'évitent, se craignent,
Et qu'une forte et vive aversion
Soit de leurs cœurs la seule passion. »
Ainsi parla la sainte aventurière.
Son confesseur exauça sa prière.
Depuis ce temps, ces lieux sanctifiés
Vous font haïr les gens que vous aimiez.
   Les paladins, ayant bien vu Marseilles,
Son port, sa rade, et toutes les merveilles
Dont les bourgeois rebattaient leurs oreilles,
Furent requis de visiter le roc,
Ce roc fameux, surnommé Sainte-Baume,
Tant célébré chez la gent porte-froc,
Et dont l'odeur parfumait le royaume.
Le beau Français y va par pitié,
Le fier Anglais par curiosité.
En gravissant ils virent près du dôme
Sur les degrés dans ce roc pratiqués,
Des voyageurs à prier appliqués.
Dans cette troupe étaient deux voyageuses
L'une à genoux, mains jointes, cou tendu ;
L'autre debout, et des plus dédaigneuses.
   O doux objets ! moment inattendu !
Ils ont tous deux reconnu leurs maîtresses !
Les voilà donc, pécheurs et pécheresses
Dans ce parvis si funeste aux amours.
En peu de mots l'Anglaise leur raconte
Comment son bras, par le divin secours,

1. Le rocher de Saint-Maximin est tout auprès ; c'est le chemin de la Sainte-Baume.

Sur Martinguerre a su venger sa honte.
Elle eut le soin, dans ce péril urgent,
De se saisir d'une bourse assez ronde
Qu'avait le mort, attendu que l'argent
Est inutile aux gens de l'autre monde.
Puis franchissant, dans l'horreur de la nuit,
Les murs mal clos de cet affreux réduit,
Le sabre au poing, vers la prochaine rive
Elle a conduit sa compagne craintive.
Elle a monté sur un léger esquif,
Et réveillant matelots, capitaine,
En bien payant, le couple fugitif
A navigué sur la mer de Tyrrhène.
Enfin des vents le sort capricieux,
Ou bien le ciel qui fait tout pour le mieux,
Les met tous quatre aux pieds de Magdeleine.
O grand miracle! ô vertu souveraine!
A chaque mot que prononçait Judith,
De son amant le grand cœur s'affadit.
Ciel! quel dégoût, et bientôt quelle haine
Succède aux traits du plus charmant amour!
Il est payé d'un semblable retour.
Ce La Trimouille, à qui sa Dorothée
Parut longtemps plus belle que le jour,
La trouve laide, imbécile, affectée,
Gauche, maussade, et lui tourne le dos.
La belle en lui voyait le roi des sots,
Le détestait, et détournait la vue.
Et Magdeleine, au milieu d'une nue,
Goûtait en paix la satisfaction
D'avoir produit cette conversion.
  Mais Magdeleine, hélas! fut bien déçue :
Car elle obtint des saints du paradis
Que tout amant venu dans son logis
N'aimerait plus l'objet de ses faiblesses
Tant qu'il serait dans ses rochers bénis;
Mais dans ses vœux la sainte avait omis
De stipuler que les amants guéris
Ne prendraient pas de nouvelles maîtresses.
Saint Maximin ne prévit point le cas;
Dont il advint que l'Anglaise infidèle
Au Poitevin tendit ses deux beaux bras,
Et qu'Arondel jouit des doux appas
De Dorothée, et fut enchanté d'elle.
L'abbé Trithème a même prétendu
Que Magdeleine, à ce trop imprévu,
Du haut des cieux s'était mise à sourire.

On peut le croire, et le justifier.
La vertu plaît ; mais, malgré son empire,
On a du goût pour son premier métier.
Il arriva que les quatre parties
De Sainte-Baume à peine étaient sorties,
Que le miracle alors n'opéra plus.
Il n'a d'effet que dans l'auguste enceinte,
Et dans le creux de cette roche sainte.
Au bas du mont, La Trimouille confus
D'avoir haï quelque temps Dorothée,
Rendant justice à ses touchants attraits,
La retrouva plus tendre que jamais,
Plus que jamais elle s'en vit fêtée ;
Et Dorothée, en proie à sa douleur,
Par son amour expia son erreur
Entre les bras du héros qu'elle adore.
Sire Arondel reprit sa Rosamore,
Dont le courroux fut bientôt désarmé.
Chacun aima comme il avait aimé ;
Et je puis dire encor que Magdeleine
En les voyant leur pardonna sans peine.
Le dur Anglais, l'aimable Poitevin,
Ayant chacun leur héroïne en croupe,
Vers Orléans prirent leur droit chemin,
Tous deux brûlant de rejoindre leur troupe,
Et de venger l'honneur de leur pays.
Discrets amants, généreux ennemis,
Ils voyageaient comme de vrais amis,
Sans désormais se faire de querelles,
Ni pour leurs rois, ni même pour leurs belles.

CHANT DIXIÈME.

ARGUMENT. — Agnès Sorel poursuivie par l'aumônier de Jean Chandos. Regrets de son amant, etc. Ce qui advint à la belle Agnès dans un couvent.

Eh quoi ! toujours clouer une préface
A tous mes chants ! la morale me lasse ;
Un simple fait conté naïvement,
Ne contenant que la vérité pure,
Narré succinct, sans frivole ornement,
Point trop d'esprit, aucun raffinement,
Voilà de quoi désarmer la censure.
Allons au fait, lecteur ; tout rondement,
C'est mon avis. Tableau d'après nature,

CHANT X.

S'il est bien fait, n'a besoin de bordure.
Le bon roi Charle, allant vers Orléans
Enflait le cœur de ses fiers combattants,
Les remplissait de joie et d'espérance,
Et relevait le destin de la France.
Il ne parlait que d'aller aux combats,
Il étalait une fière allégresse ;
Mais en secret il soupirait tout bas,
Car il était absent de sa maîtresse.
L'avoir laissée, avoir pu seulement
De son Agnès s'écarter un moment,
C'était un trait d'une vertu suprême ;
C'était quitter la moitié de soi-même.

Lorsqu'il se fut au logis renfermé,
Et qu'en son cœur il eut un peu calmé
L'emportement du démon de la gloire,
L'autre démon qui préside à l'amour
Vint à ses sens s'expliquer à son tour ;
Il plaidait mieux ; il gagna la victoire.
D'un air distrait, le bon prince écouta
Tous les propos dont on le tourmenta.
Puis en sa chambre en secret il alla,
Où, d'un cœur triste et d'une main tremblante,
Il écrivit une lettre touchante,
Que de ses pleurs tendrement il mouilla.
Pour les sécher Bonneau n'était pas là ;
Certain butor, gentilhomme ordinaire,
Fut dépêché, chargé du doux billet.
Une heure après, ô douleur trop amère !
Notre courrier rapporte le poulet.
Le roi, saisi d'une crainte mortelle,
Lui dit : « Hélas ! pourquoi donc reviens-tu ?
Quoi ! mon billet ? — Sire, tout est perdu ;
Sire, armez-vous de force et de vertu.
Les Anglais... Sire... ah ! tout est confondu.
Sire !... ils ont pris Agnès et la Pucelle. »
A ce propos dit sans ménagement,
Le roi tomba, perdit tout sentiment,
Et de ses sens il ne reprit l'usage
Que pour sentir l'effet de son tourment.
Contre un tel coup quiconque a du courage,
N'est pas, sans doute, un véritable amant :
Le roi l'était ; un tel événement
Le transperçait de douleur et de rage.
Ses chevaliers perdirent tous leurs soins
A l'arracher à sa douleur cruelle ;
Charles fut près d'en perdre la cervelle ;

Son père, hélas ! devint fou pour bien moins.¹
« Ah ! cria-t-il, que l'on enlève Jeanne !
Mes chevaliers, tous mes gens à soutane,
Mon directeur et le pauvre pays
Que m'ont laissé mes destins ennemis !
Cruels Anglais, ôtez-moi plus encore,
Mais laissez-moi ce que mon cœur adore !
Amour, Agnès, monarque malheureux !
Que fais-je ici, m'arrachant les cheveux ?
Je l'ai perdue, il faudra que j'en meure.
Je l'ai perdue, et pendant que je pleure,
Peut-être, hélas ! quelque insolent Anglais,
A son plaisir subjugue ses attraits,
Nés seulement pour des baisers français.
Une autre bouche à tes lèvres charmantes
Pourrait ravir ces faveurs si touchantes !
Une autre main caressera tes beautés !
Un autre.... ô ciel ! que de calamités !
Et qui sait même, en ce moment terrible,
A leurs plaisirs si tu n'es pas sensible ?
Qui sait, hélas ! si ton tempérament
Ne trahit pas ton malheureux amant ? »
Le triste roi, de cette incertitude
Ne pouvant plus souffrir l'inquiétude,
Va sur ce cas consulter les docteurs,
Nécromanciens, devins, sorboniqueurs,
Juifs, jacobins, quiconque savait lire.²
« Messieurs, dit-il, il convient de me dire
Si mon Agnès est fidèle à sa foi,
Si pour moi seul sa belle âme soupire ;
Gardez-vous bien de tromper votre roi :
Dites-moi tout, de tout il faut m'instruire. »
Eux bien payés consultèrent soudain
En grec, hébreu, syriaque, latin.
L'un du roi Charle examine la main ;
L'autre en carré dessine une figure ;
Un autre observe et Vénus, et Mercure ;
Un autre va, son psautier parcourant,
Disant *amen*, et tout bas murmurant.

---

1. Charles VI, en effet, devint fou, mais on ne sait ni pourquoi ni comment. C'est une maladie qui peut prendre aux rois. La folie de ce pauvre prince fut la cause des malheurs horribles qui désolèrent la France pendant trente ans.
2. Ces sortes de divinations étaient fort usitées ; nous voyons même que le roi Philippe III envoya un évêque et un abbé à une béguine de Nivelle auprès de Bruxelles, grande devineresse, pour savoir si Marie de Brabant, sa femme, lui était fidèle.

CHANT X.

Cet autre-ci regarde au fond d'un verre,
Et celui-là fait des cercles à terre.
Car c'est ainsi que dans l'antiquité
On a toujours cherché la vérité.
Aux yeux du prince ils travaillent, ils suent;
Puis, louant Dieu, tous ensemble ils concluent
Que ce grand roi peut dormir en repos,
Qu'il est le seul, parmi tous les héros,
A qui le ciel, par sa grâce infinie,
Daigne octroyer une fidèle amie;
Qu'Agnès est sage, et fuit tous les amants.
Puis fiez-vous à messieurs les savants.
  Cet aumônier, terrible, inexorable,
Avait saisi le moment favorable :
Malgré les cris, malgré les pleurs d'Agnès,
Il triomphait de ses jeunes attraits.
Il ravissait des plaisirs imparfaits,
Transports grossiers, volupté sans tendresse,
Triste union sans douceur, sans caresse,
Plaisirs honteux qu'Amour ne connaît pas :
Car qui voudrait tenir entre ses bras
Une beauté qui détourne la bouche,
Qui de ses pleurs inonde votre couche?
Un honnête homme a bien d'autres désirs :
Il n'est heureux qu'en donnant des plaisirs.
Un aumônier n'est pas si difficile;
Il va piquant sa monture indocile,
Sans s'informer si le jeune tendron
Sous son empire a du plaisir ou non.
  Le page aimable, amoureux, et timide,
Qui dans le bourg était allé courir,
Pour dignement honorer et servir
La déité qui de son sort décide,
Revint enfin. Las ! il revint trop tard.
Il entre, il voit le damné de frappart,
Qui, tout en feu, dans sa brutale joie,
Se démenait, et dévorait sa proie.
Le beau Monrose, à cet objet fatal,
Le fer en main, vole sur l'animal.
Du chapelain l'impudique furie
Cède au besoin de défendre sa vie;
Du lit il saute, il empoigne un bâton
Il s'en escrime, il accole le page.
Chacun des deux est brave champion,
Monrose est plein d'amour et de courage,
Et l'aumônier de luxure et de rage.
  Les gens heureux qui goûtent dans les champs

La douce paix, fruit des jours innocents,
Ont vu souvent, près de quelque bocage,
Un loup cruel, affamé de carnage,
Qui de ses dents déchire la toison
Et boit le sang d'un malheureux mouton.
Si quelque chien, à l'oreille écourtée,
Au cœur superbe, à la gueule endentée,
Vient comme un trait, tout prêt à guerroyer,
Incontinent l'animal carnassier
Laisse tomber de sa gueule écumante
Sur le gazon la victime innocente ;
Il court au chien, qui, sur lui s'élançant,
A l'ennemi livre un combat sanglant ;
Le loup mordu, tout bouillant de colère,
Croit étrangler son superbe adversaire,
Et le mouton, palpitant auprès d'eux,
Fait pour le chien de très-sincères vœux.
C'était ainsi que l'aumônier nerveux
D'un cœur farouche et d'un bras formidable,
Se débattait contre le page aimable,
Tandis qu'Agnès, demi-morte de peur,
Restait au lit, digne prix du vainqueur.
 L'hôte et l'hôtesse, et toute la famille,
Et les valets, et la petite fille,
Montent au bruit ; on se jette entre-deux :
On fit sortir l'aumônier scandaleux,
Et contre lui chacun fut pour le page :
Jeunesse et grâce ont partout l'avantage.
Le beau Monrose eut donc la liberté
De rester seul auprès de sa beauté
Et son rival, hardi dans sa détresse,
Sans s'étonner, alla chanter sa messe.
 Agnès honteuse, Agnès au désespoir
Qu'un sacristain à ce point l'eût polluée,
Et plus encor qu'un beau page l'eût vue
Dans le combat indignement vaincue,
Versait des pleurs, et n'osait plus le voir.
Elle eût voulu que la mort la plus prompte
Fermât ses yeux et terminât sa honte ;
Elle disait, dans son grand désarroi,
Pour tout discours : « Ah ! monsieur, tuez-moi.
— Qui, vous, mourir ! lui répondit Monrose ;
Je vous perdrais ! ce prêtre en serait cause !
Ah ! croyez-moi, si vous aviez péché,
Il faudrait vivre et prendre patience :
Est-ce à nous deux de faire pénitence ?
D'un vain remords votre cœur est touché,

Divine Agnès ! quelle erreur est la vôtre,
De vous punir pour le péché d'un autre ! »
Si son discours n'était pas éloquent,
Ses yeux l'étaient ; un feu tendre et touchant
Insinuait à la belle attendrie
Quelque désir de conserver sa vie.
 Fallut dîner : car, malgré leurs chagrins
(Chétif mortel, j'en ai l'expérience),
Les malheureux ne font point abstinence ;
En enrageant on fait encor bombance ;
Voilà pourquoi tous ces auteurs divins,
Ce bon Virgile, et ce bavard Homère,
Que tout savant, même en bâillant, révère,
Ne manquent point, au milieu des combats,
L'occasion de parler d'un repas.
La belle Agnès dîna donc tête à tête,
Près de son lit, avec ce page honnête.
Tous deux d'abord, également honteux,
Sur leur assiette arrêtaient leurs beaux yeux ;
Puis enhardis tous deux se regardèrent,
Et puis enfin tous deux ils se lorgnèrent.
 Vous savez bien que dans la fleur des ans,
Quand la santé brille dans tous vos sens,
Qu'un bon dîner fait couler dans vos veines
Des passions les semences soudaines,
Tout votre cœur cède au besoin d'aimer ;
Vous vous sentez doucement enflammer
D'une chaleur bénigne et petillante ;
La chair est faible, et le diable vous tente.
 Le beau Monrose, en ces temps dangereux,
Ne pouvant plus commander à ses feux,
Se jette aux pieds de la belle éplorée :
« O cher objet ! ô maîtresse adorée !
C'est à moi seul désormais de mourir ;
Ayez pitié d'un cœur soumis et tendre :
Quoi ! mon amour ne pourrait obtenir
Ce qu'un barbare a bien osé vous prendre !
Ah ! si le crime a pu le rendre heureux,
Que devez-vous à l'amour vertueux !
C'est lui qui parle, et vous devez l'entendre. »
Cet argument paraissait assez bon ;
Agnès sentit le poids de la raison.
Une heure encore elle osa se défendre ;
Elle voulut reculer son bonheur,
Pour accorder le plaisir et l'honneur,
Sachant très-bien qu'un peu de résistance
Vaut encor mieux que trop de complaisance.

Monrose enfin, Monrose fortuné
Eut tous les droits d'un amant couronné ;
Du vrai bonheur il eut la jouissance.
Du prince anglais la gloire et la puissance
Ne s'étendait que sur des rois vaincus,
Le fier Henri n'avait pris que la France,
Le lot du page était bien au-dessus.

 Mais que la joie est trompeuse et légère!
Que le bonheur est chose passagère!
Le charmant page à peine avait goûté
De ce torrent de pure volupté,
Que des Anglais arrive une cohorte.
On monte, on entre, on enfonce la porte.
Couple enivré des caresses d'amour,
C'est l'aumônier qui vous joua ce tour.
La douce Agnès, de crainte évanouie,
Avec Monrose est aussitôt saisie ;
C'est à Chandos qu'on prétend les mener.
A quoi Chandos va-t-il les condamner?
Tendres amants, vous craignez sa vengeance;
Vous savez trop par votre expérience,
Que cet Anglais est sans compassion.
Dans leurs beaux yeux est la confusion ;
Le désespoir les presse et les dévore ;
Et cependant ils se lorgnaient encore :
Ils rougissaient de s'être faits heureux.
A Jean Chandos que diront-ils tous deux?
Dans le chemin advint que de fortune
Ce corps anglais rencontra sur la brune
Vingt chevaliers qui pour Charles tenaient,
Et qui de nuit en ces quartiers rôdaient,
Pour découvrir si l'on avait nouvelle
Touchant Agnès, et touchant la Pucelle.

 Quand deux mâtins, deux coqs et deux amants,
Nez contre nez, se rencontrent aux champs;
Lorsqu'un suppôt de la grâce efficace
Trouve un cou-tors de l'école d'Ignace;
Quand un enfant de Luther ou Calvin
Voit par hasard un prêtre ultramontain,
Sans perdre temps un grand combat commence,
A coups de gueule, ou de plume, ou de lance.
Semblablement les gendarmes de France,
Tout du plus loin qu'ils virent les Bretons,
Fondent dessus, légers comme faucons.
Les gens anglais sont gens qui se défendent;
Mille beaux coups se donnent et se rendent.
Le fier coursier qui notre Agnès portait

Était actif, jeune, fringant comme elle ;
Il se cabrait, il ruait, il tournait ;
Agnès allait, sautillant sur la selle.
Bientôt au bruit des cruels combattants
Il s'effarouche, il prend le mors aux dents.
Agnès en vain veut d'une main timide
Le gouverner dans sa course rapide ;
Elle est trop faible : il lui fallut enfin
A son cheval remettre son destin.
　Le beau Monrose, au fort de la mêlée,
Ne peut savoir où sa nymphe est allée ;
Le coursier vole aussi prompt que le vent ;
Et sans relâche ayant couru six mille,
Il s'arrêta dans un vallon tranquille,
Tout vis-à-vis la porte d'un couvent.
Un bois était près de ce monastère :
Auprès du bois une onde vive et claire
Fuit et revient, et par de longs détours
Parmi des fleurs, elle poursuit son cours.
Plus loin s'élève une colline verte,
A chaque automne enrichie et couverte
Des doux présents dont Noé nous dota,
Lorsqu'à la fin son grand coffre il quitta,
Pour réparer du genre humain la perte ;
Et que, lassé du spectacle de l'eau,
Il fit du vin par un art tout nouveau.
Flore et Pomone, et la féconde haleine
Des deux zéphyrs, parfument ces beaux champs ;
Sans se lasser, l'œil charmé s'y promène.
Le paradis de nos premiers parents
N'avait point eu de vallons plus riants,
Plus fortunés ; et jamais la nature
Ne fut plus belle, et plus riche et plus pure.
L'air qu'on respire en ces lieux écartés
Porte la paix dans les cœurs agités,
Et, des chagrins calmant l'inquiétude,
Fait aux mondains aimer la solitude.
　Au bord de l'onde Agnès se reposa,
Sur le couvent ses deux beaux yeux fixa,
Et de ses sens le trouble s'apaisa.
C'était, lecteur, un couvent de nonnettes.
« Ah ! dit Agnès, adorables retraites !
Lieux où le ciel a versé ses bienfaits !
Séjour heureux d'innocence et de paix !
Hélas ! du ciel la faveur infinie
Peut-être ici me conduit tout exprès,
Pour y pleurer les erreurs de ma vie.

De chastes sœurs, épouses de leur Dieu,
De leurs vertus embaument ce beau lieu;
Et moi, fameuse entre les pécheresses,
J'ai consumé mes jours dans les faiblesses. »
Agnès ainsi, parlant à haute voix,
Sur le portail aperçut une croix.
Elle adora, d'humilité profonde,
Ce signe heureux du salut de ce monde;
Et, se sentant quelque componction,
Elle comptait s'en aller à confesse;
Car de l'amour à la dévotion
Il n'est qu'un pas; l'un et l'autre est faiblesse.
Or du moutier la vénérable abbesse
Depuis deux jours était allée à Blois,
Pour du couvent y soutenir les droits.
Ma sœur Besogne avait en son absence
Du saint troupeau la bénigne intendance.
Elle accourut au plus vite au parloir,
Puis fit ouvrir, pour Agnès recevoir:
« Entrez, dit-elle, aimable voyageuse;
A quelle fête joyeuse
Quel bon patron,
Peut amener au pied de nos autels
Cette beauté dangereuse aux mortels?
Seriez-vous point quelque ange ou quelque sainte
Qui des hauts cieux abandonne l'enceinte,
Pour ici-bas nous faire la faveur
De consoler les filles du Seigneur? »
 Agnès répond : « C'est pour moi trop d'honneur.
Je suis, ma sœur, une pauvre mondaine;
De grands péchés mes beaux jours sont ourdis,
Et si jamais je vais en paradis,
Je n'y serais qu'auprès de Magdeleine.
De mon destin le caprice fatal,
Dieu, mon bon ange, et surtout mon cheval,
Ne sais comment, en ces lieux m'ont portée.
De grands remords mon âme est agitée;
Mon cœur n'est point dans le crime endurci;
J'aime le bien, j'en ai perdu la trace,
Je la retrouve, et je sens que la grâce
Pour mon salut veut que je couche ici. »
 Ma sœur Besogne, avec douceur prudente,
Encouragea la belle pénitente
Et, de la grâce exaltant les attraits,
Dans sa cellule elle conduit Agnès.
Cellule propre et bien illuminée,
Pleine de fleurs, et galamment ornée,
Lit ample et doux : on dirait que l'Amour

A de ses mains arrangé ce séjour.
Agnès, tout bas louant la Providence,
Vit qu'il est doux de faire pénitence.
 Après souper (car je n'omettrai point
Dans mes récits ce noble et digne point),
Besogne dit à la belle étrangère :
« Il est nuit close, et vous savez, ma chère,
Que c'est le temps où les esprits malins [1]
Rôdent partout, et vont tenter les saints.
Il nous faut faire une œuvre profitable ;
Couchons ensemble, afin que si le diable
Veut contre nous faire ici quelque effort,
Nous trouvant deux, le diable en soit moins fort.
 La dame errante accepta la partie :
Elle se couche, et croit faire œuvre pie,
Croit qu'elle est sainte, et que le ciel l'absout ;
Mais son destin la poursuivait partout.
 Puis-je au lecteur raconter sans vergogne
Ce que c'était que cette sœur Besogne ?
Il faut le dire, il faut tout publier.
Ma sœur Besogne était un bachelier
Qui d'un Hercule eut la force en partage,
Et d'Adonis le gracieux visage,
N'ayant encor que vingt ans et demi,
Blanc comme lait, et frais comme rosée.
La dame abbesse, en personne avisée,
En avait fait depuis peu son ami.
Sœur bachelier vivait dans l'abbaye,
En cultivant son ouaille jolie :
Ainsi qu'Achille, en fille déguisé,
Chez Lycomède était favorisé
Des doux baisers de sa Léidamie.
 La pénitente était à peine au lit,
Avec sa sœur, soudain elle sentit
Dans la nonnain métamorphose étrange.
Assurément elle gagnait au change.
Crier, se plaindre, éveiller le couvent,
N'aurait été qu'un scandale imprudent.
Souffrir en paix, soupirer, et se taire,
Se résigner est tout ce qu'on peut faire ;
Puis rarement en telle occasion
On a le temps de la réflexion.
Quand sœur Besogne à sa fureur claustrale

---

1. Ce ne fut jamais que pendant la nuit que les lémures, les larves, les bons et mauvais génies apparurent : il en était de même de nos farfadets ; le chant du coq les faisait tous disparaître.

(Car on se lasse) eut une quelque intervalle,
La belle Agnès, non sans contrition,
Fit en secret cette réflexion :
« C'est donc en vain que j'eus toujours en tête
Le beau projet d'être une femme honnête !
C'est donc en vain que l'on fait ce qu'on peut !
N'est pas toujours femme de bien qui veut. »

CHANT ONZIÈME

ARGUMENT. — Les Anglais violent le couvent : combat de saint George, patron d'Angleterre, contre saint Denys, patron de la France.

Je vous dirai, sans harangue inutile,
Que le matin nos deux charmants reclus,
Lassés tous deux de plaisirs défendus,
S'abandonnaient, l'un vers l'autre étendus,
Au doux repos d'une ivresse tranquille.
Un bruit affreux dérangea leur sommeil ;
De tous côtés le flambeau de la guerre,
L'horrible mort éclaire leur réveil ;
Près du couvent le sang couvrait la terre.
Cet escadron de malandrins anglais
Avait battu cet escadron français.
Ceux-ci s'en vont au travers de la plaine,
Le fer en main ; ceux-là volent après,
Frappant, tuant, criant tous hors d'haleine :
« Mourez sur l'heure, ou rendez-nous Agnès. »
Mais aucun d'eux n'en savait de nouvelles.
Le vieux Colin, pasteur de ces cantons,
Leur dit : « Messieurs, en gardant mes moutons,
Je vis hier le miracle des belles
Qui vers le soir entrait en ce mouton. »
Lors les Anglais se mirent à crier :
« Ah ! c'est Agnès, n'en doutons point ; c'est elle !
Entrons, amis ; » la cohorte cruelle
Saute à l'instant dessus ces murs bénis.
Voilà les loups au milieu des brebis.
Dans le dortoir, de cellule en cellule,
A la chapelle, à la cave, en tout lieu,
Ces ennemis des servantes de Dieu
Attaquent tout sans honte et sans scrupule.
Ah ! sœur Agnès, sœur Marton, sœur Ursule,
Où courez-vous, levant les mains aux cieux,
Le trouble au sein, la mort dans vos beaux yeux ?

CHANT XI.

Où fuyez-vous, colombes gémissantes ?
Vous embrassez, interdites, tremblantes,
Ce saint autel, asile redouté,
Sacré garant de votre chasteté.
C'est vainement, dans ce péril funeste,
Que vous criez à votre époux céleste :
A ses yeux même, à ces mêmes autels,
Tendre troupeau, vos ravisseurs cruels
Vont profaner la foi pure et sacrée
Qu'innocemment votre bouche a jurée.
   Je sais qu'il est des lecteurs bien mondains,
Gens sans pudeur, ennemis des nonnains,
Mauvais plaisants, de qui l'esprit frivole
Ose insulter aux filles qu'on viole :
Laissons-les dire. Hélas ! mes chères sœurs,
Qu'il est affreux pour de si jeunes cœurs,
Pour des beautés si simples, si timides,
De se débattre en des bras homicides,
De recevoir les baisers dégoûtants
De ces félons de carnage fumants,
Qui, d'un effort détestable et farouche,
Les yeux en feu, le blasphème à la bouche,
Mêlant l'outrage avec la volupté,
Vous font l'amour avec férocité ;
De qui l'haleine horrible, empoisonnée,
La barbe dure et la main forcenée,
Le corps hideux, le bras noir et sanglant,
Semblent donner la mort en caressant,
Et qu'on prendrait, dans leurs fureurs étranges,
Pour des démons qui violent des anges !
   Déjà le crime, aux regards effrontés,
A fait rougir ces pudiques beautés.
Sœur Rebondi, si dévote et si sage,
Au fier Shipunk est tombée en partage :
Le dur Barclay, l'incrédule Warton
Sont tous les deux après sœur Amidon.
On pleure, on prie, on jure, on presse, on cogne :
Dans le tumulte on voyait sœur Besogne
Se débattant contre Bard et Parson.
Ils ignoraient que Besogne est garçon,
Et la pressaient sans entendre raison.
Aimable Agnès, dans la troupe affligée
Vous n'étiez pas pour être négligée ;
Et votre sort, objet charmant et doux,
Est à jamais de pécher malgré vous.
Le chef sanglant de la gent sacrilège,
Hardi vainqueur, vous presse et vous assiège,

Et les soldats, soumis dans leur fureur,
Avec respect lui cédaient cet honneur.
  Le juste ciel, en ses décrets sévères,
Met quelquefois un terme à nos misères.
Car dans le temps que messieurs d'Albion
Avaient placé l'abomination
Tout au milieu de la sainte Sion,
Du haut des cieux le patron de la France,
Le bon Denys, propice à l'innocence,
Crut échapper aux soupçons inquiets
Du fier saint George, ennemi des Français.
Du paradis il vint en diligence.
Mais pour descendre au terrestre séjour,
Plus ne monta sur un rayon du jour ;
Sa marche alors aurait paru trop claire.
Il s'en alla vers le dieu du mystère ;
Dieu sage et fin, grand ennemi du bruit,
Qui partout vole, et ne va que de nuit.
Il favorise (et certes c'est dommage)
Force fripons, mais il conduit le sage ;
Il est sans cesse à l'église, à la cour ;
Au temps jadis il a guidé l'Amour.
Il mit d'abord au milieu d'un nuage
Le bon Denys ; puis il fit le voyage
Par un chemin solitaire, écarté,
Parlant tout bas, et marchant de côté.
  Des bons Français le protecteur fidèle
Non loin de Blois rencontra la Pucelle,
Qui sur le dos de son gros muletier
Gagnait pays par un petit sentier
En priant Dieu qu'une heureuse aventure
Lui fit enfin retrouver son armure.
Tout du plus loin que saint Denys la vit,
D'un ton bénin le bon patron lui dit :
« O ma Pucelle, ô vierge destinée
A protéger les filles et les rois,
Viens secourir la pudeur aux abois,
Viens réprimer la rage forcenée,
Viens ; que ce bras vengeur des fleurs de lis
Soit le sauveur de mes tendrons bénis ;
Vois ce couvent, le temps presse, on viole :
Viens, ma Pucelle ! » Il dit, et Jeanne y vole.

1. On ne connaît point dans l'antiquité le dieu du mystère ; c'est sans doute une invention de notre auteur, une allégorie. Il y avait plusieurs sortes de mystères chez les gentils, au rapport de Pausanias, de Porphyre, de Lactance, d'Aulus Gellius, d'Apuleius, etc. Mais ce n'est pas cela dont il s'agit ici.

Le cher patron, lui servant d'écuyer,
A coups de fouet hâtait le muletier.
« Vous voici, Jeanne, au milieu des infâmes
Qui tourmentaient ces vénérables dames. »
Jeanne était nue ; un Anglais impudent
Vers cet objet tourne soudain la tête ;
Il la convoite, il pense fermement
Qu'elle venait pour être de la fête.
Vers elle il court, et sur sa nudité
Il va cherchant la sale volupté.
On lui répond d'un coup de cimeterre
Droit sur le nez. L'infâme roule à terre,
Jurant ce mot des Français révéré,
Mot énergique, au plaisir consacré,
Mot que souvent le profane vulgaire
Indignement prononce en sa colère.

Jeanne, à ses pieds foulant son corps sanglant,
Criait tout haut à ce peuple méchant :
« Cessez, cruels, cessez, troupe profane ;
O violeurs, craignez Dieu, craignez Jeanne ! »
Ces mécréants, au grand œuvre attachés,
N'écoutaient rien, sur leurs nonnains juchés :
Tels des ânons broutent des fleurs naissantes,
Malgré les cris du maître et des servantes.
Jeanne, qui voit leurs impudents travaux,
De grande horreur saintement transportée,
Invoquant Dieu, de Denys assistée,
Le fer en main, volé de dos en dos,
De nuque en nuque, et d'échine en échine
Frappant, perçant de sa pique divine,
Pourfendant l'un alors qu'il commençait,
Dépêchant l'autre alors qu'il finissait,
Et moissonnant la cohorte félonne ;
Si que chacun fut percé sur sa nonne,
Et perdant l'âme au fort de son désir,
Allait au diable en mourant de plaisir.

Isac Warton, dont la lubrique rage
Avait pressé son détestable ouvrage,
Ce dur Warton fut le seul écuyer
Qui de sa nonne osa se délier,
Et droit en pied, reprenant son armure
Attendit Jeanne, et changea de posture.

O vous, grand saint, protecteur de l'Etat,
Bon saint Denys, témoin de ce combat,
Daignez redire à ma muse fidèle
Ce qu'à vos yeux fit alors ma Pucelle.
Jeanne d'abord frémit, s'émerveilla :

« Mon cher Denys, mon saint, que vois-je là!
Mon corselet, mon armure céleste,
Ce beau présent que tu m'avais donné,
Brille à mes yeux au dos de ce damné.
Il a mon casque, il a ma sousveste.
Il était vrai; la Jeanne avait raison.
La belle Agnès, en troquant de jupon,
De cette armure en secret habillée,
Par Jean Chandos fut bientôt dépouillée.
Isac Warton, écuyer de Chandos,
Prit cette armure, et s'en couvrit le dos.
  O Jeanne d'Arc! à fleur des héroïnes!
Tu combattais pour tes armes divines,
Pour ton grand roi si longtemps outragé,
Pour la pudeur de cent bénédictines,
Pour saint Denys de leur honneur chargé.
Denys le voit qui donne avec audace
Cent coups de sabre à sa propre cuirasse,
A son armet d'une aigrette ombragé.
Au mont Etna, dans leur forge brillante,
Du noir Vulcain les borgnes compagnons
Font retentir l'enclume étincelante
Sous des marteaux moins pesants et moins prompts,
En préparant au maître du tonnerre
Son gros canon trop braqué sur la terre.
  Le fier Anglais, de fer enharnaché,
Recule un pas; son âme est stupéfaite,
Quand il se voit si rudement touché
Par une jeune et frigante brunette.
La voyant nue, il sentit des remords.
Sa main tremblait de blesser ce beau corps.
Il se défend, et combat en arrière,
De l'ennemie admirant les trésors,
Et se moquant de sa vertu guerrière.
  Saint George alors au sein du paradis,
Ne voyant plus son confrère Denys,
Se douta bien que le saint de la France
Portait aux siens sa divine assistance.
Il promenait ses regards inquiets
Dans les recoins du céleste palais.
Sans balancer aussitôt il demande
Son beau cheval connu dans la Légende.
Le cheval vint; George le bien monté[1],
La lance au poing, et le sabre au côté,

1. Il est indubitable qu'on représente toujours saint George sur un beau cheval, et de là vient le proverbe, monté comme un saint George.

CHANT XI.

Va parcourant cet effroyable espace,
Que des humains veut mesurer l'audace,
Ces cieux divers, ces globes lumineux,
Que fait tourner René le songe-creux
Dans un amas de subtile poussière,
Beaux tourbillons que l'on ne prouve guère,
Et que Newton, rêveur bien plus fameux,
Fait tournoyer sans boussole et sans guide
Autour du rien, tout au travers du vide.
 George, enflammé de dépit et d'orgueil,
Franchit ce vide, arrive en un clin d'œil
Devers les lieux arrosés par la Loire,
Où saint Denys croyait chanter victoire.
Ainsi l'on voit dans la profonde nuit
Une comète, en sa longue carrière,
Étinceler d'une horrible lumière :
On voit sa queue, et le peuple frémit ;
Le pape en tremble, et la terre étonnée
Croit que les vins vont manquer cette année.
 Tout du plus loin que saint George aperçut
Monsieur Denys, de colère il s'émut,
Et, brandissant sa lance meurtrière,
Il dit ces mots dans le vrai goût d'Homère² :
« Denys, Denys ! rival faible et hargneux,
Timide appui d'un parti malheureux,
Tu descends donc en secret sur la ter
Pour égorger mes héros d'Angleterre !
Crois-tu changer les ordres du destin,
Avec ton âne et ton bras féminin ?
Ne crains-tu pas que ma juste vengeance
Punisse enfin toi, ta fille, et la France ?
Ton triste chef, branlant sur ton cou tors,
S'est déjà vu séparé de ton corps :
Je veux l'ôter, aux yeux de ton Église
Ta tête chauve en son lieu mal remise,
Et t'envoyer vers les murs de Paris
Digne patron des badauds attendris,
Dans ton faubourg, où l'on chôme ta fête,
Tenir encore et rebaiser ta tête. »

---

1. Allusion aux tourbillons de Descartes et à sa matière subtile, imaginations ridicules, et qui ont eu si longtemps la vogue. On ne sait pourquoi l'auteur applique aussi l'épithète de rêveur à Newton, qui a prouvé le vide ; c'est apparemment parce que Newton soupçonne qu'un esprit extrêmement élastique est la cause de la gravitation ; au reste, il ne faut pas prendre une plaisanterie à la lettre.
2. Tout ce morceau est visiblement imité d'Homère. Minerve dit à Mars ce que le sage Denys dit ici au fier George : « O Mars ! ô Mars ! dieu sanglant, qui ne te plais qu'aux combats, etc. »

Le bon Denys, levant les mains aux cieux,
Lui répondit d'un ton noble et pieux :
« O grand saint George, ô mon puissant confrère,
Veux-tu toujours écouter ta colère ?
Depuis le temps que nous sommes au ciel,
Ton cœur dévot est tout pétri de fiel.
Nous faudra-t-il, bienheureux que nous sommes,
Saints enchâssés, tant fêtés chez les hommes,
Nous qui devons l'exemple aux nations,
Nous décrier par nos divisions ?
Veux-tu porter une guerre cruelle
Dans le séjour de la paix éternelle ?
Jusques à quand les saints de ton pays
Mettront-ils donc le trouble en paradis ?
O fiers Anglais, gens toujours trop hardis,
Le ciel un jour, à son tour en colère,
Se lassera de vos façons de faire ;
Ce ciel n'aura, grâce à vos soins jaloux,
Plus de dévots qui viennent de chez vous.
Malheureux saint, pieux atrabilaire,
Patron maudit d'un peuple sanguinaire,
Sois plus traitable ; et, pour Dieu, laisse-moi
Sauver la France et secourir mon roi. »

A ce discours, George, bouillant de rage,
Sentit monter le rouge à son visage ;
Et, des badauds contemplant le patron,
Il redoubla de force et de courage,
Car il prenait Denys pour un poltron.
Il fond sur lui, tel qu'un puissant faucon
Vole de loin sur un tendre pigeon.
Denys recule, et prudent il appelle,
A haute voix son âne si fidèle,
Son âne ailé, sa joie et son secours.
« Viens, criait-il, viens défendre mes jours. »
Ainsi parlant, le bon Denys oublie
Que jamais saint n'a pu perdre la vie.

Le beau grison, revenait d'Italie
En ce moment ; et moi, conteur succinct,
J'ai déjà dit ce qui fit qu'il revint.
A son Denys dos et selle il présente.
Notre patron, sur son âne élancé,
Sentit soudain sa valeur renaissante.
Subtilement il avait ramassé
Le fer tranchant d'un Anglais trépassé ;
Lors, brandissant le fatal cimeterre,
Il pousse à George, il le presse, il le serre.
George indigné lui fait tomber en bref

Trois horions sur son malheureux chef.
Tous sont parés : Denys garde sa tête,
Et de ses coups dirige la tempête
Sur le cheval et sur le cavalier.
Le feu jaillit de l'élastique acier ;
Les fers croisés, et de taille et de pointe,
A tout moment vont, au fort du combat,
Chercher le cou, le casque, le rabat,
Et l'auréole, et l'endroit délicat
Où la cuirasse à l'aiguillette est jointe.
 Ces vains efforts les rendaient plus ardents ;
Tous deux tenaient la victoire en suspens,
Quand de sa voix terrible et discordante
L'Ane entonna son octave écorchante.
Le ciel en tremble ; Echo du fond des bois
En frémissant répète cette voix.
George pâlit. Denys d'une main leste
Fait une feinte, et d'un revers céleste
Tranche le nez du grand saint d'Albion [1].
Le bout sanglant roule sur son arçon.
 George, sans nez, mais non pas sans courage,
Venge à l'instant l'honneur de son visage,
Et jurant Dieu, selon les nobles us
De ses Anglais, d'un coup de cimeterre,
Coupe à Denys ce que jadis saint Pierre,
Certain jeudi, fit tomber à Malchus.
 A ce spectacle, à la voix ampoulée
De l'âne saint, à ses terribles cris,
Tout fut ému dans les divins lambris.
Le beau portail de la voûte étoilée
S'ouvrit alors, et des arches du ciel
On vit sortir l'archange Gabriel,
Qui, soutenu sur ses brillantes ailes,
Fend doucement les plaines éternelles,
Portant en main la verge qu'autrefois
Devers le Nil eut le divin Moïse,
Quand dans la mer, suspendue et soumise,
Il engloutit les peuples et les rois.
 « Que vois-je ici ? cria-t-il en colère ;
Deux saints patrons, deux enfants de lumière,
Du Dieu de paix confidents éternels,
Vont s'échiner comme de vils mortels !
Laissez, laissez aux sots enfants des femmes
Les passions, et le fer, et les flammes ;
Abandonnez à leur profane sort

1. Toujours imitation d'Homère, qui fait blesser Mars lui-même.

Les corps chétifs de ces grossières âmes,
Nés dans la fange, et formés pour la mort ;
Mais vous, enfants qu'au séjour de la vie
Le ciel nourrit de sa pure ambroisie,
Êtes-vous las d'être trop fortunés ?
Êtes-vous tous ? c'est une oreille, un nez.
Vous que la grâce et la miséricorde
Avaient formés pour prêcher la concorde,
Pouvez-vous bien de je ne sais quels rois
En étourdis embrasser la querelle ?
Ça renoncez à la voûte éternelle
Ou dans l'instant qu'on se rende à mes lois
Que dans vos cœurs la charité s'éveille.
George insolent, ramassez cette oreille,
Ramassez, dis-je ; et vous, monsieur Denys,
Prenez ce nez avec vos doigts bénis.
Que chaque chose en soit lieu soit remise. »
 Denys soudain va, d'une main soumise,
Rendre le bout du nez qu'il fit camus.
George à Denys rend l'oreille dévote
Qu'il lui coupa. Chacun des deux marmotte
A Gabriel un genui oremus ;
Tout se rajuste, et chaque cartilage
Va se placer à l'air de son visage.
Sang, fibres, chair, tout se consolida,
Et nul vestige aux deux saints ne resta
De nez coupé, ni d'oreille abattue :
Tant les saints ont la chair ferme et dodue !
 Puis Gabriel d'un ton de président
« Ça, qu'on s'embrasse, » dit, et dans l'instant
Le doux Denys, sans fiel et sans colère,
De bonne foi baisa son adversaire ;
Mais le fier George en l'embrassant jurait,
Et promettait que Denys le paierait.
Le bel archange, après cette embrassade,
Prend mes deux saints, et d'un air gracieux
A ses côtés les fait voguer aux cieux,
Où de nectar on leur versa rasade.
 Peu de lecteurs croiront ce grand combat ;
Mais sous les murs qu'arrosait le Scamandre
N'a-t-on pas vu jadis avec éclat
Les dieux armés de l'Olympe descendre ?
N'a-t-on pas vu chez cet Anglais Milton
D'anges ailés toute une légion[1]

---

[1]. Milton, au cinquième chant du *Paradis perdu*, assure qu'une partie des anges fit de la poudre et des canons, et renversa par terre dans

Rougir de sang les célestes campagnes,
Jeter au nez quatre ou cinq cents montagnes,
Et, qui pis est, avoir du gros canon ?
Or si jadis Michel et le démon
Se sont battus, messieurs Denys et George
Pouvaient sans doute, à plus forte raison,
Se rencontrer et se couper la gorge.

Mais dans le ciel si la paix revenait,
Il en était autrement sur la terre,
Séjour maudit de discorde et de guerre.
Le bon roi Charle en cent endroits courait,
Nommait Agnès, la cherchait, et pleurait,
Et cependant Jeanne la foudroyante,
De son épée invincible et sanglante,
Au fier Warton le trépas préparait :
Elle l'atteint vers l'énorme partie
Dont cet Anglais profana le couvent;
Warton chancelle, et son glaive tranchant
Quitte sa main par la mort engourdie ;
Il tombe, et meurt en reniant les saints.
Le vieux troupeau des antiques nonnains,
Voyant aux pieds de l'amazone auguste
Le chevalier sanglant et trébuché,
Disant *Ave*, s'écriait : « Il est juste
Qu'on soit puni par où l'on a péché. »

Sœur Rebondi, qui dans la sacristie
A succombé sous le vainqueur impie,
Pleurait le traître en rendant grâce au ciel ;
Et mesurant des yeux le criminel,
Elle disait d'une voix charitable :
« Hélas ! hélas ! nul ne fut plus coupable. »

CHANT DOUZIÈME.

ARGUMENT. — Monrose tue l'aumônier. Charles retrouve Agnès, qui se consolait avec Monrose dans le château de Cutendre.

J'avais juré de laisser la morale,
De conter net, de fuir les longs discours !
Mais que ne peut ce grand dieu des amours ?

le ciel des légions d'anges; que ceux-ci prirent dans le ciel des centaines de montagnes, les chargèrent sur leur dos, avec les forêts plantées sur ces montagnes et les fleuves qui en coulaient, et qu'ils jetèrent fleuves, montagnes et forêts sur l'artillerie ennemie. C'est un des morceaux les plus vraisemblables de ce poëme.

Il est bavard, et ma plume inégale
Va griffonnant de son bec effilé
Ce qu'il inspire à mon cerveau brûlé.
Jeunes beautés, filles, veuves ou femmes,
Qu'il enrôla sous ses drapeaux charmants,
Vous qui lancez et recevez ses flammes,
Or dites-moi, quand deux jeunes amants
Égaux en grâce, en mérite, en talents,
Aux doux plaisirs tous deux vous sollicitent,
Également vous pressent, vous excitent,
Mettent en feu vos sensibles appas,
Vous éprouvez un étrange embarras.
Connaissez-vous cette histoire frivole
D'un certain âne, illustre dans l'école?
Dans l'écurie on vint lui présenter
Pour son dîner deux mesures égales,
De même forme, à pareils intervalles;
Des deux côtés l'âne se vit tenter
Également, et, dressant ses oreilles
Juste au milieu des deux formes pareilles,
De l'équilibre accomplissant les lois,
Mourut de faim, de peur de faire un choix.
N'imitez pas cette philosophie:
Daignez plutôt honorer tout d'un temps
De vos bontés vos deux jeunes amants
Et gardez-vous de risquer votre vie.

A quelques pas de ce joli couvent
Si pollué, si triste, et si sanglant,
Où le matin vingt nonnes affligées
Par l'amazone ont été trop vengées,
Près de la Loire était un vieux château
A pont-levis, mâchicoulis[1], tourelles;
Un long canal transparent, à fleur d'eau,
En serpentant tournait au pied d'icelles,
Puis embrassait, en quatre cents jets d'arc,
Les murs épais qui défendaient le parc.
Un vieux baron, surnommé de Cutendre,
Était seigneur de cet heureux logis.
En sûreté chacun pouvait s'y rendre :
Le vieux seigneur, dont l'âme est bonne et tendre,
En avait fait l'asile du pays.
Français, Anglais, tous étaient ses amis;
Tout voyageur en coche, en botte, en guêtre,

---

1. *Mâchicoulis*, ou *mâchecoulis*; ce sont des ouvertures entre les créneaux, par lesquelles on peut tirer sur l'ennemi quand il est dans le fossé.

Ou prince, ou moine, ou nonne, ou turc, ou prêtre,
Y recevait un accueil gracieux :
Mais il fallait qu'on entrât deux à deux ;
Car tout baron a quelque fantaisie,
Et celui-ci pour jamais résolut
Qu'en son châtel en nombre pair on fût,
Jamais impair : telle était sa folie.
Quand deux à deux on abordait chez lui,
Tout allait bien : mais malheur à celui
Qui venait seul en ce logis se rendre !
Il soupait mal ; il lui fallait attendre
Qu'un compagnon formât ce nombre heureux,
Nombre parfait qui fait que deux font deux.
　La fière Jeanne ayant repris ses armes,
Qui cliquetaient sur ses robustes charmes,
Devers la nuit y conduisit au frais,
En devisant, la belle et douce Agnès.
Cet aumônier qui la suivait de près,
Cet aumônier ardent, insatiable,
Arrive aux murs du logis charitable.
Ainsi qu'un loup qui mâche sous sa dent
Le fin duvet d'un jeune agneau bêlant,
Plein de l'ardeur d'achever sa curée,
Va du bercail escalader l'entrée :
Tel, enflammé de sa lubrique ardeur,
L'œil tout en feu, l'aumônier ravisseur
Allait cherchant les restes de sa joie,
Qu'on lui ravit lorsqu'il tenait sa proie.
Il sonne, il crie : on vient ; on aperçut
Qu'il était seul, et soudain il parut
Que les deux bois dont les forces mouvantes
Font ébranler les solives tremblantes
Du pont-levis par les airs s'élevaient,
Et, s'élevant, le pont-levis haussaient.
A ce spectacle, à cet ordre du maître,
Qui jura Dieu ? ce fut mon vilain prêtre.
Il suit des yeux les deux mobiles bois ;
Il tend les mains, veut crier, perd la voix.
On voit souvent, du haut d'une gouttière,
Descendre un chat auprès d'une volière :
Passant la griffe à travers les barreaux
Qui contre lui défendent les oiseaux,
Son œil poursuit cette espèce emplumée,
Qui se tapit au fond d'une ramée.
Notre aumônier fut encor plus confus
Alors qu'il vit sous des ormes touffus
Un beau jeune homme à la tresse dorée,

Au sourcil noir, à la mine assurée,
Aux yeux brillants, au menton cotonné,
Au teint fleuri, par les grâces orné,
Tout rayonnant des couleurs du bel âge.
C'était l'Amour, ou c'était mon beau page;
C'était Monrose. Il avait tout le jour
Cherché l'objet de son naissant amour.
Dans le couvent reçu par les nonnettes,
Il apparut à ces filles discrètes
Non moins charmant que l'ange Gabriel,
Pour les bénir venant du haut du ciel.
Les tendrons soeurs, voyant le beau Monrose,
Sentaient rougir leurs visages de rose,
Disant tout bas : « Ah ! que n'est-ce là
Dieu paternel, quand on nous violera ! »
Toutes en cercle autour de lui se mirent,
Parlant sans cesser et longue elles apprirent
Que ce beau page allait chercher Agnès.
On lui donna le coursier le plus frais
Avec un guide, afin que sans esclandre
Il arrivât au château de Cutendre.
    En arrivant, il vit près du chemin,
Non loin du pont, l'aumônier inhumain.
Lors, tout ému de joie et de colère,
« Ah ! c'est donc toi, prêtre de Belzébuth !
Je jure ici Chandos et mon salut
Et, plus encor, les yeux qui m'ont su plaire,
Que tes forfaits vont enfin se payer. »
Sans repartir, le bouillant aumônier
Prend d'une main par la rage tremblante
Un pistolet[1], en presse la détente.
Le chien s'abat, le feu prend, le coup part,
Le plomb chasse siffle et vole au hasard,
Suivant au loin la ligne mal dirigée
Que lui traçait une main égarée.
Le page vise, et, par un coup plus sûr,
Atteint le front, ce front horrible et dur,
Où se peignait une âme détestable.
L'aumônier tombe, et le page vainqueur
Sentit alors dans le fond de son cœur
De la pitié le mouvement aimable.
« Hélas ! dit-il, meurs du moins en chrétien,
Dis Te Deum ; tu vécus comme un chien,

1. Il faut avouer que les pistolets ne furent inventés à Pistole que longtemps après. Nous n'osons affirmer qu'il soit permis d'anticiper ainsi les temps ; mais qui se perdonne-t-on point dans un poëme épique ? l'épopée a de grands droits.

Demande au ciel pardon de ta luxure;
Prononce *amen*; donne ton âme à Dieu.
— Non, répondit le maraud à tonsure;
Je suis damné, je vais au diable ; adieu.
Il dit, et meurt; son âme déloyale
Alla grossir la cohorte infernale.
   Tandis qu'ainsi ce monstre impénitent
Allait rôtir aux brasiers de Satan,
Le bon roi Charle, accablé de tristesse,
Allait cherchant son errante maîtresse,
Se promenant, pour calmer sa douleur,
Devers la Loire avec son confesseur.
Il faut ici, lecteur, que je remarque
En peu de mots ce que c'est qu'un docteur
Qu'en sa jeunesse un amoureux monarque
Par étiquette a pris pour directeur.
C'est un mortel tout pétri d'indulgence,
Qui doucement fait pencher dans ses mains
Du bien, du mal, la trompeuse balance;
Vous mène au ciel par d'aimables chemins
Et fait pécher son maître en conscience.
Son ton, ses yeux, son geste composant,
Observant tout, flattant avec adresse
Le favori, le maître, la maîtresse;
Toujours accort, et toujours complaisant.
   Le confesseur du monarque gallique
Était un fils du bon saint Dominique;
Il s'appelait le père Bonifoux,
Homme de bien, se faisant tout à tous.
Il lui disait d'un ton dévot et doux :
« Que je vous plains! la partie animale
Prend le dessus ; la chose est bien fatale.
Aimer Agnès est un péché vraiment;
Mais ce péché se pardonne aisément :
Au temps jadis il était fort en vogue
Chez les Hébreux, enfants du Décalogue.
Cet Abraham, ce père des croyants,
Avec Agar s'avisa d'être père;
Car sa servante avait des yeux charmants,
Qui de Sara méritaient la colère.
Jacob le juste épousa les deux sœurs.
Tout patriarche a connu les douceurs

---

1. L'équité demande que nous fassions ici une remarque sur la morale admirable de ce poëme. Le vice y est toujours puni : l'aumônier scandaleux meurt impénitent, Grisbourdon est damné, Chandos est vaincu et tué, etc. C'est ce que le sage Horatius Flaccus recommande *in Arte poetica*.

Du changement dans l'amoureux mystère.
Le vieux Booz en son vieux lit reçut
Après moisson la bonne et vieille Ruth;
Et, sans compter la belle Bethsabée,
Du bon David l'âme fut absorbée
Dans les plaisirs de son ample sérail.
Son vaillant fils, fameux par sa crinière,
Un beau matin, par vertu singulière,
Vous repassa tout ce gentil bercail.
De Salomon vous savez le partage;
Comme un oracle on écoutait sa voix;
Il savait tout; et des rois le plus sage
Était aussi le plus galant des rois.
De leurs péchés si vous suivez la trace,
Si vos beaux ans sont livrés à l'amour,
Consolez-vous; la sagesse à son tour,
Jeune on s'égare, et vieux on obtient grâce.
— Ah! dit Charlot, ce discours est fort bon,
Mais que je suis bien loin de Salomon!
Que son bonheur augmente mes détresses!
Pour ses ébats il eut trois cents maîtresses¹.
Je n'en ai qu'une; hélas! je ne l'ai plus.
Des pleurs alors, sur son nez répandus,
Interrompaient sa voix tendre et plaintive.
Lorsqu'il avise, en tournant vers la rive,
Sur un cheval trottant d'un pas hardi,
Un manteau rouge, un ventre rebondi,
Un vieux rabat, c'était Bonneau lui-même.
Or chacun sait qu'après l'objet qu'on aime,
Rien n'est plus doux pour un parfait amant
Que de trouver son très-cher confident.
Le roi, perdant et reprenant haleine,
Crie à Bonneau : « Quel démon te ramène?
Que fait Agnès? dis; d'où viens-tu? quels lieux
Sont embellis, éclairés par ses yeux?
Où la trouver? dis donc, réponds donc, parle. »
  Aux questions qu'enflait le roi Charle
Le bon Bonneau conta de point en point
Comme il avait été mis en pourpoint,
Comme il avait servi dans la cuisine,
Comme il avait par fraude clandestine
Et par miracle, à Chandos échappé,
Quand à se battre on était occupé,
Comme on cherchait cette beauté divine :

---

1. Charles oublie sept cents femmes, ce qui fait mille. Mais en cela nous ne pouvons qu'applaudir à la retenue de l'auteur et à sa sagesse.

Sans rien omettre il raconta fort bien
Ce qu'il savait ; mais il ne savait rien.
Il ignorait la fatale aventure,
Du prêtre anglais la brutale luxure,
Du page aimé l'amour respectueux,
Et du couvent le sac incestueux.
    Après avoir bien expliqué leurs craintes,
Repris cent fois le fil de leurs complaintes,
Maudit le sort et les cruels Anglais,
Tous deux étaient plus tristes que jamais.
Il était nuit ; le char de la grande Ourse [1]
Vers son nadir avait fourni sa course.
Le jacobin dit au prince pensif :
« Il est bien tard ; soyez mémoratif
Que tout mortel, prince ou moine, à cette heure,
Devrait chercher quelque honnête demeure,
Pour y souper et pour passer la nuit. »
Le triste roi, par le moine conduit,
Sans rien répondre, et ruminant sa peine,
Le cou penché, galope dans la plaine ;
Et bientôt Charle, et le prêtre et Bonneau,
Furent tous trois aux fossés du château.
    Non loin du pont était l'aimable page,
Lequel, ayant jeté dans le canal
Le corps maudit de son damné rival,
Ne perdait point l'objet de son voyage.
Il dévorait en secret son ennui,
Voyant ce pont entre sa dame et lui.
Mais quand il vit aux rayons de la lune
Les trois Français, il sentit que son cœur
Du doux espoir éprouvait la chaleur ;
Et d'une grâce adroite et non commune
Cachant son nom, et surtout son ardeur,
Dès qu'il parut, dès qu'il se fit entendre,
Il inspira je ne sais quoi de tendre ;
Il plut au prince, et le moine bénin
Le caressait de son air patelin,
D'un œil dévot, et du plat de la main.
    Le nombre pair étant formé de quatre,
On vit bientôt les deux flèches abattre
Le pont mobile ; et les quatre coursiers
Font en marchant gémir les madriers [2].

---

1. Le nadir, en arabe, signifie le plus bas, et le zénith le plus haut. La grande Ourse est l'Arctos des Grecs, qui a donné son nom au pôle arctique.
2. Ce sont les planches du pont : elles ne prennent le nom de madriers que quand elles ont quatre pouces d'épaisseur.

Le gros Bonneau tout essoufflé chemine,
En arrivant, droit devers la cuisine,
Songe au souper; le moine au même lieu
Dévotement en rendit grâce à Dieu.
Charles, prenant un nom de gentilhomme,
Court à Cutendre avant qu'il prît son somme.
Le bon baron lui fit son compliment;
Puis le mena dans son appartement.
Charle a besoin d'un peu de solitude,
Il veut jouir de son inquiétude.
Il pleure Agnès; il ne se doutait pas
Qu'il fût si près de ses jeunes appas.
Le beau Monrose en sut bien davantage.
Avec adresse il fit causer un page,
Il se fit dire où reposait Agnès,
Remarquant tout avec des yeux discrets.
Ainsi qu'un chat, qui d'un regard avide
Guette au passage une souris timide,
Marchant tout doux, la terre ne sent pas
L'impression de ses pieds délicats.
Dès qu'il l'a vue, il a sauté sur elle.
Ainsi Monrose, avançant vers la belle,
Étend un bras, puis avance à tâtons,
Posant l'orteil et haussant les talons.
Agnès, Agnès, il entra dans sa chambre.
Moins promptement la paille vole à l'ambre,
Et le fer suit moins sympathiquement
Le tourbillon qui l'unit à l'aimant.
Le beau Monrose en arrivant se jette
A deux genoux au bord de la couchette,
Où sa maîtresse avait entre deux draps
Pour sommeiller arrangé ses appas.
De dire un mot aucun d'eux n'eut la force,
Ni le loisir; le feu prit à l'amorce.
En un clin d'œil, un baiser amoureux
Unit soudain leurs bouches demi-closes;
Leur âme vint sur leurs lèvres de roses;
Un tendre feu sortit de leurs beaux yeux;
Dans leurs baisers leurs langues se cherchèrent:
Qu'éloquemment alors elles parlèrent!
Discours muets, langage des désirs,
Charmant prélude, organe des plaisirs,
Pour un moment il vous fallut suspendre
Ce doux concert, et ce duo si tendre.
Agnès aida Monrose impatient
A dépouiller, à jeter promptement
De ses habits l'incommode parure.

CHANT XII.

Déguisement qui plaît à la nature,
Dans l'âge d'or aux mortels inconnu,
Que hait surtout un dieu qui va tout nu.
 Dieux! quels objets est-ce Flore et Zéphyre?
Est-ce Psyché qui caresse l'Amour?
Est-ce Vénus que le fils de Cynire[1]
Tient dans ses bras loin des rayons du jour,
Tandis que Mars est jaloux et soupire?
 Le Mars français, Charle, au fond du château,
Soupire alors avec l'ami Bonneau,
Mange à regret et boit avec tristesse.
Un vieux valet, bavard de son métier,
Pour égayer sa taciturne altesse[2],
Apprit au roi, sans se faire prier,
Que deux beautés, l'une robuste et fière,
Aux cheveux noirs, à la mine guerrière;
L'autre plus douce, aux yeux bleus, au teint frais,
Couchaient alors dans la gentilhommière.
Charle étonné les soupçonne à ces traits;
Il se fait dire et puis redire encore
Quels sont les yeux, la bouche, les cheveux,
Le doux parler, le maintien vertueux
Du cher objet de son cœur amoureux.
C'est elle enfin, c'est tout ce qu'il adore.
Il en est sûr, il quitte son repas.
« Adieu, Bonneau : je cours entre ses bras. »
Il dit et vole, et non pas sans fracas;
Il était roi, cherchant peu le mystère.
 Plein de sa joie, il répète et redit
Le nom d'Agnès, tant qu'Agnès l'entendit.
Le couple heureux en trembla dans son lit.
Que d'embarras! comment sortir d'affaire?
Voici comment le beau page s'y prit.
Près du lambris, dans une grande armoire,
On avait mis un petit oratoire,
Autel de poche, où, lorsque l'on voulait,
Pour quinze sous un capucin[3] venait.
Sur le retable, en voûte pratiquée,
Est une niche en attendant son saint.
D'un rideau vert la niche était masquée.
Que fait Monrose? un beau penser lui vint
De s'ajuster dans la niche sacrée,
 En bienheureux, derrière le rideau,

---

1. Adonis. — 2. On traitait les rois d'altesses alors.
3. Il n'y avait point encore de pères bapnolins, c'est une faute contre le costume.

Il se tapit, sans pourpoint, sans manteau.
Charles volait, et presque dès l'entrée
Il saute au cou de sa belle adorée;
Et, tout en pleurs, il veut jouir des droits
Qu'ont les amants, surtout quand ils sont rois.
Le saint caché frémit à cette vue;
Il fait du bruit, et la toile remue.
Le prince approche, il y porte la main,
Il sent un corps, il recule, il s'écrie :
« Amour, Satan, saint François, saint Germain!
Moitié frayeur et moitié jalousie; »
Puis tire à lui, fait tomber sur l'autel,
Avec grand bruit, le rideau sous lequel
Se blottissait cette aimable figure
Qu'à son plaisir façonna la nature.
Son dos tourné par pudeur étalait
Ce que César sans pudeur soumettait
A Nicomède en sa belle jeunesse [1];
Ce que jadis le héros de la Grèce
Admira tant dans son Éphestion [2];
Ce qu'Adrien mit dans le Panthéon :
Que les héros, ô ciel, ont de faiblesse!
Si mon lecteur n'a point perdu le fil
De cette histoire, au moins se souvient-il
Que dans le camp la courageuse Jeanne
Traça jadis au bas du dos profane,
D'un doigt conduit par monsieur saint Denys,
Adroitement trois belles fleurs de lis.
Cet écusson, ces trois fleurs, ce derrière,
Émurent Charle : il se mit en prière;
Il croit que c'est un tour de Belzébut.
De repentir et de douleur atteinte
La belle Agnès s'évanouit de crainte.
Le prince alors, dont le trouble s'accrut,
Lui prend les mains : « Qu'on vole ici vers elle,
Accourez tous; le diable est chez ma belle. »
Aux cris du roi le confesseur troublé
Non sans regret quitte aussitôt la table;
L'ami Bonneau monte tout essoufflé.
Jeanne s'éveille, et, d'un bras redoutable

---

1. Des ignorants, dans les éditions précédentes toutes tronquées, avaient imprimé Licomède au lieu de Nicomède : c'était un roi de Bithynie. *Cæsar in Bithyniam missus*, dit Suétone, *desedit apud Nicomedem non sine rumore prostratæ regi pudicitiæ*.
2. *Alexander pædicator Hephæstionis, Adrianus Antinoi*. Non-seulement l'empereur Adrien fit mettre la statue d'Antinoüs dans le Panthéon, mais il lui érigea un temple; et Tertullien avoue qu'Antinoüs faisait des miracles.

CHANT XII. 177

Prenant ce fer que la victoire suit,
Cherche l'endroit d'où partait tout le bruit :
Et cependant le baron de Cutendre
Dormait à l'aise, et ne put rien entendre.

CHANT TREIZIÈME.

ARGUMENT. — Sortie du château de Cutendre. Combat de la Pucelle et de Jean Chandos : étrange loi du combat à laquelle la Pucelle est soumise. Vision du père Bonifoux. Miracle qui sauve l'honneur de Jeanne.

C'était le temps de la saison brillante,
Quand le soleil aux bornes de son cours
Prend sur les nuits pour ajouter aux jours,
Et se plaisant, dans sa démarche lente,
A contempler nos fortunés climats,
Vers le tropique arrête encor ses pas.
O grand saint Jean ! c'était alors ta fête [1],
Premier des Jeans, orateur des déserts,
Toi qui criais jadis à pleine tête :
« Que du salut les chemins soient ouverts ;
Grand précurseur, je t'aime, je te sers. »
Un autre Jean eut la bonne fortune
De voyager au pays de la lune
Avec Astolphe, et rendit la raison [2],
Si l'on en croit un auteur véridique,
Au paladin amoureux d'Angélique :
Rends-moi la mienne, ô Jean, second du nom !
Tu protégeas ce chantre aimable et rare
Qui réjouit les seigneurs de Ferrare
Par le tissu de ses contes plaisants ;

1. L'auteur désigne clairement la fin du mois de juin. La fête de saint Jean le baptiseur, qu'on appelle Baptiste, est célébrée le 24 juin.
2. Ce que dit ici l'auteur fait allusion au trente-quatrième chant de l'*Orlando furioso*.

    Quando scoprendo il nome suo gli disse
    Esser colui che l'Evangelio scrisse.

Et au trente-cinquième, le même saint Jean l'Évangéliste dit à Astolfe :

    Gli scrittori amo, e fo il debito mio ;
    Ch' al vostro mondo fu scrittor anche io,
    E ben conviene al mio lodato Cristo
    Render mi guiderdon d'un si gran sorto.

Nous n'osons traduire ces vers italiens, qui paraîtraient des profanations ; cependant on ne s'en formalise pas en Italie ; mais nous ne pouvons nous empêcher de louer notre auteur, lequel n'a jamais poussé si loin son innocent badinage. Voyez notre préface, et souvenez-vous qu'Arioste place saint Jean dans la lune avec les trois Parques.

VOLTAIRE — VIII. 12

Tu pardonnas aux vives apostrophes
Qu'il t'adressa dans ses comiques strophes
Étends sur moi tes secours bienfaisants;
J'en ai besoin, car tu sais que les gens
Sont bien plus sots et bien moins indulgents
Qu'on ne l'était au siècle du génie,
Quand l'Arioste illustrait l'Italie.
Protége-moi contre ces durs esprits,
Frondeurs pesants de mes légers écrits.
Si quelquefois l'innocent badinage
Vient en riant égayer mon ouvrage,
Quand il le faut je suis très-sérieux;
Mais je voudrais n'être point ennuyeux.
Conduis ma plume, et surtout daigne faire
Mes compliments à Denys ton confrère.

En accourant, la fière Jeanne d'Arc
D'une lucarne aperçut dans le parc
Cent palefrois, une brillante troupe
De chevaliers ayant dames en croupe,
Et d'écuyers qui tenaient dans leurs mains
Tout l'attirail des combats inhumains,
Cent boucliers où des nuits la courrière
Réfléchissait sa tremblante lumière,
Cent casques d'or d'aigrettes ombragés,
Et les longs bois d'un fer pointu chargés,
Et des rubans dont les touffes dorées
Pendaient au bout des lances acérées.
Voyant cela, Jeanne crut fermement
Que les Anglais avaient surpris Cutendre.
Mais Jeanne d'Arc se trompa lourdement.
En fait de guerre on peut bien se méprendre,
Ainsi qu'ailleurs : mal voir et mal entendre
De l'héroïne était souvent le cas,
Et saint Denys ne l'en corrigea pas.
Ce n'était point des enfants d'Angleterre
Qui de Cutendre avaient surpris la terre ;
C'est ce Dunois de Milan revenu,
Ce grand Dunois à Jeanne si connu ;
C'est La Trimouille avec sa Dorothée.
Elle était d'aise et d'amour transportée;
Elle en avait sujet assurément ;
Elle voyage avec son cher amant,
Ce cher amant, ce tendre La Trimouille
Que l'honneur guide, et que l'amour chatouille.
Elle le suit toujours avec honneur,
Et ne craint plus monsieur l'inquisiteur.
En nombre pair cette troupe donc

Dans le château la nuit était entrée ;
Jeanne y vola ; le bon roi, qui la vit,
Crut qu'elle allait combattre, et la suivit
De ce bon sens, dans l'erreur qui trompait son courage,
Il laisse encore Agnès avec son page.

O page heureux, et plus heureux cent fois
Que le plus grand, le plus chrétien des rois !
Que de bon cœur alors tu rendis grâce
Au benoît saint dont tu tenais la place !
Il te fallut rhabiller promptement ;
Tu rajustas ta trousse diaprée ;
Agnès t'aidait d'une main timorée,
Qui s'égarait et se trompait souvent.
Que de baisers sur sa bouche de rose
Elle reçut en rhabillant Monrose !
Que son bel œil, le voyant rajusté,
Semblait encor chercher la volupté !
Monrose au parc descendit sans rien dire.
Le confesseur tout saintement soupire,
Voyant passer ce beau jeune garçon
Qui lui donnait de la distraction.

La douce Agnès composa son visage,
Ses yeux, son air, son maintien, son langage,
Auprès du roi Bonifoux se rendit.
Le consola, le rassura, lui dit
Que dans la niche un envoyé céleste
Était d'en haut venu pour annoncer
Que des Anglais la puissance funeste
Touchait au terme, et que tout doit passer ;
Que le roi Charle obtiendrait la victoire.
Charles le crut, car il aimait à croire.
La fière Jeanne appuya ce discours.
« Du ciel, dit-elle, acceptons le secours ;
Venez, grand prince, et rejoignons l'armée
De votre absence à bon droit alarmée. »

Sans balancer, La Trimouille et Dunois
De cet avis furent à haute voix.
Par ce héros la belle Dorothée
Honnêtement au roi fut présentée.
Agnès la baise, et le noble escadron
Sortit enfin du logis du baron.

Le juste ciel aime souvent à rire
Des passions du sublunaire empire.
Il regardait cheminer dans les champs
Cet escadron de héros et d'amants.
Le roi de France allait près de sa belle,
Qui, s'efforçant d'être toujours fidèle,

Sur son cheval la main lui présentait,
Serrait la sienne, exhalait sa tendresse,
Et cependant, ô comble de faiblesse !
De temps en temps le beau page lorgnait.
Le confesseur psalmodiant suivait,
Des voyageurs récitait la prière,
S'interrompait en voyant tant d'attraits,
Et regardait avec des yeux distraits
Le roi, le page, Agnès, et son bréviaire.
Tout brillant d'or, et le cœur plein d'amour,
Ce La Trimouille, ornement de la cour,
Caracolait auprès de Dorothée
Ivre de joie et d'amour transportée,
Qui le nommait son cher libérateur,
Son cher amant, l'idole de son cœur.
Il lui disait : « Je veux, après la guerre,
Vivre à mon aise avec vous dans ma terre
O cher objet, dont je suis toujours fou !
Quand serons-nous tous les deux en Poitou ? »
    Jeanne auprès d'eux, ce fier soutien du trône,
Portant corset et jupon d'amazone,
Le chef orné d'un petit chapeau vert,
Enrichi d'or et de plumes couvert,
Sur son fier âne étalait ses gros charmes,
Parlait au roi, courait, allait le pas,
Se rengorgeait, et soupirait tout bas
Pour le Dunois compagnon de ses armes ;
Car elle avait toujours le cœur ému
Se souvenant de l'avoir vu tout nu.
    Bonneau, portant barbe de patriarche,
Suant, soufflant, Bonneau fermait la marche.
O d'un grand roi serviteur précieux !
Il pense à tout ; il a soin de conduire
Deux gros mulets tout chargés de vins vieux,
Longs saucissons, pâtés délicieux,
Jambons, poulets, ou cuits ou prêts à cuire.
    On avançait, alors que Jean Chandos,
Cherchant partout son Agnès et son page,
Au coin d'un bois, près d'un certain passage,
Le fer en main rencontra nos héros.
Chandos avait une suite assez belle
De fiers Bretons, pareille en nombre à celle
Qui suit les pas du monarque amoureux,
Mais elle était d'espèce différente,
On n'y voyait ni tetons ni beaux yeux.
« Oh ! oh ! dit-il d'une voix menaçante,
Galants Français, objets de mon courroux,

Vous aurez donc trois filles avec vous,
Et moi, Chandos, je n'en aurai pas une !
Çà, combattons : je veux que la fortune
Décide ici qui sait le mieux de nous
Mettre à plaisir ses ennemis dessous,
Frapper d'estoc et pointer de sa lance.
Que de vous tous le plus ferme s'avance,
Qu'on entre en lice ; et celui qui vaincra
L'une des trois à son aise tiendra. »
　Le roi, piqué de cette offre cynique,
Veut l'en punir, s'avance, prend sa pique.
Dunois lui dit : « Ah ! laissez-moi, seigneur,
Venger mon prince et des dames l'honneur. »
Il dit et court : La Trimouille l'arrête ;
Chacun prétend à l'honneur de la fête.
L'ami Bonneau, toujours de bon accord,
Leur proposa de s'en remettre au sort.
Car c'est ainsi que les guerriers antiques
En ont usé dans les temps héroïques :
Même aujourd'hui dans quelques républiques
Plus d'un emploi, plus d'un rang glorieux,
Se tire aux dés[1], et tout en va bien mieux.
Si j'osais même en cette noble histoire
Citer des gens que tout mortel doit croire,
Je vous dirais que monsieur saint Mathias
Obtint ainsi la place de Judas.
Le gros Bonneau tient le cornet, soupire,
Craint pour son roi, prend les dés, roule, tire.
Denys, du haut du céleste rempart,
Voyait le tout d'un paternel regard ;
Et, contemplant la Pucelle et son âne,
Il conduisait ce qu'on nomme hasard.
Il fut heureux, le sort échut à Jeanne.
Jeanne, c'était pour vous faire oublier
L'infâme jeu de ce grand cordelier,
Qui ci-devant avait raflé vos charmes.
　Jeanne à l'instant court au roi, court aux armes,
Modestement va derrière un buisson
Se délacer, détacher son jupon,
Et revêtir son armure sacrée,
Qu'un écuyer tient déjà préparés ;
Puis sur son âne elle monte en courroux,
Branlant sa lance, et serrant les genoux :

---

1. Les exemples des sorts sont très-fréquents dans Homère. On devinait aussi par le sort chez les Hébreux. Il est dit que la place de Judas fut tirée au sort ; et aujourd'hui à Venise, à Gênes, et dans d'autres États, on tire au sort plusieurs places.

LA PUCELLE.

Elle invoquait les onze mille belles,
Du pucelage héroïnes fidèles¹.
Pour Jean Chandos, cet indigne chrétien,
Dans les combats n'invoquait jamais rien.
 Jean contre Jeanne avec fureur avança.
Des deux côtés égale est la vaillance.
Ane et cheval, bardés, coiffés de fer,
Sous l'éperon partant comme un éclair,
Vont se heurter, et de leur tête dure
Front contre front fracassent leur armure.
La flamme en sort, et le sang du coursier
Teint les éclats du voltigeant acier.
Du choc affreux les échos retentissent ;
Des deux coursiers les huit pieds rejaillissent ;
Et les guerriers, du coup désarçonnés,
Tombent chacun sur la croupe étonnés ;
Ainsi qu'on voit deux boules suspendues
Aux bouts égaux de deux cordes tendues,
Dans une courbe au même instant partir,
Hâter leur cours, se heurter, s'aplatir,
Et remonter sous le choc qui les presse,
Multipliant leur poids par leur vitesse.
Chaque parti crut morts les deux coursiers
Et tressaillit pour les deux chevaliers.
 Or des Français la championne auguste
N'avait la chair si ferme, si robuste,
Les os si durs, les membres si dispos,
Si musculeux que le fier Jean Chandos.
Son équilibre ayant dans cette rixe
Son quadrupède un haut-le-corps lui fit,
Abandonné sa ligne et son point fixe,
Qui dans le pré Jeanne d'Arc étendit
Sur son beau dos, sur sa cuisse gentille,
Et comme il faut que tombe toute fille.
 Chandos pensait qu'en ce grand désarroi
Il avait mis où Dunois où le roi.
Il veut soudain contempler sa conquête ;
Le casque ôté, Chandos voit une tête
Où languissaient deux grands yeux noirs et longs ;
De la cuirasse il défait les cordons,
Il voit (ô ciel ! ô plaisir ! ô merveille !)
Deux gros tétons de figure pareille,
Unis, polis, séparés, demi-ronds,
Et surmontés de deux petits boutons
Qu'en sa naissance à la rose vermeille

1. Les onze mille vierges et martyres enterrées à Cologne.

CHANT XII.

On tient qu'alors, en élevant la voix,
Il bénit Dieu pour la première fois.
« Elle est à moi, la Pucelle de France,
S'écria-t-il ; contentons ma vengeance.
J'ai, grâce au ciel, doublement mérité
De mettre à bas cette fière beauté,
Que saint Denys me regarde et m'accuse ;
Mars et l'Amour sont mes droits, et j'en use. »
Son écuyer disait : « Poussez, milord,
Du trône anglais affermissez le sort,
Frère Lourdis en vain nous décourage ;
Il jure en vain que ce saint pucelage
Est des Troyens le grand palladium,
Le bouclier sacré du Latium[1] ;
De la victoire il est, dit-il, le gage ;
C'est l'oriflamme ; il faut vous en saisir.
— Oui, dit Chandos, et j'aurai pour partage
Les plus grands biens, la gloire et le plaisir. »
Jeanne pâmée écoutait ce langage
Avec horreur, et faisait mille vœux
A saint Denys, ne pouvant faire mieux.
Le grand Dunois, d'un courage héroïque,
Veut empêcher le triomphe impudique ;
Mais comment faire ? il faut dans tout état
Qu'on se soumette à la loi du combat.
Les fers en l'air et la tête penchée,
L'oreille basse et du choc écorchée,
Languissamment le céleste baudet
D'un œil confus Jean Chandos regardait.
Il nourrissait dès longtemps dans son âme
Pour la Pucelle une discrète flamme,
Des sentiments nobles et délicats,
Très-peu connus des ânes d'ici-bas.
Le confesseur du bon monarque Charle
Tremble en sa chair alors que Chandos parle.
Il craint surtout que son cher pénitent,
Pour soutenir la gloire de la France,
Qu'on avilit avec tant d'impudence,
A son Agnès n'en veuille faire autant ;
Et que la chose encor soit imitée
Par La Trimouille et par sa Dorothée.
Au pied d'un chêne il entre en oraison,
Et fait tout bas sa méditation
Sur les effets, la cause, la nature

1. C'était un bouclier qui était tombé du ciel à Rome, et qui était gardé soigneusement comme un gage de la sûreté de la ville.

Du doux péché qu'aucuns nomment luxure.
  En méditant avec attention,
Le benoît moine eut une vision
Assez semblable au prophétique songe
De ce Jacob, heureux par un mensonge.¹
Pate-pelu dont l'esprit lucratif
Avait vendu ses lentilles en Juif,
Ce vieux Jacob (ô sublime mystère!)
Devers l'Euphrate une nuit aperçut
Mille béliers qui grimpèrent en rut
Sur des brebis qui les laissèrent faire.
Le moine vit de plus plaisants objets;
Il vit courir à la même aventure
Tous les héros de la race future.
Il observait les différents attraits
De ces beautés qui, dans leur douce guerre,
Donnent des fers aux maîtres de la terre.
Chacune était auprès de son héros,
Et l'enchaînait des chaînes de Paphos.
Tels, au retour de Flore et de Zéphyre,
Quand le printemps reprend son doux empire,
Tous ces oiseaux, peints de mille couleurs,
Par leurs amours agitent les feuillages
Les papillons se baisent sur les fleurs,
Et les lions courent sous les ombrages
A leurs moitiés qui ne sont plus sauvages.
  C'est là qu'il vit le beau François premier,
Ce brave roi, ce loyal chevalier
Avec Étampe² heureusement oublie
Les autres fers qu'il reçut à Pavie.
Là Charles-Quint joint le myrte au laurier,
Sert à la fois la Flamande et la Maure.
Quels rois, ô ciel! l'un à ce beau métier
Gagne la goutte, et l'autre pis encore.
Près de Diane³ on voit danser les Ris,
Aux mouvements que l'Amour lui fait faire
Quand dans ses bras tendrement elle serre,
En se pâmant, le second des Henris.
De Charles neuf le successeur volage⁴
Quitte en riant sa Chloris pour un page,
Sans s'alarmer des troubles de Paris.

1. Notre auteur entend sans doute l'artifice dont usa Jacob quand il se fit passer pour Esaü. Pate-pelu signifie les gants de peau et de poil dont il couvrit ses mains.
2. Anne de Pisseleu, duchesse d'Étampes.
3. Diane de Poitiers, duchesse de Valentinois.
4. Henri III et ses mignons.

CHANT XIII.

Mais quels combats le jacobin vit rendre
Par Borgia le sixième Alexandre !
En cent tableaux il est représenté :
Là sans tiare, et d'amour transporté :
Avec Vanoze il se fait sa famille [1] ;
Un peu plus bas on voit Sa Sainteté
Qui s'attendrit pour Lucrèce sa fille.
O Léon dix ! ô sublime Paul trois !
A ce beau jeu vous passiez tous les rois;
Mais vous cédez à mon grand Béarnois,
A ce vainqueur de la Ligue rebelle,
A mon héros plus connu mille fois
Par les plaisirs que goûta Gabrielle [2],
Que par vingt ans de travaux et d'exploits.
 Bientôt on voit le plus beau des spectacles,
Ce siècle heureux, ce siècle des miracles,
Ce grand Louis, cette superbe cour
Où tous les arts sont instruits par l'Amour.
L'Amour bâtit le superbe Versailles;
L'Amour, aux yeux des peuples éblouis,
D'un lit de fleurs fait un trône à Louis :
Malgré les cris du fier dieu des batailles,
L'Amour amène au plus beau des humains
De cette cour les rivales charmantes,
Toutes en feu, toutes impatientes :
De Mazarin la nièce aux yeux divins [3],
La généreuse et tendre La Vallière,
La Montespan plus ardente et plus fière.
L'une se livre au moment de jouir,
Et l'autre attend le moment du plaisir.
 Voici le temps de l'aimable Régence,
Temps fortuné, marqué par la licence,
Où la Folie, agitant son grelot,
D'un pied léger parcourt toute la France,
Où nul mortel ne daigne être dévot,
Où l'on fait tout excepté pénitence.
Le bon Régent, de son Palais-Royal,
Des voluptés donne à tous le signal.
Vous répondez à ce signal aimable,
Jeune Daphné, bel astre de la cour;
Vous répondez du sein du Luxembourg,
Vous que Bacchus et le dieu de la table

---

1. Alexandre VI, pape, eut trois enfants de Vanoza. Lucrèce, sa fille, passa pour être sa maîtresse et celle de son frère : *Alexandri filia, sponsa, nurus.*
2. La fameuse Gabrielle d'Estrées, duchesse de Beaufort.
3. Celle qui depuis fut la connétable Colonne.

Mènent au lit, escortés par l'Amour.
Mais je m'arrête, et de ce dernier âge
Je n'ose en vers tracer la vive image.
Trop de péril suit ce charme flatteur.
Le temps présent est l'arche du Seigneur,
Qui la touchait d'une main trop hardie
Puni du ciel, tombait en léthargie.
Je me tairai, mais si j'osais pourtant !
O des beautés aujourd'hui la plus belle,
O tendre objet, noble, simple, touchant,
Et plus qu'Agnès généreuse et fidèle,
Si j'osais mettre à vos genoux charnus
Ce grain d'encens que l'on doit à Vénus ;
Si de l'Amour je déployais les armes,
Si je chantais ce tendre et doux lien,
Si je disais... Non, je ne dirai rien,
Je serais trop au-dessous de vos charmes.

Dans son extase enfin le moine noir
Vit à plaisir ce qu'il n'ose voir
D'un œil avide, et toujours très-modeste,
Il contemplait le spectacle céleste,
De ces beautés, de ces nobles amants,
De ces plaisirs défendus et charmants.
« Hélas ! dit-il, si les grands de la terre
Font deux à deux cette éternelle guerre,
Si l'univers doit en passer par là,
Dois-je gémir que Jean Chandos se mette
A deux genoux auprès de sa brunette ?
Du Seigneur Dieu la volonté soit faite,
Amen, amen, » a-t-il dit, et se pâme,
Croyant jouir de tout ce qu'il voit là.

Mais saint Denys était loin de permettre
Qu'aux yeux du ciel Jean Chandos allât mettre
Et la Pucelle et la France aux abois.
Ami lecteur, vous avez quelquefois
Ouï conter qu'on nouait l'aiguillette[1] :
C'est une étrange et terrible recette,
Et dont un saint ne doit jamais user
Que quand d'une autre il ne peut s'aviser.
D'un pauvre amant le feu se tourne en glace,
Vif et perclus sans rien faire il se lasse ;

[1] On portait autrefois des hauts-de-chausses attachés avec une aiguillette ; et on disait d'un homme qui n'avait pu s'acquitter de son devoir que son aiguillette était nouée. Les sorciers ont de tout temps passé pour avoir le pouvoir d'empêcher la consommation du mariage : cela s'appelait *nouer l'aiguillette*. La mode des aiguillettes passa sous Louis XIV, quand on mit des boutons aux braguettes.

Dans ses efforts étonné de languir,
Et consumé sur le bord du plaisir.
Telle une fleur, des feux du jour séchée,
La tête basse et la tige penchée,
Demande en vain les humides vapeurs
Qui lui rendaient la vie et les couleurs.
Voilà comment le bon Denys arrête
Le fier Anglais dans ses droits de conquête.
 Jeanne, échappant à son vainqueur confus,
Reprend ses sens quand il les a perdus;
Puis d'une voix imposante et terrible,
Elle lui dit : « Tu n'es pas invincible :
Tu vois qu'ici, dans le plus grand combat,
Dieu t'abandonne, et ton cheval s'abat.
Dans l'autre un jour je vengerai la France,
Denys le veut, et j'en ai l'assurance;
Et je te donne avec tes combattants,
Un rendez-vous sous les murs d'Orléans. »
Le grand Chandos lui répartit : « Ma belle,
Vous m'y verrez, pucelle ou non pucelle,
J'aurai pour moi saint George le très-fort,
Et je promets de réparer mon tort. »

CHANT QUATORZIÈME.

ARGUMENT. — Comment Jean Chandos veut abuser de la dévote Dorothée. Combat de La Trimouille et de Chandos. Ce fier Chandos est vaincu par Dunois.

O Volupté, mère de la nature[1],
Belle Vénus, seule divinité
Que dans la Grèce invoquait Épicure,
Qui, du chaos chassant la nuit obscure,
Donnes la vie et la fécondité,
Le sentiment et la félicité
A cette foule innombrable, agissante,
D'êtres mortels, à ta voix renaissante;
Toi que l'on peint désarmant dans tes bras
Le dieu du ciel et le dieu de la guerre,
Qui d'un sourire écartes le tonnerre,
Rends l'air serein, fais naître sous tes pas

---

1. Cet exorde semble imité du premier livre de l'admirable poème de Lucrèce :

 Æneadum genitrix, hominum divumque voluptas;
 Alma Venus, cæli subterlabentia signa, etc. etc.

Les doux plaisirs qui consolent la terre;
Descends des cieux, déesse des beaux jours,
Viens sur ton char entouré des Amours,
Que les Zéphyrs ombragent de leurs ailes,
Que font voler tes colombes fidèles,
En se baisant dans le vague des airs.
Viens échauffer et calmer l'univers,
Viens; qu'à ta voix les Soupçons, les Querelles,
Le triste Ennui, plus détestable qu'elles,
La noire Envie, à l'œil louche et pervers,
Soient replongés dans le fond des enfers,
Et garrottés de chaînes éternelles.
Que tout s'enflamme et s'unisse à ta voix;
Que l'univers en aimant se maintienne.
Jetons au feu nos vains fatras de lois,
N'en suivons qu'une, et que ce soit la tienne.

Tendre Vénus, conduis en sûreté
Le roi des Francs, qui défend sa patrie;
Loin des périls conduis à son côté
La belle Agnès, à qui son cœur se fie :
Pour ces amants de bon cœur je te prie.
Pour Jeanne d'Arc je ne t'invoque pas,
Elle n'est pas encor sous ton empire :
C'est à Denys de veiller sur ses pas;
Elle est pucelle, et c'est lui qui l'inspire.
Je recommande à tes douces faveurs
Ce La Trimouille et cette Dorothée :
Verse la paix dans leurs sensibles cœurs;
De son amant que jamais écartée
Elle ne soit exposée aux fureurs
Des ennemis qui l'ont persécutée.

Et toi, Comus¹, récompense Bonneau,
Répands tes dons sur ce bon Tourangeau
Qui sut conclure un accord pacifique
Entre son prince et ce Chandos cynique.
Il obtint d'eux avec dextérité
Que chaque troupe irait de son côté,
Sans nul reproche et sans nulles querelles,
A droite, à gauche, ayant la Loire entre elles.
Sur les Anglais il étendit ses soins,
Selon leurs goûts, leurs mœurs, et leurs besoins.
Un gros rostbeef que le beurre assaisonne²,

1. Comus, dieu des festins.
2. Rostbeef, prononcez *róstbif*; c'est le mets favori des Anglais : c'est ce que nous appelons un aloyau. Les puddings sont des pâtisseries; il y a des plum-puddings, des bread-puddings, et plusieurs autres sortes de puddings. *Notandi sunt tibi mores.*

Des plum-puddings, des vins de la Garonne,
Leur sont offerts; et les mets plus exquis,
Les ragoûts fins dont le jus pique et flatte,
Et les perdrix à jambes d'écarlate,
Sont pour le roi, les belles, les marquis.
Le fier Chandos partit donc après boire,
Et côtoya les rives de la Loire,
Jurant tout haut que la première fois
Sur la Pucelle il reprendrait ses droits;
En attendant, il reprit son beau page.
Jeanne revint, ranimant son courage,
Se replacer à côté de Dunois.

 Le roi des Francs avec sa garde bleue,
Agnès en tête, un confesseur en queue,
A remonté, l'espace d'une lieue,
Les bords fleuris où la Loire s'étend
D'un cours tranquille et d'un flot inconstant.
 Sur des bateaux et des planches usées
Un pont joignait les rives opposées;
Une chapelle était au bout du pont.
C'était dimanche. Un ermite à sandale
Fait résonner sa voix sacerdotale;
Il dit la messe; un enfant lui répond.
Charle et les siens ont eu soin de l'entendre,
Dès le matin, au château de Cutendré;
Mais Dorothée en entendait toujours
Deux pour le moins, depuis qu'à son secours
Le juste ciel, vengeur de l'innocence,
Du grand bâtard employa la vaillance,
Et protégea ses fidèles amours.
Elle descend, se retrousse, entre vite,
Signe sa face en trois jets d'eau bénite,
Plie humblement l'un et l'autre genou,
Joint les deux mains, et baisse son beau cou.
Le bon ermite, en se tournant vers elle,
Tout ébloui, ne se connaissant plus,
Au lieu de dire un *Fratres, oremus*,
Roulant les yeux, dit : « *Fratres*, qu'elle est belle ! »
 Chandos entra dans la même chapelle
Par passe-temps, beaucoup plus que par zèle.
La tête haute, il salue en passant
Cette beauté dévote à La Trimouille,
Passe, repasse, et toujours en sifflant;
Mais derrière elle enfin il s'agenouille,
Sans un seul mot de *pater* ou d'*ave*.
D'un cœur contrit au Seigneur élevé,
D'un air charmant, la tendre Dorothée

Se prosternait, par la grâce excitée,
Front contre terre et derrière levé;
Son court jupon, retroussé par mégarde,
Offrait aux yeux de Chandos qui regarde,
A découvert, deux jambes dont l'Amour
A dessiné la forme et le contour,
Jambes d'ivoire, et telles que Diane
En laissa voir au chasseur Actéon.
Chandos alors, faisant peu l'oraison,
Sentit au cœur un désir très-profane.
Sans nul respect pour un lieu si divin,
Il va glissant une insolente main
Sous le jupon qui couvre un blanc satin.
Je ne veux point, par un crayon cynique
Effarouchant l'esprit sage et pudique
De mes lecteurs, étaler à leurs yeux
Du grand Chandos l'effort audacieux.
  Mais La Trimouille ayant vu disparaître
Le tendre objet dont l'Amour le fit maître,
Vers la chapelle il adressa ses pas,
Jusqu'où l'Amour ne nous conduit-il pas?
La Trimouille entre au moment où le prêtre
Se retournait, où l'insolent Chandos
Était tout près du plus charmant des dos,
Où Doroth...ée, effrayée, éperdue,
Poussait des cris qui vont fendre la nue.
Je voudrais voir nos bons peintres nouveaux,
Sur cette affaire exerçant leurs pinceaux,
Peindre à plaisir sur ces quatre visages
L'étonnement des quatre personnages.
Le Poitevin criait à haute voix :
« Oses-tu bien, chevalier discourtois,
Anglais sans frein, profanateur impie,
Jusqu'en ces lieux porter ton infamie. »
D'un ton railleur où règne un air hautain,
Se rajustant, et regagnant la porte,
Le fier Chandos lui dit : « Que vous importe?
De cette église êtes-vous sacristain?
— Je suis bien plus, dit le Français fidèle,
Je suis l'amant aimé de cette belle;
Ma coutume est de venger hautement
Son tendre honneur, attaqué trop souvent.
— Vous pourriez bien risquer ici le vôtre,
Lui dit l'Anglais; nous savons, l'un et l'autre
Notre portée; et Jean Chandos peut bien
Lorgner un dos, mais non montrer le sien. »
  Le beau Français, et le Breton qui raille,

CHANT XIV.

Font préparer leurs chevaux de bataille,
Chacun reçoit des mains d'un écuyer
Sa longue lance et son rond bouclier,
Se met en selle et, d'une course fière,
Passe, repasse, et fournit sa carrière.
De Dorothée et les cris et les pleurs
N'arrêtaient point l'un et l'autre adversaire.
Son tendre amant lui criait : « Beauté chère,
Je cours pour vous, je vous venge, ou je meurs. »
Il se trompait : sa valeur et sa lance
Brillaient en vain pour l'Amour et la France.
    Après avoir en deux endroits percé
De Jean Chandos le haubert fracassé,
Prêt à saisir une victoire sûre,
Son cheval tombe, et, sur lui renversé,
D'un coup de pied sur son casque faussé,
Lui fait au front une large blessure.
Le sang vermeil coule sur la verdure.
L'ermite accourt, il croit qu'il va passer,
Crie *In manus*, et le veut confesser.
Ah, Dorothée ! ah, douleur inouïe !
Auprès de lui sans mouvement, sans vie,
Ton désespoir ne pouvait s'exhaler.
Mais que dis-tu lorsque tu pus parler ?
« Mon cher amant, c'est donc moi qui te tue !
De tous tes pas la compagne assidue
Ne devait pas un moment s'écarter ;
Mon malheur vient d'avoir pu te quitter.
Cette chapelle est ce qui m'a perdue ;
Et j'ai perdu La Trimouille et l'Amour,
Pour assister à deux messes par jour ! »
Ainsi parlait sa tendre amante en larmes.
    Chandos riait du succès de ses armes :
« Mon beau Français, la fleur des chevaliers,
Et vous aussi, dévote Dorothée,
Couple amoureux, soyez mes prisonniers ;
De nos combats c'est la loi respectée.
J'eus un moment Agnès en mon pouvoir,
Puis j'abattis sous moi votre Pucelle ;
Je l'avouerai, je fis mal mon devoir,
J'en ai rougi ; mais avec vous, la belle,
Je reprendrai tout ce que je perdis ;
Et La Trimouille en dira son avis. »
    Le Poitevin, Dorothée et l'ermite,
Tremblaient tous trois à ce propos affreux,
Ainsi qu'on voit au fond des antres creux
Une bergère éplorée, interdite,

Et son troupeau que la crainte a glacé,
Et son beau chien par un loup terrassé.
　Le juste ciel, tardif en sa vengeance,
Ne souffrit pas cet excès d'insolence.
De Jean Chandos les péchés redoublés,
Filles, garçons, tant de fois violés,
Impiété, blasphème, impénitence,
Tout en son temps fut mis dans la balance,
Et fut pesé par l'ange de la mort.
Le grand Dunois avait de l'autre bord
Vu le combat et la déconvenue
De La Trimouille ; une femme éperdue
Qui le tenait languissant dans ses bras,
L'ermite auprès qui marmotte tout bas,
Et Jean Chandos qui près d'eux caracole :
A ces objets, il pique, il court, il vole.
　C'était alors l'usage en Albion
Qu'on appelât les choses par leur nom.
Déjà, du pont franchissant la barrière,
Vers le vainqueur il s'était avancé.
« Fils de putain, » nettement prononcé[1],
Frappe au tympan de son oreille altière.
« Oui, je le suis, dit-il d'une voix fière :
Tel fut Alcide et le divin Bacchus[2],
L'heureux Persée et le grand Romulus,
Qui des brigands ont délivré la terre.
C'est en leur nom que j'en vais faire autant.
Va, souviens-toi que d'un bâtard normand
Le bras vainqueur a soumis l'Angleterre[3].
O vous, bâtards du maître du tonnerre,
Guidez ma lance et conduisez mes coups !
L'honneur le veut, vengez-moi, vengez-vous. »
Cette prière était peu convenable ;
Mais le héros savait très-bien la Fable ;
Pour lui la Bible eut des charmes moins doux.
Il dit, et part. La molette dorée
Des éperons armés de courtes dents
De son coursier pique les nobles flancs.
Le premier coup de sa lance acérée
Fend de Chandos l'armure diaprée,
Et fait tomber une part du collet
Dont l'acier joint le casque au corselet.

1. Il l'était en effet.
2. Alcide, Bacchus, Persée, fils de Jupiter; Romulus, de Mars, etc.
3. Guillaume le Conquérant, bâtard d'un duc de Normandie, fils de putain, comme le remarque judicieusement l'auteur, d'après milord Ch........d.

CHANT XIV.

Le brave Anglais porte un coup effroyable;
Du bouclier la voûte impénétrable
Reçoit le fer, qui s'écarte en glissant.
Les deux guerriers se joignent en passant;
Leur force augmente ainsi que leur colère.
Chacun saisit son robuste adversaire.
Les deux coursiers, sous eux se dérobants,
Débarrassés de leurs fardeaux brillants,
S'en vont en paix errer dans les campagnes.
Tels que l'on voit dans d'affreux tremblements,
Deux gros rochers, détachés des montagnes,
Avec grand bruit l'un sur l'autre roulants;
Ainsi tombaient ces deux fiers combattants,
Frappant la terre et tous deux se serrants.
Du choc bruyant les échos retentissent,
L'air s'en émeut, les nymphes en gémissent.
Ainsi quand Mars, suivi par la Terreur,
Couvert de sang, armé par la Fureur,
Du haut des cieux descendait pour défendre
Les habitants des rives du Scamandre,
Et quand Pallas animait contre lui
Cent rois ligués dont elle était l'appui,
La terre entière en était ébranlée;
De l'Achéron la rive était troublée¹;
Et, pâlissant sur ses horribles bords,
Pluton tremblait pour l'empire des morts.

Pareils aux flots que les autans soulèvent,
Avec fureur nos guerriers se relèvent,
Tirent leur sabre, et sous cent coups divers
Rompent l'acier dont tous deux sont couverts.
Déjà le sang, coulant de leurs blessures,
D'un rouge noir avait teint leurs armures.
Les spectateurs, en foule se pressants,
Faisaient un cercle autour des combattants,
Le cou tendu, l'œil fixe, sans haleine,
N'osant parler, et remuant à peine.
On en vaut mieux quand on est regardé;
L'œil du public est aiguillon de gloire.
Les champions n'avaient que préludé
A ce combat d'éternelle mémoire.
Achille, Hector, et tous les demi-dieux,
Les grenadiers bien plus terribles qu'eux,
Et les lions beaucoup plus redoutables,

---

1. Cet endroit est encore imité d'Homère; mais ceux qui font semblant de l'avoir lu dans le grec diront que le français ne peut jamais en approcher.

Sont moins cruels, moins fiers, moins implacables,
Moins acharnés. Enfin l'heureux bâtard,
Se ranimant, joignant la force à l'art,
Saisit le bras de l'Anglais qui s'égare,
Fait d'un revers voler son fer barbare,
Puis d'une jambe avancée à propos
Sur l'herbe rouge étend le grand Chandos ;
Mais en tombant son ennemi l'entraîne.
Couverts de poudre ils roulent dans l'arène,
L'Anglais dessous et le Français dessus.
 Le doux vainqueur, dont les nobles vertus
Guident le cœur quand son sort est prospère,
De son genou pressant son adversaire,
« Rends-toi, dit-il. — Oui, dit Chandos, attends
Tiens, c'est ainsi, Dunois, que je me rends. »
 Tirant alors, pour ressource dernière,
Un stylet court, il étend en arrière
Son bras nerveux, le ramène en jurant,
Et frappe au cou son vainqueur bienfaisant :
Mais une maille en cet endroit entière
Fit émousser la pointe meurtrière.
Dunois alors cria : « Tu veux mourir,
Meurs, scélérat. » Et, sans plus discourir
Il vous lui plonge, avec peu de scrupule,
Son fer sanglant devers la clavicule.
Chandos mourant, se débattant en vain,
Disait encor tout bas : « Fils de putain ! »
Son cœur altier, inhumain, sanguinaire,
Jusques au bout garda son caractère.
Ses yeux, son front, pleins d'une sombre horreur,
Son geste encor, menaçaient son vainqueur.
Son âme impie, inflexible, implacable,
Dans les enfers alla braver le diable.
Ainsi finit, comme il avait vécu,
Ce dur Anglais, par un Français vaincu.
 Le beau Dunois ne prit point sa dépouille :
Il dédaignait ces usages honteux,
Trop établis chez les Grecs trop fameux.
Tout occupé de son cher La Trimouille,
Il le ramène, et deux fois son secours
De Dorothée ainsi sauva les jours.
Dans le chemin elle soutient encore
Son tendre amant, qui, de ses mains pressé,
Semble revivre, et n'être plus blessé
Que de l'éclat de ces yeux qu'il adore ;
Il les regarde, et reprend sa vigueur.
Sa belle amante, au sein de la douleur,

Sentit alors le doux plaisir renaître :
Les agréments d'un sourire enchanteur
Parmi ses pleurs commençaient à paraître ;
Ainsi qu'on voit un nuage éclairé
Des doux rayons d'un soleil tempéré.
 Le roi gaulois, sa maîtresse charmante,
L'illustre Jeanne, embrassent tour à tour
L'heureux Dunois, dont la main triomphante
Avait vengé son pays et l'Amour.
On admirait surtout sa modestie
Dans son maintien, dans chaque repartie.
Il est aisé, mais il est beau pourtant,
D'être modeste alors que l'on est grand.
 Jeanne étouffait un peu de jalousie,
Son cœur tout bas se plaignait du destin.
Il lui fâchait que sa pucelle main
Du mécréant n'eût pas tranché la vie ;
Se souvenant toujours du double affront
Qui vers Cutendre a fait rougir son front,
Quand, par Chandos au combat provoquée,
Elle se vit abattue et manquée.

CHANT QUINZIÈME.

ARGUMENT. — Grand repas à l'hôtel de ville d'Orléans, suivi d'un assaut général. Charles attaque les Anglais. Ce qui arrive à la belle Agnès et à ses compagnons de voyage.

Censeurs malins, je vous méprise tous,
Car je connais mes défauts mieux que vous.
J'aurais voulu dans cette belle histoire,
Écrite en or au temple de Mémoire,
Ne présenter que des faits éclatants,
Et couronner mon roi dans Orléans
Par la Pucelle, et l'Amour, et la Gloire.
Il est bien dur d'avoir perdu mon temps
A vous parler de Cutendre et d'un page,
De Grisbourdon, de sa lubrique rage,
D'un muletier, et de tant d'accidents
Qui font grand tort au fil de mon ouvrage.
 Mais vous savez que ces événements
Furent écrits par Trithème le sage[1] ;

---

1. Nous avons déjà remarqué que l'abbé Trithème n'a jamais rien dit de la Pucelle et de la belle Agnès : c'est par pure modestie que l'auteur de ce poème attribue à un autre tout les siennes de ce poème moral.

LA PUCELLE.

Je le copie, et n'ai rien inventé.
Dans ces détails si mon lecteur s'enfonce,
Si quelquefois sa dure gravité
Juge mon sage avec sévérité,
A certains traits si le sourcil lui fronce,
Il peut, s'il veut, passer sa pierre ponce[1]
Sur la moitié de ce livre enchanté,
Mais qu'il respecte au moins la vérité.
 O vérité! vierge pure et sacrée!
Quand seras-tu dignement révérée?
Divinité qui seule nous instruis,
Pourquoi mets-tu ton palais dans un puits?
Du fond du puits quand seras-tu tirée?
Quand verrons-nous nos doctes écrivains,
Exempts de fiel, libres de flatterie,
Fidèlement nous apprendre la vie,
Les grands exploits de nos beaux paladins?
Oh! qu'Aristote étala de prudence,
Quand il cita l'archevêque Turpin[2]!
Ce témoignage à son livre divin
De tout lecteur attire la croyance.
 Tout inquiet encor de son destin,
Vers Orléans Charle était en chemin,
Environné de sa troupe dorée,
D'armes, d'habits richement décorée,
Et demandant à Dunois des conseils,
Ainsi que font tous les rois ses pareils,
Dans le malheur dociles et traitables,
Dans la fortune un peu moins praticables.
Charles croyait qu'Agnès et Bonifoux
Suivaient de loin, plein d'un espoir si doux;
L'amant royal souvent tourne la tête
Pour voir Agnès, et regarde, et s'arrête;
Et quand Dunois, préparant ses succès,
Nomme Orléans, le roi lui nomme Agnès.
 L'heureux bâtard, dont l'active prudence
Ne s'occupait que du bien de la France,
Le jour baissant, découvre un petit fort
Que négligeait le bon duc de Bedfort.
Ce fort touchait à la ville investie;
Dunois le prend, le roi s'y fortifie.

1. Dit-on pierre ponce ou de ponce? c'est une grande question.
2. L'archevêque Turpin, à qui l'on attribue la *Vie de Charlemagne et de Roland*, était archevêque de Reims sur la fin du VIIIe siècle : ce livre est d'un moine nommé Turpin qui vivait dans le XIIe, et c'est de ce roman que l'Arioste a tiré quelques-uns de ses contes. Le sage auteur feint ici qu'il a puisé son poème dans l'abbé Trithème.

CHANT XV.

Des assiégeants c'étaient les magasins.
Le dieu sanglant qui donne la victoire,
Le dieu joufflu qui préside aux festins,
D'emplir ces lieux se disputaient la gloire,
L'un de canons, et l'autre de bons vins :
Tout l'appareil de la guerre effroyable,
Tous les apprêts des plaisirs de la table,
Se rencontraient dans ce petit château :
Quels vrais succès pour Dunois et Bonneau !
　Tout Orléans à ces grandes nouvelles
Rendit à Dieu des grâces solennelles.
Un *Te Deum* en faux-bourdon[1] chanté
Devant les chefs de la noble cité ;
Un long dîner où le juge et le maire,
Chanoine, évêque, et guerrier invité,
Le verre en main, tombèrent tous par terre ;
Un feu sur l'eau, dont les brillants éclairs
Dans la nuit sombre illuminent les airs,
Les cris du peuple, et le canon qui gronde,
Avec fracas annoncèrent au monde
Que le roi Charle, à ses sujets rendu,
Va retrouver tout ce qu'il a perdu.
　Ces chants de gloire et ces bruits d'allégresse
Furent suivis par des cris de détresse.
On n'entend plus que le nom de Bedfort,
Alerte, aux murs, à la brèche, à la mort !
L'Anglais usait de ces moments propices
Où nos bourgeois, en vidant les flacons,
Louaient leur prince, et dansaient aux chansons.
Sous une porte on plaça deux saucisses
Non de boudin, non telles que Bonneau
En inventa pour un ragoût nouveau ;
Mais saucissons dont la poudre fatale,
Se dilatant, s'enflant avec éclair,
Renverse tout, confond la terre et l'air,
Machine affreuse, homicide, infernale,
Qui contenait dans son ventre de fer
Ce feu pétri des mains de Lucifer.
Par une mèche artistement posée,
En un moment la matière embrasée
S'étend, s'élève, et porte à mille pas
Bois, gonds, battants, et ferrure en éclats.
Le fier Talbot entre et se précipite.

1. Le faux-bourdon est un plain-chant mesuré. Le serpent de la paroisse donne le ton, et toutes les parties s'accordent comme elles peuvent. C'est une musique excellente pour les gens qui n'ont point d'oreille.

LA PUCELLE.

Fureur, succès, gloire, amour, tout l'excite.
On voit de loin briller sur son armet
En or frisé le chiffre de Louvet.
Car la Louvet était toujours la dame
De ses pensers, et piquait sa grande âme.
Il prétendait caresser ses beautés
Sur les débris des murs ensanglantés.

Ce beau Breton, cet enfant de la guerre,
Conduit sous lui les braves d'Angleterre.
« Allons, dit-il, généreux conquérants,
Portons partout et le fer et les flammes,
Buvons le vin des poltrons d'Orléans,
Prenons leur or, baisons toutes leurs femmes. »
Jamais César, dont les traits éloquents
Portaient l'audace et l'honneur dans les âmes,
Ne parla mieux à ses fiers combattants.

Sur ce terrain que la porte enflammée
Couvre en sautant d'une épaisse fumée,
Est un rempart que La Hire et Poton
Ont élevé de pierre et de gazon,
Un parapet, garni d'artillerie,
Peut repousser la première furie,
Les premiers coups du terrible Bedfort.

Poton, La Hire, y paraissent d'abord.
Un peuple entier derrière eux s'évertue;
Le canon gronde; et l'horrible mot : « Tue! »
Est répété quand les bouches d'enfer
Sont en silence, et ne troublant plus l'air.
Vers le rempart les échelles dressées
Portent déjà cent cohortes pressées;
Et le soldat, le pied sur l'échelon,
Le fer en main, pousse son compagnon.

Dans ce péril, ni Poton ni La Hire,
N'ont oublié leur esprit qu'on admire.
Avec prudence ils avaient tout prévu,
Avec adresse à tout ils ont pourvu.
L'huile bouillante et la poix embrasée,
De pieux pointus une forêt croisée,
De larges faux que leur tranchant effort
Fait ressembler à la faux de la Mort,
Et des mousquets qui lancent les tempêtes,
De plomb volant sur les bretonnes têtes,
Tout ce que l'art et la nécessité,
Et le malheur, et l'intrépidité,
Et la peur même, ont pu mettre en usage
Est employé dans ce jour de carnage.
Que de Bretons bouillis, coupés, percés,

Mourants en foule, et par rangs entassés !
Ainsi qu'on voit sous cent mains diligentes
Choir les épis des moissons jaunissantes.
Mais cet assaut fièrement se maintient ;
Plus il en tombe, et plus il en revient.
De l'hydre affreux les têtes menaçantes,
Tombant à terre, et toujours renaissantes,
N'effrayaient point le fils de Jupiter.
Ainsi l'Anglais, dans les feux, sous le fer,
Après sa chute encor plus formidable,
Brave en montant le nombre qui l'accable.

Tu t'avançais sur ces remparts sanglants,
Fier Richemont, digne espoir d'Orléans.
Cinq cents bourgeois, gens de cœur et d'élite,
En chancelant marchent sous sa conduite,
Enluminés du gros vin qu'ils ont bu ;
Sa sève encore animait leur vertu.
Et Richemont criait d'une voix forte :
« Pauvres bourgeois, vous n'avez plus de porte,
Mais vous m'avez, il suffit, combattons. »
Il dit, et vole au milieu des Bretons.
Déjà Talbot s'était fait un passage
Au haut du mur, et déjà dans sa rage
D'un bras terrible il porte le trépas.
Il fait de l'autre avancer ses soldats,
Criant *Louvet !* d'une voix stentorée ;
Louvet l'entend, et s'en tient honoré.
Tous les Anglais criaient aussi *Louvet !*
Mais sans savoir ce que Talbot voulait.
O sots humains ! on sait trop vous apprendre
A répéter ce qu'on ne peut comprendre.

Charle, en son fort tristement retiré,
D'autres Anglais par malheur entouré,
Ne peut marcher vers la ville attaquée ;
D'accablement son âme est suffoquée.
« Quoi ! disait-il, ne pouvoir secourir
Mes chers sujets que mon œil voit périr !
Ils ont chanté le retour de leur maître ;
J'allais entrer, et combattre, et peut-être
Les délivrer des Anglais inhumains ;
Le sort cruel enchaîne ici mes mains.
— Non, lui dit Jeanne, il est temps de paraître.
Venez ; mettez, en signalant vos coups,
Ces durs Bretons entre Orléans et vous.

1. Stentor était le crieur d'Homère. Il est immortalisé pour ce bon talent, et le mérite bien.

Marchez, mon prince, et vous sauvez la ville.
Nous sommes peu, mais vous en valez mille. »
Charles lui dit : « Or çà, vous savez flatter,
Je vaux bien peu ; mais je vais mériter
Et votre estime, et celle de la France,
Et des Anglais. » Il dit, pique, et s'avance.
Devant ses pas l'oriflamme est porté ;
Jeanne et Dunois volent à son côté.
Il est suivi de ses gens d'ordonnance,
Et l'on entend à travers mille cris
« Vivent le roi, Montjoie, et saint Denys ! »
 Charles, Dunois, et la Barroise altière
Sur les Bretons s'élancent par derrière.
Tels que, des monts qui tiennent dans leur sein,
Les réservoirs du Danube et du Rhin,
L'aigle superbe, aux ailes étendues,
Aux yeux perçants, aux huit griffes pointues,
Planant dans l'air, tombe sur des faucons
Qui s'acharnaient sur le cou des hérons.
 Ce fut alors que l'audace anglicane,
Semblable au fer sur l'enclume battu,
Qui de sa trempe augmente la vertu,
Repoussa bien la valeur gallicane.
Les voyez-vous, ces enfants d'Albion,
Et ces soldats des fils de Clodion ?
Fiers, enflammés, de sang insatiables,
Ils ont volé comme un vent dans les airs.
Dès qu'ils sont joints, ils sont inébranlables,
Comme un rocher sous l'écume des mers.
Pied contre pied, aigrette contre aigrette,
Main contre main, œil contre œil, corps à corps,
En jurant Dieu, l'un sur l'autre on se jette ;
Et l'un sur l'autre on voit tomber les morts.
 Oh ! que ne puis-je en grands vers magnifiques
Écrire au long tant de faits héroïques !
Homère seul a le droit de conter
Tous les exploits, toutes les aventures,
De les étendre et de les répéter,
De supputer les coups et les blessures,
Et d'ajouter aux grands combats d'Hector
De grands combats, et des combats encor.
C'est là sans doute un sûr moyen de plaire ;
Mais je ne puis me résoudre à vous taire
D'autres dangers, dont un destin cruel
Circonvenait la belle Agnès Sorel,
Quand son amant s'avançait vers la gloire.
 Dans le chemin, sur les rives de Loire,

Elle entretient le père Bonifoux,
Qui, toujours sage, insinuant, et doux,
Du tentateur lui contait quelque histoire
Divertissante, et sans réflexions
Sous l'agrément déguisant ses leçons.
A quelques pas, La Trimouille et sa dame
S'entretenaient de leur fidèle flamme,
Et du dessein de vivre ensemble un jour
Dans leur château, tout entiers à l'amour
Dans leur chemin la main de la nature
Tend sous leurs pieds un tapis de verdure,
Velours uni, semblable au pré fameux
Où s'exerçait la rapide Atalante.
Sur le duvet de cette herbe naissante,
Agnès approche et chemine avec eux.
Le confesseur suivit la belle errante.
Tous quatre allaient, tenant de beaux discours
De piété, de combats, et d'amours.
Sur les Anglais, sur le diable on raisonne.
En raisonnant on ne vit plus personne.
Chacun fondait doucement, doucement,
Homme et cheval, sous le terrain mouvant.
D'abord les pieds, puis le corps, puis la tête,
Tout disparut, ainsi qu'à cette fête
Qu'en un palais d'un auteur cardinal
Trois fois au moins par semaine on apprête,
A l'opéra, souvent joué si mal,
Plus d'un héros à nos regards échappe,
Et dans l'enfer descend par une trappe.

Monrose vit du rivage prochain
La belle Agnès, et fut tenté soudain
De venir rendre à l'objet qu'il observe
Tout le respect que son âme conserve.
Il passe un pont; mais il devient perclus;
Quand la voyant son œil ne la vit plus.
Froid comme marbre, et blême comme gypse,
Il veut marcher, mais lui-même il s'éclipse.

Paul Tirconel, qui de loin l'aperçut,
A son secours à grand galop courut.
En arrivant sur la place funeste,
Paul Tirconel y fond avec le reste.
Ils tombent tous dans un grand souterrain
Qui conduisait aux portes d'un jardin
Tel que n'en eut Louis le quatorzième,
Aïeul d'un roi qu'on méprise et qu'on aime;
Et le jardin conduisait au château,
Digne en tout sens de ce jardin si beau.

C'était:... (mon cœur à ce seul mot soupire)
D'Hermaphrodix le formidable emphée
O Dorothée, Agnès, et Bonifoux!
Qu'allez-vous faire, et que deviendrez-vous?

CHANT SEIZIÈME.

ARGUMENT. — Comment saint Pierre châtia saint George et saint Denys, et comment il promit un beau prix à celui des deux qui lui apporterait la meilleure ode. Mort de la belle Rosamore.

Palais des cieux, ouvrez-vous à ma voix.
Êtres brillants aux six ailes légères,
Dieux emplumés, dont les mains tutélaires
Font les destins des peuples et des rois;
Vous qui cachez, en étendant vos ailes,
Des derniers cieux les splendeurs éternelles,
Daignez un peu vous ranger de côté;
Laissez-moi voir, en cette horrible affaire,
Ce qui se passe au fond du sanctuaire,
Et pardonnez ma curiosité.
  Cette prière est de l'abbé Trithème[1];
Non pas de moi; car, mon œil effronté
Ne peut percer jusqu'à la cour suprême;
Je n'aurais pas tant de témérité.
  Le dur saint George et Denys notre apôtre
Étaient au ciel enfermés l'un et l'autre.
Ils voyaient tout; mais ils ne pouvaient pas
Prêter leurs mains aux terrestres combats;
Ils cabalaient : c'est tout ce qu'on peut faire,
Et ce qu'on fait quand on est à la cour.
George et Denys s'adressent tour à tour
Dans l'empyrée au bon monsieur saint Pierre.
  Ce grand portier, dont le pape est vicaire,
Dans ses filets enveloppant le sort,
Sous ses deux clefs tient la vie et la mort.
Pierre leur dit : « Vous avez pu connaître
Mes chers amis, quel affront je reçus,
Quand je remis une oreille à Malchus.
Je me souviens de l'ordre de mon maître;
Il fit rentrer mon fer dans son fourreau[2];
Il m'a privé du droit brillant des armes;

---

1. J'avoue que je ne l'ai point lue dans Trithème; mais il se peut que je n'aie pas lu tous les ouvrages de ce grand homme.
2. « Remettez votre épée en son lieu, car qui prendra l'épée périra

Mais j'imagine un moyen tout nouveau
Pour décider de vos grandes alarmes.
« Vous, saint Denys, prenez dans ce canton
Les plus grands saints qu'ait vus naître la France;
Vous, monsieur George, allez en diligence
Prendre les saints de l'île d'Albion.
Que chaque troupe en ce moment compose
Un hymne en vers, non pas une ode en prose¹.
Houdart a tort; il faut dans ces hauts lieux
Parler toujours le langage des dieux;
Qu'on fasse, dis-je, une ode pindarique
Où le poëte exalte mes vertus,
Ma primauté, mes droits, mes attributs,
Et que le tout soit mis vite en musique :
Chez les mortels, il faut toujours du temps
Pour rimailler des vers assez méchants;
On va plus vite au séjour de la gloire.
Allez, vous dis-je, exercez vos talents;
La meilleure ode obtiendra la victoire,
Et vous ferez le sort des combattants. »

Ainsi parla, du plus haut de son trône,
Aux deux rivaux l'infaillible Barjone;
Cela fut dit en deux mots tout au plus,
Le laconisme est langue des élus.
En un clin d'œil, les deux rivaux célestes,
Pour terminer leurs querelles funestes,
Vont assembler les saints de leur pays
Qui sur la terre ont été beaux esprits.

Le bon patron qu'on révère à Paris
Fit aussitôt seoir à sa table ronde
Saint Fortunat, peu connu dans le monde²,
Et qui passait pour l'auteur du *Pange*;
Et saint Prosper, d'épithètes chargé³,
Quoique un peu dur et qu'un peu janséniste.
Il mit aussi Grégoire dans sa liste,
Le grand Grégoire, évêque tourangeau⁴,
Cher au pays qui vit naître Bonneau;

par l'épée*. » Saint Pierre conseille ici avec une piété adroite aux Anglais de ne pas faire la guerre.

1. La Motte-Houdart, poëte un peu sec, mais qui a fait d'assez bonnes choses, avait malheureusement fait des odes en prose, en 1730; preuve nouvelle que ce poëme divin fut composé vers ce temps-là.
2. Fortunat, évêque de Poitiers, poëte. Il n'est pas l'auteur du *Pange, lingua*, qu'on lui attribue.
3. Saint Prosper, auteur d'un poëme fort sec sur la grâce, au vᵉ siècle.
4. Grégoire de Tours, le premier qui écrivit une *Histoire de France*, toute pleine de miracles.

* Matth., xxvi, 52. (ÉD.)

Et saint Bernard fameux par l'antithèse[1],
Qui dans son temps n'avait pas son pareil ;
Et d'autres saints pour servir de conseil :
Sans prendre avis, il est rare qu'on plaise.
　George, en voyant tous ces soins de Denys,
Le regardait d'un dédaigneux souris ;
Il avisa dans le sacré pourpris
Un saint Austin, prêcheur de l'Angleterre[2].
Puis en ces mots il lui dit son avis :
　« Bonhomme Austin, je suis né pour la guerre,
Non pour les vers dont je fais peu de cas ;
Je sais brandir mon large cimeterre,
Pourfendre un buste, et casser tête et bras ;
Tu sais rimer : travaille, versifie,
Soutiens en vers l'honneur de la patrie.
Un seul Anglais, dans les champs de la mort,
De trois Français triomphe sans effort.
Nous avons vu devers la Normandie,
Dans le Haut-Maine, en Guienne, en Picardie,
Ces beaux messieurs aisément mis à bas ;
Si pour frapper nous avons meilleurs bras,
Crois, en fait d'hymne, et d'ode et d'œuvre telle,
Quand il s'agit de penser, de rimer,
Que nous avons non moins bonne cervelle.
Travaille, Austin, cours en vers t'escrimer :
Je veux que Londre ait à jamais l'empire
Dans les deux arts de bien faire et bien dire.
Denys ameute un tas de rimailleurs
Qui tous ensemble ont très-peu de génie ;
Travaille seul : tu sais tes vieux auteurs ;
Courage ! allons, prends ta harpe bénie,
Et moque-toi de ton académie. »
　Le bon Austin, de cet emploi chargé,
Le remercie en auteur protégé.
Denys et lui, dans un réduit commode,
Vont se tapir, et chacun fit son ode.
Quand tout fut fait, les brûlants séraphins,
Les gros joufflus, têtes de chérubins,

---

1. Saint Bernard, Bourguignon, né en 1091, moine de Cîteaux, puis abbé de Clairvaux ; il entra dans toutes les affaires publiques de son temps, et agit autant qu'il écrivit. On ne voit pas qu'il ait fait beaucoup de vers. Quant à l'antithèse dont notre auteur le glorifie, il est vrai qu'il était grand amateur de cette figure. Il dit d'Abélard : « Leonem « invasimus, incidimus in draconem. » Sa mère, étant grosse de lui, songea qu'elle accouchait d'un chien blanc, et on lui prédit que son fils serait moine, et aboierait contre les mondains.

2. Saint Austin ou Augustin, moine qu'on regarde comme le fondateur de la primatie de Cantorbéry, ou Kenterbury.

Près de Barjone en deux rangs se perchèrent ;
Au-dessous d'eux les anges se nichèrent ;
Et tous les saints, soigneux de s'arranger,
Sur des gradins s'assirent pour juger.
  Austin commence : il chantait les prodiges
Qui de l'Egypte endurcirent les cœurs ;
Ce grand Moïse, et ses imitateurs
Qui l'égalaient dans ses divins prestiges :
Les flots du Nil, jadis si bienfaisants,
D'un sang affreux dans leur course écumants ;
Du noir limon les venimeux reptiles
Changés en verge, et la verge en serpents ;
Le jour en nuit ; les déserts et les villes,
De moucherons, de vermine couverts ;
La rogne aux os ; la foudre dans les airs ;
Les premiers-nés d'une race rebelle
Tous égorgés par l'ange du Seigneur ;
L'Egypte en deuil, et le peuple fidèle
De ses patrons emportant la vaisselle ¹,
Et par le vol méritant son bonheur ;
Ce peuple errant pendant quarante années ;
Vingt mille Juifs égorgés pour un veau² ;
Vingt mille encore envoyés au tombeau
Pour avoir eu des amours fortunées ³ ;
Et puis Aod, ce Ravaillac hébreu ⁴,
Assassinant son maître au nom de Dieu ;
Et Samuel, qui d'une main divine
Prend sur l'autel un couteau de cuisine,
Et bravement met Agag en hachis ⁵,
Car cet Agag était incirconcis ;
Puis la beauté qui, sauvant Béthulie ⁶,
Si purement de son corps fit folie ;
Le bon Basa qui massacra Nadad ⁷ ;
Et puis Achab mourant comme un impie ⁸,
Pour n'avoir pas égorgé Benhadad ;
Le roi Joas meurtri par Jozabad ⁹,

1. Les Juifs empruntèrent, comme on sait, les vases des Egyptiens, et s'enfuirent.
2. Les lévites, qui égorgèrent vingt mille de leurs frères.
3. Phinées, qui fit massacrer vingt-quatre mille de ses frères, parce qu'un d'eux couchait avec une Madianite.
4. Aod, ou Eûd, assassina le roi Eglon, mais de la main gauche.
5. Samuel coupa en morceaux le roi Agag, que Saül avait mis à rançon.
6. Judith, assez connue.
7. Basa, roi d'Israël, assassina Nadad ou Nabab, et lui succéda.
8. Achab avait eu une grosse rançon de Benhadad, roi syrien, comme Saül en avait eu une d'Agag, et fut tué pour avoir pardonné.
9. Joas, assassiné par Jozabad.

Fils d'Atrobad, et la reine Athalie,
Si méchamment mise à mort par Joad?
  Longuette fut la triste litanie;
Ces beaux récits étaient enchâssés
De ces grands traits si chers aux temps passés
On y voyait le soleil se dissoudre,
La mer fuyant, la lune mise en poudre,
Le monde en feu qui toujours tressaillait,
Dieu qui cent fois en fureur s'éveillait,
Des flots de sang, des tombeaux, des ruines;
Et cependant près des eaux argentines
Le lait coulait sous de verts oliviers;
Les monts sautaient tout comme des béliers,
Et les béliers tout comme des collines;
Le bon Austin célébrait le Seigneur,
Qui menaçait le Chaldéen vainqueur,
Et qui laissait son peuple en esclavage;
Mais des lions brisant toujours les dents,
Sous ses deux pieds écrasant les serpents,
Parlant au Nil, et suspendant la rage
Des basilics¹ et des léviathans².
Austin finit. Sa pindarique ivresse
Fit élever parmi les bienheureux
Un bruit confus, un murmure douteux,
Qui n'était pas en faveur de la pièce.
  Denys se lève, et, baissant ses doux yeux,
Puis les levant avec un air modeste,
Il salua l'auditoire céleste,
Parut surpris de leurs traits radieux;
Et finement sa pudeur semblait dire :
« Encouragez celui qui vous admire. »
Il salua trois fois très-humblement,
Les conseillers, le premier président,
Puis il chanta d'une voix douce et tendre
Cet hymne adroit que vous allez entendre :
  « O Pierre ! ô Pierre ! ô toi sur qui Jésus
Daigna fonder son Église immortelle,
Portier des cieux, pasteur de tout fidèle,
Maître des rois à tes pieds confondus,
  Docteur divin, prêtre saint, tendre père,

1. Allusion à l'épigramme de Racine:
    *Picture, hélas ! pour ce pauvre Holopherne,
    Si méchamment mis à mort par Judith.*
2. Basilic, animal fort fameux, mais qui n'existe jamais.
3. Léviathan, autre animal fort célèbre. Les uns disent que c'est la baleine, les autres le crocodile.

CHANT XVI.

Auguste appui de nos rois très-chrétiens,
Étends sur eux ta faveur salutaire;
Leurs droits sont purs, et ces droits sont les tiens.
Le pape à Rome est maître des couronnes,
Aucun n'en doute; et si ton lieutenant
A qui lui plaît fait ce petit présent,
C'est en ton nom, car c'est toi qui les donnes.
Hélas ! hélas ! nos gens de parlement
Ont banni Charle; ils ont impudemment
Mis sur le trône une race étrangère;
On ôte au fils l'héritage du père.
Divin portier, oppose tes bienfaits
A cette audace, à dix ans de misère;
Rends-nous les clefs de la cour du palais. »

C'est sur ce ton que saint Denys prélude;
Puis il s'arrête : il lit avec étude
Du coin de l'œil dans les yeux de Céphas,
En affectant un secret embarras.
Céphas content fit voir sur son visage
De l'amour-propre un secret témoignage;
Et rassurant les esprits interdits
Du chantre habile, il dit dans son langage :
« Cela va bien, continuez, Denys. »

L'humble Denys repart avec prudence :
« Mon adversaire a pu charmer les cieux;
Il a chanté le Dieu de la vengeance,
Je vais bénir le Dieu de la clémence.
Haïr est bon, mais aimer vaut bien mieux. »

Denys alors d'une voix assurée
En vers heureux chanta le bon berger
Qui va cherchant sa brebis égarée,
Et sur son dos se plaît à la charger.
Le bon fermier, dont la main libérale
Daigne payer l'ouvrier négligent
Qui vient trop tard, afin que diligent
Il vienne ouvrer dès l'aube matinale.
Le bon patron qui, n'ayant que cinq pains
Et trois poissons, nourrit cinq mille humains.
Le bon prophète, encor plus doux qu'austère,
Qui donne grâce à la femme adultère
A Magdeleine, et permet que ses pieds
Soient gentiment par la belle essuyés.
Par Magdeleine Agnès est figurée.
Denys a pris ce délicat détour.
Il réussit : la grand'chambre éthérée
Sentit le trait, et pardonna l'amour.
Du doux Denys l'ode fut bien reçue;

Elle eut le prix, elle eut toutes les voix.
Du saint Anglais l'audace fut déçue;
Austin rougit, il fuit en tapinois;
Chacun en rit, le paradis le hue.
Tel fut hué dans les murs de Paris
Un pédant sec, à face de Thersite,
Vil délateur, insolent hypocrite,
Qui fut payé de haine et de mépris,
Quand il osa dans ses phrases vulgaires
Flétrir les arts et condamner nos frères.

Pierre à Denys donna deux beaux *agnus*,
Denys les baise, et soudain l'on ordonne,
Par un arrêt signé de douze élus,
Qu'en ce grand jour les Anglais soient vaincus
Par les Français et par Charle en personne.

En ce moment la barroise amazone
Vit dans les airs, dans un nuage épais,
De son grison la figure et les traits;
Comme un soleil, dont souvent un nuage
Reçoit l'empreinte et réfléchit l'image.
Elle cria : « Ce jour est glorieux,
Tout est pour nous, mon âne est dans les cieux. »
Bedfort, surpris de ce prodige horrible,
Déjà s'arrête et n'est plus invincible.
Il lit au ciel, d'un regard consterné,
Que de saint George il est abandonné.
L'Anglais surpris, croyant voir une armée,
Descend soudain de la ville alarmée;
Tous les bourgeois, devenus valeureux,
Les voyant fuir, descendent après eux.
Charles plus loin, entouré de carnage,
Jusqu'à leur camp se fait un beau passage;
Les assiégeants, à leur tour assiégés,
En tête, en queue, assaillis, égorgés,
Tombent en foule au bord de leurs tranchées,
D'armes, de morts, et de mourants jonchées.

C'est en ces lieux, c'est dans ce champ mortel,
Que tu venais exercer ta vaillance,
O dur Anglais, ô Christophe Arondell.
Ton maintien sec, ta froide indifférence,
Donnaient du prix à ton courage altier.
Sans dire un mot, ce sourcilleux guerrier
Examinait comme on se bat en France;
Et l'on eût dit, à son air d'importance,
Qu'il était là pour se désennuyer.
Sa Rosamore, à ses pas attachée,
Est comme lui de fer enharnachée,

Tel qu'un beau page ou qu'un jeune écuyer :
Son casque est d'or, sa cuirasse est d'acier ;
D'un perroquet la plume panachée
Au gré des vents ombrage son cimier.
Car dès ce jour où son bras meurtrier
A dans son lit décollé Martinguerre,
Elle se plaît tout à fait à la guerre.
On croirait voir la superbe Pallas
Quittant l'aiguille et marchant aux combats,
Ou Bradamante, ou bien Jeanne elle-même.
Elle parlait au voyageur qu'elle aime,
Et lui montrait les plus grands sentiments,
Lorsqu'un démon trop funeste aux amants,
Pour leur malheur, vers Arondel attire
Le dur Poton et le jeune La Hire,
Et Richemont qui n'a pitié de rien.
Poton, voyant le grave et fier maintien
De notre Anglais, tout indigné s'élance
Sur le causeur, et d'un grand coup de lance,
Qui par le flanc sort au milieu du dos,
D'un sang trop froid lui fait verser des flots :
Il tombe, et meurt ; et la lance cassée
Roule avec lui dans son corps enfoncée.

À ce spectacle, à ce moment affreux,
On ne vit point la belle Rosamore
Se renverser sur l'amant qu'elle adore,
Ni s'arracher l'or de ses blonds cheveux,
Ni remplir l'air de ses cris douloureux,
Ni s'emporter contre la Providence ;
Point de soupirs, elle cria : « Vengeance ! »
Et dans l'instant que Poton se baissait
En ramassant son fer qui se cassait,
Ce bras tout nu, ce bras dont la puissance
Avait d'un coup séparé dans un lit
Un chef grison du cou d'un vieux bandit,
Tranche à Poton la main trop redoutable,
Cette main droite à ses yeux si coupable :
Les nerfs cachés sous la peau des cinq doigts
Les font mouvoir pour la dernière fois ;
Poton depuis ne sut jamais écrire.

Mais dans l'instant le brave et beau La Hire
Porte au guerrier, du grand Poton vainqueur,
Un coup mortel qui lui perce le cœur.
Son casque d'or, que sa chute détache,
Découvre un sein de roses et de lis ;
Son front charmant n'a plus rien qui le cache ;
Ses longs cheveux tombent sur ses habits ;

Ses grands yeux bleus dans la mort endormie,
Tout laisse voir une femme adorable,
Et montre un corps formé pour les plaisirs.
Le beau La Hire en poussa des soupirs,
Répand des pleurs, et d'un ton lamentable
S'écrie : « O ciel ! je suis un meurtrier,
Un housard noir plutôt qu'un chevalier.
Mon cœur, mon bras, mon épée est infâme ;
Est-il permis de tuer une dame ? »
Mais Richemont, toujours mauvais plaisant,
Et toujours dur, lui dit : « Mon cher La Hire,
Va, tes remords ont sur moi trop d'empire ;
C'est une Anglaise, et le mal n'est pas grand ;
Elle n'est pas pucelle comme Jeanne. »

Tandis qu'il tient ce discours si profane,
D'un coup de flèche il se sent tout blessé
Et devenu plus fier, plus courroucé,
Il rend cent coups à la troupe bretonne,
Qui comme un flot le presse et l'environne.
La Hire et lui, nobles, bourgeois, soldats,
Portent partout les efforts de leurs bras.
On tue, on tombe, on poursuit, on recule,
De corps sanglants un monceau s'accumule,
Et des mourants l'Anglais fait un rempart.

Dans cette horrible et sanglante mêlée,
Le roi disait à Dunois : « Cher bâtard,
Dis-moi, de grâce, où donc est-elle allée ?
— Qui ? » dit Dunois. Le bon roi lui repart :
« Ne sais-tu pas ce qu'elle est devenue ?
— Qui donc ? — Hélas ! elle était disparue
Hier au soir, avant qu'un heureux sort
Nous eût conduits au château de Bedfort ;
Et dans la place où est-elle sans elle.
— Nous la trouverons bien, dit la Pucelle.
— Ciel ! dit le roi, qu'elle me soit fidèle !
Gardez-la-moi. » Pendant ce beau discours,
Il avançait et combattait toujours.

Bientôt la nuit, couvrant notre hémisphère,
L'enveloppa d'un noir et long manteau,
Et mit un terme à ce cours tout nouveau
Des beaux exploits que Charle eût voulu faire.

Comme il sortait de cette grande affaire,
Il entendit qu'on avait le matin
Vu cheminer vers la forêt voisine,
Quelques tendrons du genre féminin ;
Une surtout, à la taille divine,
Aux grands yeux bleus, au minois enfantin,

Au souris tendre, à la peau de satin,
Que sermonnait un bon dominicain.
Des écuyers brillants, à mines fières,
Des chevaliers, sur leurs coursiers fringants,
Couverts d'acier, et d'or, et de rubans,
Accompagnaient les belles cavalières.
La troupe errante avait porté ses pas
Vers un palais qu'on ne connaissait pas,
Et que jamais, avant cette aventure,
On n'avait vu dans ces lieux écartés;
Rien n'égalait sa bizarre structure.
 Le roi, surpris de tant de nouveautés,
Dit à Bonneau : « Qui m'aime doit me suivre;
Demain matin je veux au point du jour
Revoir l'objet de mon fidèle amour,
Reprendre Agnès, ou bien cesser de vivre. »
Il resta peu dans les bras du sommeil;
Et quand Phosphore[1], au visage vermeil,
Eut précédé les roses de l'Aurore,
Quand dans le ciel on attelait encore
Les beaux coursiers que conduit le Soleil[2],
Le roi, Bonneau, Dunois, et la Pucelle,
Allégrement se remirent en selle,
Pour découvrir ce superbe palais.
Charles disait : « Voyons d'abord ma belle;
Nous rejoindrons assez tôt les Anglais :
Le plus pressé, c'est de vivre avec elle. »

1. Phosphore ou Fosfore, porte-lumière qui précédait l'Aurore, laquelle précédait le char du Soleil. Tout était animé, tout était brillant dans l'ancienne mythologie. On ne peut trop en poésie déplorer la perte de ces temps de génie, remplis de belles fictions toutes allégoriques. Que nous sommes secs et arides en comparaison, nous autres *remués de barbares!*

2. Les anciens donnèrent un char au Soleil. Cela était fort commun : Zoroastre traversait les airs dans un char; Élie fut transporté au ciel dans un char lumineux. Les quatre chevaux du Soleil étaient blancs. Leurs noms étaient Pyroïs, Eoüs, Ethon, Phlégon, selon Ovide; c'est-à-dire l'enflammé, l'oriental, l'annuel, le brûlant. Mais, selon d'autres savants antiquaires, ils s'appelaient Érythrée, Actéon, Lampos, et Phlogée; c'est-à-dire le rouge, le lumineux, l'éclatant, le terrestre. Je crois que ces savants se sont trompés, et qu'ils ont pris les noms des quatre parties du jour pour ceux des chevaux; c'est une erreur grossière, que je démontrerai dans le prochain *Mercure*, en attendant les deux dissertations in-folio que j'ai faites sur ce sujet.

CHANT DIX-SEPTIÈME.

Argument. — Comment Charles VII, Agnès, Jeanne, Dunois, La Trimouille, etc., devinrent tous fous, et comment ils revinrent en leur bon sens par les exorcismes du R. P. Bonifoux, confesseur ordinaire du roi.

Oh! que ce monde est rempli d'enchanteurs!
Je ne dirai rien des enchanteresses.
Je t'ai passé, temps heureux des faiblesses,
Printemps des fous, bel âge des erreurs;
Mais à tout âge on trouve des trompeurs,
De vrais sorciers, tout-puissants séducteurs,
Vêtus de pourpre, et rayonnants de gloire;
Au haut des cieux ils vous mènent d'abord,
Puis on vous plonge au fond de l'onde noire,
Et vous buvez l'amertume et la mort.
Gardez-vous tous, gens de bien que vous êtes,
De vous frotter à de tels nécromans.
Et s'il vous faut quelques enchantements,
Aux plus grands rois préférez vos grisettes.
Hermaphrodix a bâti tout exprès
Le beau château qui retenait Agnès,
Pour se venger des belles de la France,
Des chevaliers, des ânes, et des saints
Dont la pudeur et les exploits divins
Avaient bravé sa magique puissance.
Quiconque entrait en ce maudit logis
Méconnaissait sur-le-champ ses amis,
Perdait le sens, l'esprit, et la mémoire,
L'eau du Léthé que les morts allaient boire,
Les mauvais vins, funestes aux vivants,
Ont des effets bien moins extravagants.
Sous les grands arcs d'un immense portique,
Amas confus de moderne et d'antique,
Se promenait un fantôme brillant,
Au pied léger, à l'œil étincelant,
Au geste vif, à la marche égarée,
La tête haute, et de clinquants parée.
On voit son corps toujours en action;
Et son nom est l'imagination :
Non cette belle et charmante déesse
Qui présida, dans Rome et dans la Grèce,
Aux beaux travaux de tant de grands auteurs,
Qui répandit l'éclat de ses couleurs,
Ses diamants, ses immortelles fleurs,

Sur plus d'un chant du grand peintre d'Achille,
Sur la Didon que célébra Virgile,
Et qui d'Ovide anima les accents;
Mais celle-là qu'abjure le bon sens,
Cette étourdie, effarée, insipide,
Que tant d'auteurs approchent de si près,
Qui les inspire, et qui servit de guide
Aux Scudéri, Lemoine, Desmarets[1].
Elle répand ses faveurs les plus chères
Sur nos romans, nos nouveaux opéra;
Et son empire assez longtemps dura
Sur le théâtre, au barreau, dans les chaires.
Près d'elle était le Galimatias,
Monstre bavard caressé dans ses bras,
Nommé jadis le docteur séraphique[2]
Subtil, profond, énergique, angélique,
Commentateur d'imagination,
Et créateur de la confusion.
Qui depuis peu fit *Marie Alacoque*[3].
Autour de lui voltigent l'Équivoque,
La louche Énigme, et les mauvais Bons Mots,
A double sens, qui font l'esprit des sots,
Les Préjugés, les Méprises, les Songes,
Les Contre-Sens, les absurdes Mensonges,
Ainsi qu'on voit aux murs d'un vieux logis
Les chats-huants et les chauves-souris.
Quoi qu'il en soit, ce damnable édifice
Fut fabriqué par un tel artifice,
Que tout mortel qui dans ces lieux viendra
Perdra l'esprit tant qu'il y restera.

   A peine Agnès, avec sa douce escorte,
De ce palais avait touché la porte,
Que Bonifoux, ce grave confesseur,
Devint l'objet de sa fidèle ardeur;
Elle le prend pour son cher roi de France
« O mon héros! ô ma seule espérance!
Le juste ciel vous rend à mes souhaits.
Ces fiers Bretons sont-ils par vous défaits?
N'auriez-vous point reçu quelque blessure?

---

1. Scudéri, auteur d'*Alaric*, poëme épique; Lemoine, jésuite, auteur de *Saint Louis*, ou *Louisiade*, poëme épique; Desmarets Saint-Sorlin, auteur de *Clovis*, poëme épique : ces trois ouvrages sont de terribles poëmes épiques.
2. Noms que prenaient les théologiens.
3. L'*Histoire de Marie Alacoque*, ouvrage rare par l'excès du ridicule, composé par Languet, alors évêque de Soissons. Ce passage nous indique que le fameux poëme que nous commentons fut fait vers l'an 1730, temps où il était beaucoup question de Marie Alacoque.

Ah! laissez-moi détacher votre armure. »
Lors elle veut, d'un effort tendre et doux,
Oter le froc du père Bonifoux,
Et, dans ses bras bientôt abandonnée,
L'œil enflammé, le cou vers lui tendu,
Cherche un baiser qui soit pris et rendu.
Charmante Agnès, que tu fus consternée,
Lorsque, cherchant un menton frais tondu,
Tu ne sentis qu'une barbe tannée,
Longue, piquante, et rude, et mal peignée!
Le confesseur tout effaré s'enfuit,
Méconnaissant la belle qui le suit.
La tendre Agnès, se voyant dédaignée,
Court après lui, de pleurs toute baignée.

Comme ils couraient dans ce vaste pourpris,
L'un se signant, et l'autre tout en larmes,
Ils sont frappés des plus lugubres cris.
Un jeune objet, touchant, rempli de charmes,
Avec frayeur embrassait les genoux
D'un chevalier qui, couvert de ses armes,
L'allait bientôt immoler sous ses coups.
Peut-on connaître à cette barbarie
Ce La Trimouille, et ce parfait amant
Qui de grand cœur, en tout autre moment,
Pour Dorothée aurait donné sa vie?
Il la prenait pour le fier Tirconel;
Elle n'avait nul trait en son visage
Qui ressemblât à cet Anglais cruel.
Elle cherchait le héros qui l'engage,
Le cher objet d'un amour immortel;
Et, lui parlant sans pouvoir le connaître,
Elle lui dit : « Ne l'avez-vous point vu,
Ce chevalier qui de mon cœur est maître,
Qui près de moi dans ces lieux est venu?
Mon La Trimouille, hélas! est disparu.
Que fait-il donc? de grâce, où peut-il être? »
Le Poitevin, à ces touchants discours,
Ne connut point ses fidèles amours.
Il croit entendre un Anglais implacable,
Qui vient sur lui prêt à trancher ses jours.
Le fer en main il se met en défense,
Vers Dorothée en mesure il avance.
« Je te ferai, dit-il, changer de ton,
Fier, dédaigneux, triste, arrogant Breton,
Dur insulaire, ivre de bière forte;
C'est bien à toi de parler de la sorte,
De menacer un homme de mon nom!

Moi petit-fils des Poitevins célèbres,
Dont les exploits, au séjour des ténèbres,
Ont fait passer tant d'Anglais valeureux,
Plus fiers que toi, plus grands, plus généreux.
Eh quoi! ta main ne tire pas l'épée!
De quel effroi ta vile âme est frappée!
Fier en discours, et lâche en action,
Chevreuil anglais, Thersite d'Albion,
Fait pour brailler chez tes parlementaires,
Vite, essayons tous deux nos cimeterres.
Çà, qu'on dégaine, ou je vais de ma main
Signer ton front, des fronts le plus vilain,
Et t'appliquer sur ton large derrière,
A mon plaisir, deux cents coups d'étrivière. »
A ce discours qu'il prononce en fureur,
Pâle, éperdue, et mourante de peur,
« Je ne suis point Anglais, dit Dorothée,
J'en suis bien loin : comment, pourquoi, par où
Me vois-je ici par vous si maltraitée?
Dans quel danger je suis précipitée!
Je cherche ici le héros du Poitou.
— C'est une fille, hélas! bien tourmentée
Qui baise en pleurs votre noble genou. »
Elle parlait, mais sans être écoutée;
Et La Trimouille, étant tout à fait fou,
Allait déjà la prendre par le cou.
   Le confesseur, qui dans sa prompte fuite
D'Agnès Sorel évitait la poursuite,
Bronche en courant, et tombe au milieu d'eux;
Le Poitevin veut le prendre aux cheveux,
N'en trouve point, roule avec lui par terre.
La belle Agnès, qui le suit et le serre,
Sur lui trébuche, en poussant des clameurs
Et des sanglots qu'interrompent ses pleurs.
Et sous eux tous se débat Dorothée,
Très en désordre et fort mal ajustée.
   Tout au milieu de ce conflit nouveau,
Le bon roi Charle, escorté de Bonneau,
Avec Dunois et la fière Pucelle,
Entre à la fois dans ce fatal château,
Pour y chercher sa maîtresse fidèle.
O grand pouvoir! ô merveille nouvelle!
A peine ils sont de cheval descendus,
Sous le portique à peine ils sont rendus,
Incontinent ils perdent la cervelle.
Tels dans Paris tous ces docteurs fourrés,
Pleins d'arguments sous leurs bonnets carrés,

Vont gravement vers la Sorbonne antique,
Séjour de noise, antre théologique,
Où la Dispute et la Confusion
Ont établi leur sacré domicile,
Et dont jamais n'approcha la Raison.
Nos révérends arrivent à la file;
Ils avaient l'air d'être de sens rassis;
Chacun passait pour sage en son logis.
On les prendrait pour des gens fort honnêtes,
Point querelleurs et point extravagants,
Quelques-uns même étaient de bonnes têtes;
Ils sont tous fous quand ils sont sur les bancs.
 Charle, enivré de joie et de tendresse,
Les yeux mouillés, tout pétillant d'ardeur,
Et ressentant un battement de cœur,
Disait, d'un ton d'amour et de langueur:
« Ma chère Agnès, ma pudique maîtresse,
Mon paradis, précis de tous les biens,
Combien de fois, hélas! fus-tu perdue!
A mes désirs te voilà donc rendue!
Perle d'amour, je te vois, je te tiens;
Oh! que tu fais une charmante mine!
Mais tu n'as plus cette taille si fine
Que je pouvais embrasser autrefois,
En la serrant du bout de mes dix doigts.
Quel embonpoint! quel ventre! quelles fesses!
Voilà le fruit de nos tendres caresses;
Agnès est grosse, Agnès me donnera
Un beau bâtard qui pour nous combattra.
Je veux greffer, dans l'ardeur qui m'emporte,
Ce fruit nouveau sur l'arbre qui le porte.
Amour le veut; il faut que dans l'instant
J'aille au-devant de cet aimable enfant. »
 A qui le roi se faisait-il entendre?
A qui tient-il ce discours noble et tendre?
Qui tenait-il dans ses bras amoureux?
C'était Bonneau, soufflant, suant, poudreux;
C'était Bonneau; jamais homme en sa vie
Ne se sentit l'âme plus ébahie.
Charles, pressé d'un désir violent,
D'un bras nerveux le pousse tendrement;
Il le renverse; et Bonneau pesamment
S'en va tomber sur la troupe mêlée
Qui de son poids se sentit accablée.
Ciel! que de cris et que de hurlements!
Le confesseur reprit un peu ses sens;
Sa grosse panse était juste portée

Dessus Agnès et dessous Dorothée;
Il se relève, il marche, il court, il fuit;
Tout haletant le bon Bonneau le suit.
Mais La Trimouille à l'instant s'imagine
Que sa beauté, sa maîtresse divine,
Sa Dorothée était entre les bras
Du Tourangeau qui fuyait à grands pas.
Il court après, il le presse, il lui crie :
« Rends-moi mon cœur, bourreau, rends-moi ma vie.
Attends, arrête. » En prononçant ces mots,
D'un large sabre il frappe son gros dos.
Bonneau portait une épaisse cuirasse,
Et ressemblait à la pesante masse
Qui dans la forge à grand bruit retentit
Sous le marteau qui frappe et rebondit.
La peur hâtait sa marche écarquillée.
Jeanne, voyant le Bonneau qui trottait,
Et les grands coups que l'autre lui portait,
Jeanne casquée, et de fer habillée,
Suit à grands pas La Trimouille, et lui rend
Tout ce qu'il donne au royal confident.
Dunois, la fleur de la chevalerie,
Ne souffre pas qu'on attente à la vie
De La Trimouille, il est son cher appui;
C'est son destin de combattre pour lui :
Il le connaît; mais il prend la Pucelle
Pour un Anglais; il vous tombe sur elle,
Il vous l'étrille ainsi qu'elle étrillait
Le Poitevin, qui toujours chatouillait
L'ami Bonneau, qui lourdement fuyait.
 Le bon roi Charle, en ce désordre extrême,
Dans son Bonneau voit toujours ce qu'il aime;
Il voit Agnès. Quel état pour un roi,
Pour un amant des amants le plus tendre!
Nul ennemi ne lui cause d'effroi;
Contre une armée il voudrait la défendre.
Tous ces guerriers après Bonneau courants
Sont à ses yeux des ravisseurs sanglants.
L'épée au poing sur Dunois il s'élance;
Le beau bâtard se retourne, et lui rend
Sur la visière un énorme fendant.
Ah! s'il savait que c'est le roi de France,
Qu'il se verrait avec un œil d'horreur!
Il périrait de honte et de douleur.
En même temps Jeanne, par lui frappée,
Lui répondit de sa puissante épée;
Et le bâtard, incapable d'effroi,

Frappe à la fois sa maîtresse et son roi,
A droite, à gauche, il lance sur leurs têtes
De mille coups les rapides tempêtes.
Charmant Dunois, belle Jeanne, amants!
Ciel! quels seront vos regrets et vos larmes,
Quand vous saurez qui poursuivent vos armes
Et qui vous frotte, et qui vous combattait!
Le Poitevin, dans l'horrible mêlée,
De temps en temps appesantit son bras
Sur la Pucelle, et rossa ses appas.
L'ami Bonneau ne les imite pas;
Sa grosse tête était la moins troublée,
Il recevait, mais il ne rendait point.
Il court toujours, Bonifoux le précède,
Aiguillonné de la peur qui le point.
Le tourbillon que la rage possède,
Tous contre tous, assaillants, assaillis,
Battants, battus, dans ce grand chamaillis,
Criant, hurlant, parcourent le logis.
Agnès en pleurs, Dorothée éperdue,
Crie : « Au secours ! on m'égorge, on me tue. »
Le confesseur, plein de contrition,
Menait toujours cette procession.

Il aperçoit à certaine fenêtre
De ce logis le redoutable maître,
Hermaphrodix, qui contemplait gaîment
Des bons Français le barbare tourment,
Et se tenait les deux côtés de rire.
Bonifoux vit que ce fatal empire
Était, sans doute, une œuvre du démon.
Il conservait un reste de raison;
Son long capuce et sa large tonsure
A sa cervelle avaient servi d'armure.
Il se souvint que notre ami Bonneau
Suivait toujours l'usage antique et beau
Très-sagement établi par nos pères,
D'avoir sur soi les choses nécessaires,
Muscade, clou, poivre, girofle et sel,
Pour Bonifoux, il avait son missel;
Il aperçut une fontaine claire,
Il y courut, sel et missel en main,
Bien résolu d'attraper le malin.

1. C'est ce qu'on appelait autrefois *cuisine de poche*, et ce que signifie
ce vers d'une comédie :

Porte cuisine en poche, et poivre concassé.

* Regnard, *le Joueur*, acte IV, sc. II. (fin.)

CHANT XVII.

Le voilà donc qui travaille au mystère ;
Il dit tout bas : *Sanctam Catholicam,
Papam, Romam, aquam benedictam ;*
Puis de Bonneau prend la tasse, et va vite
Adroitement asperger d'eau bénite
Le farfadet né de la belle Alix.
Chez les païens l'eau brûlante du Styx
Fut moins fatale aux âmes criminelles,
Son cuir tanné fut couvert d'étincelles ;
Un gros nuage, enfumé, noir, épais,
Enveloppa le maître et le palais.
Les combattants, couverts d'une nuit sombre,
Couraient encore et se cherchaient dans l'ombre.
Tout aussitôt le palais disparut ;
Plus de combat, d'erreur ni de méprise ;
Chacun se vit, chacun se reconnut ;
Chaque cervelle en son lieu fut remise,
A nos héros un seul moment rendit
Le peu de sens qu'un seul moment perdit,
Car la folie, hélas ! ou la sagesse,
Ne tient à rien dans notre pauvre espèce.
C'était alors un grand plaisir de voir
Ces paladins aux pieds du moine noir,
Le bénissant, chantant des litanies,
Se demandant pardon de leurs folies.
O La Trimouille ! ô vous, royal amant !
Qui me peindra votre ravissement ?
On n'entendait que ces mots ; « Ah ! ma belle,
Mon tout, mon roi, mon ange, ma fidèle,
C'est vous ! c'est toi ! jour heureux ! doux moments ! »
Et des baisers, et des embrassements,
Cent questions, cent réponses pressées ;
Leur voix ne peut suffire à leurs pensées
Le confesseur, d'un paternel regard,
Les lorgnait tous, et priait à l'écart.
Le grand bâtard et sa fière maîtresse
Modestement s'expliquaient leur tendresse.
De leurs amours le rare compagnon
Élève alors la tête avec le ton ;
Il entonna l'octave discordante
De son gosier de cornet à bouquin.
A cette octave, à ce bruit tout divin,
Tout fut ému ; la nature tremblante
Frémit d'horreur ; et Jeanne vit soudain
Tomber les murs de ce palais magique,
Cent tours d'acier et cent portes d'airain,
Comme autrefois la horde mosaïque

Fit voir, au son de sa trompe hébraïque,
De Jéricho le rempart écroulé,
Réduit en poudre, à la terre égalé.
Le temps n'est plus de semblable pratique.
Alors, alors ce superbe palais,
Si brillant d'or, et noirci de forfaits,
Devint un ample et sacré monastère.
Le salon fut en chapelle changé.
Le cabinet où ce maître enragé
Avait dormi dans le vice plongé
Transmué fut en un beau sanctuaire.
L'ordre de Dieu, qui préside aux destins,
Ne changea point la salle des festins ;
Mais elle prit le nom de réfectoire ;
On y bénit le manger et le boire.
Jeanne, le cœur élevé vers les saints,
Vers Orléans, vers le sacre de Reims,
Dit à Dunois : « Tous nous est favorable
Dans nos amours et dans nos grands desseins ;
Espérons tout ; soyez sûr que le diable
A contre nous fait son dernier effort. »
Parlant ainsi, Jeanne se trompait fort.

CHANT DIX-HUITIÈME.

ARGUMENT. — Disgrâce de Charles et de sa troupe dorée

Je ne connais dans l'histoire du monde
Aucun héros, aucun homme de bien,
Aucun prophète, aucun parfait chrétien,
Qui n'ait été la dupe d'un vaurien,
Ou des jaloux, ou de l'esprit immonde.
La Providence en tout temps éprouva
Mon bon roi Charle avec mainte détresse.
Dès son berceau fort mal on l'éleva ;
Le Bourguignon poursuivit sa jeunesse.[2]
De tous ses droits son père le priva.
Le parlement de Paris près Gonesse[3]

---

1. Jéricho, comme vous savez, tomba au son des cornemuses ; c'est un événement très-commun.
2. Le duc de Bourgogne, qui assassina le duc d'Orléans. Mais le bon Charles le lui rendit bien au pont de Montereau.
3. Gonesse, village auprès de Paris, célèbre par ses boulangers et par plusieurs combats.

Tuteur des rois, son pupille ajourna[1];
De ses beaux lis un chef anglais s'orna;
Il fut errant, manqua souvent de messe
Et de dîner; rarement séjourna
En même lieu. Mère[2], oncle, ami, maîtresse,
Tout le trahit ou tout l'abandonna.
Un page anglais partagea la tendresse
De son Agnès; et l'enfer déchaîna
Hermaphrodix, qui par magique adresse
Pour quelque temps la tête lui tourna.
Il essuya des traits de toute espèce;
Il les souffrit, et Dieu lui pardonna.

 De nos amants la troupe fière et leste
S'acheminait loin du château funeste
Où Belzébut dérangea le cerveau
Des chevaliers, d'Agnès, et de Bonneau.
Ils côtoyaient la forêt vaste et sombre
Qui d'Orléans porte aujourd'hui le nom.
A peine encor l'épouse de Tithon
En se levant mêlait le jour à l'ombre
On aperçut de loin des hoquetons,
Au rond bonnet, aux écourtés jupons;
Leur corselet paraissait mi-partie
De fleurs de lis et de trois léopards[3].
Le roi fit halte, en fixant ses regards
Sur la cohorte en la forêt blottie.
Dunois et Jeanne avancent quelques pas.
La tendre Agnès, étendant ses beaux bras,
Dit à son Charle : « Allons, fuyons, mon maître. »
Jeanne en courant s'approcha, vit paraître
Des malheureux deux à deux enchaînés,
Les yeux en terre, et les fronts consternés.
« Hélas ! ce sont des chevaliers, dit-elle,
Qui sont captifs; et c'est notre devoir
De délivrer cette troupe fidèle.
Allons, bâtard, allons et faisons voir
Ce qu'est Dunois et ce qu'est la Pucelle. »
Lance en arrêt, ils fondent à ces mots
Sur les soldats qui gardaient ces héros.
Au fier aspect de la puissante Jeanne
Et de Dunois, et plus encor de l'âne,

---

1. Charles VII, ajourné à la table de marbre par l'avocat général Desmarets.
2. Sa propre mère, Isabelle de Bavière, fut celle qui le persécuta le plus. Elle pressa le traité de Troyes, par lequel son gendre, le roi d'Angleterre, Henri V, eut la couronne de France.
3. Ce sont les armes d'Angleterre.

D'un pas léger ces prétendus guerriers
S'en vont au loin comme des lévriers.
Jeanne aussitôt, de plaisir transportée,
Complimenta la troupe escortée.
« Beaux chevaliers, que l'Anglais mit aux fers,
Remerciez le roi qui vous délivre,
Baisez sa main, soyez prêts à le suivre,
Et vengeons-nous de ces Anglais pervers. »
Les chevaliers, à cette offre courtoise,
Montraient encore une face sournoise,
Baissaient les yeux... Lecteurs impatients,
Vous demandez qui sont ces personnages
Dont la Pucelle animait les courages.
Ces chevaliers étaient des garnements
Qui, dans Paris payés pour leur mérite,
Allaient ramer sur le dos d'Amphitrite;
On les connut à leurs accoutrements.
En les voyant le bon Charles soupire.
« Hélas ! dit-il, ces objets dans mon cœur
Ont enfoncé les traits de la douleur.
Quoi ! les Anglais règnent dans mon empire !
C'est en leur nom que l'on rend des arrêts,
C'est pour eux seuls que l'on dit des prières !
C'est de leur part, hélas ! que mes sujets
Sont de Paris envoyés aux galères ! »
Puis le bon prince avec compassion
Daigne approcher du maître compagnon
Qui de la file était mis à la tête.
Nul malandrin n'eut l'air plus malhonnête;
Sa barbe torse ombrage un long menton,
Ses yeux tournés, plus menteurs que sa bouche,
Portent en bas un regard double et louche;
Ses sourcils roux, mélangés et retors,
Semblent loger la fraude et l'imposture;
Sur son front large est l'audace et l'injure,
L'oubli des lois, le mépris des remords;
Sa bouche écume, et sa dent toujours grince.
 Le sycophante, à l'aspect de son prince,
Affecte un air humble, dévot, contrit,
Baisse les yeux, compose et radoucit
Les traits hagards de son affreux visage.
Tel est un dogue au regard impudent,
Au gosier rauque, affamé de carnage;
Il voit son maître, il rampe doucement,
Lèche ses mains, le flatte en son langage,
Et pour du pain devient un vrai mouton.
Ou tel encore on nous peint le démon,

CHANT XVIII.

Qui, s'échappant des gouffres du Tartare,
Cache sa queue et sa griffe barbare,
Vient parmi nous, prend la mine et le ton,
Le front tondu d'un jeune anachorète,
Pour mieux tenter sœur Rose ou sœur Discrète.
 Le roi des Francs, trompé par le félon,
Lui témoigna commisération,
L'encouragea par un discours affable :
« Dis-moi quel est ton métier, pauvre diable,
Ton nom, ta place, et pour quelle action
Le Châtelet, avec tant d'indulgence,
Te fait ramer sur les mers de Provence. »
Le condamné, d'un ton de doléance,
Lui répondit : « O monarque trop bon !
Je suis de Nantes, et mon nom est Frélon[1].
J'aime Jésus d'un feu pur et sincère ;
Dans un couvent je fus quelque temps frère ;
J'en ai les mœurs, et j'eus dans tous les temps
Un très-grand soin du salut des enfants.
A la vertu je consacrai ma vie.
Sous les charniers qu'on dit des Innocents,
Paris m'a vu travailler de génie ;
J'ai vendu cher mes feuilles à Lambert ;
Je suis connu dans la place Maubert ;
C'est là surtout qu'on m'a rendu justice.
Des indévots quelquefois par malice
M'ont reproché les faiblesses du froc,
Celles du monde et quelques tours d'escroc ;
Mais j'ai pour moi ma bonne conscience. »
 Ce bon propos toucha le roi de France.
« Console-toi, dit-il, et ne crains rien.
Dis-moi, l'ami, si chaque camarade
Qui vers Marseille allait en ambassade
Ainsi que toi fut un homme de bien.
 — Ah! dit Frélon, sur ma foi de chrétien,
Je réponds d'eux ainsi que de moi-même :
Nous sommes tous en un moule jetés.
L'abbé Coyon[2], qui marche à mes côtés,

---

1. Selon les chroniques de ce temps-là, il y avait un misérable de ce nom qui écrivait des feuilles sous les charniers Saints-Innocents. Il fit quelques tours de passe-passe, pour lesquels il fut enfermé plusieurs fois au Châtelet, à Bicêtre, et au For-l'Évêque. Il avait été quelque temps moine, et s'était fait chasser du couvent : il réussit beaucoup dans le nouveau métier qu'il embrassa. Plusieurs célèbres écrivains lui ont rendu justice. Il était originaire de Nantes, et exerçait à Paris la profession de gazetier satirique. Jamais homme ne fut plus méprisé et plus détesté que lui, comme dit la *Chronique* de Froissart.
2. Coyon ou Guyon, auteur du temps de Charles VII. Il composa une

Quoi qu'on en dise, est bien digne qu'on l'aime ;
Point étourdi, point brouillon, point menteur,
Jamais méchant ni calomniateur.
Maître Chaumé [1], dessous sa mine basse,
Porte un cœur haut, plein d'une sainte audace ;
Pour sa doctrine il se ferait fesser.
Maître Gauchat [2] pourrait embarrasser
Tous les rabbins sur le texte et la glose.
Voyez plus loin cet avocat sans cause ;
Il a quitté le barreau pour le ciel.
Ce Sabotier [3] est tout pétri de miel.
Ah ! l'esprit fin ! le bon cœur ! le saint prêtre !
Il est bien vrai qu'il a trahi son maître,
Mais sans malice et pour très-peu d'argent ;
Il s'est vendu, mais c'est au plus offrant.
Il trafiquait comme moi de libelles :
Est-ce un grand mal ? on vit de son talent.
Employez-nous ; nous vous serons fidèles.
En ce temps-ci la gloire et les lauriers
Sont dévolus aux auteurs des charniers.
Nos grands succès ont excité l'envie ;
Tel est le sort des auteurs, des héros,
Des grands esprits, et surtout des dévots :
Car la vertu fut toujours poursuivie.
O mon bon roi ! qui le sait mieux que vous ? »
    Comme il parlait sur ce ton tendre et doux,
Charle aperçut deux tristes personnages,
Qui des deux mains cachaient leurs gros visages.
« Qui sont, dit-il, ces deux rameurs honteux ? »
    — Vous voyez là, reprit l'homme aux semaines [4],
Les plus discrets et les plus vertueux
De ceux qui vont sur les liquides plaines.
L'un est Fantin [5], prédicateur des grands,

Histoire romaine, détestable à la vérité, mais qui était passable pour le temps. Il fit aussi *l'Oracle des philosophes*. C'est un tissu ridicule de calomnies. Aussi il s'en repentit sur la fin de sa vie, comme le dit Monstrelet.
 1. Autre calomniateur du temps*. — 2. Autre calomniateur.
 3. L'abbé Sabotier, ou Sabatier, natif de Castres, auteur de deux espèces de dictionnaires, où il dit le pour et le contre ; calomniateur effronté, et le tout pour de l'argent. Il trahit son maître, M. le comte de L...c, et fut chassé d'une manière un peu rude, dont il s'est ressenti longtemps.
 4. Frélon donnait alors toutes les semaines une feuille, dans laquelle il hasardait quelquefois de petits mensonges, de petites calomnies, de petites injures, pour lesquels il fut repris de justice, comme on l'a déjà dit.
 5. Il semble que ce chant de l'abbé Trithème soit une prophétie : en

* Chaumeix. (Éd.)

Humble avec eux, aux petits débonnaire ;
Sa piété ménagea les vivants ;
Et, pour cacher le bien qu'il savait faire,
Il confessait et volait les mourants.
L'autre est Brizet[1], directeur de nonnettes,
Peu soucieux de leurs faveurs secrètes,
Mais s'appliquant sagement les dépôts,
Le tout pour Dieu. Son âme pure et sainte
Méprisait l'or ; mais il était en crainte
Qu'il ne tombât aux mains des indévots.
Pour le dernier de la noble séquelle,
C'est mon soutien, c'est mon cher La Beaumelle[2],
De dix gredins qui m'ont vendu leur voix,
C'est le plus bas, mais c'est le plus fidèle ;
Esprit distrait, on prétend que parfois,
Tout occupé de ses œuvres chrétiennes,

effet, nous avons vu un Fantin, docteur et curé à Versailles, qui fut aperçu volant un rouleau de cinquante louis à un malade qu'il confessait. Il fut chassé, mais il ne fut pas pendu.

1. Autre prophétie. Tout Paris a vu un abbé Brizet*, fameux directeur de femmes de qualité, dissiper en débauches sourdes l'argent qu'il extorquait de ses dévotes, et qu'on lui remettait en dépôt pour le soulagement des pauvres. Il y a grande apparence que quelque homme instruit de nos mœurs a inséré une partie de cette tirade dans cette nouvelle édition du divin poëme de l'abbé Trithème. Il aurait bien dû dire un mot de l'abbé Lacoste, condamné à être marqué d'un fer chaud, et aux galères perpétuelles, en l'an de grâce 1759, pour plusieurs crimes de faux. Cet abbé Lacoste avait travaillé avec Frélon à l'*Année littéraire.*

2. La Beaumelle, natif d'un village près de Castres, prédicant quelque temps à Genève, précepteur chez M. de Boisy ; puis réfugié à Copenhague. Chassé de ce pays, il alla à Gotha, où l'on vola la toilette d'une dame et ses dentelles ; il s'enfuit avec la femme de chambre qui avait commis ce vol, ce qui est connu de toute la cour de Gotha. Il a été mis au cachot deux fois à Paris, ensuite en a été banni : et ce malheureux a trouvé enfin de la protection. C'est lui qui est l'auteur d'un mauvais petit ouvrage intitulé *mes Pensées,* dans lequel il vomit les plus lâches injures contre presque tous les gens en place. C'est lui qui a falsifié les *Lettres de Mme de Maintenon,* et les a fait imprimer avec les notes les plus scandaleuses et les plus calomnieuses. Il fit imprimer à Francfort, en quatre petits volumes, le *Siècle de Louis XIV,* qu'il falsifia et qu'il chargea de remarques, non-seulement rebutantes par la plus crasse ignorance, mais punissables par les calomnies atroces répandues contre la maison royale et contre les plus illustres maisons du royaume.

Tous ceux dont il est ici question ont écrit des volumes d'ordures contre celui qui daigne ici les faire connaître. Il y a des gens qui sont bien aises de voir insulter, calomnier, par des gredins, les hommes célèbres dans les arts. Ils leur disent : « N'y faites pas attention, laissez crier ces misérables, afin que nous ayons le plaisir de voir des gueux vous jeter de la boue. » Nous ne pensons pas ainsi ; nous croyons qu'il faut punir les gueux quand ils sont insolents et fripons, et surtout quand ils ennuient. Ces anecdotes trop véritables se trouvent en vingt endroits, et doivent s'y trouver, comme des sentences affichées contre les malfaiteurs au coin de toutes les rues. « Oportet cognosci malos. »

* Grizel. (ÉD.)

Il prend d'autrui les poches pour les siennes.
Il est d'ailleurs si sage en ses écrits !
Il sait combien, pour les faibles esprits,
La vérité souvent est dangereuse,
Qu'aux yeux des sots sa lumière est trompeuse,
Qu'on en abuse; et ce discret auteur
Qui toujours d'elle eut une sage peur,
A résolu de ne la jamais dire.
Moi, je la dis à Votre Majesté.
Je vois en vous un héros que j'admire,
Et je l'apprends à la postérité.
Favorisez ceux que la calomnie
Voulut noircir de son souffle empesté;
Sauvez les bons des filets de l'impie;
Délivrez-nous, vengez-nous, payez-nous;
Foi de Frélon, nous écrirons pour vous. »
  Alors il fit un discours pathétique
Contre l'Anglais et pour la loi salique;
Et démontra que bientôt sans combat
Avec sa plume il défendrait l'État.
Charle admira sa profonde doctrine;
Il dit à tous une quarantaine mine,
Les assurant avec compassion
Qu'il les prenait sous sa protection.
La belle Agnès présente à l'entrevue
S'attendrissait; je sentais tout émue.
Son cœur est bon ; femme qui fait l'amour
A la douceur est toujours plus encline.
Que femme prude ou bien femme héroïne.
« Non, foi, dit-elle, avouez que ce jour
Est fortuné pour cette pauvre race
Puisque les gens contemplent votre face.
Ils sont heureux; leurs fers seront brisés.
Votre visage est visage de grâce.
Les gens de loi sont des gens bien osés
D'instrumenter au nom d'un autre maître.
C'est mon amant qu'on doit seul reconnaître.
Ce sont pédants en juges déguisés.
Je les ai vus, ces héros d'écritoire,
De nos bons rois ces auteurs prétendus,
Bourgeois altiers, tyrans en robe noire,
A leur pupille ôter ses revenus,
Par-devant eux le citer en personne
Et gravement confisquer sa couronne.
Les gens de bien qui sont à vos genoux
Par leurs arrêts sont traités comme vous.
Protégez-les, vos causes sont communes :

Proscrit comme eux, vengez leurs infortunes. »
De ce discours le roi fut très-touché
Vers la clémence il a toujours penché.
Jeanne, dont l'âme est d'espèce moins tendre,
Soutint au roi qu'il les fallait tous pendre;
Que les Frélons, et gens de ce métier,
N'étaient tous bons qu'à garnir un poirier.
Le grand Dunois, plus profond et plus sage,
En bon guerrier tint un autre langage.
« Souvent, dit-il, nous manquons de soldats;
Il faut des dos, des jambes, et des bras;
Ces gens en ont; et dans nos aventures,
Dans les assauts, les marches, les combats,
Nous pouvons bien nous passer d'écritures.
Enrôlons-les; mettons-leur dès demain,
Au lieu de rame, un mousquet à la main.
Ils barbouillaient du papier dans les villes;
Qu'aux champs de Mars ils deviennent utiles. »
Du grand Dunois le roi goûta l'avis.
A ses genoux ces bonnes gens tombèrent
En soupirant, et de pleurs les baignèrent.
On les mena sous l'auvent d'un logis
Où Charle, Agnès, et la troupe dorée,
Après dîner passèrent la soirée.
Agnès eut soin que l'intendant Bonneau
Fit bien manger la troupe délivrée.
On leur donna les restes du serdeau.
  Charle et les siens assez gaiement soupèrent.
Et puis Agnès et Charle se couchèrent.
En s'éveillant chacun fut bien surpris
De se trouver sans manteau, sans habits.
Agnès en vain cherche ses engageantes,
Son beau collier de perles jaunissantes,
Et le portrait de son royal amant.
Le gros Bonneau, qui gardait tout l'argent
Bien enfermé dans une bourse mince,
Ne trouve plus le trésor de son prince.
Linge, vaisselle, habits, tout est troussé,
Tout est parti. La horde griffonnante
Sous le drapeau du gazetier de Nante,
D'une main prompte et d'un zèle empressé,
Pendant la nuit avait débarrassé
Notre bon roi de son leste équipage.
Ils prétendaient que pour de vrais guerriers,
Selon Platon, le luxe est peu d'usage.
Puis s'esquivant par de petits sentiers,
Au cabaret la proie ils partagèrent.

Là par écrit doctement ils couchèrent
Un beau traité, bien moral, bien chrétien,
Sur le mépris des plaisirs et du bien.
On y prouva que les hommes sont frères,
Nés tous égaux, devant tous partager
Les dons de Dieu, les humaines misères,
Vivre en commun pour se mieux soulager.
Ce livre saint, mis depuis en lumière,
Fut enrichi d'un docte commentaire
Pour diriger *et l'esprit et le cœur*,
Avec préface et l'avis au lecteur.
  Du clément roi la maison consternée
Est cependant au trouble abandonnée.
On court en vain dans les champs, dans les bois.
Ainsi jadis on vit le bon Phinée,
Prince de Thrace, et le pieux Énée,
Tout effarés et de frayeur pantois,
Quand à leur nez les gloutonnes harpies
Juste à midi de leurs antres sorties,
Vinrent manger le dîner de ces rois.
Agnès timide, et Dorothée en larmes,
Ne savent plus comment couvrir leurs charmes;
Le bon Bonneau, fidèle trésorier,
Les faisait rire à force de crier
« Ah ! disait-il, jamais pareille perte
Dans nos combats ne fut par nous soufferte.
Ah ! j'en mourrai, les fripons m'ont tout pris.
Le roi mon maître est trop bon, quand j'y pense;
Voilà le prix de son trop d'indulgence,
Et ce qu'on gagne avec les beaux esprits. »
La douce Agnès, Agnès compatissante,
Toujours accorte et toujours bien disante,
Lui répliqua : « Mon cher et gros Bonneau,
Pour Dieu, gardez qu'une telle aventure
Ne vous inspire un dégoût tout nouveau

1. Les harpies Céléno, Ocypète, et Aello, filles de Neptune et de Terre, venaient manger tous les mets qu'on servait sur la table du roi de Thrace Phinée, et infectaient toute la maison. Zétès et Calaïs, fils de Borée, chassèrent ces harpies jusque vers les îles Strophades, près la Grèce. Elles traitèrent Énée comme Phinée, mais Virgile en fait prophétesses : voilà de plaisantes créatures pour être inspirées de Di

> *Virginei volucrum vultus, fœdissima ventris*
> *Proluvies, uncæque manus, et pallida semper*
> *Ora fame.*

Elles se plaignent à Énée de ce qu'il veut leur faire la guerre pour quelques morceaux de bœuf, et lui prédisent que pour sa peine il sera contraint un jour de manger ses assiettes en Italie. Les amateurs des anciens disent que cette fiction est fort belle.

Pour les auteurs et la littérature.
Car j'ai connu de très-bons écrivains,
Ayant le cœur aussi pur que les mains,
Sans le voler aimant le roi leur maître,
Faisant du bien sans chercher à paraître,
Parlant en prose, en vers mélodieux,
De la vertu, mais la pratiquant mieux;
Le bien public est le fruit de leurs veilles;
Le doux plaisir, déguisant leurs leçons,
Touche les cœurs en charmant les oreilles;
On les chérit; et, s'il est des frelons
Dans notre siècle, on trouve des abeilles. »
— Bonneau reprit : « Eh! que m'importe, hélas!
Frelon, abeille, et tout ce vain fatras?
Il faut dîner, et ma bourse est perdue. »
On le console; et chacun s'évertue,
En vrais héros endurcis aux revers,
A réparer les dommages soufferts.
On s'achemine aussitôt vers la ville,
Vers ce château, le noble et sûr asile
Du grand roi Charle et de ses paladins,
Garni de tout, et fourni de bons vins.
Nos chevaliers à moitié s'équipèrent,
Fort simplement les dames s'ajustèrent.
On arriva mal en point, harassé,
Un pied tout nu, l'autre à demi chaussé.

CHANT DIX-NEUVIÈME.

ARGUMENT. — Mort du brave et tendre La Trimouille et de la charmante Dorothée. Le dur Tirconel se fait chartreux.

Sœur de la Mort, impitoyable Guerre,
Droit des brigands que nous nommons héros,
Monstre sanglant, né des flancs d'Atropos,
Que tes forfaits ont dépeuplé la terre!
Tu la couvris et de sang et de pleurs.
Mais quand l'Amour joint encor ses malheurs
A ceux de Mars, lorsque la main chérie
D'un tendre amant de faveurs enivré
Répand un sang par lui-même adoré,
Et qu'il voudrait racheter de sa vie
Lorsqu'il enfonce un poignard égaré
Au même sein que ses lèvres brûlantes
Ont marqueté d'empreintes si touchantes;

LA PUCELLE.

Qu'il voit fermer à la clarté du jour.
Ces yeux aimés qui respiraient l'amour,
D'un tel objet les peintures terribles
Font plus d'effet sur les cœurs les sensibles
Que cent guerriers qui terminent leur sort
Payés d'un roi pour courir à la mort.

Charle, entouré de la troupe royale,
Avait repris cette raison fatale
Présent maudit dont on fait tant de cas,
Et s'en servait pour chercher les combats.
Ils cheminaient vers les murs de la ville,
Vers ce château, son noble et sûr asile,
Où se gardaient ces magasins de Mars,
Ce long amas de lances et de dards,
Et les canons que l'enfer en sa rage
Avait fondus pour notre affreux usage.
Déjà des tours le faîte paraissait ;
La troupe en hâte au grand trot avançait
Pleine d'espoir ainsi que de courage.
Mais La Trimouille, honneur des Poitevins,
Et des amants, allant près de sa dame
Au petit pas, et parlant de sa flamme,
Manqua sa route et prit d'autres chemins.

Dans un vallon qu'arrose une onde pure,
Au fond d'un bois de cyprès toujours verts,
Qu'en pyramide a formés la nature,
Et dont le faîte a bravé cent hivers,
Il est un antre où souvent les Naïades
Et les Sylvains viennent prendre le frais.
Un clair ruisseau, par des conduits secrets,
Y tombe en nappe, et forme vingt cascades.
Un tapis vert est tendu tout auprès ;
Le serpolet, la mélisse amassée,
Le blanc jasmin, la jonquille odorante,
Y semblent dire aux bergers d'alentour :
« Reposez-vous sur ce lit de l'amour. »
Le Poitevin entendit ce langage
Du fond du cœur. L'haleine des zéphyrs,
Le lieu, le temps, sa tendresse, son âge,
Surtout sa dame, allument ses désirs.
Les deux amants de cheval descendirent,
Sur le gazon côte à côte se mirent ;
Et puis des fleurs, puis des baisers cueillirent.
Mars et Vénus, planant du haut des cieux,
N'ont jamais vu d'objets plus dignes d'eux.
Du fond des bois les Nymphes applaudirent,
Et les moineaux, les pigeons de ces lieux,

Prirent exemple, et s'en aimèrent mieux.
Dans le bois même était une chapelle,
Séjour funèbre à la mort consacré,
Où l'avant-veille on avait enterré
De Jean Chandos la dépouille mortelle.
Deux desservants, vêtus d'un blanc surplis,
Y dépêchaient de longs *De profundis*.
Paul Tirconel assistait au service,
Non qu'il goûtât ce dévot exercice,
Ils sont tous des...
Mais au défunt il était attaché.
Du preux Chandos il était frère d'armes,
Fier comme lui, comme lui débauché,
Ne connaissant ni l'amour ni les larmes,
Il conservait un reste d'amitié
Pour Jean Chandos, et dans sa violence
Il jurait Dieu qu'il en prendrait vengeance,
Plus par colère encor que par pitié.
    Il aperçut du coin d'une fenêtre
Les deux chevaux qui s'amusaient à paître
Vers la fontaine, où l'un et l'autre amant
A ses transports en secret s'abandonne,
Occupés d'eux, et ne voyant personne.
Paul Tirconel, dont l'esprit inhumain
Ne souffrait pas les plaisirs du prochain,
Grinça des dents, et s'écria : « Profanes,
C'est donc ainsi, dans votre indigne ardeur,
Que d'un héros vous insultez les mânes !
Rebut honteux d'une cour sans pudeur,
Vils ennemis, quand un Anglais succombe,
Vous célébrez ce rare évènement,
Vous l'outragez au sein du monument,
Et vous venez vous baiser sur sa tombe !
Parle, est-ce toi, discourtois chevalier,
Fait pour la cour et né pour la mollesse,
Dont la main faible aurait, par quelque adresse,
Donné la mort à ce puissant guerrier ?
Quoi ! sans parler tu lorgnes ta maîtresse !
Tu sens ta honte, et ton cœur se confond. »
    A ce discours La Trimouille répond :
« Ce n'est point moi ; je n'ai point cette gloire,
Dieu, qui conduit la valeur des héros,
Comme il lui plaît accorde la victoire.
Avec honneur je combattis Chandos,
Mais une main qui fut plus fortunée
Aux champs de Mars trancha sa destinée,
Et je pourrai peut-être dès ce jour

Punir aussi quelque Anglais à mon tour.
Comme un vent frais d'abord par son murmure
Frise en sifflant la surface des eaux,
S'élève, gronde, et, brisant les vaisseaux,
Répand l'horreur sur toute la nature :
Tels La Trimouille et le duc Tirconel
Se préparaient au terrible duel.
Par ces propos pleins d'ire et de menace,
Ils sont tous deux sans casque et sans cuirasse.
Le Poitevin sur les fleurs du gazon
Avait jeté près de sa Milanaise
Cuirasse, lance, et sabre, et morion,
Tout son harnois, pour être plus à l'aise ;
Car de quoi sert un grand sabre en amours ?
Paul Tirconel marchait armé toujours ;
Mais il laissa dans la chapelle ardente
Son casque d'or, sa cuirasse brillante,
Ses beaux brassards aux mains d'un écuyer.
Il ne garda qu'un large baudrier,
Qui soutenait sa lame étincelante.
Il la tira. La Trimouille à l'instant,
Prêt à punir ce brutal insulaire,
D'un saut léger à son arme sautant,
La ramassa tout bouillant de colère,
Et s'écriant : « Monstre cruel, attends,
Et tu verras bientôt ce que mérite
Un scélérat qui, faisant l'hypocrite,
S'en vient troubler un rendez-vous d'amants. »
Il dit, et pousse à l'Anglais formidable.
Tels en Phrygie Hector et Ménélas
Se menaçaient, se portaient de trépas,
Aux yeux d'Hélène affligée et coupable.[1]
    L'antre, le bois, l'air, le ciel retentit
Des cris perçants que jetait Dorothée :
Jamais l'amour ne l'a plus transportée ;
Son tendre cœur jamais ne ressentit
Un trouble égal. « Eh quoi ! sur le pré même
Où je goûtais les pures voluptés,
Dieux tout-puissants, je perdrais ce que j'aime !
Cher La Trimouille ! Ah ! barbare, arrêtez ;
Barbare Anglais, percez mon sein timide. »
    Disant ces mots, courant d'un pas rapide,

1. Vous savez, mon cher lecteur, qu'Hector et Ménélas se battirent, et qu'Hélène les regardait faire tranquillement. Dorothée a bien plus de vertu : aussi notre nation est bien plus vertueuse que celle des Grecs. Nos femmes sont galantes, mais au fond elles sont beaucoup plus tendres, comme je le prouve dans mon *Philosophe chrétien*.

CHANT XIX.

Les bras tendus, les yeux étincelants,
Elle s'élance entre les combattants.
De son amant la poitrine d'albâtre,
Ce doux satin, ce sein qu'elle idolâtre,
Était déjà vivement effleuré
D'un coup terrible à grand'peine paré.
Le beau Français, que sa blessure irrite,
Sur le Breton vole et se précipite.
Mais Dorothée était entre les deux.
O dieu d'amour ! ô ciel ! ô coup affreux !
O quel amant pourra jamais apprendre,
Sans arroser mes écrits de ses pleurs,
Que des amants le plus beau, le plus tendre,
Le plus comblé des plus douces faveurs,
A pu frapper sa maîtresse charmante !
Ce fer mortel, cette lame sanglante,
Perçait ce cœur, ce siége des amours,
Qui pour lui seul fut embrasé toujours.
Elle chancelle, elle tombe expirante,
Nommant encor La Trimouille… et la mort,
L'affreuse mort déjà s'emparait d'elle.
Elle le sent; elle fait un effort;
Rouvre les yeux qu'une nuit éternelle
Allait fermer; et de sa faible main,
De son amant touchant encor le sein,
Et lui jurant une ardeur immortelle,
Elle exhalait son âme et ses sanglots;
Et « J'aime… J'aime… » étaient les derniers mots
Que prononça cette amante fidèle.
C'était en vain. Son La Trimouille, hélas !
N'entendait rien. Les ombres du trépas
L'environnaient; il est tombé près d'elle,
Sans connaissance : il était dans ses bras
Teint de son sang, et ne le sentait pas.
A ce spectacle épouvantable et tendre,
Paul Tirconel demeura quelque temps
Glacé d'horreur; l'usage de ses sens
Fut suspendu. Tel on nous fait entendre
Que cet Atlas, que rien ne put toucher [1],
Prit autrefois la forme d'un rocher.
    Mais la pitié que l'aimable nature
Mit de sa main dans le fond de nos cœurs,
Pour adoucir les humaines fureurs,

1. Je crois que notre auteur entend par ces mots, *que rien ne put toucher*, la dureté de cœur que fit paraître Atlas quand il refusa l'hospitalité à Persée. Il le laissa coucher dehors, et Jupiter l'en punit, comme chacun sait, en le changeant en montagne.

Se fit sentir à cette âme si dure.
Il secourut Dorothée ; il trouva
Deux beaux portraits tous deux en miniature
Que Dorothée avec soin conserva
Dans tous les temps et dans toute aventure.
On voit dans l'un La Trimouille aux yeux bleus,
Aux cheveux blonds ; les traits de son visage
Sont fiers et doux ; la grâce et le courage
Y sont mêlés par un accord heureux.
Tirconel dit : « Il est digne qu'on l'aime »
Mais que dit-il, lorsqu'au second portrait
Il aperçut qu'on l'avait peint lui-même !
Il se contemple, il le voit trait pour trait.
Quelle surprise ! en son âme il rappelle
Que vers Milan voyageant autrefois,
Il a connu Carminetta la belle,
Noble et galante, aux Anglais peu cruelle,
Et qu'en partant au bout de quelques mois
La laissant grosse, il eut la complaisance
De lui donner, pour adoucir l'absence
Ce beau portrait que du Lombard Bellin *
La main savante a mis sur le vélin.
De Dorothée, hélas ! elle fut mère ;
Tout est connu ; Tirconel est son père.

Il était froid, indifférent, hautain,
Mais généreux, et dans le fond humain.
Quand la douleur à de tels caractères
Fait éprouver ses atteintes amères,
Ses traits sur eux font des impressions
Qui n'entrent point dans les cœurs ordinaires,
Trop aisément ouverts aux passions.
L'acier, l'airain plus lentement s'allume
Que les roseaux qu'un feu léger consume.
Ce dur Anglais voit sa fille à ses pieds
De son beau sang la mort s'est abreuvée,
Il la contemple, et ses yeux sont noyés
Des premiers pleurs qu'il versa de sa vie.
Il l'en arrose, il l'embrasse cent fois,
De hurlements il étonne les bois,
Et, maudissant la femme et la guerre,
Tombe à la fin sans haleine et sans voix.

A ces accents tu rouvris la paupière,
Tu vis le jour, La Trimouille ; et soudain
Tu détestas ce reste de lumière.

* Ce Bellin était en effet un contemporain : ce fut lui qui depuis peignit Mahomet II.

Il retira son arme meurtrière
Qui traversait cet adorable sein,
Sur l'herbe rouge il pose la poignée,
Puis sur la pointe avec force élancé,
D'un coup mortel il est bientôt percé,
Et de son sang sa maîtresse est baignée.

Aux cris affreux que poussa Tirconel,
Les écuyers, les prêtres accoururent;
Épouvantés du spectacle cruel,
Ces cœurs de glace ainsi que lui s'émurent,
Et Tirconel aurait suivi dans que
Les deux amants au séjour ténébreux.

Ayant enfin de ce désordre extrême
Calmé l'horreur, et rentrant en lui-même,
Il fit poser ces amants malheureux
Sur un brancard que des lances formèrent,
Au camp du roi des guerriers les portèrent
Et de leurs pleurs les chemins arrosèrent.

Paul Tirconel, homme en tout violent,
Prenait toujours son parti sur-le-champ,
Il déteste, depuis cette aventure,
Et femme, et fille, et toute la nature.
Il monte un barbe, et, courant sans valets,
L'œil morne et sombre, et ne parlant jamais,
Le cœur rongé, va dans son humeur noire
Droit à Paris, loin des rives de Loire,
En peu de jours il arrive à Calais,
S'embarque, et passe à sa terre natale,
C'est là qu'il prit la robe monacale
De saint Bruno[1], c'est là qu'en son ennui
Il mit le ciel entre le monde et lui,
Fuyant ce monde, et se fuyant lui-même,
C'est là qu'il fit un éternel carême,
Il y vécut sans jamais dire un mot,
Mais sans pouvoir jamais être dévot.

Quand le roi Charle, Agnès, et la guerrière,
Virent passer ce convoi douloureux,
Qu'on aperçut ces amants généreux,
Jadis si beaux et si longtemps heureux,
Souillés de sang et couverts de poussière,
Tous les esprits parurent effrayés,
Et tous les yeux de pleurs furent noyés.
On pleura moins dans la sanglante Troie
Quand de la mort Hector devint la proie.

1. Vous savez que Bruno fonda les chartreux, après avoir vu ce chanoine de Magdebourg qui parlait après sa mort.

Et lorsqu'Achille, en modeste vainqueur
Le fit traîner avec tant de douceur
Les pieds liés et la tête pendante,
Après son char qui volait sur les morts;
Car Andromaque au moins était vivante
Quand son époux passa les sombres bords.
  La belle Agnès, Agnès toute tremblante,
Pressait le roi, qui pleurait dans ses bras,
Et lui disait : « Mon cher amant, hélas !
Peut-être un jour nous serons l'un et l'autre
Portés ainsi dans l'empire des morts !
Ah! que mon âme, aussi bien que mon corps,
Soit à jamais unie avec la vôtre ! »
  A ces propos, qui portaient dans les cœurs
La triste crainte et les molles douleurs,
Jeanne prenant ce ton mâle et terrible,
Organe heureux d'un courage invincible,
Dit : « Ce n'est point par des gémissements
Par des sanglots, par des cris, par des larmes,
Qu'il faut venger ces deux nobles amants;
C'est par le sang : prenons demain les armes.
Voyez, ô roi, ces remparts d'Orléans,
Tristes remparts que l'Anglais environne.
Les champs voisins sont encor tout fumants
Du sang versé que vous-même en personne
Fîtes couler de vos royales mains.
Préparons-nous; suivez vos grands desseins :
C'est ce qu'on doit à l'ombre ensanglantée
De La Trimouille et de sa Dorothée.
Un roi doit vaincre, et non pas soupirer.
Charmante Agnès, cessez de vous livrer
Aux mouvements d'une âme douce et bonne.
A son amant Agnès doit inspirer
Des sentiments dignes de sa couronne. »
Agnès reprit : « Ah ! laissez-moi pleurer ! »

CHANT VINGTIÈME

ARGUMENT. — Comment Jeanne tomba dans une étrange tentation, tendre témérité de son âne; belle résistance de la Pucelle.

L'homme et la femme est chose bien fragile;
Sur la vertu gardez-vous de compter :
Ce vase est beau, mais il est fait d'argile,

1. Je soupçonne un peu d'ironie dans notre grave auteur.

Un rien le casse : on peut le rajuster,
Mais ce n'est pas entreprise facile.
Garder ce vase avec précaution,
Sans le ternir, croyez-moi, c'est un rêve :
Nul n'y parvient, témoin le mari d'Ève,
Et le vieux Loth, et l'aveugle Samson,
David le saint, le sage Salomon,
Et vous surtout, sexe doux, sexe aimable,
Tant du nouveau que du vieux Testament,
Et de l'histoire, et même de la fable.
Sexe dévot, je pardonne aisément
Vos petits tours et vos petits caprices,
Vos doux refus, vos charmants artifices,
Mais j'avouerai qu'il est de certains cas,
De certains goûts que je n'excuse pas.
J'ai vu parfois une bamboche, un singe,
Gros, court, tanné, tout velu sous le linge,
Comme un blondin caressé dans vos bras :
J'en suis fâché pour vos tendres appas.
Un âne ailé vaut cent fois mieux peut-être
Qu'un fat en robe et qu'un lourd petit-maître.
Sexe adorable, à qui j'ai consacré
Le don des vers dont je fus honoré,
Pour vous instruire il est temps de connaître
L'erreur de Jeanne, et comme un beau grison
Pour un moment égara sa raison :
Ce n'est pas moi, c'est le sage Trithème,
Ce digne abbé, qui vous parle lui-même.
 Le gros damné de père Grisbourdon,
Terrible encore au fond de sa chaudière,
En blasphémant cherchait l'occasion
De se venger de la Pucelle altière,
Par qui là-haut d'un coup d'estramaçon
Son chef tondu fut privé de son tronc.
Il s'écriait : « O Belzébuth ! mon père,
Ne pourrais-tu dans quelque gros péché
Faire tomber cette Jeanne sévère ?
J'y crois, pour moi, ton honneur attaché. »
Comme il parlait, arriva plein de rage
Hermaphrodix au ténébreux rivage,
Son eau bénite encor sur le visage.
Pour se venger, l'amphibie animal
Vint s'adresser à l'auteur de tout mal.
Les voilà donc tous les trois qui conspirent
Contre une femme. Hélas ! le plus souvent,
Pour les séduire il n'en fallut pas tant.
Depuis longtemps tous les trois ils apprirent

Que Jeanne d'Arc, dessous son cotillon
Gardait les clefs de la ville assiégée,
Et que le sort de la France affligée
Ne dépendait que de sa mission.
L'esprit du diable a de l'invention,
Il courut vite observer sur la terme
Ce que faisaient ses amis d'Angleterre.
En quel état et de corps et d'esprit
Se trouvait Jeanne après le grand conflit.
 roi, Dunois, Agnès alors fidèle,
 ne, Bonneau, Bonifoux, la Pucelle,
Étaient entrés vers la nuit dans le fort,
En attendant quelque nouveau renfort.
Des assiégés la brèche réparée
Aux assaillants ne permet plus l'entrée.
Des ennemis la troupe est retirée,
Les citoyens, le roi Charle, et Bedford,
Chacun chez soi soupe en hâte et s'endort.
Muses, tremblez de l'étrange aventure
Qu'il faut apprendre à la race future.
Et vous, lecteurs, en qui le siècle a mis
Les sages goûts d'une tendresse pure,
Remerciez et Dunois et Denys
Qu'un grand péché n'ait pas été commis.

Il vous souvient que je vous ai promis
De vous conter les géantes merveilles
De ce Pégase aux deux longues oreilles,
Qui combattit sous Jeanne et sous Dunois.
Vous l'avez vu sur ses ailes dorées
Porter Dunois aux lombardes contrées.
Il en revint; mais il revint jaloux.
Vous savez bien qu'en portant la Pucelle
Au fond du cœur il sentit l'étincelle
De ce beau feu, plus vif encor que doux,
Ame, ressort, et principe des mondes,
Qui dans les airs, dans les bois, dans les ondes,
Produit les corps et les anime tous.
Ce feu sacré, dont il nous reste encore
Quelques rayons dans ce monde épuisé,
Fut pris au ciel pour animer Pandore.
Depuis ce temps le flambeau s'est usé,
Tout est flétri; la force languissante
De la nature, en nos malheureux jours,
Ne produit plus que d'imparfaits amours
S'il est encore une flamme agissante,
Un germe heureux des principes divins,

CHANT XX.

Ne cherchez pas chez Vénus Uranie,
Ne cherchez pas chez les faibles humains;
Adressez-vous aux héros d'Arcadie,
  Beaux Céladons, que des objets vainqueurs
Ont enchaînés par des liens de fleurs,
Tendres amants en cuirasse, en soutane,
Prélats, abbés, colonels, conseillers,
Gens du bel air, et même cordeliers,
En fait d'amour, défiez-vous d'un âne.
Chez les Latins le fameux âne d'or,
Si renommé par sa métamorphose,
De celui-ci n'approchait pas encor;
Il n'était qu'homme, et c'est bien peu de chose.
  L'abbé Trithème, esprit sage et discret,
Et plus savant que le pédant Larchet¹,
Modeste auteur de cette noble histoire,
Fut effrayé plus qu'on ne saurait croire,
Quand il fallut, aux siècles à venir,
De ces excès transmettre la mémoire.
De ses trois doigts il eut peine à tenir
Sur son papier sa plume épouvantée;
Elle tomba : mais son âme agitée
Se rassura, faisant réflexion
Sur la malice et le pouvoir du diable.
  Du genre humain cet ennemi coupable
Est tentateur de sa profession.
Il prend les gens en sa possession;
De tout péché ce père formidable,
Rival de Dieu, séduisit autrefois
Ma chère mère, un soir au coin d'un bois²,
Dans son jardin. Ce serpent hypocrite
Lui fit manger d'une pomme maudite :
Même on prétend qu'il lui fit encor pis,
On la chassa de son beau paradis.

1. Le pédant Larchet, mazarinier ridicule, homme de collège qui, dans un livre de critique, assure, d'après Hérodote, qu'à Babylone toutes les dames se prostituaient dans le temple par dévotion, et que tous les jeunes Gaulois étaient sodomites.
2. Voilà comment il convient de parler du diable, et de tous les diables qui ont succédé aux furies, et de toutes les impertinences qui ont succédé aux impertinences antiques. On sait assez que Satan, Belzébuth, Astaroth, n'existent pas plus que Tisiphone, Alecton, et Mégère. Le sombre et fanatique Milton, de la secte des indépendants, détestable secrétaire en langue latine du parlement nommé le *Croupion*, et détestable apologiste de l'assassinat de Charles Iᵉʳ, peut, tant qu'il voudra, célébrer l'enfer, et peindre le diable déguisé en cormoran et en crapaud, et faire tenir tous les diables en pygmées dans une grande salle; ces imaginations dégoûtantes, affreuses, absurdes, ont pu plaire à quelques fanatiques comme lui. Nous déclarons que nous avons ces facéties abominables en horreur. Nous ne voulons que nous réjouir.

Depuis ce jour, Satan dans nos familles
A gouverné nos femmes et nos filles.
Le bon Trithème en avait dans son temps
Vu de ses yeux des exemples touchants.
Voici comment ce grand homme raconte
Du saint baudet l'insolence et la honte.

La grosse Jeanne, au visage vermeil,
Qu'ont rafraîchi les pavots du sommeil,
Entre ses draps doucement recueillie,
Se rappelait les destins de sa vie.
De tant d'exploits son jeune cœur flatté
A saint Denys n'en donna pas la gloire.
Elle conçut un grain de vanité.
Denys, fâché, comme on peut bien le croire,
Pour la punir, laissa quelques moments
Sa protégée au pouvoir de ses sens.
Denys voulut que sa Jeanne qu'il aime
Connût enfin ce qu'on est par soi-même,
Et qu'une femme, en toute occasion,
Pour se conduire a besoin d'un patron.
Elle fut prête à devenir la proie
D'un piège affreux que tendit le démon :
On va bien loin sitôt qu'on se fourvoie.

Le tentateur, qui ne néglige rien,
Prenait son temps; il le prend toujours bien.
Il est partout ; il entra par adresse
Au corps de l'âne, il forma son esprit,
Valeur des sons à sa langue il apprit,
De sa voix rauque adoucit la rudesse
Et l'instruisit aux finesses de l'art
Approfondi par Ovide et Bernard [1].
L'âne éclairé surmonta toute honte,
De l'écurie adroitement il monte
Au pied du lit où, dans un doux repos,
Jeanne en son cœur repassait ses travaux ;
Puis doucement s'accroupissant près d'elle,
Il la loua d'effacer les héros,
D'être invincible, et surtout d'être belle.
Ainsi jadis le serpent séducteur,
Quand il voulut subjuguer notre mère,
Lui fit d'abord un compliment flatteur :
L'art de louer commença l'art de plaire.

1. Bernard, auteur de l'opéra de *Castor et Pollux*, et de quelques pièces fugitives, a fait un *Art d'aimer* comme Ovide, mais cet ouvrage n'est pas encore imprimé*.

* Cette note parut en 1773. (ÉD.)

« Où suis-je ? ô ciel ! s'écria Jeanne d'Arc ;
Qu'ai-je entendu ? par saint Luc ! par saint Marc !
Est-ce mon âne ? ô merveille ! ô prodige !
Mon âne parle, et même il parle bien ! »

L'âne à genoux, composant son maintien,
Lui dit : « O d'Arc ! ce n'est point un prestige ;
Voyez en moi l'âne de Canaan ;
Je fus nourri chez le vieux Balaam ;
Chez les païens Balaam était prêtre,
Moi j'étais Juif ; et sans moi mon cher maître
Aurait maudit tout ce bon peuple élu,
Dont un grand mal fût sans doute advenu.
Adonaï récompensa mon zèle ;
Au vieil Énoc bientôt on me donna :
Énoc avait une vie immortelle ;
J'en eus autant ; et le maître ordonna
Que le ciseau de la Parque cruelle
Respecterait le fil de mes beaux ans.
Je jouis donc d'un éternel printemps.
De notre pré le maître débonnaire
Me permit tout, hors un cas seulement :
Il m'ordonna de vivre chastement.
C'est pour un âne une terrible affaire.
Jeune et sans frein dans ce charmant séjour,
Maître de tout, j'avais droit de tout faire,
Le jour, la nuit, tout, excepté l'amour.
J'obéis mieux que ce premier sot homme,
Qui perdit tout pour manger une pomme.
Je fus vainqueur de mon tempérament ;
La chair se tut ; je n'eus point de faiblesses ;
Je vécus vierge : or savez-vous comment ?
Dans le pays il n'était point d'ânesses.
Je vis couler, content de mon état,
Plus de mille ans dans ce doux célibat.

« Lorsque Bacchus vint du fond de la Grèce
Porter le thyrse, et la gloire, et l'ivresse,
Dans les pays par le Gange arrosés,
A ce héros je servis de trompette :
Les Indiens par nous civilisés
Chantent encor ma gloire et leur défaite.
Silène[1] et moi nous sommes plus connus
Que tous les grands qui suivirent Bacchus.
C'est mon nom seul, ma vertu signalée,
Qui fit depuis tout l'honneur d'Apulée[2].

1. C'est l'âne de Silène, qui est assez connu ; on tient qu'il servit de trompette.
2. L'âne d'Apulée ne parla point ; il ne put jamais prononcer que oh et

« Enfin là-haut, dans ces plaines d'azur, où
formés saint George, à vos Français et amis,
Ce fier saint George, aimant toujours la guerre,
Voulut avoir un coursier d'Angleterre ;
Quand saint Martin, fameux par son manteau,
Obtint encore un cheval assez beau ;
Monsieur Denys, qui fait comme eux figure,
Voulut, comme eux, avoir une monture.
Il me choisit, près de lui m'appela,
Et me fit don de deux brillantes ailes ;
Je pris mon vol aux voûtes éternelles.
Du grand saint Roch¹ le chien me festoya,
J'eus pour ami le porc de saint Antoine²,
Céleste porc, emblème de tout moine ;
Énoc avait une étrille,
D'étrilles d'or mon maître m'étrilla ;
Je fus nourri de nectar, d'ambroisie.
Mais, ô ma Jeanne ! une si belle vie,
Que le ciseau du plaisir que je sens
Respecterai-je au plaisir que je sens
Au doux aspect de vos charmes puissants ;
Je jette à terre
Le chien, le porc, et George, et Denys même ;
De toutes
Ma permit
Ne valent pas votre beauté suprême.
Croyez surtout que de tous les emplois
Il m'ordonna
Où m'éleva mon étoile bénigne,
C'est pour un
Le plus heureux, le plus selon mon choix,
Jeune et
Et dont je suis peut-être le plus digne
Maître de
Est de servir sous vos augustes lois ;
Le jour, la nuit,
Quand j'ai quitté le ciel ou l'empyrée,
J'obéis mieux
J'ai vu par vous ma fortune honorée ;
Qui perdit
Non, je n'ai pas abandonné les cieux ;
Je fus vain,
J'y suis encor, le ciel est dans vos yeux.
La chair
A ce discours, peut-être téméraire,
Je vécus vierge,
Jeanne sentit une juste colère.
Dans le pays il n'y a
Aimer un âne, et lui donner sa fleur !
Plus de mille
Souffrirait-elle un pareil déshonneur,
Après avoir sauvé son innocence
« Jusque Black
Des muletiers et des héros de France !
Porter le drapeau
Après avoir, par la grâce d'en-haut,
Dans les pays
Dans le combat mis Chandos en défaut ?
A ce héros
Mais que cet âne, ô ciel ! a de mérites
Los lodiens
Chantent sinon au gloire et leur défaite.

non : mais il eut une bonne fortune avec une dame, comme on peut le voir dans l'*Apulée* en deux volumes in-4°, *cum notis variorum* Del-« phini. » Au reste, on attribua de tout temps les mêmes sentiments aux bêtes qu'aux hommes. Les chevaux pleurent dans l'*Iliade* et dans l'*Odyssée* ; les bêtes parlent dans Pilpay, dans Lokman, et dans Ésope, etc.

1. Les hérétiques doivent savoir que le diable demandant l'aumône à Martin, ce Martin lui donna la moitié de son manteau.

2. Saint Roch, qui guérit de la peste, est toujours peint avec un chien, et saint Antoine est toujours suivi d'un cochon.

Ne vaut-il pas la chèvre favorite
D'un Calabrois qui la pare de fleurs?
« Non, disait-elle, écartons ces horreurs. »
Tous ces pensers formaient une tempête
Au cœur de Jeanne, et confondaient sa tête,
Ainsi qu'on voit sur les profondes mers
Les fiers tyrans des ondes et des airs,
L'un accourant des cavernes australes,
L'autre sifflant des glaces boréales,
Battre un vaisseau cinglant sur l'Océan
Vers Sumatra, Bengale, ou Ceilan.
Tantôt la nef aux cieux semble portée,
Près des rochers tantôt elle est jetée;
Tantôt l'abîme est prêt à l'engloutir,
Et des enfers elle paraît sortir.

L'enfant malin qui tient sous son empire
Le genre humain, les ânes, et les dieux,
Son arc en main, planait au haut des cieux,
Et voyait Jeanne avec un doux sourire.
De Jeanne d'Arc le grand cœur en secret
Était flatté de l'étonnant effet
Que produisait sa beauté singulière
Sur le sens lourd d'une âme si grossière.
Vers son amant elle avança la main,
Sans y songer, puis la tira soudain.
Elle rougit, s'effraye, et se condamne,
Puis se rassure, et puis lui dit : « Bel âne,
Vous concevez un chimérique espoir;
Respectez plus ma gloire et mon devoir.
Trop de distance est entre nos espèces,
Non, je ne puis approuver vos tendresses;
Gardez-vous bien de me pousser à bout. »

L'âne reprit : « L'amour égale tout.
Songez au cygne à qui Léda fit fête[1],
Sans cesser d'être une personne honnête.
Connaissez-vous la fille de Minos?
Pour un taureau négligeant des héros,
Et soupirant pour son beau quadrupède?
Sachez qu'un aigle enleva Ganymède,
Et que Philyre avait favorisé
Le dieu des mers en cheval déguisé. »

---

1. Léda, ayant donné ses faveurs à son cygne, accoucha de deux œufs.
2. Pasiphaé, amoureuse d'un taureau, en eut le Minotaure. Philyr eut d'un cheval le centaure Chiron, précepteur d'Achille ; de ne fut point Neptune, mais Saturne, qui prit la forme d'un cheval; notre auteur se trompe en ce point. Je ne nie pas que quelques doctes ne soient de son avis.

Il poursuivait son discours; et le diable,
Premier auteur des écrits de la fable,
Lui fournissait ces exemples frappants,
Et mettait l'âne au rang de nos savants.
  Tandis qu'il parle avec tant d'élégance,
Le grand Dunois, qui près de là couchait
Prêtait l'oreille, était tout stupéfait
Des traits hardis d'une telle éloquence.
Il voulut voir le héros qui parlait,
Et quel rival l'Amour lui suscitait:
Il entre, il voit (ô prodige! ô merveille!)
Le possédé porteur de longue oreille,
Et ne crut pas encor ce qu'il voyait.
  Jadis Vénus fut ainsi confondue,
Lorsqu'en un rets formé de fils d'airain,
Aux yeux des dieux le malheureux Vulcain
Sous le dieu Mars la montra toute nue.
Jeanne, après tout, n'a point été vaincue;
Le bon Denys ne l'abandonnait pas;
Près de l'abîme il affermit ses pas;
Il la soutint dans ce péril extrême.
Jeanne s'indigne et rentre en elle-même :
Comme un soldat dans son poste endormi,
Qui se réveille aux premières alarmes,
Frotte ses yeux, saute en pied, prend les armes,
S'habille en hâte, et fond sur l'ennemi.
  De Débora la lance redoutable
Était chez Jeanne auprès de son chevet,
Et de malheur souvent la préservait.
Elle la prend; la puissance du diable
Ne tint jamais contre ce fer divin.
Jeanne et Dunois fondent sur le malin.
Le malin court, et sa voix effrayante
Fait retentir Blois, Orléans, et Nantes;
Et les baudets dans le Poitou nourris
Du même ton répondaient à ses cris.
Satan fuyait; mais dans sa course prompte
Il veut venger les Anglais et sa honte;
Dans Orléans il vole comme un trait
Droit au logis du président Louvet.
Il s'y tapit dans le corps de madame :
Il était sûr de gouverner cette âme;
C'était son bien; le perfide est instruit
Du mal secret qui tient la présidente
Il sait qu'elle aime, et que Talbot l'enchante.
Le vieux serpent en secret la conduit
Il la dirige, il l'enflamme, il espère

Qu'elle pourra prêter son ministère
Pour introduire aux remparts d'Orléans
Le beau Talbot et ses fiers combattants
En travaillant pour les Anglais qu'il aime,
Il sait assez qu'il combat pour lui-même.

CHANT VINGT ET UNIÈME.

ARGUMENT. — Pudeur de Jeanne démontrée. Malice du diable. Rendez-vous donné par la présidente Louvet au grand Talbot. Services rendus par frère Lourdis. Belle conduite de la discrète Agnès. Repentir de l'âne. Exploits de la Pucelle. Triomphe du grand roi Charles VII.

Mon cher lecteur sait par expérience,
Que ce beau dieu qu'on nous peint dans l'enfance,
Et dont les jeux ne sont pas jeux d'enfants,
A deux carquois tout à fait différents.
L'un a des traits dont la douce piqûre
Se fait sentir sans danger, sans douleur,
Croît par le temps, pénètre au fond du cœur,
Et vous y laisse une vive blessure.
Les autres traits sont un feu dévorant,
Dont le coup part et brûle au même instant.
Dans les cinq sens ils portent le ravage,
Un rouge vif allume le visage,
D'un nouvel être on se croit animé,
D'un nouveau sang le corps est enflammé,
On n'entend rien; le regard étincelle,
L'eau sur le feu bouillonnant à grand bruit,
Qui sur ses bords s'élève, échappe, et fuit,
N'est qu'une image imparfaite, infidèle,
De ces désirs dont l'excès vous poursuit.
    Profanateurs indignes de mémoire,
Vous qui de Jeanne avez souillé la gloire,
Vils écrivains, qui, du mensonge épris,
Falsifiez les plus sages écrits,
Vous prétendez que ma Pucelle Jeanne
Pour son grison sentit ce feu profane,
Vous imprimez qu'elle a mal combattu;
Vous insultez son sexe et sa vertu,
D'écrits honteux compilateurs infâmes,

---

1. L'auteur du *Testament du cardinal Albéroni*, et de quelques autres livres pareils, s'avisa de faire imprimer *la Pucelle* avec des vers de sa façon, qui sont rapportés dans notre Préface. Ce malheureux était un capucin défroqué, qui se réfugia à Lausanne et en Hollande, où il fut correcteur d'imprimerie.

Sachez qu'on doit plus de respect aux dames.
Ne dites point que Jeanne a succombé
Dans cette erreur où savant n'est tombé.
Nul n'avança des faussetés pareilles.
Vous confondez et les faits et les temps,
Vous corrompez les plus rares merveilles ;
Respectez l'âne et ses faits éclatants ;
Vous n'avez pas ses fortunés talents,
Et vous avez de plus longues oreilles.
Si la Pucelle, en cette occasion,
Vit d'un regard de satisfaction
Les feux nouveaux qu'inspirait sa personne,
C'est vanité qu'à son sexe on pardonne,
C'est amour-propre, et non pas l'autre amour.
Pour achever de mettre en tout son jour
De Jeanne d'Arc le lustre infroissable,
Pour vous prouver qu'aux malices du diable
Aux fiers transports de cet âme éloquent,
Son noble cœur était inébranlable,
Sachez que Jeanne avait un autre amant.
C'était Dunois, comme aucun ne l'ignore ;
C'est le bâtard que son grand cœur adore.
On peut d'un âne écouter les discours,
On peut sentir un vain désir de plaire ;
Cette passade, innocente et légère,
Ne trahit point de fidèles amours.

C'est dans l'histoire une chose avérée
Que ce héros, ce sublime Dunois
Était blessé d'une flèche dorée
Qu'Amour tira de son premier carquois.
Il commanda toujours à sa tendresse ;
Son cœur altier n'admit point de faiblesse.
Il aimait trop et l'État et le roi ;
Leur intérêt fut sa première loi.

O Jeanne ! il sait que ton beau pucelage
De la victoire est le précieux gage ;
Il respectait Denys et tes appas
Semblable au chien courageux et fidèle
Qui, résistant à la faim qui l'appelle,
Tient la perdrix et ne la mange pas.
Mais quand il vit que le baudet céleste
Avait parlé de sa flamme funeste,
Dunois voulut en parler à son tour.
Il est des temps où le sage s'oublie.
C'était, sans doute, une grande folie
Que d'immoler sa patrie à l'amour.
C'était tout perdre ; et Jeanne, encor honteuse

CHANT XXI.

D'avoir d'un âne écouté les propos,
Résistait mal à ceux de son héros.
L'amour pressait son âme vertueuse ;
L'assaut était fait, lorsque son doux patron
Du haut des cieux détacha son rayon.
Ce rayon d'or, sa gloire et sa monture,
Qui transporte sa béate figure,
Quand il chercha, par ses soins vigilants,
Un pucelage aux remparts d'Orléans.
Ce saint rayon, frappant au sein de Jeanne,
En écarta tout sentiment profane.
Elle cria : « Cher bâtard, arrêtez ;
Il n'est pas temps, nos amours sont comptés ;
Ne gâtons rien à notre destinée.
C'est à vous seul que ma foi s'est donnée ;
Je vous promets que vous aurez ma fleur ;
Mais attendons que votre bras vengeur,
Votre vertu, sous qui le Breton tremble,
Ait du pays chassé l'usurpateur ;
Sur des lauriers nous coucherons ensemble. »
A ce propos le bâtard s'adoucit ;
Il écouta l'oracle et se soumit.
Jeanne reçut son pur et doux hommage
Modestement, et lui donna pour gage
Trente baisers chastes, pleins de pudeur,
Et tels qu'un frère en reçoit de sa sœur.
Dans leurs désirs, tous deux ils se continrent,
Et de leurs faits honnêtement convinrent.
Denys les voit ; Denys, très-satisfait
De ses projets pressa le grand effet.
   Le preux Talbot devait, cette nuit même,
Dans Orléans entrer par stratagème,
Exploit nouveau pour ses Anglais hautains,
Tous gens sensés, mais plus hardis que fins.
   O dieu d'amour ! faiblesse ! ô puissance !
Amour fatal, tu fus près de livrer
Aux ennemis ce rempart de la France.
Ce que l'Anglais n'osait plus espérer,
Ce que Bedfort et son expérience,
Ce que Talbot et sa rare vaillance
Ne purent faire, Amour, tu l'entrepris !
Tu fais nos maux, cher enfant, et tu ris !
   Si dans le cours de ses vastes conquêtes
Il effleura de ses flèches honnêtes
Le cœur de Jeanne, il lança d'autres coups.
Dans les cinq sens de notre président
Il la frappa de sa main triomphante

Avec les traits qui rendent les gens fous.
Vous avez vu la fatale escalade,
L'assaut sanglant, l'horrible canonnade,
Tous ces combats, tous ces hardis efforts,
Au haut des murs, en dedans, en dehors,
Lorsque Talbot et ses fières cohortes
Avaient brisé les remparts et les portes,
Et que sur eux tombaient du haut des toits
Le fer, la flamme, et la mort à la fois.
L'ardent Talbot avait, d'un pas agile,
Sur des mourants pénétré dans la ville,
Renversant tout, criant à haute voix :
« Anglais ! entrez : bas les armes, bourgeois ! »
Il ressemblait au grand dieu de la guerre
Qui sous ses pas fait retentir la terre,
Quand la Discorde, et Bellone, et le Sort,
Arment son bras, ministre de la mort.
   La présidente avait une ouverture
Dans son logis auprès d'une mazure,
Et par ce trou contemplait son amant,
Ce casque d'or, ce panache ondoyant,
Ce bras armé, ces vives étincelles
Qui s'élançaient du rond de ses prunelles,
Ce port altier, cet air d'un demi-dieu.
La présidente en était tout en feu,
Hors de ses sens, de honte dépouillée,
Telle autrefois, d'une loge grillée,
Madame Audou[1], dont l'Amour prit le cœur,
Lorgnait Baron, cet immortel acteur ;
D'un œil ardent dévorait sa figure,
Son beau maintien, ses gestes, sa parure ;
Mêlait tout bas sa voix à ses accents,
Et recevait l'amour par tous les sens.
   Chez la Louvet vous savez que le diable
Était entré sans se rendre importun ;
Et que le diable et l'Amour, c'est tout un.
L'archange noir, de mal insatiable,
Prit la cornette et les traits de Suzon,
Qui dès longtemps servait dans la maison ;
Fille entendue, active, nécessaire,
Coiffant, frisant, portant des billets doux,
Savante en l'art de conduire une affaire,
Et ménageant souvent deux rendez-vous,

1. On sent bien qu'ici le nom de Mme Audou est substitué au nom d'une grande dame de la cour qui, en effet, avait eu de la passion pour Baron le comédien.

L'un pour sa dame, et puis l'autre pour elle.
Satan, caché sous l'air de la donzelle,
Tint ce discours à notre grosse belle :
« Vous connaissez mes talents et mon cœur ;
Je veux servir votre innocente ardeur ;
Votre intérêt d'assez près me concerne.
Mon grand cousin est de garde ce soir,
En sentinelle à certaine poterne ;
Là, sans risquer que votre honneur soit terne,
Le beau Talbot peut en secret vous voir.
Écrivez-lui ; mon grand cousin est sage,
Il vous fera très-bien votre message. »
La présidente écrit un beau billet,
Tendre, emporté ; chaque mot porte à l'âme
La volupté, les désirs, et la flamme :
On voyait bien que le diable dictait.
Le grand Talbot, habile ainsi que tendre,
Au rendez-vous fit serment de se rendre ;
Mais il jura que, dans ce doux conflit,
Par les plaisirs il irait à la gloire ;
Et tout fut prêt afin qu'au saut du lit,
Il ne fît plus qu'un saut à la victoire.

Il vous souvient que le frère Lourdis
Fut envoyé, par le grand saint Denys,
Chez les Anglais pour lui rendre service.
Il était libre et chantait son office,
Disait sa messe, et même confessait.
Le preux Talbot sur sa foi le laissait ;
Ne jugeant pas qu'un rustre, un imbécile,
Un moine épais, excrément de couvent,
Qu'il avait fait fesser publiquement,
Pût traverser un général habile.
Le juste ciel en jugeait autrement.
Dans ses décrets il se complaît souvent
A se moquer des plus grands personnages.
Il prend les sots pour confondre les sages.
Un trait d'esprit, venant du paradis,
Illumina le crâne de Lourdis.
De son cerveau la matière épaisse
Devint légère, et fut moins obscurcie ;
Il s'étonna de son discernement.
Las! nous pensons, le bon Dieu sait comment.
Connaissons-nous quel ressort invisible
Rend la cervelle ou plus ou moins sensible ?
Connaissons-nous quels atomes divers
Font l'esprit juste ou l'esprit de travers,
Dans quels recoins du tissu cellulaire

Sont les talents de Virgile ou d'Homère,
Et quel levain, chargé d'un froid poison,
Forme un Thersite, un Zoïle, un Fréron?
Un intendant de l'empire de Flore,
Près d'un œillet voit la ciguë éclore;
La cause en est au doigt du Créateur.
Elle est cachée aux yeux de tout lecteur;
N'imitons pas leur babil inutile.
 Lourdis d'abord devint très-curieux,
Utilement il employa ses yeux.
Il vit marcher sur le soir, vers la ville,
Des cuisiniers qui portaient à la hâte
Tous les apprêts pour un repas exquis,
Truffes, jambons, gelinottes, perdrix;
De gros flacons à panse ciselée
Rafraîchissaient dans la glace pilée
Ce jus brillant, ces liquides rubis
Que tient Cîteaux dans ses caveaux bénis[1].
Vers la poterne on marchait en silence.
Lourdis alors fut rempli de science,
Non de latin, mais de cet art heureux
De se conduire en ce monde scabreux.
Il fut doué d'une douce faconde,
Devint accort, attentif, avisé,
Regardant tout du coin d'un œil rusé,
Fin courtisan, plein d'astuce profonde,
Le moine, enfin, le plus moine du monde.
Ainsi l'on voit en tout temps ses pareils
De la cuisine entrer dans les conseils;
Brouillons en paix, intrigants dans la guerre,
Régnant d'abord chez le grossier bourgeois,
Puis se glissant au cabinet des rois,
Et puis enfin troublant toute la terre,
Tantôt adroits et tantôt insolents,
Renards ou loups, ou singes ou serpents.
Voilà pourquoi les Bretons méfiants
De leur engeance ont purgé l'Angleterre.
 Notre Lourdis gagne un petit sentier
Qui par un bois mène au royal quartier.
En son esprit roulant ce grand mystère,
Il va trouver Bonifoux son confrère.
Dom Bonifoux, en ce même moment,
Sur les destins rêvait profondément;
Il mesurait cette chaîne invisible

---

1. Il y a dans Cîteaux et dans Clairvaux une grosse tonne, semblable à celle d'Heidelberg : c'est la plus belle relique du couvent.

Qui tient liés les destins et les temps
Les petits faits, les grands événements
Et l'autre monde, et le monde sensible,
Dans son esprit il les combine tous.
Dans les effets voit la cause et l'admire;
Il en suit l'ordre ; il sait qu'un rendez-vous
Peut renverser ou sauver un empire.
Le confesseur se souvenait encor
Qu'on avait vu les trois fleurs de lis d'or
En champ d'albâtre à la fesse d'un page,
D'un page anglais ; surtout il envisage
Les murs tombés du mage Hermaphrodix.
Ce qui surtout l'étonne davantage,
C'est le bon sens, c'est l'esprit de Lourdis.
Il connut bien qu'à la fin saint Denys
De cette guerre aurait tout l'avantage.

Lourdis se fait présenter poliment
Par Bonifoux à la royale amie.
Sur sa beauté lui fait son compliment
Et sur le roi ; puis il lui dit comment
Du grand Talbot la prudence endormie
A pour le soir un rendez-vous donné
Vers la poterne, où ce déterminé
Est attendu par la Louvet qui l'aime.
« On peut, dit-il, user d'un stratagème,
Suivre Talbot, et le surprendre là
Comme Samson le fut par Dalila.
Divine Agnès, proposez cette affaire
Au grand roi Charle. — Ah ! mon révérend père,
Lui dit Agnès, pensez-vous que le roi
Puisse toujours être amoureux de moi ?
— Je n'en sais rien ; je pense qu'il se damne,
Répond Lourdis, ma robe le condamne,
Mon cœur l'absout. Ah ! qu'ils sont fortunés
Ceux qui pour vous seront un jour damnés ! »
Agnès reprit : « Moine, votre réponse
Est bien flatteuse, et de l'esprit annonce. »
Puis dans un coin le tirant à l'écart,
Elle lui dit : « Auriez-vous par hasard
Chez les Anglais vu le jeune Monrose ? »
Le moine noir l'entendit finement.
« Oui, je l'ai vu, dit-il, il est charmant. »
Agnès rougit, baisse les yeux, compose
Son beau visage, et prenant par la main
L'adroit Lourdis, le mène avant huit closes
Au cabinet de son cher suzerain.
Lourdis y fit un discours plus qu'humain.

Le roi Charlot, qui ne le comprit guère,
Fit assembler son conseil souverain,
Ses aumôniers et son conseil de guerre.
Jeanne, au milieu des héros ses pareils,
Comme au combat assistait aux conseils.
La belle Agnès, d'une façon gentille,
Discrètement travaillant à l'aiguille,
De temps en temps donnait de bons avis,
Qui du roi Charle étaient toujours suivis.
 On proposa de prendre avec adresse
Sous les remparts Talbot et sa maîtresse :
Tels dans les cieux le Soleil et Vulcain
Surprirent Mars avec son Aphrodise[1].
On prépara cette grande entreprise,
Qui demandait et la tête et la main.
Dunois d'abord prit le plus long chemin,
Fit une marche et pénible et savante.
Effort de l'art, que dans l'histoire on vante.
Entre la ville et l'armée on passa,
Vers la poterne enfin on se plaça.
Talbot goûtait avec sa présidente
Les premiers fruits d'une union naissante,
Se promettant que du lit aux combats,
En vrai héros, il ne ferait qu'un pas.
Six régiments devaient suivre à la file.
L'ordre est donné. C'était fait de la ville,
Mais ses guerriers, de la veille engourdis,
Pétrifiés d'un sermon de Lourdis,
Bâillaient encore et se mouvaient à peine,
L'un contre l'autre ils dormaient dans la plaine.
O grand miracle ! ô pouvoir de Denys !
Jeanne et Dunois, et la brillante élite
Des chevaliers qui marchaient à leur suite,
Bordaient déjà, sous les murs d'Orléans,
Les longs fossés du camp des assiégeants.
Sur un cheval venu de Barbarie,
Le seul que Charle eût dans son écurie,
Jeanne avançait, en tenant d'une main
De Débora l'estramaçon divin ;
A son côté pendait la noble épée,
Qui d'Holopherne a la tête coupée.
Notre Pucelle, avec dévotion,
Fit à Denys tout bas cette oraison :

1. *Aphrodise* est le nom grec de Vénus : cela ne veut dire qu'*écume*. Mais que les noms grecs sont sonores ! que cette écume est une belle allégorie ! Voyez Hésiode. Vous ne douterez pas que les anciennes fables ne soient souvent l'emblème de la vérité.

CHANT XXI.

« Toi qui daignas à ma faiblesse obscure,
Dans Domremi, confier cette armure,
Sois le soutien de ma fragilité.
Pardonne-moi, si quelque vanité
Flatta mes sens quand ton âne infidèle
S'émancipa jusqu'à me trouver belle.
Mon cher patron, daigne te souvenir
Que c'est par moi que tu voulus punir
De ces Anglais les ardeurs enragées,
Qui polluaient des nonnes affligées.
Un plus grand cas se présente aujourd'hui :
Je ne puis rien sans ton divin appui.
Prête ta force au bras de ta servante;
Il faut sauver la patrie expirante,
Il faut venger les lis de Charles sept,
Avec l'honneur du président Louvet.
Conduis à fin cette aventure honnête;
Ainsi le ciel te conserve la tête! »
  Du haut du ciel saint Denys l'entendit;
Et dans le camp son âne la sentit :
Il sentit Jeanne; et d'un battement d'aile,
La tête haute, il s'envole vers elle.
Il s'agenouille, il demande pardon
Des attentats de sa tendresse impure.
« Je fus, dit-il, possédé du démon;
Je m'en repens. » Il pleure, il la conjure
De le monter; il ne saurait souffrir
Que sous sa Jeanne un autre ose courir.
Jeanne vit bien qu'une vertu divine
Lui ramenait la volatile asine.
Au pénitent sa grâce elle accorda,
Fessa son âne, et lui recommanda
D'être à jamais plus discret et plus sage.
L'âne le jure, et, rempli de courage,
Fier de sa charge, il la porte dans l'air.
  Sur les Anglais il fond comme un éclair,
Comme un éclair que la foudre accompagne.
Jeanne en volant inonde la campagne
De flots de sang, de membres dispersés,
Coupe cent cous l'un sur l'autre entassés.
  Dans son croissant de la nuit la courrière
Lui fournissait sa douteuse lumière.
L'Anglais surpris, encor tout étourdi,
Regarde en haut d'où le coup est parti;
Il ne voit point la lance qui le tue.
La troupe fuit, égarée, éperdue,
Et va tomber dans les mains de Dunois.

Charles se voit le plus heureux des rois.
Ses ennemis à ses coups se présentent,
Tels que perdreaux en l'air éparpillés,
Tombant en foule et par le chien pillés,
Sous le fusil la bruyère ensanglantent.
La voix de l'âne inspire la terreur ;
Jeanne d'en haut étend son bras vengeur,
Poursuit, pourfend, perce, coupe, déchire;
Dunois assomme ; et le bon Charles tire
A son plaisir tout ce qui fuit de peur.
    Le beau Talbot, tout enivré des charmes
De sa Louvet, et de plaisirs rendu,
Sur son beau sein mollement étendu,
A sa poterne entend le bruit des armes ;
Il en triomphe. Il disait à part soi :
« Voilà mes gens, Orléans est à moi. »
Il s'applaudit de ses ruses habiles.
« Amour, dit-il, c'est toi qui prends les villes. »
Dans cet espoir Talbot encouragé
Donne à sa belle un baiser de congé.
Il sort du lit, il s'habille, il s'avance,
Pour recevoir les vainqueurs de la France.
    Auprès de lui le grand Talbot n'avait
Qu'un écuyer, qui toujours le suivait ;
Grand confident et rempli de vaillance,
Digne vassal d'un si galant héros,
Gardant sa lance ainsi que les manteaux.
« Entrez, amis, saisissez votre proie. »
Criait Talbot ; mais courte fut sa joie.
Au lieu d'amis, Jeanne, la lance en main,
Fondait vers lui sur son âne divin.
Deux cents Français entrent par la poterne ;
Talbot frémit, la terreur le consterne.
Ces bons Français criaient : « Vive le roi !
A boire, à boire, avançons ; marche à moi !
A moi, Gascons, Picards ! qu'on s'évertue,
Point de quartier ! les voilà, tire, tue ! »
    Talbot, remis du long saisissement
Que lui causa le premier mouvement,
A sa poterne ose encor se défendre ;
Tel, tout sanglant, dans sa patrie en cendre,
Le fils d'Anchise attaquait son vainqueur.
Talbot combat avec plus de fureur.
Il est Anglais, l'écuyer le seconde ;
Talbot et lui combattraient tout un monde.
Tantôt de front, et tantôt dos à dos,
De leurs vainqueurs ils repoussent les flots ;

Mais à la fin leur vigueur épuisée,
Cède au Français une victoire aisée.
Talbot se rend, mais sans être abattu.
Jeanne et Dunois prisèrent sa vertu.
Ils vont tous deux, de manière engageante,
Au président rendre la présidente.
Sans nul soupçon il la reçoit très-bien.
Les bons maris ne savent jamais rien.
Louvet toujours ignora que la France
A sa Louvet devait sa délivrance.
  Du haut des cieux Denys applaudissait ;
Sur son cheval saint George frémissait ;
L'âne entonnait son octave écorchante,
Qui des Bretons redoublait l'épouvante.
Le roi, qu'on mit au rang des conquérants,
Avec Agnès soupa dans Orléans.
La même nuit, la fière et tendre Jeanne,
Ayant au ciel renvoyé son bel âne,
De son serment accomplissant les lois,
Tint sa parole à son ami Dunois.
Lourdis, mêlé dans la troupe fidèle,
Criait encore : « Anglais ! elle est pucelle ! »

VARIANTES

CHANT PREMIER.

Vers 2.   Ma lyre ou vielle est tant soit peu profane.
Vers 5.   Elle affermit de ses pucelles mains
          Des lis fameux les tiges gallicanes ;
          Sauva son roi des fureurs anglicanes.
Vers 15. Bien le verrez, si lisez cet ouvrage.
Vers 22. Si rauquement à facié son histoire.
Vers 26. Il y a dans l'édition de 1756 :
          Quand l'*Iliade* est par lui travestie,
          Ou par quelqu'un de son académie.
Vers 30. Avait trouvé, pour le mal de la France.
Vers 40. La voir, l'aimer, sentir l'ardeur brûlante
          Des doux désirs en leur chaleur naissante.

---

1. Les premières éditions de *la Pucelle*, faites subrepticement, contiennent beaucoup de vers ajoutés par des interpolateurs, et qui sont toujours faciles à reconnaître. La première édition faite par Voltaire est celle de 1762. (Éd.)

Vers 53. Donc, pour cacher comme on put cette affaire.
Vers 55. Rusé matois, encor que Tourangeau.
Vers 58. Gens délicats nomment l'ami du prince.
Vers 76. On lit dans l'édition de 1756 :
    Et du genou, du genou la pressait.
Et dans un manuscrit :
    Et du genou le genou lui pressait.
Vers 82. De cent héros qu'amour avait domptés,
    Et qui pour plaire à de tendres beautés
    Avaient quitté les faveurs de la gloire.
Vers 87. La belle Agnès, modeste et retenue.
Vers 104. Moment charmant de joie et de tendresse.
Vers 115. Leur boutonnet est de couleur de rose.
    Téton charmant! qui jamais ne repose....
Vers 118. L'œil à vous voir, la bouche à vous sucer.
Vers 122. Manuscrit :
    Vient arrêter mes pinceaux trop hardis.
    Tout répondait, lecteur, tu peux m'en croire,
    A la beauté de sa gorge d'ivoire.
    La volupté....
Vers 146. Manuscrit :
    Et du Tokai la liqueur jaunissante
    Dans le cerveau portent un feu brillant ;
    Mille bons mots en partent à l'instant.
    Après dîner, on digère, on raisonne,
    On parle, on lit, on médit du prochain,
    On fait brailler...
Vers 172. Vaincre et régner n'est rien qu'une folie.
Vers 186. Lance en arrêt, abaissant la visière,
    Foulait aux pieds la France prisonnière.
Vers 227. Un jour ces gens raisonneurs et mutins
    Feront la nique à tous nos auteurs saints,
    Se gausseront des saintes décrétales,
    Et traiteront nos vierges de catins.
    Déchireront....
Vers 239. Et cependant que seul il raisonnait.
Vers 255. Pour La Trimouille, il disait : « Attendons
    Jusqu'à demain, et beau jeu nous verrons. »
    Le président Louvet....
Vers 287. Le bon Denys dessus son chef avait.
Vers 334. « Montrez le nid où convient de chercher
    Ce vrai phénix que je veux dénicher. »
    A tant se tut le vénérable sire.
Vers 345. Un pucelage est assez inutile.

VARIANTES.

Vers 356. Manuscrit :

Ainsi, vieux fou, pour finir nos querelles,
Cherchez ailleurs, s'il vous plaît, des pucelles.

Vers 367. Avoir le don de trouver ce qu'il cherche.

CHANT SECOND.

Vers 3. C'est, à mon sens, le plus cher avantage.

Vers 6. Édition de 1756 :

C'est à l'Amour à nous cueillir la rose ;
Mes chers amis, ayons tous cet honneur
Ainsi soit-il ; mais parlons d'autre chose.
Vers les confins,...

Vers 78. On lit dans quelques manuscrits :

Voici le fait : Le père Grisbourdon,
Grand cordelier, grand chercheur d'aventure,
Prêcheur de nonne, écumant de luxure,
Avait juré son froc et son cordon,
Son Dieu, son diable, et saint François d'Assise,
Que dans ses lacs Jeannette serait prise.
D'une autre part, un large muletier
Non moins hardi, non moins franc du collier,
Grossièrement soupirait pour la belle,
Et par état se croyait né pour elle.
L'occasion, la douce égalité,
Faisaient pencher Jeanne de son côté.
Mais sa pudeur triomphait de la flamme
Qui par les yeux se glissait dans son âme.
Le franciscain vit sa naissante ardeur ;
Mieux qu'elle encore il lisait dans son cœur.
Ce moine était grand clerc dans l'art magique,
Art cultivé dans ce beau siècle antique,
De nos savants en nos jours ignoré ;
Car aujourd'hui tout a dégénéré.
En feuilletant...

Vers 99. Édition de 1762 :

Qu'il saisirait ce beau palladion.
« J'aurai, dit-il, ma Jeanne en ma puissance ;
Je suis Anglais : je dois faire le bien
De mon pays ; mais plus encor le mien. »
Au même temps...

Vers 108. Il y a dans un autre manuscrit :

Le jour, la nuit, montrant sans fin, sans terme,
Signes certains de l'amour le plus ferme.
Même on a cru qu'à ce puissant objet
Notre héroïne enfin s'apprivoisait ;
Qu'elle sentait une subtile flamme
Qui par les yeux se glissait dans son âme.

VOLTAIRE — VIII   17

        Je n'en crois rien ; mais notre cordelier,
        Hardi paillard, étant de plus sorcier,
        Alla trouver sa rivale si terrible;
        Puis il lui tint ce discours très-plausible :

Vers 120. « Je sais combien Jeannette vous est chère ;
        Je l'aime aussi d'une amour non légère.
        Elle a mon cœur, comme elle a tous vos vœux.
        Rivaux ardents, nous nous craignons tous deux ;
        En bons amis accordons-nous pour elle ;
        Amants unis et rivaux sans querelle,
        Tâtons tous deux....

Vers 131. Incontinent le mage en capuchon.

Vers 156. Ont de Jeannette ôté la couverture.

Vers 162. Embrasse Jeanne... Ô soudaine merveille!

Vers 189. « Suis-moi, renonce à tes humbles travaux.
        Charle est un Jean, et Jeanne est un héros. »
        À ce discours terrible et pathétique,
        Et qui n'est point en style académique,
        Jeanne, étonnée, ouvrant un large bec,
        Crut quelque temps que l'on lui parlait grec.
        Dans ce moment, un rayon de la grâce
        Dans son esprit...

Vers 194. À ce discours consolant et terrible
        Pris mot à mot des cahiers de la Bible.

Vers 232. Édition de 1756, et manuscrit.

        Lorsqu'il se vit vendu par sa donzelle ;
        Ces pots brillants dont Gédéon doit
        De Madian la cohorte infidèle ;
        Le couperet de la belle Judith,
        Cette beauté si saintement perfide,
        Qui, pour le ciel galamment homicide,
        Son cher amant massacra dans son lit ;
        Plus d'abondant le sacré cimeterre
        Dont le Sauveur voulut que s'armât Pierre,
        Pour lui donner une oreille à guérir,
        Et de son nom laisser un souvenir.
        À ces objets Jeannette émerveillée,
        De cette armure....

Vers 284. Ces fiers Bretons, ayant bu largement.

Vers 286. L'autre ronflait près d'un page étendu.

Vers 348. Du monde entier feraient bientôt le tour.
        Cette nuit même, et dès le point du jour,
        Jeanne et Denys.

Vers 390. Édition de 1756 :

        Un roi de France a toujours, dans le cœur,
        Malgré le vice, un très-grand fonds d'honneur ;
        Vous l'avez vu dernièrement, mes frères,
        Lorsque Louis, se dérobant des bras

VARIANTES.

De la beauté¹ qu'exorcisait Linières²,
Au bord du Rhin, du fond des Pays-Bas,
Vint cogner Charle et braver le trépas.
Du vieux soldat le discours pathétique
Frappa le prince, amant des blonds appas,
Ainsi qu'un ange....

Vers 412. Jeanne lui dit : « O grand prince, ordonnez.

Vers 420. Oh! bien, dit-il, si vous en savez tant

CHANT TROISIÈME.

Vers 12 et 13. Dans l'édition de 1756, au lieu de ces deux vers, on lit :

Le grand Condé fut battu par Turenne;
Créqui vaincu fut ensuite vainqueur;
L'heureux Villars, fanfaron plein de cœur,
Gagna le quitte ou double avec Eugène.
De Stanislas....

Vers 22. Après « un divin caractère, » on lisait dans l'édition de 1756 :

Avec cela tout est humble et soumis.
Voyons comment, dans la grande chronique,
Du fin Jéthro le gendre politique
S'y prit jadis pour être plus que roi.
Aux bonnes gens dont Jacob fut le père,
Gens d'esprit faible et de robuste foi,
Il dit que Dieu, lui montrant son derrière
L'endoctrinait sur l'admirable loi,
Qui le devait, et les fils de son frère,
Entretenir pour jamais à rien faire;
Qu'il lui dictait tous les importants cas
Où les lépreux, les femmes bien apprises,
Devaient changer de robe et de chemises.
Paraître en rue ou rester dans les draps
De vingt pétards et d'autant de fusées
Le feu saillant et les brillants éclats,
Sur un rocher caché dans les nuées,
Dont une garde et des ordres exprès
Aux curieux interdisaient l'accès,
Pour les idiots furent une tempête;
Le peuple, au loin admirant le fracas,
Du Tout-Puissant crut connaître le bras,
Et tressaillit pour le hardi prophète.
Le drôle avait étudié sa bête.
Seul au sommet du mystérieux mont,
Comme il voulut il fit la quarantaine;
Puis tout à coup se montra dans la plaine,
Cornes de bouc flamboyantes au front.

---

1. Mme de Châteauroux. (ÉD.) — 2. Jésuite, confesseur du roi. (ÉD.)

Du physicien le brillant phénomène
Sur les esprits fit un effet fort prompt.
Il dit que Dieu, roulé dans un buisson,
A lui chétif avait donné leçon.
C'en fut assez; il vit en révérence
Tout un chacun recevoir son sermon.
On crut du ciel encourir la vengeance,
Si l'on osait manquer d'obéissance
Et de respect à monsieur Aaron;
Et des statuts dont l'auteur malhabile
Eût mérité les Petites-Maisons
Furent des lois que ce peuple imbécile
Crut renfermer le sort des nations.
Le bon Numa de sa nymphe subtile
S'aida très-bien chez les enfants de Mars;
Le grand Bacchus, qui mit l'Asie en cendre,
L'antique Hercule, et le fier Alexandre,
Et le premier de ces fameux Césars
De quelque dieu prétendirent descendre:
Ces fiers Romains, à qui tout fut soumis,
Domptaient l'Europe...

Vers 36. On lit dans les manuscrits :

Denys suivit ces exemples fameux :
Du merveilleux il se servit comme eux ;
Il prétendit que Jeanne la pucelle
Chez les Anglais passât même pour telle,
Et que Bedford, et Talbot, et Chandos,
Et Tirconel, qui n'étaient pas des sots,
Crussent la chose...

Vers 65, 66. Au lieu de ces deux vers, on en trouve deux autres dans quelques manuscrits :

Oreille longue avec le chef pointu,
Bouche béante, œil loucha, pied tortu,
De l'ignorance...

Vers 116. Édition de 1756 :

Donne à baiser une bulle divine;
Plus d'un prélat la met dévotement
Tout à côté du nouveau Testament.
Ciel ! à leurs yeux une cohorte fière
En même temps s'en torche le derrière,
L'ignacien, furieux, éperdu,
Court se saisir du sacré torche-cu.
Dieux ! quels combats ! quels flots d'encre et de bile
On prêche, on court, on barbouille, on exile.
Toi qui jadis des grenouilles...

Vers 130 : Ciel ! que d'écrits et de discussions !

Vers 189 : Qu'aux gens d'esprit notre France est fatale !

Vers 209. Édition de 1756 :

Aucun de vous n'est sorcier, je vous jure

VARIANTES.

Lourdis était aussi dans ce tableau ;
Mais à ses yeux il n'en put rien paraître ;
Il ne vit rien. Le cas n'est pas nouveau :
Le plus habile a peine à s'y connaître.
   Quand vers la lune ainsi l'on préparait
Contre l'Anglais....

Vers 266. Édition de 1756 :

« Jeanne en ces lieux conduite par l'Envie,
Non des Anglais, mais d'Agnès ennemie,
Portant culotte et brayette au devant,
Large brayette, inutile ornement ;
Jeanne la brune, en gendarme vêtue,
Va désormais lui fasciner la vue :
Jeanne plaira, moi je serai perdue. »
Disant ces mots....

Vers 370. Édition de 1756 :

. . . . . Et gigots à la braise.
La dame Alix, malgré son teint flétri,
Parut encore à la troupe bretonne
De bonne prise ; et Robert Makarti,
Brave Écossais, vaillant chef de parti,
Dedans sa tente emmena tôt la bonne.
Monsieur Chandos....

CHANT QUATRIÈME.

Vers 53. Certain Anglais, écumant de colère.

Vers 69. La froide crainte et la confusion
Sur les Anglais répandent leur poison.
Les cris perçants et les clameurs qu'ils jettent,
Les hurlements que les échos répètent,
Et la trompette, et le son des tambours,
Font un vacarme à rendre les gens sourds.
Le grand Chandos, toujours plein d'assurance,
Leur crie : « Enfants, conquérants de la France,
Marchez à droite.. »

Vers 284. Dans l'édition de 1756, et dans presque toutes les autres, ce génie se nommait Conculix. Après *de sa double nature*, on lisait :

Mais Conculix avait oublié net
De demander un don plus nécessaire,
Un don sans quoi nul plaisir n'est parfait ;
Un don charmant ; eh quoi ? celui de plaire.
Dieu, pour punir ce génie effréné,
Le rendit laid comme un diable incarné ;
Et l'impudique avait dessous le linge
Odeur de bouc, et poil gris d'un vieux singe :
Pour comble enfin, de lui-même charmé,
Il se croyait tout fait pour être aimé.

De tous côtés on lui cherchait des belles,
Des bacheliers, des pages, des pucelles ;
Et si quelqu'un à ce monstre lascif
N'accordait pas le plaisir malhonnête,
Bouchait son nez, on détournait la tête :
Il était sûr d'être empalé tout vif.

Le soir venu, Conculix étant femme,
Un farfadet, de la part de madame,
S'en vint prier monseigneur le bâtard
À manger caille, oie, et bœuf au gros lard.
Dans l'entre-sol, tandis qu'en compagnie
Jeanne soupait avec cérémonie,
Le beau Dunois tout parfumé descend,
Chez Conculix un souper fin l'attend.
Madame avait prodigué la parure.....

Vers 387. Édition de 1756 :

Lors Conculix, qui le crut impuissant,
Chassa du lit le guerrier languissant,
Et prononça la sentence fatale,
Criant aux siens : « Sergents, qu'on me l'empale. »
Le beau Dunois vit faire incontinent
Tous les apprêts de ce grand châtiment.
Ce fier guerrier, l'honneur de sa patrie,
S'en va périr au printemps de sa vie.
Dedans la cour il est conduit tout nu,
Pour être assis sur un bâton pointu.
Déjà du jour la belle avant-courrière.

Vers 403. Édition de 1756 :

. . . . . Et lui fourrant au sein
Les doigts velus d'une gluante main,
Il a déjà l'héroïne empoignée
D'un gros baiser de sa bouche infectée.
Plus il s'agite, et plus il devient laid.
Jeanne, qu'anime une chrétienne rage,
D'un bras nerveux lui décharge un soufflet,
À poing fermé, sur son vilain visage.
Le magot tombe, et roule en bas du lit.
Les yeux se pochent, et le nez se meurtrit.
Il crie, il hurle. Une troupe profane
Vient à son aide ; on vous empoigne Jeanne.
On va punir sa fière cruauté
Par l'instrument chez les Turcs usité.
De sa chemise aussitôt dépouillée.

Vers 472. Manuscrit :

Leur nudité, leur beauté, leur jeunesse,
Dans leur pitié mêlait trop de tendresse.
Leur feu secret, par un destin nouveau
Ne s'échappait qu'au bord de leur tombeau
Même en Dunois l'aiguillon de la chair,
Pour Conculix si longtemps indocile
Et qu'on eût cru de la plus molle argile,

VARIANTES.

En ce moment semblait forgé de fer.
Le négromant, piqué d'un tel outrage,
En redoubla son dépit et sa rage;
Et cependant l'animal amphibie
A son dépit joignit la jalousie,
Faisant aux siens l'effroyable signal
Qu'on embrochât ce couple déloyal.
Dans ce moment....

Vers 496. Ainsi l'enfant de saint François d'Assise
De la Pucelle a suivi le fumet,
Et sur ses pas porté sur son mulet
Courut sans cesse, et ne lâcha point prise.

Vers 506. Édition de 1756 :

Si ce guerrier et si cette pucelle
N'ont pu remplir avec toi leur devoir,
Je tiendrai lieu de ce couple rebelle;
D'un cordelier éprouve le pouvoir,
Tu vois....

Vers 512. De ses exploits tu seras satisfait.

Vers 516. Sur elle seule il faut nous signaler,
Et c'est à nous, seigneur, de l'empaler.

Vers 518. Édition de 1756 :

On vous dira qu'il n'est point de femelle,
Tant pudibonde et tant vierge fût-elle,
Qui n'eût été fort aise en pareil cas;
Mais la Pucelle aimait mieux le trépas,
Et ce secours infernal et lubrique
Semblait horrible à son âme pudique.
Elle pleurait....

Vers 534. Édition de 1756 et manuscrits :

Pour Conculix, le discours énergique
Du cordelier fit sur lui grand effet;
Il accepta le marché séraphique,
« Ce soir, dit-il, vous et votre mulet
Tenez-vous prêts; cependant je pardonne
A ces marmots, et vous les abandonne. »
Le moine alors, d'un air d'autorité,
Frappa trois coups sur l'animal bâté,
Puis fit un cercle, et prit de la poussière
Que sur la bête....

Vers 565. Édition de 1765 :

Denys voyait avec des yeux de père
De Jeanne d'Arc le triste et piteux cas;
Faire eût-il dit de Vulcain le faux pas,
Il eût voulu s'élancer sur la terre,
Mais il était lui-même....

Vers 576. Piqués au vif, en vinrent aux gros mots.
Chacun là-haut prit part à la querelle :

L'un pour Debys, l'autre pour George étaits
Le paradis entre eux se partageait.
L'un pour l'Anglais, l'autre pour la Pucelle.
Les saints Anglais...

Vers 586. Le dénoûment de cette grande affaire.

CHANT CINQUIÈME.

Vers 36. Dans les premières éditions on lisait :

D'un roi du Nord, de quatorze chanoines,
De deux curés, et de quarante moines.

Vers 116. Lors Constantin dit ces tristes paroles.

Vers 135. Édition de 1756.

« Si comme toi Constantin est damné,
Ainsi que lui vingt rois fêtés à Rome,
Dans ces bas lieux brûleront à jamais.
Le pape eut beau, pour payer leurs bienfaits,
Les mettre en rouge au livre qu'on renomme,
Leur donner jour, et vouloir qu'on les chôme,
Le diable rit de tous ces beaux décrets.
D'après leur vie il leur lot leurs arrêts;
Et chacun d'eux, jugé sur ses forfaits,
Rôtit ou bout, comme il fut méchant homme. »
Riant au nez du sire Constantin,
Le cordelier, en fort mauvais latin,
Fit compliment, puis en marchant admire
Tous les secrets du ténébreux empire.
En même rang que ces fameux brigands
Si sottement célébrés sur la terre,
Et justement dévoués aux tourments
Dans les enfers, le très-révérend frère
Vit saint Louis, la fleur de nos patrons,
Ce saint Louis, le père des Bourbons.
Il maudissait la cruelle manie
Qui, sur la foi d'un fourbe ultramontain,
Lui fit laisser à son mauvais destin,
Sans nuls galants, sa femme tant jolie
Pour s'en aller dans la turque Syrie
Assassiner le pauvre Sarrasin.
Ce roi bigot, insensé paladin,
Qui dans le ciel aurait eu belle place
S'il eût été tout simplement chrétien,
Grillait là-bas, et le méritait bien.
Homme pieux sans être homme de bien,
Laissant le vrai pour prendre la grimace,
Il fut toujours au delà de la grâce
Et bien plus loin que les commandements.
Il se fessa, se couvrit de la haire,
Il but de l'eau, fit fort mauvaise chère,
Onc ne tâta de bisques, d'ortolans,

VARIANTES.

Onc ne manges ni perdrix ni faisans,
Sur un châlit, sans fermer la paupière,
L'esprit au ciel, la discipline en main,
Il attendit souvent le lendemain.
Il eût mieux fait certes, le pauvre sire,
De se gaudir avec sa Margoton
Tranquillement au sein de son empire.
C'est, sur ma foi, pour aller au démon
Un sot chemin que celui du martyre.
 Cet innocent renta les Quinze-Vingts,
Pour le moutier dota cent pauvres filles,
Et fonda gîte aux dévots pèlerins :
C'est bien de quoi le mettre au rang des saints.
Mais sans remords, dans le sein des familles,
Il répandit de ses dévotes mains
Les tristes fruits des combats inhumains,
Et le trépas, et l'affreuse indigence ;
Il appauvrit, il dévasta la France,
Il la remplit de veuves, d'orphelins :
Quel diable eût fait plus de mal aux humains ?
Le Grisbourdon le vit, et sut se taire.
Dans un réduit, à feu de réverbère,
Il vit bouillir maints grands prédicateurs,
Riches prélats, casuistes, docteurs,
Moines d'Espagne et nonnains d'Italie,
De tous les rois les graves confesseurs,
De nos beautés les paillards directeurs :
Le paradis ils ont eu dans leur vie.
 Dans le foyer d'un grand feu de charbon,
La tête hors d'un énorme chaudron,
Sous un grand feutre en forme de galère,
Le moine vit le féroce Calvin,
Qui des deux yeux, au défaut de la main,
Faisait la nique à Luther son confrère,
Puis menaçait un pontife romain.
A son regard farouche, atrabilaire,
On connaissait de l'orgueilleux sectaire
Le mauvais cœur, l'esprit intolérant,
L'âme jalouse, et digne d'un tyran.
Tout en cuisant, il semblait être encore
Dans sa cité, qu'un galant homme abhorre,
Et que redoute un esprit dégagé
Des contes vieux et du sot préjugé.
A voir rôtir Servet le grand apôtre,
Juste ennemi, toutefois indiscret,
De maint cafard, diseur de patenôtre,
Rival haï, dont tout le crime était
De raisonner mieux que lui ne faisait,
Maître Calvin, les yeux chargés d'envie,
Semblait entendre et voir à ses genoux
Lui crier grâce, et demander la vie,
Ce Nivernois dont il fut si jaloux
Ce sot prélat faiseur de boutonnières,
Galant chéri des jeunes chambrières,

Qui préfère les cafards genevois
Aux bonnes gens du pays champenois.
« Pendez, pendez, le vilain semblait dire,
Baiser soubrette est péché dont on rit,
Ne permet point aux huguenots de rire,
Et ce paillard doit périr sur ma foi,
Pour avoir eu plus de plaisir que moi. »
Le cordelier d'une voix de tonnerre,
Qu'accompagnait un regard furieux,
Lui dit : Maraud, de quel droit sur la terre
Prétendais-tu punir l'amour heureux ?
Qui t'avoua de la nouvelle guerre
Que tu livras à ces enfants des cieux
Qu'un zèle ardent pour la paix des familles
Consacre au soin de soulager les filles ?
Dans la fureur dont il était atteint,
Certes le moine allait faire rapace,
Et de Genève à mal mettre le saint,
Quand il connut qu'il était dans la cage
Où de sa main Lucifer même a peint
Tous les damnés que tiendrait chaque âge.
Quiconque entrait dans ce damné réduit
Se sentait lui animé de l'esprit.
Il croyait voir, il lui semblait entendre,
Se démener et gémir les pécheurs,
De l'avenir pénétrant les secrets
Comme présents, sans jamais s'y méprendre,
Il les avait dans son cerveau frappé,
Et des damnés, chez les races futures,
Il devinait les noires aventures
Mieux que prophète ou démon incarné.
Le Grisbourdon dedans la geôlerie
Venant calmer sa claustrale furie
Il aperçut dans le fond d'un dortoir...

Vers 179. Édition de 1756 :

« Et je suis cuit pour les avoir fait cuire.
Non que je sois condamné sans retour,
J'espère encor me trouver quelque jour
Avec les saints au séjour de la gloire,
Mais en ce lieu je fais mon purgatoire,
Oh ! quand j'aurai....

Vers 206. Après ce vers on lit dans un manuscrit :

Et tous les deux sur ce vilain génie
Nous avions fait un excès d'avanies,
Le Cocuflix ravi d'un tel effort....

Vers 213. Manuscrit :

. . . . . . De bon cœur ricanait,
Je me sentais un courage héroïque,
Et je vous jure, ô cohorte lubrique,
Que si j'avais pu vivre encore un jour,
Le beau Dunois lui-même eût eu son tour.
Mais croirez-vous...

Vers 219. Cet animal qui porte longue oreille,
　　　　　Sur qui jadis votre ennemi monta
　　　　　Quand dans Salem en triomphe il entra,
　　　　　Et qui jadis à Balaam parla....

CHANT SIXIÈME.

Vers 30. On lit dans un manuscrit :
　　　　　En paradis tout saint n'est pas pucelle,
　　　　　　Quand Jeanne d'Arc défendait son honneur,
　　　　　Que veut ravir un infâme vainqueur,
　　　　　Et que du fil....

Et dans un autre manuscrit :
　　　　　En paradis tout saint n'est pas pucelle.
　　　　　Nul n'est exclu du céleste bonheur.

Vers 44. Après ce vers, un manuscrit porte :
　　　　　Il prend son vol, et Dunois stupéfait
　　　　　A tire-d'aile est porté comme un trait.

Vers 80. De ses deux mains il frotte, il se démène.

Vers 106. Édition de 1756 :
　　　　　Pour Conculix, honteux, plein de colère,
　　　　　Il s'en alla murmurer chez son père.
　　　　　Mais que devint....

Vers 233. Et le lorgnait sans crainte et sans effroi.

Vers 260. De contes vieux et de galanterie.

Vers 279. Manuscrit :
　　　　　Dans ce logis était un aumônier,
　　　　　Fier, peu soigneux de dire son psautier.
　　　　　Tout aumônier....

Un autre manuscrit porte :
　　　　　Dans ce logis (ciel! que vais-je avouer?).

Vers 336. Édition de 1756 et manuscrit :
　　　　　De ce fatras de volumes nouveaux,
　　　　　Vers de Danchet, prose de Marivaux,
　　　　　Nouveau Cyrus [1], voyage de Séthos [2],
　　　　　Tous fort loués, et qu'on ne saurait lire ;
　　　　　Qui, l'un par l'autre....

Vers 385. De ses malheurs je prétends être instruit.

Vers 471. S'en vint parler d'un air noble et courtois.
　　　　　Et cependant que la belle lui conte
　　　　　En soupirant ses malheurs et sa honte,
　　　　　L'âne divin....

1. *Les Voyages de Cyrus*, roman de Ramsay. (Éd.)
2. *Séthos*, par l'abbé Terrasson. (Éd.)

CHANT SEPTIÈME.

Vers 4. Je détestai l'empire des amours.
Vers 21. Ce fier prélat qu'amour rendit barbare.
Vers 68. Me fit d'abord sa déclaration.
Vers 94. Édition de 1756 :

> Ce grand Dunois, ce bras à qui tout cède!
> Gentil guerrier, noble fils de l'amour,
> Eh quoi! c'est vous, vous l'espoir de la France,
> Qui me sauvez et l'honneur et le jour!
> Votre nom seul aurait ma confiance.
> Vous saurez donc....

Vers 199. On vient au bruit; l'archevêque à l'instant.
Vers 227. Dans les premières éditions on lisait :

> Contre l'Église ils n'ont point de courage\
> Ardents au mal, de glace pour le bien.
> Qu'attendre, hélas!...

CHANT DIXIÈME.

Vers 8. Édition de 1756 :

> Va donc, Voltaire, au fait plus rondement;
> C'est mon avis...

Vers 23. Lorsqu'il fut seul en sa chambre enfermé.
Vers 30. Le gros Louvet, qui longtemps harangua.
Vers 36. Messire Hugon, gentilhomme ordinaire.
Vers 56. Perdre à la fois sa couronne et sa belle!
Vers 64. Et respectez cet objet de mes vœux.
Vers 76. A leurs transports si tu n'es pas sensible.
Vers 98, 99. Édition de 1756 :

> Il n'est aucun qui doute de son art;
> Aucun ne croit qu'un diable n'y prend part.
> Aux yeux du prince...

Vers 107. Édition de 1756, avant ce vers :

> Ils se trompaient, hélas! les bonnes gens :
> Agnès aimait, Agnès était saillie ;
> Puis fiez-vous...

Vers 111. Édition de 1756 :

> Il triomphait de ses jeunes attraits ;
> Et, l'accablant de sa mâle éloquence,
> Il ravissait des plaisirs imparfaits :

VARIANTES.

Volupté triste et fausse jouissance,
Plaisirs honteux....

Vers 112. Manuscrit :

. . . . Des plaisirs imparfaits,
Volupté triste et fausse jouissance,
Vide d'appas, brutale violence,
Honteux plaisir qu'amour ne connaît pas :
Car qui voudrait....

Vers 119. Édition de 1756, après ce vers on lit :

A ses baisers il veut que l'on riposte,
Et qu'on l'invite à courir chaque poste.
Il n'est heureux....

Vers 132. Se démenait, étendu sur sa proie.

Vers 137. Après ce vers on lit dans un manuscrit :

Plein de courroux, et d'un bras furibond.

Vers 229. Manuscrit :

« C'est lui qui parle, et vous devez l'entendre :
Vous soupirez ; il est temps de vous rendre. »

Vers 249. On monte ; on cogne, on enfonce la porte.

Vers 251. Édition de 1756 :

C'est l'aumônier qui vous joua ce tour.
On prend Agnès, on prend son ami tendre ;
Devers Chandos on s'en va les mener.
Certes au diable il me faudrait donner
Pour vous décrire et pour vous bien apprendre
L'effroi, le trouble, et la confusion,
Le désespoir, la désolation,
L'amas d'horreurs, l'état épouvantable
Qui le beau page et son Agnès accable.
Ils rougissaient....

Vers 342. Il n'est qu'un pas : l'un et l'autre est tendresse.

Vers 375. Cellule propre et bien enluminée.

Vers 380. Dit : « Qu'il est doux de faire pénitence ! »

Vers 424. Manuscrit :

Ciel ! c'est en vain que j'aurai dans la tête
Le beau projet d'être une femme honnête ;
J'aurai beau faire, et tel est mon destin
D'aimer l'honneur, et d'être une catin.

CHANT ONZIÈME.

Vers 34. Vous embrassez de vos mains impuissantes.

Vers 42. Qu'au doux Jésus votre bouche a jurée.

Vers 55. Mêlent l'horreur avec la volupté,
Et font l'amour avec férocité.

Vers 64. Contemple à nu ces dévotes beautés.
Sœur Rebondi si discrète et si sage.

Vers 74. Se débattant entre Bard et Curton.

Vers 105. Qui polluaient ces vénérables dames.

Vers 158. Le fier Warton, dont la lubrique rage
Avait en bref consommé son ouvrage,
Le fier Warton fut le seul voyer
Qui de sa nonne....

Vers 179. Édition de 1756 :

Prit cette armure et s'en couvrit le dos ;
Et Dieu permit qu'en ce jour la Pucelle
Contre Warton combattît pour icelle.
Le fier Anglais, de fer enharnaché,
Eut à son tour l'âme bien stupéfaite
Quand il se vit si vivement chargé
Par une jeune....

Un manuscrit porte :

Prit cette armure et s'en couvrit le dos ;
Et Dieu permit qu'en ce jour la Pucelle
Contre Warton combattît pour icelle.
Le bras tendu, le corps en son profil,
La tête haute, et le fer de droit ;
Jeanne d'abord combat avec mesure ;
Car son épée était sa seule armure.
L'Anglais recule, et la belle en courroux
Du fer tranchant lui porte de grands coups.
Au mont Etna....

Vers 198. La voyant nue, il eut de grands remords
De ferrailler contre ce gentil corps.

Vers 199. Sa main tremblait de blesser ce beau corps,
Et de sa belle admirant les trésors,
Saisi d'amour, de crainte, et de colère,
Il recula quatre pas en arrière,
Bref, il croit voir un ange de lumière.

Vers 253. Lui répondit d'un ton tendre et piteux.

Vers 284. Son âme, elle, sa joie et son secours,
Sur qui monte Denys combat toujours.
« Viens, criait-il, viens défendre ma vie ;
Contre un méchant viens protéger mes jours. »
L'animal saint revenait d'Italie.

Vers 304. Et de ses coups fait tomber la tempête.

Vers 309. Par tant d'efforts ces rivaux plus ardents
Tenaient tous deux la victoire en suspens.

Vers 310. Édition de 1756 :

Paul pour Denys gageait contre Vincens,
Quand de sa voix....

VARIANTES.

Vers 384. Ou de nectar on leur verse rasade ;
Et tous les saints, accroupés autour d'eux,
Le verre en main, chantaient une enfilade
De *Te Deum*, Sabaoth, Hosanna,
Te laudamus, Amen, Alleluia.
Jusques au soir dura la sérénade.
Peu de lecteurs croiront....

Vers 386. N'a-t-on pas vu chez le sage Milton.

Vers 390. Édition de 1756 :

Et qui pis est avoir du gros canon ?
Pardonnez-moi ce peu de fiction,
Qui, sous les noms de Denys et de George,
Vous a dépeint le peuple d'Albion
Et les Français qui se coupaient la gorge.
Mais dans le ciel....

Vers 395. Mais dans le ciel si la paix revenait,
Si des bons saints la cohorte chantait,
Il en était autrement....

Vers 404. Dont cet Anglais pollua le couvent.

Vers 413. Sœur Rebondi, qui dans la sacristie
A succombé sous ce vainqueur impie,
Dessous son voile en secret larmoyait ;
Elle avait su ce que Warton valait,
Pleurait le traître....

CHANT DOUZIÈME.

Vers 1. Ce fragment, trouvé dans les papiers de l'auteur, paraît être une variante du commencement de ce douzième chant.

Oui, j'ai juré de ne plus discourir,
De conter net, de bannir la harangue ;
Mais quels serments, hélas ! puis-je tenir ?
Le tendre Amour est maître de ma langue ;
L'Amour m'inspire, il lui faut obéir.
Ce dieu charmant est venu me sourire,
Lorsque ma main n'osait plus l'encenser ;
Quand je fuyais ses traits et son empire,
Du haut du ciel il vint me caresser.
« Quoi ! m'a-t-il dit, faut-il que la tristesse
File aujourd'hui la trame de tes jours ?
Quand tu serais dans la froide vieillesse,
Encor faudrait implorer mon secours :
Mais dans l'été, c'est une ignominie
Que de m'ôter l'empire de ton sort.
Vivre sans moi, c'est être déjà mort :
Laisse-moi donc renouveler ta vie. »
A ce discours l'Amour ne s'est tenu.
Il m'a donné la plus belle maîtresse,
Qui tout à coup, par un charme inconnu,

A dans mon cœur ramené l'allégresse.
De ses faveurs elle enivre mes sens.
Son tendre amour devient l'eau de Jouvence,
Et dans ses bras j'ai trouvé mon printemps.
Je conclus donc, cher lecteur, quand j'y pense,
Qu'on peut aimer au delà de trente ans.

Vers 58. Entre ce vers et le suivant, on lit dans un manuscrit :
Cher à l'amour encor plus qu'à Cutendre.

Vers 73. Allait cherchant les restes de sa proie,
Qu'on lui ravit lorsqu'il était en joie.

Vers 89. Il suit des yeux cette espèce emplumée.

Vers 104. Pour dire à ce venant du haut du ciel.

Vers 166. Il lui disait, d'un ton dévot et doux
« O mon bon roi, fils aîné de l'Église,
Je vois que l'âme à la chair est soumise
Que je vous plains....

Vers 172. Chez les Hébreux, malgré le Décalogue.

Vers 185. Un beau matin, par grâce singulière.

Vers 191. Était pourtant le plus paillard des rois.

Vers 228. Édition de 1756 :
Et du couvent le sac incestueux
Ainsi Louis, se perdant à la chasse
Dans les taillis de son Fontainebleau,
De questions fatigue son Bonneau ;
A son retour lui demande la trace
De la beauté qui captive son cœur,
Veut que de rien il ne lui fasse grâce
Et n'en apprend que tout bien, tout honneur
Après avoir....

Vers 248. Guettait toujours l'objet de son voyage.

Vers 286. Ainsi Monrose, approchant de sa belle.

Vers 375. Ce qu'Adrien mit dans le Panthéon,
Ce qu'un beau duc montra souvent, dit-on
A l'Angeli qui lui sert de maîtresse
Que les héros, ô ciel....

CHANT TREIZIÈME.

Vers 52-54. Édition de 1756, au lieu de ces trois vers, on lisait :
Témoin Ajax et certain général,
Duc, bel esprit, ministre, maréchal,
L'un sur le Rhin, l'autre aux bords du Scamandre,
Un beau matin s'avisèrent de prendre
Des moutons blancs pour autant d'ennemis,

VARIANTES.

Sans que l'honneur fût en rien compromis.
Ce n'étaient point¹....

Vers 58. Le grand Dunois à Jeanne si connu,
Qui ramenait la belle Dorothée.

Vers 62. Car elle était auprès de son amant.

Vers 63. Édition de 1756 :

Ce cher amant, ce tendre La Trimouille
Pour qui son œil de pleurs souvent se mouille,
L'ayant cherchée à travers cent combats,
L'avait trouvée, et ne la quittait pas.
En nombre pair....

Vers 77. Édition de 1756 :

Il te fallut rhabiller promptement :
Sur le satin de ton cul ferme et blanc
Tu rajustas....

Vers 88. Qui lui donnait de la distraction,
Car il tenait un peu du grec, dit-on.

Vers 109. Les saints là-haut aiment souvent à rire
Des passions du sublunaire empire ;
Ils regardaient cheminer dans les champs.

Vers 165. Édition de 1756 :

Décide ici qui de nous sait le mieux
Pousser sa lance et plaire à deux beaux yeux.
Que la valeur soit notre seule chance,
Que de vous tous....

Vers 204. Manuscrit :

Branlant sa lance et serrant les genoux,
Le fier Chandos se targuait dans sa gloire
De deux combats espérant la victoire,
Jurant ce mot lequel commence en F.
Jeanne invoquait l'épouse de Joseph,
Mère de Dieu, reine du pucelage.
L'un contre l'autre ils volent avec rage ;
Les deux coursiers, bardés, coiffés de fer,
Sous l'éperon....

Vers 237. Sur son beau dos, sur sa croupe gentille.

Vers 256. Que saint Denys me regarde et m'excuse.

Vers 257. Édition de 1756 et manuscrit :

« Mars et l'Amour sont mes droits, et j'en use. »
Puis se tournant devers son écuyer :
« Je vois, dit-il, qu'elle est hors d'elle-même ;
J'ai ces deux bras pour combattre et tuer ;
Pour la guérir je prendrai le troisième. »

---

1. L'interpolateur fait attaquer M. de Noailles par Voltaire, qui au contraire l'a toujours défendu. (ÉD.)

Jamais Chandos ne promit rien en vain.
Comme il le dit, il prend en bras soudain
Le grand Dunois, d'un courage héroïque...

Vers 282. Édition de 1756 :

Très-peu connus des ânes d'ici-bas,
Il soupirait en voyant les trois bras,
Le confesseur...

Vers 298. Manuscrit :

De ce Jacob, le patron du mensonge,
Pate-pelu, dont l'esprit inventif
Trompa Laban, qu'il vola comme un juif,
Ce vieux Jacob....

Vers 301. Édition de 1756 :

Ce vieux Jacob (admirez bien, mes frères)
Du livre saint les sublimes mystères)
Devers l'Euphrate...

Vers 305. Édition de 1756 :

Le moine fit de plus plaisants objets ;
Il vit très-bien, ou crut voir, le bon père,
Ce qu'aucun saint n'obtint de voir jamais
Il vit courir à la même aventure,
Il vit aux pieds des futures Agnès
Les demi-dieux de la race future ;
Il observa les différents attraits
De ces beautés dont l'adresse féconde
Faisait danser tous les maîtres du monde ;
Chacune était juste sous son héros,
Partant ensemble, et disant les grands mots ;
Chacune avait son trot et son allure ;
Chacun piquait à l'envi sa monture ;
Tous excellaient à ce jeu des deux dos.
Tels, au retour de Flore...

Vers 320. Manuscrit :

C'est là qu'il vit le beau François premier,
Roi malheureux, mais galant chevalier,
Qui sur un lit fait goûter à deux belles
Tous les plaisirs que François reçoit d'elles.
La Charles-Quint...

Vers 324. Roi malheureux, mais brave chevalier,
Avec Étampe il se pâme, il oublie.

Vers 329. Édition de 1756 :

Aux mouvements que l'amour lui fit faire
Quand dans ses bras décharnés et flétris
Ivre d'amour, tendrement elle serre,
En se pâmant, le second des Henris.
De la débauche un long et triste usage
De la beauté lui fait avoir le prix.
De Charles neuf....

VARIANTES.

Vers 338. Édition de 1756 :

Là, sans fard, et d'amour transporté,
Tournant le dos, troussant sa soutanelle,
Avec Vanose il se fait la femelle;
Un peu plus bas on voit sa sainteté,
Pour ses plaisirs convoitant sa famille,
Donner l'assaut à Lucrèce sa fille.
O Léon dix! ô sublime Paul trois!
Jules second! et toi Monte le drille!
A ce beau jeu...

Un manuscrit porte :

Un peu plus bas on voit sa sainteté
Faire un enfant à Lucrèce sa fille...

Vers 348. Édition de 1756 :

Que par vingt ans de travaux et d'exploits,
Le moine vit des doges de Venise,
Et ces grands ducs, fiers oppresseurs de Pise,
Avec les boues partageant leurs plaisirs?
Mais les laissant à leurs puants désirs,
Bientôt on voit...

Vers 364. Édition de 1756 :

Et l'autre attend le moment du plaisir.
Mais tout à coup quelle métamorphose!
D'un long froc noir lugubrement paré,
L'Amour met bas sa bourdonne de rose;
Son front se perd sous un bonnet carré;
Le sot Scrupule et la froide Décence
Masquent les traits de sa riante enfance.
L'Hymen le suit à pas mystérieux;
Les deux flambeaux brûlent des mêmes feux,
Feux sans éclat, dont la pâle lumière
Porte l'ennui dans les lieux qu'elle éclaire.
A la lueur de ces tristes flambeaux,
Suivi d'un prêtre et de deux maquereaux,
Pour guide un diable en noire soutanelle,
Le grand Louis, couronné de pavois,
Vient épouser sa vieille maquerelle.
Le moine vit ce phénix des Bourbons,
Ensorcelé de deux flasques tétons,
Sur un sofa piquer sa haridelle.
L'Amour en pleurs, et sa suite fidèle,
Les Jeux, les Ris, s'envolent à Paphos.
Paris, la cour, sont en proie aux dévots.
Une grossière et maussade luxure
Rappelle aux sens toute la volupté.
Sous l'air cafard un cynisme effronté
Met Diogène où régnait Épicure.
Dans les excès d'une crapule obscure
Le courtisan cherche la liberté.
Hercule en froc et Priape en soutane,

Dans les palais portent l'obscénité ;
Tout leur fait joug, et le couple profane,
Recommandé par sa brutalité,
A son plaisir panne la beauté.
C'en était fait du tendre Amour en France,
Quand la Fortune ou bien la Providence
A Saint-Denis logea ce roi bigot,
Le moine voit, à ce règne cagot,
Dans les destins succéder la Régence,
Temps fortuné, marqué par la licence,
Où la Folie, agitant son grelot,
Jette sur tout un vernis d'innocence,
Où le cafard n'est prisé que du sot.
Tendre Argenson, folâtre Parabère,
C'est par vos soins que le dieu de Cythère,
Régnant en maître au palais d'Orléans,
Sur ses autels reçoit fumer l'encens.
Le dieu du goût, son seul et digne émule,
Tâche d'unir les grâces aux talents.
Faune et Priape, et le brutal Hercule,
Forcés de fuir, rentrent dans les couvents ;
Ils n'osent plus se faire voir en France
Que sous les traits de Rieux ou de Vence.
Le bon Régent...

Vers 372. Des voluptés donne à tous le signal.
On l'admirait dans son délire aimable.
Tu l'entendais du fond du Luxembourg,
Toi que Bacchus et le dieu de l'amour
Mettent au lit en sortant de la table,
Jeune Berri, bel astre de la cour.

Vers 377. Édition de 1756.

Mènent au lit, escortés par l'Amour.
Près de Paris, sont la pourpre romaine.
Mais je m'arrête ; un semblable tableau
Pourrait-il peindre attirer dure aubaine ;
Il y faudrait placer plus d'un Boileau,
En robe courte. Or, dans ce dernier âge,
Homme d'épée est un fier maquereau.
Et moi, chétif, j'abhorre le tapage.
Je tiendrai donc contre l'appas flatteur.
Je me tairai, n'en déplaise au lecteur.
O Rambouillet !...

Vers 380. Édition de 1756.

Trop de péril suit ce charme flatteur.
Je me tairai, n'en déplaise au lecteur.
O Rambouillet, asile du mystère,
Meudon, Choisy, réduits délicieux,
Que les Plaisirs, les Amours, et les Jeux
Ont si souvent préférés à Cythère,
Sur vos secrets, censurés par Lignière,
Et respectés de son prudent recteur,
Ma chaste muse est forcée à se taire.

VARIANTES.

Le temps présent est l'arche du Seigneur;
Qui la touchait d'une main trop hardie,
Puni du ciel, tombait en léthargie.
Je me tairai. Mais si j'osais pourtant,
O des beautés aujourd'hui la plus belle!
O tendre objet, noble, simple, touchant!
O potelée et douce La Tournelle [1]!
Si j'osais mettre à vos genoux charnus
Ce grain d'encens que l'on doit à Vénus;
Si je chantais cette haute fortune,
L'objet des vœux de Flavacourt la brune;
Si je chantais ce tendre et doux lien,
Ce nœud si cher quoique si peu chrétien,
Formé, béni par la vieille Éminence,
Maudit, rompu par ce prélat bigot,
Et resserré par ce grand roi de France,
Malgré l'avis et les sermons d'un sot;
Si de l'Amour je déployais les armes;
Si je disais... non, je ne dirai mot;
Je serais trop au-dessous de vos charmes.
Dans son extase enfin le moine noir
Vit à plaisir ce que je n'ose voir,
D'un œil avide, et toujours très-modeste.
Il contemplait le spectacle céleste
De tous ces rois accouplés bout à bout :
Charles second sur la belle Portsmouth;
George second sur la tendre Yarmouth;
Et ce dévot roi de Lusitanie
En priant Dieu se pâmant sur sa mie;
Et ce Victor, attrapé tour à tour
Par son orgueil, par son fils, par l'amour.
Mais quand au bout de l'auguste enfilage
Il aperçut, entre Iris et son page,
Perçant un cul qu'il serrait des deux mains,
Cet auteur roi, si dur et si bizarre,
Que dans le Nord on admire, on compare
A Salomon, ainsi que les Germains
Leur empereur au César des Romains
Hélas ! dit-il...

Vers 403. Édition de 1756.

Dois-je gémir que Jean Chandos se mette.
Les deux gigots sur sa belle brunette?

Vers 425. Édition de 1756.

Le fier Anglais dans ses droits de conquête,
Chandos, suant, et soufflant comme un bœuf,
Cherche du doigt si l'autre est une fille;
« Au diable soit, dit-il, la sotte aiguille! »
Bientôt le diable emporte l'étui neuf;
Il veut encor secouer sa guenille.
Jeanne échappant...

[1] La duchesse de Châteauroux. (ÉD.)

CHANT QUATORZIÈME[1]

DE L'ÉDITION DE 1756.

CORISANDRE.

Mon cher lecteur sait par expérience
Que ce beau dieu qu'on nous peint dans l'enfance,
Et dont les jeux ne sont point jeux d'enfants,
A deux carquois tout à fait différents.
L'un a des traits dont la douce piqûre
Se fait sentir sans danger, sans blessure,
Croît par le temps, pénètre au fond du cœur,
Et vous y laisse une vive blessure.
Les autres traits sont un feu dévorant,
Dont le coup part et brûle au même instant;
Dans les cinq sens il porte le ravage;
Un rouge vif allume le visage,
D'un nouvel être on se sent animé,
D'un nouveau sang le corps est enflammé;
On n'entend rien, le regard étincelle.
L'eau sur le feu bouillonnant à grand bruit,
Qui sur ses bords s'élève, s'échappe, et fuit,
N'est qu'une image imparfaite, infidèle,
De ces désirs dont l'excès vous poursuit.
Vous connaissez tous ces états, mes frères;
Mais ce tyran de nos âmes légères,
Ce dieu fripon, cet étourdi d'Amour,
Faisait alors un bien plus plaisant tour.

Il fit loger entre Blois et Cytandre
Une beauté dont les aimables traits
Auraient passé tous les charmes d'Agnès,
Si cette belle avait eu le cœur tendre,
Beau don qui vaut tous les autres attraits.
C'était la jeune et sotte Corisandre.

L'Amour voulut que tout roi, chevalier,
Homme d'Église, et jeune bachelier,
Dès qu'il verrait cette belle immortelle
Perdît le sens à se faire lier.
Mais les valets, le peuple, espèce vile,
Étaient exempts de la bizarre loi;
Il fallait être ou noble, ou prêtre, ou roi,
Pour être fou. Ce n'est pas tout encore :
L'art d'Esculape et cent grains d'ellébore
Contre ce mal étaient en vain essayés,
Et la cervelle empirait tous les jours,
Jusqu'au moment où la belle innocente,
Pour quelque amant serait compatissante :
Et ce moment du ciel était prescrit,
Pour que la sotte eût enfin de l'esprit.

---

[1]. Ce chant ne se trouve que dans les premières éditions. (Éd.)

Plus d'un galant né sur les bords de Loire,
Pour avoir vu Corisandre une fois,
Avait perdu le sens et la mémoire.
L'un se croit cerf, et broute dans les bois :
L'autre imagine avoir un cul de verre ;
Dès qu'un passant le heurte en son chemin,
Il va criant qu'on casse son derrière :
Béraud se croit du sexe féminin,
Porte une jupe, et se meurt de tristesse
Qu'à la trousser nul amant ne s'empresse :
D'un large bât Mérardon s'est chargé ;
Il se croit âne, et ne se trompe guère,
Veut qu'on le charge, et ne cesse de braire :
Culand se croit en marmite changé,
Marche à trois pieds ; une main pose à terre,
L'autre fait l'anse. Hélas ! chacun de nous
Pourrait fort bien se mettre au rang des fous,
Sans avoir vu la belle Corisandre.
Quel bon esprit ne se laisse surprendre
A ses désirs ? et qui n'a ses travers ?
Chacun est fou, tant en prose qu'en vers.

Or Corisandre avait une grand'mère,
Femme de bien, d'une humeur peu sévère,
Dont en secret l'orgueil se complaisait
A voir les fous que sa fille faisait.
Mais de scrupule à la fin obsédée,
Elle eut pitié d'un si triste fléau :
Notre beauté, si fatale au cerveau,
Fut dans sa chambre étroitement gardée ;
On fit poster, pour garder le château,
Deux champions à la mine assurée,
Qui défendaient l'accès de la maison
A tout venant qui risquait sa raison.

La belle sotte, ainsi claquemurée,
Filait, cousait, et chantait sans penser,
Sans nul regret qui vînt la traverser,
Sans goût, sans soin, et sans la moindre envie
De s'appliquer à guérir la folie
De ses amants, ce qui n'aurait tenu
Qu'à dire oui, si la belle eût voulu.

Le fier Chandos, encor tout en colère
D'avoir manqué sa gentille adversaire,
Vers ses Anglais retournait en grondant,
Semblable au chien dont la vorace dent
Saisit en vain le lièvre qui s'échappe ;
Il tourne, il crie, il vire, il pleure, il jappe,
Puis vers son maître approche à petits pas,
Portant la queue et l'oreille fort bas.
Chandos maudit son animal revêche,
Qui lui fit faute en ce brave duel.
Son général cependant lui dépêche,
Pour le hâter, un jeune colonel,
Brave Irlandais, nommé Paul Tirconel,
Portant l'air haut, une large poitrine,

LA PUCELLE.

Jarrets tendus, bras nerveux, double échine
Au sourcil fier, on voit bien à sa mine
Qu'il n'a jamais essuyé cet affront
Qui de Chandos faisait rougir le front.
　Ces deux guerriers, avec leur noble escorte,
De Corisandre arrivant à la porte,
Veulent entrer, quand des deux portiers l'un
Crie : « Arrêtez ! gardez-vous d'entreprendre
De pénétrer jusques à Corisandre,
Si vous voulez garder le sens commun. »
　Le fier Chandos, qui croit qu'on l'injurie,
Pousse en avant, et, frappant en furie,
D'un coup d'estoc renverse à douze pas
Un des huissiers, qui se démet le bras
Et, tout meurtri, roule au loin sur le sable.
　Paul Tirconel, non moins impitoyable,
De l'éperon donne à la fois deux coups,
Lâche la bride, et serre les genoux.
Son beau coursier, plus prompt que la tempête,
Saute, bondit, et passe sur la tête
De l'autre huissier, qui lève un œil confus,
Reste un moment interdit et perclus,
Et, se tournant, reçoit une ruade
Qui vous l'étend près de son camarade.
Tel en province un brillant officier,
Jeune, galant, aigrefin, petit-maître,
Court au spectacle, et rosse le portier,
Gagne une loge, et, placé sans payer,
Siffle par air tout ce qu'il voit paraître.
　La suite anglaise arrive dans la cour ;
La vieille dame y descend éplorée
A ce grand bruit. Corisandre effarée
Prend un jupon, sort de la chambre, accourt.
Chandos leur fait un compliment fort court,
En digne Anglais, qui de parler n'a cure.
Mais observant l'innocente figure,
Ce teint de lis, ces charmes succulents,
Ces bras d'ivoire, et ces tétons naissants
Que de ses mains arrondit la Nature,
Il s'en promet une heureuse aventure ;
Et Corisandre, à l'hébété maintien,
Jette au hasard un œil qui ne dit rien.
Pour Tirconel, d'une façon gentille,
Il salua la grand'mère et la fille,
Et pour sa part fit aussi les yeux doux.
Qu'arrive-t-il ? les voilà tous deux fous.
Chandos atteint de cette maladie,
En maquignon, natif de Normandie,
Pour un cheval prend la jeune beauté,
Prétend qu'il soit sellé, bridé, monté ;
Et puis claquant sa croupe rebondie,
D'un demi-tour s'élance sur son dos.
La belle plie, et tombe sous Chandos.
Quand Tirconel, par une autre manie,

VARIANTES.

Au même instant se croit cabaretier,
Et prend la belle à genoux accroupie
Pour un tonneau ; prétend le relier
Et le percer, et surtout essayer
De la liqueur que Bacchus a rougie.
Tout chevauchant, alors Chandos lui crie :
« Vous êtes fou ! God dam ! L'esprit malin
A détraqué, je crois, votre cervelle.
Quoi ! vous prenez pour un tonneau de vin
Mon cheval blanc à crinière isabelle ! »
— C'est mon tonneau, j'en porte le bondon.
— C'est mon cheval. — C'est mon tonneau, mon frère.
Également tous deux avaient raison.
Chacun soutient sa brave opinion.
Un jacobin se met moins en colère
Pour saint Thomas, ou tel autre saint père,
Et d'Olivet pour son cher Cicéron.
Des démentis en réplique et duplique,
Et certains mots que, grâce à ma pudeur,
Mon style honnête épargne à mon lecteur,
Mots effrayants pour qui d'honneur se pique,
Font que déjà nos illustres Bretons
Ont dégainé leurs fiers estramaçons.
    Comme le vent, dans son faible murmure,
Frise d'abord la surface des eaux,
S'élève, gronde, et, brisant les vaisseaux,
Répand l'horreur sur toute la nature ;
Ainsi l'on vit nos deux Anglais d'abord
Se plaisanter, faire semblant de rire,
Puis se fâcher, puis, dans leur noir délire,
Se menacer et se porter la mort.
Tous deux en garde, en la même posture,
Le bras tendu, le corps en son profil,
La tête haute, et le fer de droit fil,
En quarte, en tierce, ils tâtent leur peau dure.
Mais aussitôt, sans règle ni mesure,
Plus acharnés, plus fiers, plus en courroux,
Du fer tranchant ils portent de grands coups.
    Au mont Etna, dans leur forge brûlante,
Du noir cocu les borgnes compagnons
Font retentir l'enclume étincelante
Sous des marteaux moins redoublés, moins prompts,
En préparant au maître du tonnerre
Le gros canon dont se moque la terre.
    Des deux côtés le sang est répandu
Du bras, du col, et du crâne fendu,
Malgré l'acier de leur brillante armure,
Sans qu'un seul cri succède à la blessure.
    La bonne mère en gémit de douleur,
Dit son *Pater*, demande un confesseur ;
Et cependant sa fille avec langueur,
Se rengorgeant, rajuste sa coiffure.
Nos deux Anglais, lassés, sanglants, rendus,
Gisaient tous deux sur la terre étendus,

Quand arriva notre bon roi de France,
Et ces héros, brillants porteurs de lances,
Et ces beautés qui formaient une cour
Digne de Mars et du dieu de l'amour,
 La belle sotte au-devant d'eux s'avance,
Fait gauchement une humble révérence,
Nonchalamment leur donne le bonjour,
Et les voit tous avec indifférence.
Qui l'aurait cru, que la nature mît
Tant de poison dans ses yeux, en s'esprit,
Des beaux François les têtes détraquées
Sont par la belle à peine remarquées.
Les dons du ciel versés bénignement
Sont des mortels reçus différemment.
Tout se façonne à notre caractère,
Diversement sur nous la grâce opère.
Le même suc, dont la terre nourrit
Des fruits divers les arrangées colorés,
Fait des œillets, des chardons, et des roses.
D'Argens soupire alors que Dangel rit,
Et Maupertuis débite des fadaises,
Comme Newton ses doctes hypothèses;
Et certain rat fait servir un soldat
A ses amours ainsi qu'à ses combats.
Tout se varie; une tête française
Tourne autrement qu'une cervelle anglaise.
Chacun se sent des mœurs de son pays.
Chez les Anglais, sombres et durs esprits,
Toute folie est noire, atrabilaire;
Chez les François elle est vive et légère.
 D'abord nos gens, se prenant par la main,
Dansent en rond, et chantent le refrain.
Le gros Bonneau lourdement se démène,
Hors de cadence ainsi que hors d'haleine.
Bréviaire en main, le père Bonifoux
A pas plus lents danse avec tous ces fous;
Il s'est placé tout auprès du beau page,
D'un air dévot lorgnant ce beau visage;
A son souris, à son dévot langage,
A ses yeux doux, à ses mains, à son ton,
On lui croirait un reste de raison.
 Le mal nouveau qui fascine la vue
De la royale et dansante cohue,
Leur fait penser que la cour du château
Est un jardin avec un bassin d'eau;
Et, voulant tous s'y baigner, ils dépouillent
Leurs corselets, et vas sur le gazon,
Nageant à vide et levant le menton,
Dans l'onde claire ils pensent qu'ils se mouillent.
Et remarquez que le moins engageant
Près de Monrose allait toujours nageant.
 A cet amas de têtes sans cervelle,
A ces objets, à tant de nudités,
On vit d'abord nos pudiques beautés,

La Dorothée, Agnès, et la Pucelle,
Qui détournaient leur discrète prunelle,
Puis regardaient, et puis levaient les yeux
Avec le cœur et les mains vers les cieux.
« Quoi ! s'écria l'inébranlable Jeanne,
J'aurai pour moi saint Denys et mon âne ;
J'aurai battu plus d'un Anglais profane,
Vengé mon prince, et sauvé des couvents,
J'aurai marché vers les murs d'Orléans,
Le tout en vain ! Le destin nous condamne
A voir périr nos travaux impuissants,
Et nos héros à perdre le bon sens ! »
 La douce Agnès, la tendre Dorothée,
De nos nageurs se tenaient à portée,
Pleuraient tantôt, et riaient quelquefois,
De voir si fous des héros et des rois.
 Mais que résoudre ? où fuir ? quel parti prendre ?
On regrettait le château de Cutendre.
Une servante en secret leur apprit
Comme on trouvait au logis de la belle
L'art de guérir ceux qui perdaient l'esprit.
« La Providence a décrété, dit-elle,
Que le bon sens ne peut être hébergé
Chez les cerveaux dont il a délogé,
Que quand enfin la belle Corisandre
Aux lacs d'amour se laissera surprendre. »
 Ce bon avis ne fut pas sans profit.
Le muletier par bonheur l'entendit :
Car vous saurez que ce valet terrible
Pour Jeanne d'Arc étant toujours sensible,
Jaloux de l'âne, avait d'un pied discret
Suivi de loin l'amazone en secret.
Il se sentit la noble confiance
De secourir et son prince et la France.
La belle était justement dans un coin
Propre au mystère ; il l'aperçut de loin.
Du moine noir il s'avisa de prendre
L'accoutrement : la belle, à cet aspect,
Sentit son cœur saisi d'un saint respect.
Elle obéit sans oser se défendre,
Innocemment et sans réflexion,
Comme faisant une bonne action.
 Le muletier fit tant par ses menées
Qu'il accomplit ses hautes destinées.
Il la subjugue. A peine elle sentit
La volupté, dont la triste ignorance
De sa jeune âme abrutissait l'essence,
De tous côtés le charme se rompit.
Chaque cervelle aussitôt fut remise
En son état, non sans quelque méprise :
Car le roi Charle obtint le gros bon sens
Du vieux Bonneau, lequel eut en partage
Celui du moine ; et chacun des galants
Troqua de même. On eut peu d'avantage

Dans ces marchés : la raison des humains,
Ce don de Dieu, n'est que fort peu de chose
Il ne l'a pas versée à pleines mains,
Et tout mortel est content de sa dose.
Ce changement n'en produisit aucun
Chez les amants ; chacun pour sa maîtresse
Garda son goût, conserva sa tendresse :
Car en amour que fait le sens commun?
Pour Corisandre, elle obtint la science
Du bien, du mal, une honnête assurance,
De l'art, du goût, enfin mille agréments
Qu'elle ignorait dans sa triste innocence.
Un muletier lui fit tous ces présents.
Ainsi d'Adam la compagne imbécile,
Dans son jardin vivant sans volupté,
Dès que du diable elle eut un peu tâté,
Devint charmante, éclairée, et subtile,
Telles que sont les femmes de nos jours
Sans appeler le diable à leur secours.

Dans l'édition de 1756, après ce vers :

La belle était justement dans un coin,

On lisait :

Propre au mystère : il la guette de loin,
Puis court vers elle, armé, plein de courage.
On le crut fou ; mais c'était le seul sage.
O muletier ! de quels rares trésors
La juste main de la riche nature
T'avait payé la trop commune injure
De la fortune ! En un seul haut-le-corps
Il met à bas la belle créature ;
Il la subjugue, et d'un rein vigoureux
Faisant jouer le bélier monstrueux,
Il force, il rompt les quatre barricades;
Puis redoublant ses vives estocades,
Il loge enfin dans toute sa longueur,
Jusques au fond, son braquemart vainqueur.
Du brusque assaut la jeune Corisandre
N'avait pas eu le temps de se défendre :
Les poings fermés, tout le corps en arrêt,
Serrant les dents, retirant le jarret,
Sans dire mot, sans rien voir, rien entendre,
Elle attendait, en invoquant les saints,
Que l'ennemi se fût cassé les reins.
Pour elle enfin le moment vint d'apprendre
Et de savoir. A peine elle sentit
La volupté....

CHANT QUATORZIÈME.

Vers 11. Après ce vers on lit, dans quelques éditions, ceux-ci qui se rapportent à l'épisode de *Corisandre*.

Calmes les flots, fais naître sous tes pas
Tous les plaisirs qui consolent la terre ;
Tendre Vénus, c'est par un miracle
Que tu formas l'esprit de Corisandre.
Depuis ce jour, spirituelle et tendre,
A tes autels prompte à sacrifier,
Son cœur instruit ne se laissa plus prendre
Que dans des nœuds dignes de la lier.
Ainsi l'on voit un artisan grossier
Tourner, polir, d'une main rude et noire,
L'or, le rubis, et le jaspe, et l'ivoire.
Que porte ensuite un galant chevalier.
D'un air modeste et mêlé d'assurance,
Noble, engageant, poli, respectueux,
Elle reçoit le monarque de France.
Un feu charmant anime ses beaux yeux ;
Les grâces sont dans sa démarche leste,
Dans son maintien, dans son ris, dans son geste ;
Puis ayant fait les honneurs du château
Au possesseur du bon sens de Bonneau,
Aux beaux Français dont la troupe aguerrie
Unit l'audace à la galanterie,
Sur les Anglais elle étendit ses soins,
Selon leurs goûts, leurs mœurs, et leurs besoins.
Un gros rosbeef que le beurre assaisonne,
Des plum-puddings, des vins de la Garonne,
Leur sont offerts ; et les mets plus exquis,
Les ragoûts fins dont le jus pique et flatte,
Et les perdrix à jambe d'écarlate,
Sont pour le roi, les belles, les marquis.
Elle fit plus : son heureuse entremise
Sut ménager avec douce accortise
Les deux partis ; obtint que chacun d'eux,
Mettant à part sa folie héroïque,
Fît de chez elle un départ pacifique.
A droite, à gauche, et la Loire entre deux,
Sans nul reproche et sans forfanterie,
Selon les lois de la chevalerie.
Le preux Chandos, suivant les mêmes lois,
Sur son beau page a repris son empire ;
Charle et Chandos sont rentrés dans leurs droits.
Agnès Sorel tout doucement soupire ;
Son tendre cœur, près du plus grand des rois,
Du page heureux se souvient quelquefois.
Toujours docile au roi qui toujours l'aime.
Heureux ceux-là qu'on peut tromper de même !
Quand le château fut bien débarrassé

Du grand dégât qu'avaient fait de tels hôtes,
La belle alors n'eut rien de plus pressé
Que de songer à réparer ses fautes.
Elle appela les plus jeunes amants
Qui, l'ayant vue, avaient couru les champs.
Le dieu d'Amour voulut une vengeance :
Elle honora d'un choix plein de prudence
Un bachelier beau, bien fait, et dispos.
Mais revenons, lecteurs, à nos héros.
Le roi des Francs avec le garde-meuble...

Vers 43. Édition de 1756 :

Des ennemis qui l'ont persécutée.
Tendre Vénus, c'est par un muletier
Que tu forças le cœur de Gonsalve.
Depuis ce jour, douce, avisée et leste,
A tes autels prompte à sacrifier,
Elle sut plaire, et jouir, et se rendre
A tous les nœuds dignes de la tendre.
Ainsi l'on voit un artisan grossier
Tourner, polir, d'une main rude et noire,
L'or, le rubis, et le jaspe, et l'ivoire,
Dont se pavane un brillant chevalier.
Aux beaux Français, dont la troupe aguerrie
Unit l'audace à la galanterie,
Au possesseur du bon sens de Rousseau,
La belle fait les honneurs du château,
Et puis conclut un accord pacifique
Entre Chariot et Chandos le cynique.
Elle obtint d'eux...

Vers 85. Elle descend, se détrousse, court vite.
Vers 96. Cette beauté fidèle à La Trimouille.

Dans un autre manuscrit on lit :

Cette beauté qui adore son amant,
Cette beauté dévote à La Trimouille,
Et derrière elle en sifflant s'agenouille.

Vers 104. Édition de 1756 :

Son court jupon, retroussé par mégarde,
Offrait aux yeux de Chandos qui regarde
A découvert, deux jambes que l'amour
Refit depuis pour potier Pompadour,
Cette beauté que pour Louis Dieu garde,
Et qu'au couvent il mettra quelque jour à
Jambes d'ivoire.

Vers 119. Chandos alors, suivant peu l'oraison.
Vers 114. Manuscrit :

Sous le jupon qui couvre un blanc satin
Il la dirige, il découvre sans peine
Ce bel autel où s'adressent ses vœux,

VARIANTES.   287

Autel charmant, autel à la romaine
A deux envers, pour toi sacrés tous deux.
Je ne veux point...

Vers 185. Édition de 1756 :

« De nos combats c'est la loi respectée.
Venez ! je veux que ce héros vaincu
Soit en un jour et captif et cocu. »
Le juste ciel...

Vers 245. Débarrassés de leurs fardeaux pesants.

Vers 347, 348. Manuscrit :

Quand par Chandos, hélas ! si maltraitée
Elle se vit abattue et rasée.

CHANT QUINZIÈME.

Vers 44. Furent écrits autrefois par un sage.
Vers 29. Exempts de fiel, libres de frénésie.
Vers 53. Que négligeait le fier duc de Bedfort.
Vers 57. Le dieu sanglant qui donne la victoire
A ses héros, et les couvre de gloire ;
Le dieu joufflu qui préside aux bons vins
Tout l'appareil...

Vers 95. En un moment la minière embrasée.
Vers 99. Fureur, succès, gloire, amour, tout l'excite.
Depuis longtemps il brûlait en secret
Pour la moitié du président Louvet.
Ce digne Anglais, cet enfant de la guerre....

Vers 148. Tomber l'épi des moissons jaunissantes.
Vers 153. Épouvantaient le fils de Jupiter.
Vers 170. Manuscrit :

Il fait de l'autre avancer ses soldats
Il s'établit sur ce dernier asile
Qui te restait, ô malheureuse ville !
Charle en son fort...

Vers 186. Manuscrit. Ce chant finissait ainsi :

« Le sort cruel enchaîne ici mes mains.
Ma chère Agnès, hélas ! que devient-elle?
Je perds encor mon Agnès, ma Pucelle ;
Mon confesseur eût pu me consoler ;
Il m'est ravi ; le ciel, pour m'accabler,
M'ôte à la fois dans cette horrible guerre
Tous les plaisirs du ciel et de la terre ! »
C'était ainsi que Charles répondait
Par ses sanglots au canon qui grondait.

Le gros Bonneau, dans ce cruel martyre,
Près de son roi pleurait à faire rire;
Et le bâtard, se sentant étonner,
Ne savait plus quel conseil lui donner.

Vers 208. Édition de 1756 :

Qui s'acharnaient sur le cou des hérons.
　L'Anglais surpris, croyant voir une armée,
Descend soudain de la ville alarmée.
Tous les bourgeois, devenus valeureux,
Les voyant fuir, descendent après eux.
Charles, plus loin, entouré de carnage,
Jusqu'à leur camp se fait un beau passage.
Les assiégeants, à leur tour assiégés,
En tête, en queue, assaillis, égorgés,
Tombent en foule au bord de leurs tranchées,
D'armes, de morts et de mourants jonchées;
Et de leurs corps ils faisaient un rempart.
　Dans cette horrible et sanglante mêlée,
Le roi disait à Dunois : « Cher bâtard,
Dis-moi, de grâce, où donc est-elle allée?
— Qui? » dit Dunois. Le bon roi lui repart :
« Ne sais-tu pas ce qu'elle est devenue?
— Qui donc? — Hélas! elle était disparue
Hier au soir, avant qu'un heureux sort
Nous eût conduits au château de Bedfort;
Et dans la place on est entré sans elle.
— Nous la trouverons bien, dit la Pucelle.
— Ciel! dit le roi, qu'elle me soit fidèle!
Garde-la-moi. » Pendant ce beau discours
Il avançait et combattait toujours.
　Oh! que ne puis-je....

Vers 230. Dans l'édition encadrée de 1775 et les suivantes, le chant se termine ainsi :

De grands combats et des combats encor.
　Détournez-vous de ces objets funestes,
Ami lecteur, osez lever vos yeux
Et votre esprit vers les plaines célestes;
Venez, montez aux demeures des dieux;
Contemplez-y la sagesse profonde
Qui dans la paix fait le destin du monde :
Un tel spectacle est plus digne de vous
Que le barbare et sanglant étalage
De ces combats qui se ressemblent tous;
Leur long récit doit ennuyer le sage.

Vers 231. L'édition de 1762 se terminait par ces vers :

C'est là sans doute un sûr moyen de plaire;
Je ne l'ai point; il convient de me taire.

Vers 280. Un manuscrit porte :

Tel que jamais n'en eut le quatorzième
De nos Louis, aïeul d'un roi qu'on aime.

VARIANTES.

CHANT DIX-SEPTIÈME.

Vers 1. On trouve dans un manuscrit :

C'était le temps de la saison brillante,
Quand le soleil, aux bornes de son cours,
Prend sur les nuits pour ajouter aux jours,
Et se plaisant, dans sa démarche lente,
A contempler nos fortunés climats,
Vers le tropique arrête encor ses pas.
O grand saint Jean! c'était alors ta fête,
Premier des Jean, orateur des déserts,
Toi qui crias jadis à pleine tête :
« Que du salut les chemins soient ouverts ! »
Grand précurseur du vainqueur des enfers,
Toi qui plongeas l'Agneau de Dieu dans l'onde,
Et baptisas le baptiseur du monde.
Du roi des Francs le bénin confesseur,
Voulut alors réparer le scandale
Qu'avait porté la luxure fatale
De Jean Chandos au logis du Seigneur.
Il rebénit la chapelle polluée,
Puis fit crier dans les lieux d'alentour,
Par cet ermite à la barbe touffue :
« Tout pénitent qui veut en ce saint jour,
De ses péchés détaillant le grimoire,
Se dérober au gentil purgatoire,
Peut s'adresser au père Bonifour,
Avec trois mots tous péchés sont absous. »
A ce tocsin de la vie éternelle,
Des lieux voisins une foule accourut,
Bourgeois, soldat, jeune, sempiternelle,
Anglais, Français, pour faire son salut,
Attrit, contrit, à genoux comparut,
De ses péchés contant la kyrielle.
La belle Agnès, qui toujours dans son cœur
Avait gardé la crainte du Seigneur,
Au tribunal ne fut pas la dernière.
Le révérend tenait sa cour plénière,
Les yeux baissés, un mouchoir à la main,
A droite, à gauche, absolvant son prochain.
O Dorothée ! ô cœur dévot et tendre !
Dans le saint lieu tu vins aussi te rendre
Et La Trimouille, un peu faible et traînant,
Y vint chercher sa part du sacrement.
Ce couple heureux eut le plaisir suprême
De détailler les doux péchés qu'il aime,
Et Bonifour était, par piété
Le confident de leur fidélité.
Ces gens de bien, ayant dit leur histoire,
Se promenaient sur le bord de la Loire,
Signant leur face, et récitant encor

LA PUCELLE.

Quelques morceaux de leur *Confiteor*.
Le beau Monrose alors vint à paraître ;
Il déplorait la mort de son cher maître.
De ce trépas le grand événement
Porte en son cœur un trouble pénitent :
Il entrevoit, dans sa douleur profonde,
Le grand néant des vanités du monde ;
Et, de remords saintement possédé,
Pour un même voyage s'est décidé.
Il entre donc dans la chapelle sainte ;
Il se présente à ce toit bienheureux,
Qui le reçoit dans sa petite enceinte.
Le pose en face de son confesseur,
Et, lui pressant la face de la ceinture,
Prononce avec componction ces mots :
« Cher pénitent, ne pleurez plus vos maux ;
Et pour les sus en toute plénitude,
Grand remède à ces maux,
Il vous convient prendre la discipline.
Ça, mettez-vous à genoux, bon ami,
Et baissez-vous avec humilité
Légèrement pour votre salut éternel.
De cet exercice salutaire, discret,
Sur votre peau se trahira.... »
D'un cœur content se met à genoux,
On n'a point vu, je crois, jamais chez nous
Le doux Monrose avec la mine si pure
Du faiseur, si contrit et si doux.
Il recevait les coups de discipline
Dont quelquefois la fureur....
Il les souffre avec patience.
Puis à son tour, ayant fait pénitence,
Qui va mêler....
Que devins-tu, sage Dorothée,
Lorsque tu vis ces....
De ses habits....
Ces fleurs de lis....
Ce rare hommage des....
Ainsi rendu par le col d'un anglais,
Charle avait pris ce signe incomparable
À l'un des....
Pour un vrai don du ciel....
Toi, qui lis mieux dans le livre du destin,
Tu découvris par quel ordre céleste,
Les fleurs du lis....
Que fit baisser pour....
Ennuis, saisi d'un aise....
Tu contemplais ces trois fleurs....
En champ d'azur, et ta....
Comme ton âme en....
Tu t'avouais, à ce penchant....
Les bras en haut, l'œil fixe, étincelant,
Comme il gardait cette belle attitude,
Paul Tironel, soldat fier, esprit rude,
Vers la chapelle s'avançait sans dessein,
De Jean Chandos déplorant le destin,
Le cœur pétri du fiel de ses ancêtres,
Et détestant les Français et les prêtres.
Il vit de loin ce beau page étalé,
Et Bonifoux par derrière installé.
Il crut voir pis : sa cervelle gauche
Croyait le mal beaucoup plus que le bien.

VARIANTES.

Cette posture et ce plaisant maintien
Sont un affront à son âme irritée.
« Quoi ! disait-il, un Français jacobin
A de Chandos le plus bel héritage ! »
Il prend son fer, il se livre à la rage.
Monrose fuit en tenant d'une main
Son haut-de-chausse, et le dominicain
Tout éperdu court en suivant le page.
Tirconel suit le grave personnage,
Qui lourdement se hâtait par la peur.
Le Poitevin, voyant son confesseur
Que Tirconel semblait vouloir pourfendre,
Suit cet Anglais, et crie : « Ose m'attendre,
Maudit Breton ; n'auras-tu donc du cœur
Qu'avec un moine ! et la rare valeur
Contre un guerrier craint-elle de paraître.
Je fus hier bien battu ; mais peut-être
Tu reverras en moi quelque vigueur. »
Et tour à tour chacun trouve son maître.
Ainsi parlait La Trimouille assez bas,
A Tirconel, qui ne l'entendait pas.
La Dorothée, en voyant dans la plaine
Son cher amant qui courait hors d'haleine,
Se mit alors à galoper aussi.
La belle Agnès, qui la voit fuir ainsi,
Trotte après elle, et cependant ignore
Pourquoi l'on court, et de loin trotte encore.
Tel un mouton, par son instinct porté,
Saute à son tour quand un autre a sauté.
Le fier Dunois était près du roi Charle,
Vers l'autre bord ; en secret il lui parle
De l'appareil, des mesures, du temps
Dont il lui faut entrer dans Orléans.
Non loin du pont la redoutable Jeanne
Caracolait noblement sur son âne,
Elle aperçut dessus ces bords fleuris,
Vers la chapelle, à quelque quart de mille
Les six coursiers se suivant à la file.
D'étonnement ses sens furent saisis.
Jeanne bientôt s'étonna davantage.
Lorsque, voyant ces gens courir si bien,
En un moment elle ne vit plus rien.
Au coin d'un bois la main de la Nature
Tend sous leurs pieds un tapis de verdure.
Velours uni, semblable au pré fameux
Où s'exerçait la rapide Atalante.
Sur le duvet de cette herbe riante
Monrose vole, et de ses blonds cheveux
L'air soulevait la parure ondoyante.
Jeanne de l'œil le suit, et s'y complaît ;
Mais tout à coup Monrose disparaît.
Le confesseur au même endroit arrive,
Ciel ! plus de prêtre et plus de Bonifoux.
Tirconel vient, toujours plein de courroux,

Jeanne portait une vue attentive
Sur cet Anglais, l'Anglais s'évanouit.
A son regard. La Trimouille le suit,
La Trimouille est éclipsé comme un autre.
Quel sentiment, quel trouble était le vôtre,
O Dorothée! Elle accourt, et soudain
Elle est perdue, et l'œil la cherche en vain.
Agnès se rend sur la place funeste.
La belle Agnès y fond avec le reste.
Tel dans Paris, près du Palais-Royal,
A l'opéra, souvent joué si mal,
Plus d'un héros à nos regards échappe,
Et dans l'enfer descend par une trappe.
Jeanne effarée, et se frottant les yeux,
Priant Denys, et son âne, et les cieux,
Crut être alors dans le pays du diable,
Des enchanteurs, des larves, des sorciers,
Pays si cher à nos bons devanciers,
Que de Roland le chantre inimitable
Chanta depuis dans son délire heureux;
Que Torquato rendit encor fameux;
Que crut longtemps l'Église charitable;
Qu'ont supposé de graves parlements,
Et des docteurs, et même des savants.
Jeanne, piquant sa divine monture,
La lance en main, se rend sur la verdure
Où se passait cette étrange aventure.
Mais c'est en vain que d'un double éperon
Elle pressait le céleste grison.
Il s'arrêta vers la place fatale
D'un cou roidi, et rebelle au bridon,
Se démenant d'une ardeur sans égale,
Ruant, tournant, et foyant ce gazon.
Tout animal reçut de la nature
Certain instinct dont la conduite est sûre;
Et les humains n'ont que de la raison.
De saint Denys cet ingénieux âne
Sent le péril que ne voyait point Jeanne.
Il prend son vol, et, prompt comme un éclair,
Portant sa dame aux campagnes de l'air,
Franchit le bois qui bordait la prairie.
Du saint patron l'assistance chérie,
Qui conduisait le quadrupède oiseau,
Fixa sa course aux portes d'un château,
Tel que n'en eut jamais le quatorzième
De nos Louis, aïeul d'un roi qu'on aime.
Jeanne voyant le marbre, le rubis,
Le jaspe, et l'or de ce brillant pourpris:
« Ah! sainte Vierge! ah! Denys, cria-t-elle,
Le ciel le veut, la vengeance m'appelle,
C'est le château du paillard Conculix. »
Tandis qu'ainsi l'errante chevalière,
Branlant sa lance, et faisant sa prière,
De l'aventure attend l'heureuse fin,

VARIANTES.

Le roi des Francs suit toujours son chemin,
Environné de sa troupe dorée....

Voyez la suite au chant XV, vers 38.
Le chant suivant, qui alors était le quinzième, commençait ainsi dans ce manuscrit :

Oh ! que ce monde est rempli d'enchanteurs !
Je ne dirai rien des enchanteresses ;
Je t'ai passé, bel âge des faiblesses,
Je t'ai passé, temps heureux des erreurs.
Mais à tout âge on trouve des trompeurs,
De ces sorciers, tout-puissants séducteurs,
Vêtus de pourpre et rayonnants de gloire,
Au haut des cieux ils vous mènent d'abord ;
Puis on vous plonge au sein de l'onde noire,
Et vous buvez l'amertume et la mort.
Gardez-vous tous, gens de bien que vous êtes
De vous frotter à de tels nécromants ;
Et s'il vous faut quelques enchantements,
Aux plus grands rois préférez vos grisettes.
Jeanne, pressant de son divin baudet
Le dos pointu sous ses fesses charnues,
Vers le château fondit du haut des nues,
Le cœur ému, le regard stupéfait,
Vers ce château dont le mur étalait
Des ornements dont l'œil s'émerveillait.
Jeanne, effarée, et ne sachant que croire,
Craignant encor les tours de Conculix,
Fit en secret à monsieur saint Denys
Une oraison qu'on tient jaculatoire ;
Elle priait seulement en esprit,
Ne disant mot. Saint Denys l'entendit.
Il fit soudain, du haut de l'empyrée,
Partir un trait d'influence sacrée,
Qui pénétra tout droit jusqu'au grison.
Lors, élevant la tête avec le ton,
L'âne entonna l'octave discordante
De son gosier de cornet à bouquin.
A cette octave, à ce bruit tout divin
Blois, Orléans, Tours, et Saumur, et Nante,
Tout retentit ; la nature tremblante
S'émut d'horreur, et Jeanne vit soudain
Tomber les murs de ce palais magique,
Cent tours d'acier et cent portes d'airain ;
Comme autrefois la horde mosaïque
Ayant sonné de sa trompe hébraïque,
De Jéricho le rempart disparut.
Le beau rempart, si jamais il en eut.
Le temps n'est plus de semblable pratique ;
Et pour briser les murs audacieux
Du Milanais ou du pays belgique,
Nous prétendons que le canon vaut mieux.
Dès qu'aux accents de la trompette asine,

Des murs épais la superbe ruine
S'éparpilla dans les champs d'alentour,
Le saint baudet et la grosse héroïne
D'un saut léger entrèrent dans la cour.
Les prisonniers près de Jeanne accoururent.
Ce La Trimouille et ce dur Tirconel
Accompagnaient Dorothée et Sorel ;
En bons chrétiens tous les deux comparurent.
Dans l'esclavage ils s'étaient réunis :
Les malheureux volontiers sont amis.
De Charles sept le confesseur très-sage
Venait derrière avec le jeune page.
Mais quelle foule, ô ciel ! quel assemblage
De prisonniers de toute nation,
De tout état, âge, religion,
Que Conculix tenait en esclavage
Pour ses plaisirs et pour son double usage !
Auprès de Jeanne ils s'empressèrent tous :
Chacun voulait conter son aventure.
Jeanne cria : « Qu'on se mette à genoux ! »
Chacun se mit en cette humble posture.
Alors, alors ce superbe palais,
Si brillant d'or, si noirci de forfaits,
Devint un ample et sacré monastère.
Le salon fut en chapelle changé ;
Le cabinet où ce maître enragé
Avait dormi, dans le vice plongé,
Transmué fut en un beau sanctuaire :
L'ordre de Dieu, qui préside aux destins,
Ne changea point la salle des festins,
Mais elle prit le nom de réfectoire.
Le Conculix pour jamais fut exclus
De ces repas réservés aux élus ;
On y bénit le manger et le boire.
Mais qui croirait que ce séjour si saint,
Malgré Denys très-fortement retint
L'impression des mœurs du premier maître !
C'est en ces lieux que devaient reparaître
Ces vains désirs et ces vœux effrontés,
Ces attentats dont frémit la nature,
Et que les Grecs ont hardiment chantés.
  Muses, tremblez de l'étrange aventure
Qu'il faut apprendre à la race future ;
Et vous, lecteurs, en qui le ciel a mis
Les sages goûts d'une tendresse pure,
Remerciez le bon monsieur Denys
Qu'un grand péché n'ait pas été commis.

La suite se trouve au vingtième chant (vers 76).

CHANT DIX-HUITIÈME.

Vers 21, 22. Première édition; on lisait entre ces deux vers :

    Son mauvais sort contre lui s'obstina.

Vers 47. « Marchons; bâtard! avançons! faisons voir.»

Vers 67. Qui dans Paris connus pour leur mérite.

Vers 108. « Quel est ton nom, mon pauvre misérable?
    Et ton métier? et pour quelle action
    Le Châtelet, avec tant d'indulgence,
    T'envoyait-il sur les mers de Provence?»

Vers 118. Un tendre soin des plus jolis enfants.

Vers 132. Point ignorant, point brouillon, point menteur.

Vers 148. Première édition :

    « Ce Vacerac est tout pétri de miel ;
    Ah! l'honnête homme! indulgent, pacifique,
    Doux, charitable, et surtout véridique!
    Tous ces savants, dignes de mes lauriers,
    Grands écrivains, Cicérons des charniers,
    Sont comme moi victimes de l'envie.
    On nous accuse, et bien mal à propos,
    D'avoir commis quelques crimes de faux²
    Mais la vertu fut toujours poursuivie. »

Vers 180. Première édition :

    « Qu'il ne tombât aux mains des indévots.
    « Voici, grand roi, ce bénin sycophante,
    A tête longue, et de côté pendante;
    Du nombre trois parfois il se tourmente,
    A son air humble, au maintien qu'il a pris,
    Du bon Tartufe on le croirait le fils³
    Sur tous ses tours son petit pays glose,
    Du doigt index on le montre aux passants ;
    On fait de lui des contes si plaisants !
    Je crois, pour moi, qu'il en est quelque chose.
    Mais, ô mon roi! votre bénignité
    Est au-dessus de la malignité
    Pour le dernier. »

Vers 223. Première édition :

    « C'est mon amant qu'on doit seul reconnaître.
    L'arrêt est nul ; et vous l'allez casser. »
    Jeanne dont l'âme

1. Caveyrac. (Éd.)
2. Nous entendons ici par crime de faux toutes les fausses citations que ces délateurs alléguaient incessamment. Peut-être aussi furent-ils condamnés comme faussaires.
3. Il faut que ce soit quelque maître Gonin de ce temps-là, qui ait été très-irrévérend envers le *Trisagion*.

Vers 334. On le console; et chacun s'évertue
En vrai héros, peu troublé des revers
A réparer les dommages soufferts.
Le seul remède en pareille disgrâce
Sans doute était de regagner la place
Où le roi Charle avait ses magasins
Garnis de tout et fournis de bons vins.
Nos chevaliers à moitié s'équipèrent;
Très-simplement les dames s'ajustèrent;
Et l'on partit mal en point, très-pressé,
Un pied tout nu, l'autre à demi chaussé.

CHANT DIX-NEUVIÈME.

Vers 24. Il cheminait vers les murs de la ville,
Vers ce château, son noble et sûr asile,
Où se gardaient les arsenaux de Mars.

CHANT VINGTIÈME.

Vers 4. Édition de 1756 :

Que la vengeance est une passion
Funeste au monde, affreuse, impitoyable!
C'est un tourment, c'est une obsession;
Et c'est aussi le partage du diable.
Le gros damné...

Vers 41. Édition de 1756 :

« J'y crois, pour moi, tout honneur attaché, »
Il ne faut pas beaucoup de rhétorique
Pour engager le tentateur antique
A travailler de son premier métier.
De tout méchef ce maudit ouvrier
Courut bien vite observer sur la terre
En quel état

Vers 60. Charles, Dunois, et la grosse amazone,
Lassés tous trois des travaux de Bellone,
Étaient enfin revenus dans leur fort.

Vers 73. Remerciez le bon monsieur Denys.

Vers 75. Il vous souvient que je vous ai promis
De vous donner des mémoires fidèles
De ce baudet possesseur de deux ailes.
Mon cher lecteur me semble assez instruit
Que quand Dunois aux Alpes fut conduit,
Il y vola sur la noble monture
Tant célébrée en la sainte Écriture.
La nuit des temps cache encore aux humains
De l'âne ailé quels étaient les desseins,
Quand il avait sur ses ailes dorées

VARIANTES.

Porté Dunois aux lombardes contrées.
De ce héros cet âne était jaloux.
Plus d'une fois, en portant la Pucelle
Dessus sa croupe, il sentit l'étincelle
De ce beau feu....

Vers 400. Mais voyagez aux confins d'Arcadie.

Vers 454. Manuscrit :

On va bien loin sitôt qu'on se fourvoie.
Négligemment la belle sur son lit,
Sans corselet, sans armes, s'étendit.
Ses vêtements, qui se jouaient en ondes,
Se relevaient sur ses deux cuisses rondes.
Le tentateur...

Vers 484. J'avais parlé deux fois à Balaam.

Vers 486. Le juste ciel récompensa mon zèle.

Vers 489. J'en eus autant; le Seigneur ordonna.

Vers 492. Je jouis donc d'un éternel printemps,
Dans le jardin de vos premiers parents,
Avec Énoch, dont je fus la monture.
Là pour nous deux l'indulgente nature
Sans s'épuiser prodiguait ses présents.
De ce jardin le maître débonnaire.

Vers 200. J'obéis mieux que votre premier homme.

Vers 202. Dieu l'emporta sur mon tempérament.

Vers 207. Édition de 1756 :

« Plus de mille ans dans ce doux célibat.
Bientôt il plut au maître du tonnerre,
Au créateur du ciel et de la terre,
Pour racheter le genre humain captif
De se faire homme, et, ce qui pis est, Juif.
Joseph Panther et la brune Marie,
Sans le savoir, firent cette œuvre pie.
A son époux la belle dit adieu,
Puis accoucha d'un bâtard qui fut Dieu.
Il fut d'abord suivi par la canaille,
Par des Matthieu, des Jacques, des enfants :
Car Dieu se cache aux sages comme aux grands
L'humble le suit, l'homme d'État s'en raille :
La cour d'Hérode et les gens du bel air
Narguent un Dieu bâtard et fait de chair.
De cette chair l'humanité sacrée
Est de Pilate assez peu révérée.
Mais quelques jours avant qu'il fût fessé,
Et qu'un long bois pour Jésus fût dressé,
Il devait faire en public son entrée.
C'était un point de sa religion
Que sur un âne il entrât dans Sion;
Cet âne était prédit par Isaïe,
Ézéchiel, Baruch et Jérémie ;

C'était un cas important dans la loi.
O Jeanne d'Arc! cet âne, c'était moi.
Un ordre vint, à l'archange terrible
Qui du jardin est le suisse inflexible,
De me laisser sortir de ce beau lieu.
Je pris ma course, et j'allai porter Dieu.
Notre présence imposait aux oracles;
A chaque pas nous faisions des miracles.
Vérole, toux, fièvre, chancre, farcin,
Disparaissaient à notre aspect divin.
Chacun criait : *Vive le roi de gloire!*
Vous connaissez le reste de l'histoire.
Le créateur, pendu publiquement,
Ressuscita bientôt secrètement.

« Je fus fidèle, et restai chez sa mère;
Très-mal bâté, faisant très-maigre chère.
Marie, au jour de son assomption,
Par testament me laissa pension,
Et je vécus mille ans dans la maison,
Jusques au jour où cette maison sainte,
De la cité quittant l'indigne enceinte,
Alla par mer aux rivages heureux
Où de Lorette est le trésor fameux.
Là, du Seigneur je servis les pucelles;
J'en fus aimé; je fus plus vierge qu'elles.
Enfin là-haut...

Vers 226. Édition de 1756 :

« Il me choisit, près de lui m'appela;
D'étrilles d'or mon maître m'étrilla;
Du doux Jésus, les bontés paternelles
Me firent don de deux brillantes ailes;
Et, dans le temps que les anges des airs
Faisaient voguer les maisons sur les mers,
Je pris mon vol aux voûtes éternelles.
L'aigle de Jean et le bœuf de Mathieu
Me firent fête en cet auguste lieu;
L'agneau sans tache avec moi broute l'herbe;
Là, je bravai ce cheval si superbe
Qui doit porter, par arrêt du destin,
Tantôt Luther, tantôt le dur Calvin.

« Je fus nourri de nectar, d'ambroisie;
Mais, ô ma Jeanne! une si belle vie
N'approche pas du plaisir que je sens
Au doux aspect de vos charmes puissants.
L'aigle, le bœuf, le cheval, l'agneau même,
Ne valent pas... »

Vers 237. L'aigle, le bœuf, et George, et Jésus même.

Vers 247. Édition de 1756. On lit après ce vers :

Ainsi parlait l'âne avec élégance,
En appuyant sa flatteuse éloquence,
D'un geste heureux, que n'ont point eu Baron,

Et Bourdaloue, et le doux Massillon.
Ce beau récit, cette histoire admirable,
Cet air naïf dont l'âne débitait;
Mais plus que tout ce geste inimitable,
Firent sur Jeanne un vif et prompt effet,
Que son Dunois n'avait point encor fait.

Tandis qu'il parle avec tant d'impudence,
Le grand Dunois, qui près de là couchait,
Prêtait l'oreille, était tout stupéfait
Des traits hardis d'une telle éloquence.
Il voulut voir le héros qui parlait,
Et quel rival l'amour lui suscitait.
Il entre, il voit (ô prodige ! ô merveille !)
Le possédé porteur de longue oreille,
Et ne crut pas encor ce qu'il voyait.
De Débora la lance redoutable
Était chez Jeanne auprès de son chevet.
Il la saisit; la puissance du diable
Ne tint jamais contre ce fer divin.
Le grand Dunois poursuit l'esprit malin;
Belzébuth tremble, et, prompt à disparaître,
Emporte l'âne à travers la fenêtre.
Il le conduit par le chemin des airs
Dans ce château, fatal à l'innocence,
Où Conculix tenait en sa puissance
La belle Agnès et les héros divers,
Anglais, Français, qui, tombés dans le piège
Sont prisonniers en ce lieu sacrilége.
Ce Conculix, depuis le jour cruel
Où le bâtard et la Pucelle altière,
L'ayant couvert d'un affront éternel,
De son palais ont forcé la barrière,
Se gardait bien de donner des soupés
Aux chevaliers dans ses lacs attrapés.
Il les traitait avec rude manière,
Et les tenait dans le fond d'un caveau.
Son chancelier s'en vint, en long manteau,
Signifier à la troupe éplorée
De Conculix la volonté sacrée.
« Vous jeûnerez et vous boirez de l'eau,
Serez fessés une fois par semaine,
Jusqu'au moment où quelqu'une ou quelqu'un,
En remplissant un devoir peu commun,
Pourra sauver votre demi-douzaine.
Tâchez d'aimer ; il faut qu'un de vous six
Du fond du cœur brûle pour Conculix.
Il veut qu'on l'aime : il en vaut bien la peine.
Si nul de vous ne peut y réussir,
Soyez fessés; car tel est son plaisir. »

Il s'en retourne, après cette sentence;
Les prisonniers restent en conférence.
Mais qui voudra se dévouer pour tous?
Agnès disait : « Pourrais-je en conscience
Du dieu d'amour sentir ici les coups?

Le don d'aimer ne dépend pas de nous ;
Et je serai fidèle au roi de France. »
Parlant ainsi, ses regards affligés
Lorgnent Monrose, et de pleurs sont chargés.
Monrose dit : « Pour moi, j'aime une belle
Que pour des dieux je ne saurais quitter.
Cent Concullix ne sauraient me tenter,
Et je voudrais être fessé pour elle.
 — Je voudrais l'être aussi pour mon amant,
Dit Dorothée. Il n'est point de tourment
Que de l'amour le charme n'adoucisse :
Quand on est deux, est-il quelque supplice ? »
 Son La Trimouille, à ce discours charmant,
Tombe à ses pieds, et s'abandonne en proie
A des douleurs qu'allége un peu de joie.
 Le confesseur, ayant toussé deux fois,
Leur dit : « Messieurs, j'étais jeune autrefois :
Ce temps n'est plus, et les rides de l'âge
Ont sillonné la peau de mon visage :
Que puis-je ? hélas ! je suis, par mon emploi,
Dominicain et confesseur du roi :
Je ne saurais vous tirer d'esclavage. »
 Paul Tirconel, qu'anime un fier courage,
Se lève, et dit : « Eh bien ! ce sera moi. »
A ces trois mots, dits avec assurance,
Les prisonniers reprirent l'espérance.
A Concullix, le lendemain matin,
Étant pourvu du sexe féminin,
Paul écrivit une lettre fort tendre
Qu'au chancelier la geôlière alla rendre,
Paul y joignit un petit madrigal,
D'un goût tout neuf et fort original.

On lit dans un manuscrit :

Ainsi parlait cet âne avec prudence,
En appuyant sa nerveuse éloquence
D'un geste heureux que n'eut point Cicéron,
Et que n'a point tout faiseur de sermon.
Son beau récit, cette histoire admirable,
Cet air naïf dont il la débitait,
Et, plus que tout, ce geste inimitable,
Firent sur Jeanne un prompt et sûr effet
Que Dunois nu n'avait pas encor fait.
Son cœur s'émut ; tous ses sens se troublèrent.

La suite comme aux variantes du vingt et unième chant.

CHANT VINGT ET UNIÈME.

Vers 49. De ces désirs dont l'excès vous poursuit.
Songez, lecteur, que ces fatales flammes
Brûlent vos corps et hasardent vos âmes.
Vous avertir est mon premier devoir,

VARIANTES.

> Et le second est de faire savoir
> Comment Denys punit l'âne infidèle
> Par qui Satan fit rougir la Pucelle ;
> Quel avantage en prit le beau Dunois.
> Il faut chanter leurs feux et leurs exploits.

Vers 232. Manuscrit :

> Lourdis alors fut rempli de science.
> Bientôt d'un sot il devint un fripon,
> Homme d'État, politique, espion,
> Fin courtisan, plein d'astuce profonde,
> Le moine enfin le plus moine du monde.
> Ainsi l'on voit....

Vers 254. Le confesseur en ce même moment.

Vers 264. Le jacobin se souvenait encor.

Vers 297. Frère Lourdis l'entendit finement.

Vers 300. .... Et prenant par la main
Le moine blanc, le mène avant nuit close.

Vers 462. Le dernier chant des premières éditions étant presque entièrement changé ou supprimé dans celles qui ont été imprimées sous les yeux de l'auteur, nous le donnons ici tel qu'il a paru dans les éditions en dix-huit et en vingt-quatre chants.

> Je dois conter quelle terrible suite
> De Conculix eut l'infâme conduite,
> Ce que devint l'effronté Tirconel,
> Et quel secours étrange et salutaire
> Sut procurer notre révérend père
> A Dorothée, à la douce Sorel,
> Et par quel art il les tira d'affaire.
> Je dois chanter par quels feux, quels exploits,
> L'âne ravit la Pucelle à Dunois,
> Et comment Dieu punit l'âne infidèle
> Par qui Satan pollua la Pucelle.
> Mais, avant tout, le siége d'Orléans,
> Où s'escrimaient tant de fiers combattants,
> Est le grand point qui tous nous intéresse.
> O dieu d'amour ! ô puissance ! ô faiblesse
> Amour fatal ! tu fus près de livrer
> Aux ennemis ce rempart de la France.
> Ce que l'Anglais n'osait plus espérer,
> Ce que Bedfort et son expérience,
> Ce que Talbot et sa rare vaillance
> Ne purent faire, Amour, tu l'entrepris.
> Songez, lecteurs, que ces fatales flammes
> Brûlent vos corps et hasardent vos âmes.
> Tu fais nos maux, cher enfant, et tu ris!
> En te jouant dans la triste contrée
> Où cent héros combattaient pour deux rois,
> Ta douce main blessa depuis deux mois
> Le grand Talbot d'une flèche dorée,
> Que tu tiras de ton premier carquois.
> C'était avant ce siége mémorable,

Dans une trêve, hélas ! trop peu durable,
Il conféra, sous paisiblement
Avec Louvet, ce grave président,
Lequel Louvet eut la gloire imprudente
De faire aussi souper la présidente.
Madame était un peu collet monté.
L'Amour se plut à dompter sa fierté.
Il hait l'air prude, et souvent l'humilie.
Il dérange sa noble gravité
Par un des traits qui donnent la folie.
La présidente, en cette occasion,
Gagna Talbot, et perdit, ni soins,
 Vous avez vu la fatale escalade,
L'assaut sanglant, l'horrible canonnade,
Tous ces combats, tous ces hardis efforts,
Au haut des murs, en dedans, en dehors,
Lorsque Talbot et ses fières cohortes
Avaient brisé les remparts et les portes,
Et que sur eux tombaient, du haut des toits,
Le fer, la flamme, et la mort à la fois.
L'ardent Talbot avait, d'un pas agile,
Sur des monceaux pénétré dans la ville,
Renversant tout, criant à haute voix,
« Anglais ! entrez, bas les armes, bourgeois ! »
Il ressemblait au grand dieu de la guerre,
Qui sous ses pas fait retentir la terre,
Quand la Discorde, et Bellone, et le Sort,
Arment son bras, ministre de la mort.
 La présidente avait une ouverture
Dans son logis, auprès d'une masure,
Et par ce trou contemplait son amant.
Ce casque d'or, ce panache ondoyant,
Ce bras armé, ces vives étincelles
Qui s'élançaient en rond de ses prunelles,
Ce port altier, cet air d'un demi-dieu,
La présidente en était toute en feu,
Hors de ses sens, de honte dépouillée.
Telle autrefois, d'une loge grillée,
Une beauté, dont l'Amour prit le goût,
Lorgnait Baron, cet immortel acteur,
D'un œil ardent dévorait sa figure,
Son beau maintien, ses gestes, sa parure,
Mêlait tout bas sa voix à ses accents,
Et recevait l'amour par tous les sens.
 N'en pouvant plus, la belle présidente
Dans son accès, dit à sa confidente :
« Cours, ma Suzon, vole, va le trouver ;
Dis-lui, dis-lui qu'il vienne m'enlever.
Si tu ne peux lui parler, fais-lui dire
Qu'il ait pitié de mon tendre martyre,
Et que, s'il est un digne chevalier,
Je veux souper ce soir dans son quartier. »
 La confidente envoie un jeune page,
C'était son frère ; il fait bien son message ;

VARIANTES.

Et, sans tarder, six estafiers hardis
Vont chez Louvet, et forcent le logis.
   On entre, on voit une femme masquée,
Et mouchetée, et peinte, et requinquée,
Le front garni de cheveux vrais ou faux
Montés en arc et tournés en anneaux.
On vous l'enlève, on la fait disparaître
Par des chemins dont Talbot est le maître.
   Ce beau Talbot, ayant dans ce grand jour
Tant répandu, tant essuyé d'alarmes,
Voulut le soir, dans les bras de l'Amour,
Se consoler du malheur de ses armes.
Tout vrai héros, ou vainqueur, ou battu,
Quand il le peut, soupe avec sa maîtresse.
Sire Talbot, qui n'est point abattu,
Attend chez lui l'objet de sa tendresse.
   Tout était prêt pour un souper exquis;
De gros flacons à panse ciselée
Ont rafraîchi dans la glace pilée
Ce jus brillant, ces liquides rubis,
Que tient Cîteaux dans ses caveaux bénis.
A l'autre bout de la superbe tente
Est un sofa d'une forme élégante,
Bas, large, mou, très-proprement orné
A deux chevets, à dossier contourné,
Où deux amis peuvent tenir à l'aise.
Sire Talbot vivait à la française.
   Son premier soin fut de faire chercher
Le tendre objet qu'il avait su toucher.
Tout ce qu'il voit parle de son amante :
Il la demande; on vient; on lui présente
Un monstre gris en pompons enfantins,
Haut de trois pieds, en comptant ses patins.
D'un rouge vif ses paupières bordées
Sont d'un suc jaune en tout temps inondées :
Un large nez, au bout tors et crochu,
Semble couvrir un long menton fourchu.
   Talbot crut voir la maîtresse du diable;
Il jette un cri qui fait trembler la table.
C'était la sœur du gros monsieur Louvet
Qu'en son logis la garde avait trouvée,
Et qui de gloire et de plaisir crevait,
Se pavanant de se voir enlevée.
   La présidente, en proie à la douleur
D'avoir manqué son illustre entreprise,
Se désolait de la triste méprise :
Et jamais sœur n'a plus maudit sa sœur.
L'amour déjà troublait sa fantaisie;
Ce fut bien pis, lorsque la jalousie
Dans son cerveau porta de nouveaux traits;
Elle devint plus folle que jamais.
   L'âne plus fou revint vers la Pucelle.
Jeanne s'émut, ses sens furent charmés
Les yeux en feu : « Par saint Denys! dit-elle,

Est-il bien vrai, monsieur, que vous m'aimez?
— Si je vous aime! en douter-vous encore
Répondit l'âne. Oui, mon cœur vous adore.
Ciel! que je fus jaloux du cordelier
Qu'avec plaisir je servis l'écuyer
Qui vous sauva de la fureur claustrale
Où s'emportait la bête monacale!
Mais que je suis plus jaloux mille fois
De ce bâtard, de ce brutal Dunois!
Ivre d'amour, et fou de jalousie,
Je transportai Dunois en Italie.
Las! il revint, il vous offrit ses vœux;
Il est plus beau, mais non plus amoureux.
O noble Jeanne, ornement de ton âge,
Dont l'univers vante le pucelage,
Est-ce Dunois qui sera ton vainqueur?
Ce sera moi, j'en jure par mon cœur.
Ah! si le ciel, en m'ôtant les ânesses,
Te réserva mes plus pures caresses,
Si, toujours doux, toujours tendre et discret,
Jusqu'à ce jour j'ai gardé mon secret,
De mes désirs si Jeannette est flattée,
Si, pénétré du plus ardent amour,
Je te préfère au céleste séjour,
Et si mon dos tant de fois t'a portée,
Tu pourras bien me porter à ton tour. »
Jeanne reçut cet aveu téméraire
Avec surprise autant qu'avec colère;
Et cependant son grand cœur en secret
Était flatté de l'étonnant effet
Que produisait sa beauté singulière
Sur les sens lourds d'une âme si grossière.
Vers son amant elle avance la main
Sans y songer, puis la tire soudain.
Elle rougit, s'effraye, et se condamne,
Puis se rassure, et puis lui dit : « Bel âne,
Vous conservez un chimérique espoir;
Respectez plus ma gloire et mon devoir;
Trop de distance est entre nos espèces :
Non, je ne puis approuver vos tendresses.
Gardez-vous bien de me pousser à bout. »
L'âne reprit : « L'amour égale tout.
Songez au cygne à qui Léda fit fête,
Sans cesser d'être une personne honnête.
Connaissez-vous la fille de Minos?
Un taureau l'aime : elle fuit les héros,
Et va coucher avec son quadrupède.
Sachez qu'un aigle enleva Ganymède,
Et que Philyre avait favorisé
Le dieu des mers en cheval déguisé. »
Il poursuivait son discours; et le diable,
Premier auteur des écrits de la fable,
Lui fournissait ces exemples frappants,
Et mettait l'âne au rang de nos savants.

Jeanne écoutait; que ne peut l'éloquence!
Toujours l'oreille est le chemin du cœur.
L'étonnement est suivi du silence.
Jeanne, ébranlée, admire, rêve, pense.
Aimer un âne, et lui donner sa fleur!
Souffrirait-elle un pareil déshonneur;
Après avoir sauvé son innocence
Des muletiers et des héros de France;
Après avoir, par la grâce d'en haut,
Dans le combat mis Chandos en défaut?
Mais ce bel âne est un amant céleste;
Il n'est héros si brillant et si leste;
Nul n'est plus tendre, et nul n'a plus d'esprit;
Il eut l'honneur de porter Jésus-Christ;
Il est venu des plaines éternelles;
D'un séraphin il a l'air et les ailes :
Il n'est point là de bestialité,
C'est bien plutôt de la divinité.
Tous ces pensers formaient une tempête
Au cœur de Jeanne, et confondaient sa tête.
Ainsi l'on voit sur les profondes mers
Deux fiers tyrans des ondes et des airs,
L'un accourant des cavernes australes,
L'autre sifflant des plaines boréales
Contre un vaisseau cinglant sur l'Océan
Vers Sumatra, Bengale, ou Ceilan;
Tantôt la nef aux cieux semble portée,
Près des rochers tantôt elle est jetée,
Tantôt l'abîme est prêt à l'engloutir,
Et des enfers elle paraît sortir.
Notre amazone est ainsi tourmentée.
L'âne est pressant, et la belle agitée
Ne put tenir, dans son émotion,
Le gouvernail que l'on nomme raison.
D'un tendre feu ses yeux étincelèrent
Son cœur s'émut, tous ses sens se troublèrent;
Sur son visage un instant de pâleur
Fut remplacé d'une vive rougeur.
Du harangueur le redoutable geste
Était surtout l'écueil le plus funeste.
Elle n'est plus maîtresse de ses sens;
Ses yeux mouillés deviennent languissants;
Dessus son lit sa tête s'est penchée;
De ses beaux yeux la honte s'est cachée;
Ses yeux pourtant regardaient par en bas :
Elle étalait ses robustes appas;
De son cul brun les voûtes s'élevèrent,
Et ses genoux sous elle se plièrent.
Tels on a vu Thibouville et Villars [1],
Imitateurs du premier des Césars,
Tout enflammés du feu qui les possède,
Tête baissée attendre un Nicomède,

1. Fils du maréchal.

Et seconder, par de fréquents écarts,
Les vaillants coups de leurs laquais picards.
L'enfant malin qui tient sous son empire
Le genre humain, les ânes, et les dieux,
Son arc en main, planait au haut des cieux,
Et voyait Jeanne avec un doux sourire,
Serrant la fesse et tortillant le cu
Brûler des feux dont son flanc pétille
Hâter l'instant de cesser d'être fille,
Et, du satin de son croupion charnu,
De son baudet presser l'aglan, a crû.
   Déjà trois fois la défunte Pucelle
Avait senti, dans son brûlant nâvoir,
Jaillir les eaux du céleste arrosoir ;
Et quatre fois la terrible alumelle
Jusques au vif ayant percé la belle,
Jeanne avait vu (car bien sentit c'est voir)
Du chaud brasier qui couve au dedans d'elle,
Naître et mourir mainte et mainte étincelle ;
Quand tout à coup on entend une voix :
« Jeanne, accourez, signalez vos exploits !
Levez-vous donc, Dunois est sous les armes.
On va combattre, et déjà nos gendarmes
Avec le roi commencent à sortir.
Habillez-vous ; est-il temps de dormir ? »
   C'était la belle et jeune Dorothée,
De bonté à l'âme envers Jeanne portée,
Qui, la croyant dans les bras du sommeil,
Venait la voir et hâter son réveil.
   Ainsi parlant à la belle pâmée,
Elle entr'ouvrit la porte mal fermée.
Dieux ! quel spectacle ! elle fit par trois fois,
Tout en tremblant, le signe de la croix.
Jadis Vénus fut bien moins confondue,
Lorsqu'en des rets, formés de fil d'airain,
Aux tous les dieux ce cocu de Vulcain
Sous le dieu Mars la fit voir toute nue.
   Jeanne, ayant vu que Dorothée est là,
Témoin de tout, immobile resta.
Puis dans son lit se remit, s'ajusta,
Puis en ces mots d'un ton ferme parla :
   « Vous avez vu, ma fille, un grand mystère,
Suite d'un vœu que j'ai fait pour le roi :
Si l'apparence est un peu contre moi,
J'en suis fâchée, et vous saurez vous taire.
De l'amitié je sais remplir les droits ;
En cas pareil comptez sur mon silence ;
Cachez surtout cette affaire à Dunois,
Vous risqueriez le salut de la France. »
Après ces mots elle sauta du lit,

1. Au lieu de ces vers de l'édition en vingt-quatre chants, on trouve ceux-ci dans celle de 1756 :
   Après ces mots elle sauta du lit,

VARIANTES.

Son corselet et son haubert vêtu.
Quand Dorothée, encor toute surprise,
Ainsi lui parle avec toute franchise :
« En vérité, madame, mon esprit
Ne connaît rien à pareille aventure.
Je vous tiendrai le secret, je vous jure ;
Car de l'amour j'éprouvai la blessure,
J'en suis atteinte, et mon malheur m'apprit
A pardonner des faiblesses aimables.
Oui, tous les goûts pour moi sont respectables.
Mais j'avouerai que je ne conçois pas,
Lorsque l'on peut serrer entre ses bras
Le beau Dunois, comment on peut descendre
Aux vils devoirs qu'un âne peut vous rendre ;
Comment on peut soutenir l'appareil
De l'attitude aptée à cas pareil ;
Comment on n'est d'avance consternée,
Épouvantée, abîmée, étonnée
De la douleur qu'on ne peut qu'endurer,
Pour donner place à la grosseur outrée,
Longueur, roideur, force démesurée
De l'instrument qui doit vous déchirer,
Pour de droit fil en plein vous perforer !
Comment enfin peut-on, sans résistance,
Sans nul dégoût, en bonne conscience,
S'aimer si peu, si peu se respecter,
Que d'assouvir un désir si profane,
De préférer au beau Dunois un âne,
Et d'espérer quelque plaisir goûter?
Vous en goûtiez pourtant, la belle dame
Car je l'ai lu dans vos yeux pleins de flamme,
Certes en moi la nature pâlit ;
Je me connais : je serais alarmée
D'un tel galant. » Jeanne alors repartit
En soupirant : « Ah! s'il t'avait aimée!

Dans quelques-uns le quinzième et dernier chant commence ainsi :

Tout bon Français, dans le fond de son cœur,
Doit savourer un plaisir bien flatteur
Alors qu'il voit dans les champs de l'honneur,
La lance au poing, son respectable maître
Suivi des siens, en héros reparaître,
Avec l'objet qui seul fait son bonheur,
Et la Pucelle, et son doux confesseur,
Et son Bonneau plus nécessaire encore.
Vers Orléans conduit par sa valeur,
Il va défendre un peuple qui l'implore,
Et l'arracher au joug de son vainqueur.
    Le fier Chandos, malgré tout son courage,

D'eau de lavande amplement se servit,
Prit sa culotte et changea de chemise,
Son corselet....

N'ayant pu vaincre au grand jeu des deux dos
Cette Pucelle et si belle et si sage,
Se consolait avec son jeune page.
La nuit versait ses humides pavots.
L'Anglais confus poursuivait son voyage,
Devers son camp ; et le roi fortuné,
Par un sentier, du chemin détourné,
Près d'Orléans rejoignit son armée.
Au point du jour, au pied d'un petit fort
Que négligeait le bon duc de Bedfort,
Ce fort touchait à la ville investie......

La suite comme au quinzième chant de notre édition, jusqu'à ce vers :

Va retrouver tout ce qu'il a perdu.

On lit ensuite :

Le beau Dunois, après tant d'aventures,
Se retrouvant auprès de Jeanne d'Arc,
Avait reçu du dieu qui porte un arc
De nouveaux traits et de vives blessures.
Depuis ce jour qu'ils s'étaient vus tout nus,
Ce dieu malin, qui jamais ne s'habille,
Lui suggérait, pour cette auguste fille,
De grands désirs aux héros très-connus.
Mais ce Dunois, si fier et si sensible,
Si beau, si frais, si poli, si loyal,
Ne savait pas qu'il avait un rival,
Et le rival de tous le plus terrible.
  Mon cher lecteur me semble assez instruit
Que quand Dunois aux Alpes fut conduit,
Il y vola sur la noble monture
Tant célébrée en la sainte Écriture.
La nuit des temps cache encore aux humains
De l'âne ailé quels étaient les desseins,
Quand il avait sur ses ailes dorées
Porté Dunois aux lombardes contrées.
De ce héros cet âne était jaloux.
Plus d'une fois, en portant la Pucelle,
Au fond du cœur......

La suite comme au vingtième chant, jusqu'à ce vers :

L'abbé Trithème, esprit sage et discret.

Après celui-ci :

Que son Dunois n'avait pas encore fait,

on lit :

Son cœur s'émut, tous ses sens se troublèrent ;
Sur son visage un instant de pâleur
Fut remplacé d'une vive rougeur ;
D'un tendre feu ses yeux étincelèrent.
Elle flatta son amant de la main,
Mais en tremblant, puis la tira soudain.

VARIANTES.

Elle soupire, elle craint, se condamne,
Puis se rassure, et puis lui dit : « Bel âne,
De vos récits mes esprits sont charmés;
Mais dois-je croire, hélas! que vous m'aimez?
— Si je vous aime! en doutez-vous encore?...

La suite comme aux variantes du vingt et unième chant, sauf que les vers grossiers ne se trouvent pas dans les manuscrits.

Le dernier chant de l'édition de 1756 est suivi de cet épilogue :

C'est par ces vers, enfants de mon loisir,
Que j'égayais les soucis du vieil âge :
O don du ciel! tendre amour! doux désir!
On est encore heureux par votre image;
L'illusion est le premier plaisir.
J'allais enfin, libre en mon ermitage,
Chantant les feux de Jeanne et de Dunois,
Me consoler de la jalouse rage,
Des faux mépris, des cruautés des rois
Des traits du sot, des sottises du sage.
Mais quel démon me vole cet ouvrage?
Brisons ma lyre; elle échappe à mes doigts.
Ne t'attends pas à de nouveaux exploits
Lecteur! ma Jeanne aura son pucelage,
Jusqu'à ce que les vierges du Seigneur,
Malgré leurs vœux, sachent garder le leur.

FIN DE LA PUCELLE.

POËMES.

LA BASTILLE.

1717.

Or ce fut donc par un matin, sans doute,
En beau printemps, un jour de Pentecôte,
Qu'un bruit étrange en sursaut m'éveilla.
Un mien valet, qui du soir était ivre,
« Maître, dit-il, le Saint-Esprit est là.
C'est lui sans doute, et j'ai lu dans mon livre
Qu'avec vacarme il entre chez les gens. »
Et moi de dire alors entre mes dents :
« Gentil puîné de l'essence suprême,
Beau Paraclet, soyez le bienvenu !
N'êtes-vous pas celui qui fait qu'on aime ? »
En achevant ce discours ingénu,
Je vois paraître au bout de ma ruelle,
Non un pigeon, non une colombelle,
De l'Esprit saint oiseau tendre et fidèle,
Mais vingt corbeaux de rapine affamés,
Monstres crochus que l'enfer a formés.
L'un près de moi s'approche en sycophante :
Un maintien doux, une démarche lente,
Un ton cafard, un compliment flatteur,
Cachent le fiel qui lui ronge le cœur.
« Mon fils, dit-il, la cour sait vos mérites ;
On prise fort les bons mots que vous dites,
Vos petits vers, et vos galants écrits ;
Et, comme ici tout travail a son prix,
Le roi, mon fils, plein de reconnaissance,
Veut de vos soins vous donner récompense,
Et vous accorde, en dépit des rivaux,
Un logement dans un de ses châteaux.
Les gens de bien qui sont à votre porte
Avec respect vous serviront d'escorte ;
Et moi, mon fils, je viens de par le roi

---

1. Voltaire fut mis à la Bastille le 16 ou le 17 mai 1717, parce qu'on le soupçonna d'être l'auteur d'une pièce de vers satirique intitulée les *J'ai vu* (ÉD).

Pour m'acquitter de mon petit emploi.
— Trigaud, lui dis-je, à moi point ne s'adresse
Ce beau début; c'est me jouer d'un tour
Je ne suis point rimeur suivant la cour;
Je ne connais roi, prince, ni princesse;
Et, si tout bas je forme des souhaits,
C'est que d'iceux ne sois connu jamais.
Je les respecte, ils sont dieux sur la terre;
Mais ne les faut de trop près regarder
Sage mortel doit toujours se garder
De ces gens-là qui portent le tonnerre.
Partant, vilain, retournez vers le roi;
Dites-lui fort que je le remercie
De son logis; c'est trop d'honneur pour moi;
Il ne me faut tant de cérémonie :
Je suis content de mon bouge; et les dieux
Dans mon taudis m'ont fait un sort tranquille;
Mes biens sont purs, mon sommeil est facile,
J'ai le repos; les rois n'ont rien de mieux. »
 J'eus beau prêcher, et j'eus beau m'en défendre,
Tous ces messieurs, d'un air doux et bénin,
Obligeamment me prirent par la main :
« Allons, mon fils, marchons. » Fallut se rendre,
Fallut partir. Je fus bientôt conduit
En coche clos vers le royal réduit
Que près Saint-Paul ont vu bâtir nos pères
Par Charles cinq. O gens de bien, mes frères,
Que Dieu vous gard' d'un pareil logement!
J'arrive enfin dans mon appartement.
Certain croquant avec douce manière
Du nouveau gîte exaltait les beautés,
Perfections, aises, commodités.
« Jamais Phébus, dit-il, dans sa carrière,
De ses rayons n'y porta la lumière :
Voyez ces murs de dix pieds d'épaisseur,
Vous y serez avec plus de fraîcheur. »
Puis me faisant admirer la clôture,
Triple la porte et triple la serrure,
Grilles, verrous, barreaux de tout côté:
« C'est, me dit-il, pour votre sûreté. »
 Midi sonnant, un chaudeau l'on m'apporte;
La chère n'est délicate ni forte :
De ce beau mets je n'étais point tenté;
Mais on me dit : « C'est pour votre santé;
Mangez en paix, ici rien ne vous presse.
 Me voici donc en ce lieu de détresse,
Embastillé, logé fort à l'étroit,

Ne dormant point, buvant chaud, mangeant froid,
Trahi de tous, même de ma maîtresse.
O Marc-René[1], que Caton le censeur
Jadis dans Rome eût pris pour successeur,
O Marc-René, de qui la faveur grande
Fait ici-bas tant de gens murmurer,
Vos beaux avis m'ont fait claquemurer :
Que quelque jour le bon Dieu vous le rende !

LA POLICE SOUS LOUIS XIV[2].

Le grand art de régner est le premier des arts.
Il ne se borne point aux fatigues de Mars :
Il n'est point renfermé dans le soin politique
D'abaisser la fierté d'un voisin tyrannique,
Ou d'ébranler l'Europe, ou d'y donner la loi.
Le devoir d'un monarque est de régner chez soi,
D'y former un État redoutable et tranquille,
De rendre heureux son peuple en le rendant docile.
C'est ainsi que Louis sut passer autrefois
Des tentes de Bellone au temple de nos lois.
Il montait sur un trône environné d'abîmes,
De débris, de tombeaux, de meurtres et de crimes,
Au milieu des flambeaux de nos divisions,
Aux cris de la Discorde, au bruit des factions.
Il parut; il fut sage, et l'État fut paisible.
La Discorde à son joug soumit sa tête horrible,
Et la confusion fit silence à sa voix.
Tout prit un nouveau cours, tout rentra dans ses droits;
Le magistrat fut juste, et l'Église fut sainte;
Paris vit prospérer dans son heureuse enceinte
Des citoyens soumis, au travail assidus,
Qui respectaient les grands, et ne les craignaient plus.
La règle, avec la paix, sous des abris tranquilles
Aux arts encouragés assura des asiles;
L'orphelin fut nourri, le vagabond fixé;
Le pauvre, oisif et lâche, au travail fut forcé;
Et l'heureuse industrie, amenant l'abondance,
Appela l'étranger qui méconnut la France,
L'étranger étonné, qui, prompt à s'irriter,

---

1. Marc René de Voyer d'Argenson, alors lieutenant général de police. (Éd.)
2. Cette pièce, attribuée à Voltaire par les éditeurs de Kehl, est plutôt de Lamare, mort en 1742. (Éd.)

Fut jaloux de Louis, et ne put l'imiter.
Ainsi quand du Très-Haut la parole féconde
Des horreurs du chaos eut fait naître le monde,
Il en fixa la borne ; il plaça dans leurs rangs
Ces trésors de lumière et ces globes errants ;
De l'immense Saturne il ralentit la course,
Fit dans un cercle étroit rouler le char de l'Ourse,
De la lune à la terre assura les secours,
Distingua les climats, et mesura les jours.
Il dit à l'Océan : « Que ton orgueil s'abaisse,
Que l'astre de la nuit te soulève et t'affaisse ; »
Il dit aux flancs du Nord : « Enfantez les Autans ; »
Aux eaux du ciel : « Tombez, fertilisez les champs ;
Et que, tantôt liquide et tantôt endurcie,
L'onde revole au ciel en vapeurs obscurcie. »
Il dit, et tout fut fait : et, dès ces premiers temps,
Toujours indestructible en ces grands changements,
La nature entretient, à son maître fidèle,
D'éléments opposés la concorde éternelle.
Si l'on peut comparer aux chefs-d'œuvre divins
Les faibles monuments des efforts des humains,
Sous un roi bienfaisant parcourons cette ville,
Obéissante, heureuse, agissante, tranquille.
Quelle âme incessamment conduit ce vaste corps ?
Quelle invisible main préside à ces ressorts ?
Quel sage a su plier à nos communs services
Nos besoins, nos plaisirs, nos vertus et nos vices ?
Pourquoi ce peuple immense avec sécurité
Vit-il sans prévoyance et sans calamité ?
L'astre du jour à peine a fini sa carrière,
De cent mille fanaux l'éclatante lumière
Dans ce grand labyrinthe avec ordre me luit,
Et forme un jour de fête au milieu de la nuit.
L'aurore ouvre les cieux, le besoin se réveille,
Il appelle à grands cris le travail qui sommeille ;
Vertumne, avec Pomone, apporte, au point du jour,
Les fruits prématurés hâtés par leur amour.
Ces rivages pompeux qui resserrent ces ondes
Sont couverts en tout temps des trésors des deux mondes
Ici l'or qu'on filait s'étend sous le marteau ;
La main de l'artisan lui donne un prix nouveau.
La vanité des grands, le luxe, la mollesse,
Nourrissent des petits l'infatigable adresse.
Je vois tous les talents, par l'espoir animés,
Noblement soutenus, sagement réprimés :
L'un de l'autre jaloux, empressés à se nuire,
L'intérêt les fit naître, il pourrait les détruire ;

Un sage les modère, et de leurs factions
Fait au bonheur public servir les passions.
Mais ce n'est pas assez qu'un sage soit utile :
Le magistrat français doit penser en édile;
Il doit lever les yeux vers ces nobles Romains
Que le ciel fit en tout l'exemple des humains
C'était peu de tracer de leurs mains triomphantes
Du Tibre au Pont-Euxin ces routes étonnantes,
De transporter les flots des fleuves captivés
Sur cent arcs triomphaux jusqu'au ciel élevés;
Rome, en grands monuments de tous côtés féconde,
Donna des lois, des arts, et des fêtes au monde :
L'univers, enchaîné dans un heureux loisir,
Admira les Romains jusqu'au sein du plaisir.
Paris ne cède point à l'antique Italie;
Chaque jour nous rassemble au temple du génie,
A ces palais des arts, à ces jeux enchanteurs,
A ces combats d'esprit qui polissent les mœurs :
Pompe digne d'Athène, où tout un peuple abonde;
École des plaisirs, des vertus et du monde.
Plus loin la presse roule, et notre œil étonné
Y voit un plomb mobile en lettres façonné,
Mieux que chez les Chinois, sur des feuilles légères
Tracer un monument d'immortels caractères.
Protégez tous ces arts, ô vous, soutiens des lois,
Ministres, confidents ou précepteurs des rois!
Méritez que vos noms soient écrits dans l'histoire
Par la main des talents, organes de la gloire.
Colbert et Richelieu, les palmes dans les mains,
De l'immortalité vous montrent les chemins.
Regardez auprès d'eux ce vigilant génie,
Successeur généreux du prudent La Reynie,
A qui Paris doit tout, et qui laisse aujourd'hui,
Pour le bien des Français, deux fils dignes de lui.
Ma voix vous nommerait, vous dont la vigilance
Étend des soins nouveaux sur cette ville immense,
Si vos jours, consacrés au maintien de nos lois,
Vous laissaient un moment pour entendre ma voix;
J'oserais, emporté par une heureuse ivresse,
De mon roi bienfaisant célébrer la sagesse :
Mais l'éloge est pour lui, malgré son bruit flatteur
La seule vérité qui déplaise à son cœur.

LE POUR ET LE CONTRE[1].

A Mᵐᵉ DE RUPELMONDE[2].

(1722.)

Tu veux donc, belle Uranie,
Qu'érigé par ton ordre en Lucrèce nouveau,
Devant toi, d'une main hardie,
Aux superstitions j'arrache le bandeau;
Que j'expose à tes yeux le dangereux tableau
Des mensonges sacrés dont la terre est remplie,
Et que ma philosophie
T'apprenne à mépriser les horreurs du tombeau
Et les terreurs de l'autre vie.
Ne crois point qu'enivré des erreurs de mes sens,
De ma religion blasphémateur profane,
Je veuille avec dépit dans mes égarements
Détruire en libertin la loi qui les condamne.
Viens, pénètre avec moi, d'un pas respectueux,
Les profondeurs du sanctuaire
Du Dieu qu'on nous annonce, et qu'on cache à nos yeux.
Je veux aimer ce Dieu, je cherche en lui mon père :
On me montre un tyran que nous devons haïr.

---

1. Ce petit poëme est un des premiers ouvrages où M. de Voltaire ait fait connaître ouvertement ses opinions sur la religion et la morale. Il est du temps de sa jeunesse, et antérieur à ses querelles avec J. B. Rousseau, qui parle de cet ouvrage comme d'une des raisons qui l'ont éloigné de M. de Voltaire; délicatesse bien singulière dans l'auteur de tant d'épigrammes où la religion est tournée en ridicule. Rousseau croyait apparemment qu'il n'y avait de scandale que dans les raisonnements philosophiques, et que, pourvu qu'un conte irréligieux fût obscène, la foi de l'auteur était à l'abri de tout reproche.

Au reste, cet ouvrage a le mérite singulier de renfermer dans quelques pages, et en très-beaux vers, les objections les plus fortes contre la religion chrétienne, les réponses que font à ces objections les dévots persuadés et les dévots politiques, et enfin le plus sage conseil qu'on puisse donner à un homme raisonnable qui ne veut connaître sur ces objets que ce qui est nécessaire pour se bien conduire. La fameuse profession de foi du vicaire savoyard n'est presque qu'un commentaire éloquent de cette épître, et de quelques morceaux du poëme de *la Loi naturelle*. (*Note des éditeurs de Kehl.*)

On attribue cet ouvrage à l'abbé de Chaulieu, parce qu'il y a en effet quelque ressemblance entre cette pièce et celle du *Déiste*, qui commence par ces mots :

J'ai vu de près le Styx, j'ai vu les Euménides.
Déjà venaient frapper mes oreilles timides
Les affreux cris du chien de l'empire des morts.

2. Fille du maréchal d'Alègre. (Éd.)

Il créa des humains à lui-même semblables,
　　Afin de les mieux avilir;
　　Il nous donna des cœurs coupables,
　　Pour avoir droit de nous punir;
　　Il nous fit aimer le plaisir,
Pour nous mieux tourmenter par des maux effroyables,
Qu'un miracle éternel empêche de finir.
Il venait de créer un homme à son image;
　　On l'en voit soudain repentir,
Comme si l'ouvrier n'avait pas dû sentir
　　Les défauts de son propre ouvrage.
Aveugle en ses bienfaits, aveugle en son courroux,
A peine il nous fit naître, il va nous perdre tous
Il ordonne à la mer de submerger le monde,
Ce monde qu'en six jours il forma du néant.
Peut-être qu'on verra sa sagesse profonde
Faire un autre univers plus pur, plus innocent :
　　Non; il tire de la poussière
　　Une race d'affreux brigands,
D'esclaves sans honneur, et de cruels tyrans,
　　Plus méchante que la première.
Que fera-t-il enfin, quels foudres dévorants
Vont sur ces malheureux lancer ses mains sévères?
Va-t-il dans le chaos plonger les éléments?
Écoutez; ô prodige! ô tendresse! ô mystères!
　　Il venait de noyer les pères,
　　Il va mourir pour les enfants.

Il est un peuple obscur, imbécile, volage,
Amateur insensé des superstitions,
Vaincu par ses voisins, rampant dans l'esclavage,
Et l'éternel mépris des autres nations :
Le fils de Dieu, Dieu même, oubliant sa puissance,
Se fait concitoyen de ce peuple odieux;
Dans les flancs d'une Juive il vient prendre naissance;
Il rampe sous sa mère, il souffre sous ses yeux
　　Les infirmités de l'enfance.
Longtemps, vil ouvrier, le rabot à la main,
Ses beaux jours sont perdus dans ce lâche exercice;
Il prêche enfin trois ans le peuple iduméen,
　　Et périt du dernier supplice.
Son sang du moins, le sang d'un Dieu mourant pour nous
N'était-il pas d'un prix assez noble, assez rare,
　　Pour suffire à parer les coups
　　Que l'enfer jaloux nous prépare?
Quoi! Dieu voulut mourir pour le salut de tous,
　　Et son trépas est inutile!

Quoi! l'on me vantera sa clémence facile,
Quand remontant au ciel il reprend son courroux,
Quand sa main nous replonge aux éternels abîmes,
Et quand, par sa fureur effaçant ses bienfaits,
Ayant versé son sang pour expier nos crimes,
Il nous punit de ceux que nous n'avons point faits!
Ce Dieu poursuit encore, aveugle en sa colère,
Sur ses derniers enfants l'erreur d'un premier père;
Il en demande compte à cent peuples divers
  Assis dans la nuit du mensonge;
  Il punit au fond des enfers
L'ignorance invincible où lui-même il les plonge,
Lui qui veut éclairer et sauver l'univers!
  Amérique, vastes contrées,
Peuples que Dieu fit naître aux portes du soleil,
  Vous, nations hyperborées,
Que l'erreur entretient dans un si long sommeil,
Serez-vous pour jamais à sa fureur livrées
  Pour n'avoir pas su qu'autrefois,
Dans un autre hémisphère, au fond de la Syrie,
Le fils d'un charpentier, enfanté par Marie,
Renié par Céphas, expira sur la croix?
Je ne reconnais point à cette indigne image
  Le Dieu que je dois adorer :
  Je croirais le déshonorer
Par une telle insulte et par un tel hommage.

Entends, Dieu que j'implore, entends du haut des cieux
  Une voix plaintive et sincère.
Mon incrédulité ne doit pas te déplaire;
  Mon cœur est ouvert à tes yeux :
L'insensé te blasphème, et moi, je te révère;
Je ne suis pas chrétien; mais c'est pour t'aimer mieux

Cependant quel objet se présente à ma vue?
Le voilà, c'est le Christ, puissant et glorieux.
  Auprès de lui dans une nue
L'étendard de sa mort, la croix, brille à mes yeux.
Sous ses pieds triomphants la mort est abattue;
Des portes de l'enfer il sort victorieux :
Son règne est annoncé par la voix des oracles;
Son trône est cimenté par le sang des martyrs,
Tous les pas de ses saints sont autant de miracles;
Il leur promet des biens plus grands que leurs désirs;
Ses exemples sont saints, sa morale est divine;
Il console en secret les cœurs qu'il illumine;
Dans les plus grands malheurs il leur offre un appui;

Et si sur l'imposture il fonde sa doctrine
C'est un bonheur encor d'être trompé par lui.

Entre ces deux portraits, incertaine Uranie,
C'est à toi de chercher l'obscure vérité,
A toi, que la nature honora d'un génie
  Qui seul égale ta beauté.
Songe que du Très-Haut la sagesse éternelle
A gravé de sa main dans le fond de ton cœur
  La religion naturelle.
Crois que de ton esprit la naïve candeur
Ne sera point l'objet de sa haine immortelle;
Crois que devant son trône, en tout temps, en tous lieux,
  Le cœur du juste est précieux;
Crois qu'un bonze modeste, un dervis charitable,
  Trouvent plutôt grâce à ses yeux
  Qu'un janséniste impitoyable,
  Ou qu'un pontife ambitieux.
Et qu'importe en effet sous quel titre on l'implore?
Tout hommage est reçu, mais aucun ne l'honore.
Un Dieu n'a pas besoin de nos soins assidus ;
Si l'on peut l'offenser, c'est par des injustices;
  Il nous juge sur nos vertus,
  Et non pas sur nos sacrifices.

APOLOGIE DE LA FABLE.

Savante antiquité, beauté toujours nouvelle,
Monument du génie, heureuses fictions,
  Environnez-moi des rayons
  De votre lumière immortelle :
Vous savez animer l'air, la terre, et les mers;
  Vous embellissez l'univers.
Cet arbre à tête longue, aux rameaux toujours verts,
  C'est Atys aimé de Cybèle;
La précoce hyacinthe est le tendre mignon
Que sur ces prés fleuris caressait Apollon.
Flore, avec le Zéphyr, a peint ces jeunes roses
  De l'éclat de leur vermillon.
Des baisers de Pomone on voit dans ce vallon
Les fleurs de mes pêchers nouvellement écloses.
Ces montagnes, ces bois qui bordent l'horizon,
  Sont couverts de métamorphoses !
Ce cerf aux pieds légers est le jeune Actéon :
Du chantre de la nuit j'entends la voix touchante;

APOLOGIE DE LA FABLE.

>C'est la fille de Pandion,
>C'est Philomèle gémissante.

Si le soleil se couche, il dort avec Téthys;
Si je vois de Vénus la planète brillante,
C'est Vénus que je vois dans les bras d'Adonis.
Ce pôle me présente Andromède et Persée;
Leurs amours immortels échauffent de leurs feux
Les éternels frimas de la zone glacée.
Tout l'Olympe est peuplé de héros amoureux.
Admirables tableaux ! séduisante magie !
Qu'Hésiode me plaît dans sa théologie [1],
Quand il me peint l'Amour débrouillant le chaos,
S'élançant dans les airs, et planant sur les flots !
Vantez-nous maintenant, bienheureux légendaires,
Le porc de saint Antoine et le chien de saint Roch,
>Vos reliques, vos scapulaires,

Et la guimpe d'Ursule, et la crasse du froc;
Mettez la *Fleur des saints* [2] à côté d'un Homère :
Il ment, mais en grand homme; il ment, mais il sait plaire;
>Sottement vous avez menti;
>Par lui l'esprit humain s'éclaire;

Et, si l'on vous croyait, il serait abruti.
On chérira toujours les erreurs de la Grèce;
>Toujours Ovide charmera.

Si nos peuples nouveaux sont chrétiens à la messe,
>Ils sont païens à l'opéra.

L'almanach est païen, nous comptons nos journées
Par le seul nom des dieux que Rome avait connus;
C'est Mars et Jupiter, c'est Saturne et Vénus,
Qui président au temps, qui font nos destinées.
Ce mélange est impur, on a tort; mais enfin
Nous ressemblons assez à l'abbé Pellegrin,
« Le matin catholique, et le soir idolâtre,
« Déjeunant de l'autel, et soupant du théâtre [3]. »

---

1. Hésiode, *Théogonie*, vers 120. (ÉD.)
2. Il y a deux ouvrages espagnols sous ce titre, l'un du R. P. Ribadeneira, 1609, l'autre de Villegas, 1652. (ÉD.)
3. Vers d'un poète peu connu, nommé Remi. (ÉD.)

DIVERTISSEMENT

MIS EN MUSIQUE POUR UNE FÊTE DONNÉE PAR M. ANDRÉ
A MADAME LA MARÉCHALE DE VILLARS.

RÉCITATIF.

Quel éclat vient frapper mes yeux
Est-ce Mars et Vénus qui viennent en ces lieux
Les Grâces et Bellone y marchent sur leur trace;
C'est ce héros semblable au dieu de Thrace;
C'est lui dont l'heureuse audace
Arracha le tonnerre à l'aigle des Césars,
Brisa les plus fermes remparts,
Rassura nos États, et fit trembler la terre,
C'est lui qui, répandant la crainte et les bienfaits,
A mêlé sur son front l'olive de la paix
Aux lauriers sanglants de la guerre

UNE VOIX SEULE.
AIR.

Voici cet objet charmant
Qui ternirait l'éclat de la fille de l'onde.
Entre elle et son époux le destin tout-puissant
Semble avoir partagé la conquête du monde
L'un a dompté les plus fameux vainqueurs,
Et l'autre a soumis tous les cœurs.

DUO.

Que les fleurs parent nos têtes :
Que les plus aimables fêtes
Soient l'ornement de leur cour,
Fuyez, nuit obscure;
Que les feux de l'amour
Allument dans ce séjour
Une clarté plus pure
Que le flambeau du jour.

UNE VOIX SEULE.
AIR.

Régnez, Nymphe charmante,
Régnez parmi les ris;
Ne voyez point avec mépris
L'hommage que l'on vous présente.
Vos attraits en font tout le prix.
De vos yeux l'aimable pouvoir

De la paix de nos cœurs a troublé l'innocence :
> Nous vous aimons sans espérance;
Nous jouissons du moins du bonheur de vous voir;
> C'est notre unique récompense.

DEUX VOIX.

Régnez, Nymphe charmante,
Régnez parmi les ris;
Ne voyez point avec mépris
L'hommage que l'on vous présente :
Vos attraits en font tout le prix.

LA MORT
DE MADEMOISELLE LECOUVREUR[1],
CÉLÈBRE ACTRICE.

(1730.)

Que vois-je? quel objet! Quoi! ces lèvres charmantes,
Quoi! ces yeux d'où partaient ces flammes éloquentes,
Éprouvent du trépas les livides horreurs!
Muses, Grâces, Amours, dont elle fut l'image,
O mes dieux et les siens, secourez votre ouvrage!
Que vois-je? c'en est fait, je t'embrasse, et tu meurs
Tu meurs; on sait déjà cette affreuse nouvelle;
Tous les cœurs sont émus de ma douleur mortelle;
J'entends de tous côtés les beaux-arts éperdus
S'écrier en pleurant : « Melpomène n'est plus! »
> Que direz-vous, race future,
Lorsque vous apprendrez la flétrissante injure
Qu'à ces arts désolés font des hommes cruels?
> Ils privent de la sépulture
Celle qui dans la Grèce aurait eu des autels.
Quand elle était au monde, ils soupiraient pour elle;
Je les ai vus soumis, autour d'elle empressés :
Sitôt qu'elle n'est plus, elle est donc criminelle!
Elle a charmé le monde, et vous l'en punissez!
Non, ces bords désormais ne seront plus profanes;
Ils contiennent ta cendre; et ce triste tombeau,
Honoré par nos chants, consacré par tes mânes,
> Est pour nous un temple nouveau!
Voilà mon saint Denys; oui, c'est là que j'adore
Tes talents, ton esprit, tes grâces, tes appas

1. Morte le 20 mars 1730. (ÉD.)

Je les aimai vivants, je les encense encore
　　　　Malgré les horreurs du trépas,
　　　　Malgré l'erreur et les ingrats,
Que seuls de ce tombeau l'opprobre déshonore.
Ah! verrai-je toujours ma faible nation,
Incertaine en ses vœux, flétrir ce quelle admire;
Nos mœurs avec nos lois toujours se contredire;
Et le Français volage endormi sous l'empire
　　　　De la superstition?
　　　　Quoi! n'est-ce donc qu'en Angleterre
　　　　Que les mortels osent penser?
O rivale d'Athène, ô Londre! heureuse terre!
Ainsi que les tyrans vous avez su chasser
Les préjugés honteux qui vous livraient la guerre.
C'est là qu'on sait tout dire, et tout récompenser;
Nul art n'est méprisé, tout succès a sa gloire;
Le vainqueur de Tallard, le fils de la victoire,
Le sublime Dryden, et le sage Addison,
Et la charmante Ophils[1], et l'immortel Newton,
　　　　Ont part au temple de mémoire:
Et Lecouvreur à Londre aurait eu des tombeaux
Parmi les beaux esprits, les rois, et les héros.
Quiconque a des talents à Londre est un grand homme[2]
　　　　L'abondance et la liberté
Ont, après deux mille ans, chez vous ressuscité
　　　　L'esprit de la Grèce et de Rome.
Des lauriers d'Apollon dans nos stériles champs
La feuille négligée est-elle donc flétrie?
Dieux! pourquoi mon pays n'est-il plus la patrie
　　　　Et de la gloire et des talents?

1. Actrice anglaise, enterrée à l'abbaye de Westminster. (Éd.)
2. Après ce vers:
　　Quiconque a des talents à Londre est un grand homme,
on lisait ceux-ci:

　　Le génie étonnant de la Grèce et de Rome,
　　Enfant de l'abondance et de la liberté,
　　Semble, après deux mille ans, chez eux ressuscité.
　　O toi, jeune Sallé, fille de Terpsichore,
　　Qu'on insulte à Paris, mais que tout Londre honore,
　　Dans tes nouveaux succès, reçois avec mes vœux
　　Les applaudissements d'un peuple respectable,
　　De ce peuple puissant, fier, libre, généreux,
　　Aux malheureux propice, aux beaux-arts favorable.
　　Des lauriers d'Apollon, etc.

Mlle Sallé, célèbre danseuse de l'Opéra de Paris, était alors en Angleterre.

LE TEMPLE DE L'AMITIÉ.
1732.

Au fond d'un bois à la paix consacré,
Séjour heureux, de la cour ignoré,
S'élève un temple, où l'art et ses prestiges
N'étalent point l'orgueil de leurs prodiges,
Où rien ne trompe et n'éblouit les yeux,
Où tout est vrai, simple, et fait pour les dieux.
  De bons Gaulois de leurs mains le fondèrent;
A l'Amitié leurs cœurs le dédièrent.
Las! ils pensaient, dans leur crédulité,
Que par leur race il serait fréquenté.
En vieux langage on voit sur la façade
Les noms sacrés d'Oreste et de Pylade,
Le médaillon du bon Pirithoüs,
Du sage Achate et du tendre Nisus,
Tous grands héros, tous amis véritables :
Ces noms sont beaux, mais ils sont dans les fables.
  Les doctes sœurs ne chantent qu'en ces lieux,
Car on les siffle au superbe empyrée.
On n'y voit point Mars et sa Cythérée,
Car la discorde est toujours avec eux :
L'Amitié vit avec très-peu de dieux.
  A ses côtés sa fidèle interprète,
La Vérité, charitable et discrète,
Toujours utile à qui veut l'écouter,
Attend en vain qu'on l'ose consulter
Nul ne l'approche, et chacun la regrette.
Par contenance un livre est dans ses mains,
Où sont écrits les bienfaits des humains,
Doux monuments d'estime et de tendresse,
Donnés sans faste, acceptés sans bassesse,
Du protecteur noblement oubliés,
Du protégé sans regret publiés.
C'est des vertus l'histoire la plus pure :
L'histoire est courte, et le livre est réduit
A deux feuillets de gothique écriture,
Qu'on n'entend plus, et que le temps détruit.
  Or des humains quelle est donc la manie?
Toute amitié de leur cœur est bannie,
Et cependant on les entend toujours
De ce beau nom décorer leurs discours.
Ses ennemis ne jurent que par elle;

En la fuyant chacun s'y dit fidèle ;
Ainsi qu'on voit, devers l'État romain,
Des indévots chapelet à la main.
    De leurs propos la déesse en colère
Voulut enfin que ses mignons chéris,
Si contents d'elle et si sûrs de lui plaire,
Vinssent la voir en son sacré pourpris,
Fixa le jour et promit un beau prix
Pour chaque couple au cœur noble, sincère,
Tendre comme elle, et digne d'être admis,
S'il se pouvait, au rang des vrais amis.
    Au jour nommé, viennent d'un vol rapide
Tous nos Français, que la nouveauté guide :
Un peuple immense inonde le parvis.
Le temple s'ouvre : on vit d'abord paraître
Deux courtisans par l'intérêt unis ;
Par l'amitié tous deux ils croyaient l'être.
Vint un courrier, qui dit qu'auprès du maître
Vaquait alors un beau poste d'honneur,
Un noble emploi de valet grand seigneur.
Nos deux amis poliment se quittèrent,
Déesse, et prix, et temple, abandonnèrent,
Chacun des deux en son âme jurant
D'anéantir son très-cher concurrent.
    Quatre dévots, à la mine discrète,
Dos en arcade, et missel à la main,
Unis en Dieu de charité parfaite,
Et tout brûlants de l'amour du prochain,
Psalmodiaient et bâillaient en chemin.
L'un, riche abbé, prélat à l'œil lubrique,
Au menton triple, au col apoplectique,
Porc engraissé des dîmes de Sion,
Oppressé fut d'une indigestion.
On confessa mon vieux ladre au plus vite ;
D'huile il fut oint, aspergé d'eau bénite,
Dûment lesté par le curé du lieu,
Pour son voyage au pays du bon Dieu.
Ses trois amis gaiement lui marmottèrent
Un *oremus*, en leur cœur convoitèrent
Son bénéfice, et vers la cour trottèrent ;
Puis chacun d'eux, dévotement rival,
En se jurant fraternité sincère,
Les yeux baissés, va chez le cardinal[1]
De jansénisme accuser son confrère.
    Gais et brillants, après un long repas,

---

1. Le cardinal Fleury. (Éd.)

Deux jeunes gens, se tenant sous les bras,
Lisant tout haut des lettres de leurs belles,
D'un air galant leur figure étalaient,
Et, détonnant quelques chansons nouvelles,
Ainsi qu'au bal à l'autel ils allaient :
Nos étourdis pour rien s'y querellèrent,
De l'amitié l'autel ensanglantèrent;
Et le moins fou, laissa, tout éperdu,
Son tendre ami sur la place étendu.

   Plus loin venaient, d'un air de complaisance,
Lise et Chloé, qui, dès leur tendre enfance,
Se confiaient leurs plaisirs, leurs humeurs,
Et tous ces riens qui remplissent leurs cœurs,
Se caressant, se parlant sans rien dire,
Et sans sujet toujours prêtes à rire :
Mais toutes deux avaient le même amant;
A son nom seul, ô merveille soudaine!
Lise et Chloé prirent tout doucement
Le grand chemin du temple de la Haine.

   Enfin Zaïre y parut à son tour
Avec ces yeux où languit la mollesse,
Où le plaisir brille avec la tendresse.
« Ah! que d'ennui, dit-elle, en ce séjour!
Que fait ici cette triste déesse?
Tout y languit; je n'y vois point l'Amour. »
Elle sortit; vingt rivaux la suivirent;
Sur le chemin vingt beautés en gémirent.
Dieu sait alors où ma Zaïre alla.

   De l'Amitié le prix fut laissé là;
Et la déesse en tous lieux célébrée,
Jamais connue et toujours désirée,
Gela de froid sur ses sacrés autels :
J'en suis fâché pour les pauvres mortels.

ENVOI.

Mon cœur, ami charmant et sage,
Au vôtre n'était point lié
Lorsque j'ai dit qu'à l'Amitié
Nul mortel ne rendait hommage.
Elle a maintenant à sa cour
Deux cœurs dignes du premier âge :
Hélas! le véritable amour
En a-t-il beaucoup davantage?

DISCOURS EN VERS SUR L'HOMME[1].

PREMIER DISCOURS.
DE L'ÉGALITÉ DES CONDITIONS.

Tu vois, sage Ariston, d'un œil d'indifférence
La grandeur tyrannique et la fière opulence;
Tes yeux d'un faux éclat ne sont point abusés.
Ce monde est un grand bal, où des fous déguisés,
Sous les risibles noms d'Éminence et d'Altesse,
Pensent enfler leur être et hausser leur bassesse.
En vain des vanités l'appareil nous surprend :
Les mortels sont égaux; leur masque est différent.
Nos cinq sens imparfaits, donnés par la nature,
De nos biens, de nos maux sont la seule mesure.
Les rois en ont-ils six ? et leur âme et leur corps
Sont-ils d'une autre espèce, ont-ils d'autres ressorts ?
C'est du même limon que tous ont pris naissance;
Dans la même faiblesse ils traînent leur enfance;
Et le riche et le pauvre, et le faible et le fort,
Vont tous également des douleurs à la mort.
« Eh quoi ! me dira-t-on, quelle erreur est la vôtre!
N'est-il aucun état plus fortuné qu'un autre ?
Le ciel a-t-il rangé les mortels au niveau ?
La femme d'un commis courbé sur son bureau
Vaut-elle une princesse auprès du trône assise ?
N'est-il pas plus plaisant pour tout homme d'Église
D'orner son front tondu d'un chapeau rouge ou vert,
Que d'aller, d'un vil froc obscurément couvert,
Recevoir à genoux, après laude ou matine,
De son prieur cloîtré vingt coups de discipline ?

---

[1]. Les trois premiers sont de l'année 1734; les quatre dern ers sont de l'année 1737.
Le premier prouve l'égalité des conditions, c'est-à-dire qu'il y a dans chaque profession une mesure de biens et de maux qui les rend toutes égales;
Le second, que l'homme est libre, et qu'ainsi c'est à lui à faire son bonheur;
Le troisième, que le plus grand obstacle au bonheur est l'envie;
Le quatrième, que, pour être heureux, il faut être modéré en tout;
Le cinquième, que le plaisir vient de Dieu;
Le sixième, que le bonheur parfait ne peut être le partage de l'homme en ce monde, et que l'homme n'a point à se plaindre de son état;
Le septième, que la vertu consiste à faire du bien à ses semblables, et non pas dans de vaines pratiques de mortification. (ÉD.)

Sous un triple mortier n'est-on pas plus heureux
Qu'un clerc enseveli dans un greffe poudreux? »
Non : Dieu serait injuste; et la sage nature
Dans ses dons partagés garde plus de mesure.
Pense-t-on qu'ici-bas son aveugle faveur
Au char de la fortune attache le bonheur?
Un jeune colonel a souvent l'impudence
De passer en plaisirs un maréchal de France.
« Être heureux comme un roi, » dit le peuple hébété :
Hélas ! pour le bonheur que fait la majesté?
En vain sur ses grandeurs un monarque s'appuie;
Il gémit quelquefois, et bien souvent s'ennuie.
Son favori sur moi jette à peine un coup d'œil.
Animal composé de bassesse et d'orgueil,
Accablé de dégoûts, en inspirant l'envie,
Tour à tour on t'encense et l'on te calomnie.
Parle; qu'as-tu gagné dans la chambre du roi ?
Un peu plus de flatteurs et d'ennemis que moi.
  Sur les énormes tours de notre Observatoire,
Un jour, en consultant leur céleste grimoire,
Des enfants d'Uranie un essaim curieux,
D'un tube de cent pieds braqué contre les cieux,
Observait les secrets du monde planétaire.
Un rustre s'écria : « Ces sorciers ont beau faire,
Les astres sont pour nous aussi bien que pour eux.
On en peut dire autant du secret d'être heureux;
Le simple, l'ignorant, pourvu d'un instinct sage,
En est tout aussi près au fond de son village
Que le fat important qui pense le tenir,
Et le triste savant qui croit le définir.
  On dit qu'avant la boîte apportée à Pandore
Nous étions tous égaux : nous le sommes encore.
Avoir les mêmes droits à la félicité,
C'est pour nous la parfaite et seule égalité.
Vois-tu dans ces vallons ces esclaves champêtres
Qui creusent ces rochers, qui vont fendre ces hêtres,
Qui détournent ces eaux, qui, la bêche à la main,
Fertilisent la terre en déchirant son sein ?
Ils ne sont point formés sur le brillant modèle
De ces pasteurs galants qu'a chantés Fontenelle :
Ce n'est point Timarette et le tendre Tyrcis,
De roses couronnés, sous des myrtes assis,
Entrelaçant leurs noms sur l'écorce des chênes,
Vantant avec esprit leurs plaisirs et leurs peines;
C'est Pierrot, c'est Colin, dont le bras vigoureux
Soulève un char tremblant dans un fossé bourbeux.
Perrette au point du jour est aux champs la première.

Je les vois, haletants et couverts de poussière,
Braver, dans ces travaux chaque jour répétés,
Et le froid des hivers, et le feu des étés.
Ils chantent cependant; leur voix fausse et rustique
Gaiement de Pellegrin détonne un vieux cantique.
La paix, le doux sommeil, la force, la santé,
Sont le fruit de leur peine et de leur pauvreté.
Si Colin voit Paris, ce fracas de merveilles,
Sans rien dire à son cœur, assourdit ses oreilles :
Il ne désire point ces plaisirs turbulents;
Il ne les conçoit pas; il regrette ses champs;
Dans ces champs fortunés l'amour même l'appelle;
Et tandis que Damis, courant de belle en belle,
Sous des lambris dorés, et vernis par Martin [1],
Des intrigues du temps composant son destin,
Dupé par sa maîtresse et haï par sa femme,
Prodigue à vingt beautés ses chansons et sa flamme,
Quitte Églé qui l'aimait pour Chloris qui le fuit,
Et prend pour volupté le scandale et le bruit,
Colin, plus vigoureux, et pourtant plus fidèle,
Revole vers Lisette en la saison nouvelle;
Il vient, après trois mois de regrets et d'ennui,
Lui présenter des dons aussi simples que lui.
Il n'a point à donner ces riches bagatelles
Qu'Hébert [2] vend à crédit pour tromper tant de belles :
Sans tous ces riens brillants il peut toucher un cœur;
Il n'en a pas besoin : c'est le fard du bonheur.

L'aigle fier et rapide, aux ailes étendues,
Suit l'objet de sa flamme élancé dans les nues;
Dans l'ombre des vallons le taureau bondissant
Cherche en paix sa génisse, et plaît en mugissant;
Au retour du printemps la douce Philomèle
Attendrit par ses chants sa compagne fidèle;
Et du sein des buissons le moucheron léger
Se mêle en bourdonnant aux insectes de l'air.
De son être content, qui d'entre eux s'inquiète
S'il est quelque autre espèce ou plus ou moins parfaite ?
Eh! qu'importe à mon sort, à mes plaisirs présents,
Qu'il soit d'autres heureux, qu'il soit des biens plus grands?

« Mais quoi! cet indigent, ce mortel famélique,
Cet objet dégoûtant de la pitié publique,
D'un cadavre vivant traînant le reste affreux,
Respirant pour souffrir, est-il un homme heureux? »
Non, sans doute; et Thamas qu'un esclave détrône,
Ce vizir déposé, ce grand qu'on emprisonne,

1. Fameux vernisseur. — 2. Fameux marchand de curiosités à Paris.

Ont-ils des jours sereins quand ils sont dans les fers?
Tout état a ses maux, tout homme a ses revers.
Moins hardi dans la paix, plus actif dans la guerre,
Charle aurait sous ses lois retenu l'Angleterre;
Dufresny[1], moins prodigue, et docile au bon sens,
N'eût point dans la misère avili ses talents.
Tout est égal enfin : la cour a ses fatigues,
L'Église a ses combats, la guerre a ses intrigues :
Le mérite modeste est souvent obscurci;
Le malheur est partout, mais le bonheur aussi.
Ce n'est point la grandeur, ce n'est point la bassesse,
Le bien, la pauvreté, l'âge mûr, la jeunesse,
Qui fait ou l'infortune ou la félicité.
  Jadis le pauvre Irus, honteux et rebuté,
Contemplant de Crésus l'orgueilleuse opulence,
Murmurait hautement contre la Providence :
« Que d'honneurs! disait-il, que d'éclat! que de bien!
Que Crésus est heureux! il a tout, et moi rien. »
Comme il disait ces mots, une armée en furie
Attaque en son palais le tyran de Carie :
De ses vils courtisans il est abandonné;
Il fuit, on le poursuit; il est pris, enchaîné;
On pille ses trésors, on ravit ses maîtresses.
Il pleure : il aperçoit, au fort de ses détresses,
Irus, le pauvre Irus, qui, parmi tant d'horreurs,
Sans songer aux vaincus, boit avec les vainqueurs.
« O Jupiter! dit-il, ô sort inexorable!
Irus est trop heureux, je suis seul misérable. »
Ils se trompaient tous deux; et nous nous trompons tous.
Ah! du destin d'autrui ne soyons point jaloux;
Gardons-nous de l'éclat qu'un faux dehors imprime.
Tous les cœurs sont cachés; tout homme est un abîme.
La joie est passagère, et le ire est trompeur.
Hélas! où donc chercher, où trouver le bonheur?
En tous lieux, en tous temps, dans toute la nature,
Nulle part tout entier, partout avec mesure,
Et partout passager, hors dans son seul auteur.
Il est semblable au feu, dont la douce chaleur
Dans chaque autre élément en secret s'insinue,
Descend dans les rochers, s'élève dans la nue,
Va rougir le corail dans le sable des mers,
Et vit dans les glaçons qu'ont durcis les hivers.
  Le ciel, en nous formant, mélangea notre vie

---

1. Louis XIV disait : « Il y a deux hommes que je ne pourrai jamais enrichir, Dufresny et Bontemps. » Dufresny mourut dans la misère, après avoir dissipé de grandes richesses; il a laissé de jolies comédies.

De désirs, de dégoûts, de raison, de folie,
De moments de plaisirs, et de jours de tourments
De notre être imparfait voilà les éléments;
Ils composent tout l'homme, ils forment son essence;
Et Dieu nous pesa tous dans la même balance.

SECOND DISCOURS.

DE LA LIBERTÉ [1].

Dans le cours de nos ans, étroit et court passage,
Si le bonheur qu'on cherche est le prix du vrai sage,
Qui pourra me donner ce trésor précieux?
Dépend-il de moi-même? est-ce un présent des cieux?
Est-il comme l'esprit, la beauté, la naissance,
Partage indépendant de l'humaine prudence?
Suis-je libre en effet? ou mon âme et mon corps
Sont-ils d'un autre agent les aveugles ressorts?
Enfin ma volonté, qui me meut, qui m'entraîne,
Dans le palais de l'âme est-elle esclave ou reine?
Obscurément plongé dans ce doute cruel,
Mes yeux, chargés de pleurs, se tournaient vers le ciel,
Lorsqu'un de ces esprits que le souverain Être
Plaça près de son trône, et fit pour le connaître,
Qui respirent dans lui, qui brûlent de ses feux,
Descendit jusqu'à moi de la voûte des cieux;
Car on voit quelquefois ces fils de la lumière
Éclairer d'un mondain l'âme simple et grossière,
Et fuir obstinément tout docteur orgueilleux
Qui, dans sa chaire assis, pense être au-dessus d'eux,
Et, le cerveau troublé des vapeurs d'un système,
Prend ces brouillards épais pour le jour du ciel même.
« Écoute, me dit-il, prompt à me consoler,
Ce que tu peux entendre et qu'on peut révéler.
J'ai pitié de ton trouble; et ton âme sincère,
Puisqu'elle sait douter, mérite qu'on l'éclaire.
Oui, l'homme sur la terre est libre ainsi que moi :
C'est le plus beau présent de notre commun roi.
La liberté, qu'il donne à tout être qui pense,
Fait des moindres esprits et la vie et l'essence,
Qui conçoit, veut, agit, est libre en agissant :
C'est l'attribut divin de l'Être tout-puissant;

---

[1]. On entend par ce mot Liberté le pouvoir de faire ce qu'on veut. Il n'y a et ne peut y avoir d'autre liberté. C'est pourquoi Locke l'a si bien définie Puissance.

Il en fait un partage à ses enfants qu'il aime;
Nous sommes ses enfants, des ombres de lui-même.
Il conçut, il voulut, et l'univers naquit :
Ainsi, lorsque tu veux, la matière obéit.
Souverain sur la terre, et roi par la pensée,
Tu veux, et sous tes mains la nature est forcée.
Tu commandes aux mers, au souffle des zéphyrs,
A ta propre pensée, et même à tes désirs.
Ah! sans la liberté, que seraient donc nos âmes?
Mobiles agités par d'invisibles flammes,
Nos vœux, nos actions, nos plaisirs, nos dégoûts,
De notre être, en un mot, rien ne serait à nous :
D'un artisan suprême impuissantes machines,
Automates pensants, mus par des mains divines,
Nous serions à jamais de mensonge occupés,
Vils instruments d'un Dieu qui nous aurait trompés,
Comment, sans liberté, serions-nous ses images?
Que lui reviendrait-il de ces brutes ouvrages?
On ne peut donc lui plaire, on ne peut l'offenser;
Il n'a rien à punir, rien à récompenser.
Dans les cieux, sur la terre il n'est plus de justice.
Pucelle est sans vertu [1], Desfontaines sans vice :
Le destin nous entraîne à nos affreux penchants,
Et ce chaos du monde est fait pour les méchants.
L'oppresseur insolent, l'usurpateur avare,
Cartouche, Miriwits, ou tel autre barbare,
Plus coupable enfin qu'eux, le calomniateur
Dira : « Je n'ai rien fait, Dieu seul en est l'auteur;
« Ce n'est pas moi, c'est lui qui manque à ma parole,
« Qui frappe par mes mains, pille, brûle, viole. »
C'est ainsi que le Dieu de justice et de paix
Serait l'auteur du trouble et le dieu des forfaits.
Les tristes partisans de ce dogme effroyable
Diraient-ils rien de plus s'ils adoraient le diable? »
    J'étais à ce discours tel qu'un homme enivré
Qui s'éveille en sursaut, d'un grand jour éclairé,
Et dont la clignotante et débile paupière
Lui laisse encore à peine entrevoir la lumière.
J'osai répondre enfin d'une timide voix :
« Interprète sacré des éternelles lois,
Pourquoi, si l'homme est libre, a-t-il tant de faiblesse?
Que lui sert le flambeau de sa vaine sagesse?
Il le suit, il s'égare; et, toujours combattu,

---

1. L'abbé Pucelle, célèbre conseiller au parlement. L'abbé Desfontaines, homme souvent repris de justice, qui tenait une boutique ouverte où il vendait des louanges et des satires.

Il embrasse le crime en aimant la vertu.
Pourquoi ce roi du monde, et si libre, et si sage,
Subit-il si souvent un si dur esclavage ? »
　　L'esprit consolateur à ces mots répondit :
« Quelle douleur injuste accable ton esprit ?
La liberté, dis-tu, t'est quelquefois ravie :
Dieu te la devait-il immuable, infinie,
Égale en tout état, en tout temps, en tout lieu ?
Tes destins sont d'un homme, et tes vœux sont d'un Dieu.
Quoi ! dans cet océan cet atome qui nage
Dira : « L'immensité doit être mon partage. »
Non ; tout est faible en toi, changeant et limité,
Ta force, ton esprit, tes talents, ta beauté.
La nature en tout sens a des bornes prescrites ;
Et le pouvoir humain serait seul sans limites !
Mais, dis-moi, quand ton cœur, formé de passions,
Se rend malgré lui-même à leurs impressions,
Qu'il sent dans ses combats sa liberté vaincue,
Tu l'avais donc en toi, puisque tu l'as perdue.
Une fièvre brûlante, attaquant tes ressorts,
Vient à pas inégaux miner ton faible corps :
Mais quoi ! par ce danger répandu sur ta vie
Ta santé pour jamais n'est point anéantie ;
On te voit revenir des portes de la mort
Plus ferme, plus content, plus tempérant, plus fort,
Connais mieux l'heureux don que ton chagrin réclame :
La liberté dans l'homme est la santé de l'âme.
On la perd quelquefois ; la soif de la grandeur,
La colère, l'orgueil, un amour suborneur,
D'un désir curieux les trompeuses saillies,
Hélas ! combien le cœur a-t-il de maladies !
Mais contre leurs assauts tu seras raffermi :
Prends ce livre sensé, consulte cet ami
(Un ami, don du ciel, est le vrai bien du sage) ;
Voilà l'Helvétius, le Silva, le Vernage [1],
Que le Dieu des humains, prompt à les secourir,
Daigne leur envoyer sur le point de périr.
Est-il un seul mortel de qui l'âme insensée,
Quand il est en péril, ait une autre pensée ?
Vois de la liberté cet ennemi mutin,
Aveugle partisan d'un aveugle destin :
Entends comme il consulte, approuve, délibère ;
Entends de quel reproche il couvre un adversaire ;
Vois comment d'un rival il cherche à se venger,
Comme il punit son fils, et le veut corriger.

1. Fameux médecins de Paris.

Il le croyait donc libre? Oui, sans doute, et lui-même
Dément à chaque pas son funeste système;
Il mentait à son cœur en voulant expliquer
Ce dogme absurde à croire, absurde à pratiquer :
Il reconnaît en lui le sentiment qu'il brave;
Il agit comme libre, et parle comme esclave.
Sûr de ta liberté, rapporte à son auteur
Ce don que sa bonté te fit pour ton bonheur.
Commande à ta raison d'éviter ces querelles,
Des tyrans de l'esprit disputes immortelles;
Ferme en tes sentiments et simple dans ton cœur,
Aime la vérité, mais pardonne à l'erreur;
Fuis les emportements d'un zèle atrabilaire;
Ce mortel qui s'égare est un homme, est ton frère :
Sois sage pour toi seul, compatissant pour lui;
Fais ton bonheur enfin par le bonheur d'autrui. »
 Ainsi parlait la voix de ce sage suprême.
Ses discours m'élevaient au-dessus de moi-même :
J'allais lui demander, indiscret dans mes vœux,
Des secrets réservés pour les peuples des cieux;
Ce que c'est que l'esprit, l'espace, la matière,
L'éternité, le temps, le ressort, la lumière :
Étranges questions, qui confondent souvent
Le profond s'Gravesande[1] et le subtil Mairan[2],
Et qu'expliquait en vain dans ses doctes chimères
L'auteur des tourbillons que l'on ne croit plus guères.
Mais déjà, s'échappant à mon œil enchanté,
Il volait au séjour où luit la vérité.
Il n'était pas vers moi descendu pour m'apprendre
Les secrets du Très-Haut que je ne puis comprendre;
Mes yeux d'un plus grand jour auraient été blessés :
Il m'a dit : « Sois heureux ! » il m'en a dit assez.

TROISIÈME DISCOURS.

DE L'ENVIE.

Si l'homme est créé libre, il doit se gouverner;
Si l'homme a des tyrans, il les doit détrôner.
On ne le sait que trop, ces tyrans sont les vices.
Le plus cruel de tous dans ses sombres caprices,
Le plus lâche à la fois et le plus acharné,

---

1. M. s'Gravesande, professeur à Leyde, le premier qui ait enseigné en Hollande les découvertes de Newton.
2. M. Dortous de Mairan, secrétaire de l'Académie des sciences de Paris.

Qui plonge au fond du cœur un trait empoisonné,
Ce bourreau de l'esprit, quel est-il? c'est l'envie.
L'orgueil lui donna l'être au sein de la folie;
Rien ne peut l'adoucir, rien ne peut l'éclairer :
Quoique enfant de l'orgueil, il craint de se montrer.
Le mérite étranger est un poids qui l'accable ;
Semblable à ce géant si connu dans la fable,
Triste ennemi des dieux, par les dieux écrasé,
Lançant en vain les feux dont il est embrasé;
Il blasphème, il s'agite en sa prison profonde;
Il croit pouvoir donner des secousses au monde;
Il fait trembler l'Etna dont il est oppressé :
L'Etna sur lui retombe, il en est terrassé.
 J'ai vu des courtisans, ivres de fausse gloire,
Détester dans Villars l'éclat de la victoire.
Ils haïssaient le bras qui faisait leur appui ;
Il combattait pour eux, ils parlaient contre lui.
Ce héros eut raison quand, cherchant les batailles,
Il disait à Louis : « Je ne crains que Versailles ;
Contre vos ennemis je marche sans effroi :
Défendez-moi des miens; ils sont près de mon roi. »
 Cœurs jaloux ! à quels maux êtes-vous donc en proie?
Vos chagrins sont formés de la publique joie.
Convives dégoûtés, l'aliment le plus doux,
Aigri par votre bile, est un poison pour vous.
O vous qui de l'honneur entrez dans la carrière,
Cette route à vous seul appartient-elle entière ?
N'y pouvez-vous souffrir les pas d'un concurrent?
Voulez-vous ressembler à ces rois d'Orient,
Qui, de l'Asie esclave oppresseurs arbitraires,
Pensent ne bien régner qu'en étranglant leurs frères ?
 Lorsqu'aux jeux du théâtre, écueil de tant d'esprits,
Une affiche nouvelle entraîne tout Paris;
Quand Dufresne et Gaussin[1], d'une voix attendrie,
Font parler Orosmane, Alzire, Zénobie,
Le spectateur content, qu'un beau trait vient saisir,
Laisse couler des pleurs, enfants de son plaisir :
Rufus désespéré, que ce plaisir outrage,
Pleure aussi dans un coin; mais ses pleurs sont de rage.
 Hé bien ! pauvre affligé, si ce fragile honneur,
Si ce bonheur d'un autre a déchiré ton cœur,
Mets du moins à profit le chagrin qui t'anime;
Mérite un tel succès, compose, efface, lime.
Le public applaudit aux vers du *Glorieux*,

---

1. Dufresne, célèbre acteur de Paris. Mlle Gaussin, actrice pleine de grâces, qui joua Zaïre.

Est-ce un affront pour toi? courage, écris, fais mieux :
Mais garde-toi surtout, si tu crains les critiques,
D'envoyer à Paris tes *Aïeux chimériques* [1] :
Ne fais plus grimacer tes odieux portraits
Sous des crayons grossiers pillés chez Rabelais.
 Tôt ou tard on condamne un rimeur satirique
Dont la moderne muse emprunte un air gothique,
Et, dans un vers forcé que surcharge un vieux mot,
Couvre son peu d'esprit des phrases de Marot [2] :
Ce jargon dans un conte est encor supportable;
Mais le vrai veut un air, un ton plus respectable.
 Si tu veux, faux dévot, séduire un sot lecteur,
Au miel d'un froid sermon mêle un peu moins d'aigreur;
Que ton jaloux orgueil parle un plus doux langage;
Singe de la vertu, masque mieux ton visage.
 La gloire d'un rival s'obstine à t'outrager;
C'est en le surpassant que tu dois t'en venger;
Érige un monument plus haut que son trophée :
Mais pour siffler Rameau, l'on doit être un Orphée.
 Qu'un petit monstre noir, peint de rouge et de blanc,
Se garde de railler ou Vénus ou Rohan;
On ne s'embellit point en blâmant sa rivale.
 Qu'a servi contre Bayle une infâme cabale?
Par le fougueux Jurieu [3] Bayle persécuté
Sera des bons esprits à jamais respecté;
Et le nom de Jurieu, son rival fanatique,
N'est aujourd'hui connu que par l'horreur publique.
 Souvent dans ses chagrins un misérable auteur
Descend au rôle affreux de calomniateur :
Au lever de Séjan, chez Nestor, chez Narcisse,
Il distille à longs traits son absurde malice.
Pour lui tout est scandale, et tout impiété :
Assurer que ce globe, en sa course emporté,
S'élève à l'équateur, en tournant sur lui-même,

1. Mauvaise comédie de Rousseau, qui n'a pu être jouée.
2. Il est à remarquer que M. de Voltaire s'est toujours élevé contre ce mélange de l'ancienne langue et de la nouvelle. Cette bigarrure est non-seulement ridicule, mais elle jetterait dans l'erreur les étrangers qui apprennent le français.
3. Jurieu était un ministre protestant qui s'acharna contre Bayle et contre le bon sens : il écrivit en fou, et il fit le prophète; il prédit que le royaume de France éprouverait des révolutions qui ne sont jamais arrivées. Quant à Bayle, on sait que c'est un des plus grands hommes que la France ait produits. Le parlement de Toulouse lui a fait un honneur unique en faisant valoir son testament, qui devait être annulé comme celui d'un réfugié, selon la rigueur de la loi, et qu'il déclara valide, comme le testament d'un homme qui avait éclairé le monde et honoré sa patrie. L'arrêt fût rendu sur le rapport de M. de Senaux, conseiller.

C'est un raffinement d'erreur et de blasphème.
Malbranche est spinosiste, et Locke en ses écrits
Du poison d'Épicure infecte les esprits;
Pope est un scélérat, de qui la plume impie
Ose vanter de Dieu la clémence infinie,
Qui prétend follement (ô le mauvais chrétien!)
Que Dieu nous aime tous, et qu'ici tout est bien [1].

Cent fois plus malheureux et plus infâme encore
Est ce fripier d'écrits [2] que l'intérêt dévore,
Qui vend au plus offrant son encre et ses fureurs;
Méprisable en son goût, détestable en ses mœurs [3];
Médisant, qui se plaint des brocards qu'il essuie;
Satirique ennuyeux, disant que tout l'ennuie;
Criant que le bon goût s'est perdu dans Paris,
Et le prouvant très-bien, du moins par ses écrits.

On peut à Despréaux pardonner la satire,
Il joignit l'art de plaire au malheur de médire :
Le miel que cette abeille avait tiré des fleurs
Pouvait de sa piqûre adoucir les douleurs;
Mais pour un lourd frelon méchamment imbécile,
Qui vit du mal qu'il fait, et nuit sans être utile,
On écrase à plaisir cet insecte orgueilleux,
Qui fatigue l'oreille et qui choque les yeux.

Quelle était votre erreur, ô vous, peintres vulgaires,
Vous, rivaux clandestins, dont les mains téméraires,
Dans ce cloître où Bruno semble encor respirer,
Par une lâche envie ont pu défigurer [4]
Du Zeuxis des Français les savantes peintures !
L'honneur de son pinceau s'accrut par vos injures :
Ces lambeaux déchirés en sont plus précieux;
Ces traits en sont plus beaux, et vous plus odieux.

---

1. L'optimisme de Platon, renouvelé par Shaftesbury, Bolingbroke, Leibnitz, et chanté par Pope en beaux vers, est peut-être un système faux; mais ce n'est pas assurément un système impie, comme des calomniateurs l'ont dit.

2. L'abbé Desfontaines. (ÉD.)

3. VAR. Méprisable en son goût, détestable en ses mœurs
Médisant acharné, quelle étrange manie
Fait aboyer ta voix contre une académie?
As-tu, vieux candidat, chez les quarante élus,
Approché seulement de l'honneur d'un refus?
Hélas! quel est le fruit de tes cris imbéciles?
La police est sévère, on fouette les Zoïles.
Chacun avec mépris se détourne de toi;
Tout fuit, jusqu'aux enfants, et l'on sait trop pourquoi.
Détestons, Hermotime, un si dangereux vice.
Ah! qu'il nous faut chérir, etc.

4. Quelques peintres, jaloux de Le Sueur, gâtèrent ses tableaux qui sont aux Chartreux.

Détestons à jamais un si dangereux vice.
Ah! qu'il nous faut chérir ce trait plein de justice
D'un critique modeste, et d'un vrai bel esprit,
Qui, lorsque Richelieu follement entreprit
De rabaisser du Cid la naissante merveille,
Tandis que Chapelain osait juger Corneille,
Chargé de condamner cet ouvrage imparfait,
Dit pour tout jugement : « Je voudrais l'avoir fait [1] ! »
C'est ainsi qu'un grand cœur sait penser d'un grand homme.
A la voix de Colbert Bernini vint de Rome;
De Perrault [2], dans le Louvre, il admira la main :
« Ah! dit-il, si Paris renferme dans son sein
Des travaux si parfaits, un si rare génie,
Fallait-il m'appeler du fond de l'Italie? »
Voilà le vrai mérite; il parle avec candeur :
L'envie est à ses pieds, la paix est dans son cœur.
Qu'il est grand, qu'il est doux de se dire à soi-même :
« Je n'ai point d'ennemis, j'ai des rivaux que j'aime;
Je prends part à leur gloire, à leurs maux, à leurs biens;
Les arts nous ont unis, leurs beaux jours sont les miens! »
C'est ainsi que la terre avec plaisir rassemble
Ces chênes, ces sapins qui s'élèvent ensemble :
Un suc toujours égal est préparé pour eux;
Leur pied touche aux enfers, leur cime est dans les cieux;
Leur tronc inébranlable, et leur pompeuse tête,
Résiste, en se touchant, aux coups de la tempête;
Ils vivent l'un par l'autre, ils triomphent du temps :
Tandis que sous leur ombre on voit de vils serpents
Se livrer, en sifflant, des guerres intestines,
Et de leur sang impur arroser leurs racines.

QUATRIÈME DISCOURS.

DE LA MODÉRATION EN TOUT, DANS L'ÉTUDE, DANS L'AMBITION,
DANS LES PLAISIRS.

A M. HELVÉTIUS.

Tout vouloir est d'un fou, l'excès est son partage :
La modération est le trésor du sage;
Il sait régler ses goûts, ses travaux, ses plaisirs,
Mettre un but à sa course, un terme à ses désirs.

1. Habert de Cerisi, de l'Académie.
2. La belle façade du vieux Louvre est de M. Perrault.

Nul ne peut avoir tout. L'amour de la science
A guidé ta jeunesse au sortir de l'enfance;
La nature est ton livre, et tu prétends y voir
Moins ce qu'on a pensé que ce qu'il faut savoir.
La raison te conduit : avance à sa lumière;
Marche encor quelques pas, mais borne ta carrière.
Au bord de l'infini ton cours doit s'arrêter;
Là commence un abîme; il le faut respecter.
  Réaumur, dont la main si savante et si sûre
A percé tant de fois la nuit de la nature,
M'apprendra-t-il jamais par quels subtils ressort,
L'éternel Artisan fait végéter les corps?
Pourquoi l'aspic affreux, le tigre, la panthère,
N'ont jamais adouci leur cruel caractère;
Et que, reconnaissant la main qui le nourrit,
Le chien meurt en léchant le maître qu'il chérit?
D'où vient qu'avec cent pieds qui semblent inutiles,
Cet insecte tremblant traîne ses pas débiles?
Pourquoi ce ver changeant se bâtit un tombeau,
S'enterre, et ressuscite avec un corps nouveau,
Et, le front couronné, tout brillant d'étincelles,
S'élance dans les airs en déployant ses ailes?
Le sage du Faï [1], parmi ces plants divers,
Végétaux rassemblés des bouts de l'univers,
Me dira-t-il pourquoi la tendre sensitive
Se flétrit sous nos mains, honteuse et fugitive?
  Pour découvrir un peu ce qui se passe en moi,
Je m'en vais consulter le médecin du roi;
Sans doute il en sait plus que ses doctes confrères.
Je veux savoir de lui par quels secrets mystères
Ce pain, cet aliment dans mon corps digéré,
Se transforme en un lait doucement préparé;
Comment, toujours filtré dans ces routes certaines,
En longs ruisseaux de pourpre il court enfler mes veines,
A mon corps languissant rend un pouvoir nouveau,
Fait palpiter mon cœur, et penser mon cerveau.
Il lève au ciel les yeux, il s'incline, il s'écrie :
« Demandez-le à ce Dieu qui nous donna la vie. »
  Courriers de la physique [2], Argonautes nouveaux,

---

1. M. du Faï était directeur du jardin et du cabinet d'histoire naturelle du roi, qui avaient été très-négligés jusqu'à lui, et qui ont été ensuite portés par M. de Buffon à un point qui fait l'admiration des étrangers. Il existe en Europe des cabinets plus riches dans quelques parties, mais il n'en est aucun d'aussi complet.
2. MM. de Maupertuis, Clairaut, Le Monnier, etc., allèrent, en 1736, à Tornéa mesurer un degré du méridien, et ramenèrent deux Lapones. Les trois couronnes sont les armes de la Suède, à qui Tornéa appartient.

Qui franchissez les monts, qui traversez les eaux,
Ramenez des climats soumis aux trois couronnes
Vos perches, vos secteurs, et surtout deux Lapones.
Vous avez confirmé dans ces lieux pleins d'ennui
Ce que Newton connut sans sortir de chez lui.
Vous avez arpenté quelque faible partie
Des flancs toujours glacés de la terre aplatie.
Dévoilez ces ressorts qui font la pesanteur;
Vous connaissez les lois qu'établit son auteur.
Parlez, enseignez-moi comment ses mains fécondes
Font tourner tant de cieux, graviter tant de mondes;
Pourquoi vers le soleil notre globe entraîné
Se meut autour de soi sur son axe incliné;
Parcourant en douze ans les célestes demeures,
D'où vient que Jupiter a son jour de dix heures.
Vous ne le savez point; votre savant compas
Mesure l'univers, et ne le connaît pas.
Je vous vois dessiner, par un art infaillible,
Les dehors d'un palais à l'homme inaccessible;
Les angles, les côtés, sont marqués par vos traits :
Le dedans à vos yeux est fermé pour jamais.
Pourquoi donc m'affliger si ma débile vue
Ne peut percer la nuit sur mes yeux répandue ?
Je n'imiterai point ce malheureux savant
Qui, des feux de l'Etna scrutateur imprudent,
Marchant sur des monceaux de bitume et de cendre,
Fut consumé du feu qu'il cherchait à comprendre.
Modérons-nous surtout dans notre ambition ;
C'est du cœur des humains la grande passion.
L'empesé magistrat, le financier sauvage,
La prude aux yeux dévots, la coquette volage,
Vont en poste à Versaille essuyer des mépris,
Qu'ils reviennent soudain rendre en poste à Paris.
Les libres habitants des rives du Permesse
Ont saisi quelquefois cette amorce traîtresse :
Platon va raisonner à la cour de Denys;
Racine, janséniste, est auprès de Louis;
L'auteur voluptueux qui célébra Glycère
Prodigue au fils d'Octave un encens mercenaire.
Moi-même, renonçant à mes premiers desseins,
J'ai vécu, je l'avoue, avec des souverains.
Mon vaisseau fit naufrage aux mers de ces sirènes :
Leur voix flatta mes sens, ma main porta leurs chaînes.
On me dit : « Je vous aime, » et je crus comme un sot
Qu'il était quelque idée attachée à ce mot.
J'y fus pris; j'asservis au vain désir de plaire
La mâle liberté qui fait mon caractère;

Et perdant la raison, dont je devais m'armer,
J'allai m'imaginer qu'un roi pouvait aimer.
Que je suis revenu de cette erreur grossière!
A peine de la cour j'entrai dans la carrière,
Que mon âme éclairée, ouverte au repentir,
N'eut d'autre ambition que d'en pouvoir sortir
Raisonneurs beaux esprits, et vous qui croyez l'être,
Voulez-vous vivre heureux, vivez toujours sans maître.

O vous, qui ramenez dans les murs de Paris
Tous les excès honteux des mœurs de Sybaris;
Qui, plongés dans le luxe, énervés de mollesse,
Nourrissez dans votre âme une éternelle ivresse
Apprenez, insensés, qui cherchez le plaisir,
Et l'art de le connaître, et celui de jouir.
Les plaisirs sont les fleurs que notre divin maître
Dans les ronces du monde autour de nous fait naître.
Chacune a sa saison, et par des soins prudents
On peut en conserver pour l'hiver de nos ans.
Mais s'il faut les cueillir, c'est d'une main légère;
On flétrit aisément leur beauté passagère.
N'offrez pas à vos sens, de mollesse accablés,
Tous les parfums de Flore à la fois exhalés :
Il ne faut point tout voir, tout sentir, tout entendre :
Quittons les voluptés pour savoir les reprendre.
Le travail est souvent le père du plaisir :
Je plains l'homme accablé du poids de son loisir.
Le bonheur est un bien que nous vend la nature.
Il n'est point ici-bas de moisson sans culture :
Tout veut des soins sans doute, et tout est acheté.

Regardez Brossoret[1], de sa table entêté,
Au sortir d'un spectacle, où de tant de merveilles
Le son, perdu pour lui, frappe en vain ses oreilles;
Il se traîne à souper, plein d'un secret ennui,
Cherchant en vain la joie, et fatigué de lui.
Son esprit, offusqué d'une vapeur grossière,
Jette encor quelques traits sans force et sans lumière;
Parmi les voluptés dont il croit s'enivrer,
Malheureux! il n'a pas le temps de désirer.
Jadis trop caressé des mains de la Mollesse,
Le Plaisir s'endormit au sein de la Paresse;
La langueur l'accabla : plus de chants, plus de vers,
Plus d'amour; et l'ennui détruisait l'univers.
Un dieu qui prit pitié de la nature humaine
Mit auprès du Plaisir le Travail et la Peine :

---

1. C'était un conseiller au parlement, fort riche, homme voluptueux, qui faisait excellente chère.

La Crainte l'éveilla, l'Espoir guida ses pas;
Ce cortége aujourd'hui l'accompagne ici-bas.
Semez vos entretiens de fleurs toujours nouvelles :
Je le dis aux amants, je le répète aux belles.
Damon, tes sens trompeurs, et qui t'ont gouverné,
T'ont promis un bonheur qu'ils ne t'ont point donné.
Tu crois, dans les douceurs qu'un tendre amour apprête,
Soutenir de Daphné l'éternel tête-à-tête ;
Mais ce bonheur usé n'est qu'un dégoût affreux,
Et vous avez besoin de vous quitter tous deux.
Ah ! pour vous voir toujours sans jamais vous déplaire,
Il faut un cœur plus noble, une âme moins vulgaire,
Un esprit vrai, sensé, fécond, ingénieux,
Sans humeur, sans caprice, et surtout vertueux :
Pour les cœurs corrompus l'amitié n'est point faite.
O divine amitié ! félicité parfaite,
Seul mouvement de l'âme où l'excès soit permis,
Change en bien tous les maux où le ciel m'a soumis,
Compagne de mes pas dans toutes mes demeures,
Dans toutes les saisons, et dans toutes les heures :
Sans toi tout homme est seul; il peut par ton appui
Multiplier son être, et vivre dans autrui.
Idole d'un cœur juste, et passion du sage,
Amitié, que ton nom couronne cet ouvrage !
Qu'il préside à mes vers comme il règne en mon cœur !
Tu m'appris à connaître, à chanter le bonheur.

CINQUIÈME DISCOURS.

SUR LA NATURE DU PLAISIR [1].

Jusqu'à quand verrons-nous ce rêveur fanatique
Fermer le ciel au monde, et d'un ton despotique
Damnant le genre humain, qu'il prétend convertir,
Nous prêcher la vertu pour la faire haïr ?
Sur les pas de Calvin, ce fou sombre et sévère
Croit que Dieu, comme lui, n'agit qu'avec colère.
Je crois voir d'un tyran le ministre abhorré,
D'esclaves qu'il a faits tristement entouré,
Dictant d'un air hideux ses volontés sinistres.
Je cherche un roi plus doux, et de plus doux ministres
Timon se croit parfait depuis qu'il n'aime rien ;

---

1. Cette pièce est uniquement fondée sur l'impossibilité où est l'homme d'avoir des sensations par lui-même. Tout sentiment prouve un Dieu. et tout sentiment agréable prouve un Dieu bienfaisant.

Il faut que l'on soit homme avant d'être chrétien.
Je suis homme, et d'un Dieu je chéris la clémence.
Mortels, venez à lui, mais par reconnaissance.
La nature, attentive à remplir vos désirs,
Vous appelle à ce Dieu par la voix des plaisirs.
Nul encor n'a chanté sa bonté tout entière :
Par le seul mouvement il conduit la matière;
Mais c'est par le plaisir qu'il conduit les humains.
Sentez du moins les dons prodigués par ses mains.
Tout mortel au plaisir a dû son existence;
Par lui le corps agit, le cœur sent, l'esprit pense.
Soit que du doux sommeil la main ferme vos yeux,
Soit que le jour pour vous vienne embellir les cieux,
Soit que, vos sens flétris cherchant leur nourriture,
L'aiguillon de la faim presse en vous la nature,
Ou que l'amour vous force en des moments plus doux
A produire un autre être, à revivre après vous;
Partout d'un Dieu clément la bonté salutaire
Attache à vos besoins un plaisir nécessaire.
Les mortels, en un mot, n'ont point d'autre moteur.
    Sans l'attrait du plaisir, sans ce charme vainqueur,
Qui des lois de l'hymen eût subi l'esclavage?
Quelle beauté jamais aurait eu le courage
De porter un enfant dans son sein renfermé,
Qui déchire en naissant les flancs qui l'ont formé;
De conduire avec crainte une enfance imbécile,
Et d'un âge fougueux l'imprudence indocile?
Ah! dans tous vos états, en tout temps, en tout lieu,
Mortels, à vos plaisirs reconnaissez un Dieu.
Que dis-je? à vos plaisirs! c'est à la douleur même
Que je connais de Dieu la sagesse suprême.
Ce sentiment si prompt dans nos cœurs répandu,
Parmi tous nos dangers sentinelle assidu,
D'une voix salutaire incessamment nous crie :
« Ménagez, défendez, conservez votre vie. »
Chez de sombres dévots l'amour-propre est damné,
C'est l'ennemi de l'homme, aux enfers il est né.
Vous vous trompez, ingrats; c'est un don de Dieu même.
Tout amour vient du ciel : Dieu nous chérit, il s'aime;
Nous nous aimons dans nous, dans nos biens, dans nos fils,
Dans nos concitoyens, surtout dans nos amis :
Cet amour nécessaire est l'âme de notre âme;
Notre esprit est porté sur ses ailes de flamme.
    Oui, pour nous élever aux grandes actions,
Dieu nous a, par bonté, donné les passions [1]

1. Comme presque tous les mots d'une langue peuvent être entendus

Tout dangereux qu'il est, c'est un présent céleste;
L'usage en est heureux, si l'abus est funeste.
J'admire et ne plains point un cœur maître de soi,
Qui, tenant ses désirs enchaînés sous sa loi,
S'arrache au genre humain pour Dieu qui nous fit naître;
Se plaît à l'éviter plutôt qu'à le connaître;
Et, brûlant pour son Dieu d'un amour dévorant.
Fuit les plaisirs permis pour un plaisir plus grand.
Mais que, fier de ses croix, vain de ses abstinences,
Et surtout en secret lassé de ses souffrances,
Il condamne dans nous tout ce qu'il a quitté,
L'hymen, le nom de père, et la société :
On voit de cet orgueil la vanité profonde;
C'est moins l'ami de Dieu que l'ennemi du monde
On lit dans ses chagrins les regrets des plaisirs.
Le ciel nous fit un cœur, il lui faut des désirs.

 Des stoïques nouveaux le ridicule maître
Prétend m'ôter à moi, me priver de mon être :
Dieu, si nous l'en croyons, serait servi par nous
Ainsi qu'en son sérail un musulman jaloux,
Qui n'admet près de lui que ces monstres d'Asie
Que le fer a privés des sources de la vie [2].

 Vous qui vous élevez contre l'humanité,
N'avez-vous lu jamais la docte antiquité ?
Ne connaissez-vous point les filles de Pélie ?
Dans leur aveuglement voyez votre folie.
Elles croyaient dompter la nature et le temps,
Et rendre leur vieux père à la fleur de ses ans :
Leurs mains par piété dans son sein se plongèrent;
Croyant le rajeunir, ses filles l'égorgèrent.
Voilà votre portrait, stoïques abusés,
Vous voulez changer l'homme, et vous le détruisez.

---

en plus d'un sens, il est bon d'avertir ici qu'on entend par le mot *passions* des désirs vifs et continus de quelque bien que ce puisse être. Ce mot vient de *pâtir*, souffrir, parce qu'il n'y a aucun désir sans souffrance : désirer un bien, c'est souffrir de l'absence de ce bien, c'est *pâtir*, c'est avoir une passion ; et le premier pas vers le plaisir est essentiellement un soulagement de cette souffrance. Les vicieux et les gens de bien ont tous également de ces désirs vifs et continus appelés *passions*, qui ne deviennent des vices que par leur objet ; le désir de réussir dans son art, l'amour conjugal, l'amour paternel, le goût des sciences, sont des passions qui n'ont rien de criminel. Il serait à souhaiter que les langues eussent des mots pour exprimer les désirs habituels qui en soi sont indifférents, ceux qui sont vertueux, ceux qui sont coupables : mais il n'y a aucune langue au monde qui ait des signes représentatifs de chacune de nos idées ; et on est obligé de se servir du même mot dans une acception différente, à peu près comme on se sert quelquefois du même instrument pour des ouvrages de différente nature.

2. Cela ne regarde pas les esprits outrés, qui veulent ôter à l'homme tous les sentiments.

344 CINQUIÈME DISCOURS.

Usez, n'abusez point : le sage ainsi l'ordonne.
Je fuis également Épictète et Pétrone.
L'abstinence ou l'excès ne fit jamais d'heureux.
Je ne conclus donc pas, orateur dangereux,
Qu'il faut lâcher la bride aux passions humaines :
De ce coursier fougueux je veux tenir les rênes ;
Je veux que ce torrent, par un heureux secours,
Sans inonder mes champs, les abreuve en son cours :
Vents, épurez les airs, et soufflez sans tempêtes ;
Soleil, sans nous brûler, marche et luis sur nos têtes.
Dieu des êtres pensants, Dieu des cœurs fortunés,
Conservez les désirs que vous m'avez donnés,
Ce goût de l'amitié, cette ardeur pour l'étude,
Cet amour des beaux-arts et de la solitude :
Voilà mes passions ; mon âme en tous les temps¹
Goûta de leurs attraits les plaisirs consolants.
Quand sur les bords du Mein deux écumeurs barbares,
Des lois des nations violateurs avares,
Deux fripons à brevet, brigands accrédités,
Épuisaient contre moi leurs lâches cruautés,
Le travail occupait ma fermeté tranquille ;
Des arts qu'ils ignoraient leur antre fut l'asile.
Ainsi le dieu des bois enflait ses chalumeaux
Quand le voleur Cacus enlevait ses troupeaux ;
Il n'interrompit point sa douce mélodie.
Heureux qui jusqu'au temps du terme de sa vie,
Des beaux-arts amoureux, peut cultiver leurs fruits !
Il brave l'injustice, il calme ses ennuis ;
Il pardonne aux humains, il rit de leur délire,
Et de sa main mourante il touche encor sa lyre.

1. Voici la fin de ce discours dans les premières éditions, avant les querelles de Voltaire avec Frédéric :

> Voilà mes passions. Vous qui les approuvez,
> Vous, l'honneur de ces arts par vos mains cultivés,
> Vous, dont la passion nouvelle et généreuse
> Est d'éclairer la terre, et de la rendre heureuse ;
> Grand prince, esprit sublime, heureux présent du ciel,
> Qui connaît mieux que vous les dons de l'Éternel ?
> Aidez ma voix tremblante et ma lyre affaiblie
> A chanter le bonheur qu'il répand sur la vie.
> Qu'un autre en frémissant craigne ses cruautés ;
> Un cœur aimé de vous ne sent que ses bontés. (ÉD.)

SIXIÈME DISCOURS.

SUR LA NATURE DE L'HOMME.

« La voix de la vertu préside à tes concerts;
Elle m'appelle à toi par le charme des vers.
Ta grande étude est l'homme, et de ce labyrinthe
Le fil de la raison te fait chercher l'enceinte.
Montre l'homme à mes yeux; honteux de m'ignorer,
Dans mon être, dans moi, je cherche à pénétrer.
Despréaux et Pascal en ont fait la satire;
Pope et le grand Leibnitz, moins enclins à médire,
Semblent dans leurs écrits prendre un sage milieu;
Ils descendent à l'homme, ils s'élèvent à Dieu :
Mais quelle épaisse nuit voile encor la nature!
Sois l'Œdipe nouveau de cette énigme obscure.
Chacun a dit son mot, on a longtemps rêvé;
Le vrai sens de l'énigme est-il enfin trouvé?
« Je sais bien qu'à souper, chez Laïs ou Catulle,
Cet examen profond passe pour ridicule :
Là, pour tout argument, quelques couplets malins
Exercent plaisamment nos cerveaux libertins.
Autre temps, autre étude; et la raison sévère
Trouve accès à son tour, et peut ne point déplaire.
Dans le fond de son cœur on se plaît à rentrer;
Nos yeux cherchent le jour, lent à nous éclairer.
Le grand monde est léger, inappliqué, volage;
Sa voix trouble et séduit : est-on seul, on est sage.
Je veux l'être; je veux m'élever avec toi
Des fanges de la terre au trône de son roi.
Montre-moi, si tu peux, cette chaîne invisible
Du monde des esprits et du monde sensible;
Cet ordre si caché de tant d'êtres divers,
Que Pope après Platon crut voir dans l'univers. »
Vous me pressez en vain; cette vaste science,
Ou passe ma portée, ou me force au silence.
Mon esprit, resserré sous le compas français,
N'a point la liberté des Grecs et des Anglais.
Pope a droit de tout dire, et moi je dois me taire.
A Bourge[1] un bachelier peut percer ce mystère;
Je n'ai point mes degrés, et je ne prétends pas
Hasarder pour un mot de dangereux combats.
Écoutez seulement un récit véritable,

---

1. Cujas a enseigné le droit à Bourges. (Éd.)

Que peut-être Fromont¹ prendra pour une fable,
Et que je lus hier dans un livre chinois
Qu'un jésuite à Pékin traduisit autrefois.
  Un jour quelques souris se disaient l'une à l'autre :
« Que ce monde est charmant! quel empire est le nôtre!
Ce palais si superbe est élevé pour nous;
De toute éternité Dieu nous fit ces grands trous :
Vois-tu ces gras jambons sous cette voûte obscure?
Ils y furent créés des mains de la Nature;
Ces montagnes de lard, éternels aliments,
Sont pour nous en ces lieux jusqu'à la fin des temps.
Oui, nous sommes, grand Dieu, si l'on en croit nos sages,
Le chef-d'œuvre, la fin, le but de tes ouvrages.
Les chats sont dangereux et prompts à nous manger;
Mais c'est pour nous instruire et pour nous corriger. »
  Plus loin, sur le duvet d'une herbe renaissante,
Près des bois, près des eaux, une troupe innocente
De canards nasillants, de dindons rengorgés,
De gros moutons bêlants, que leur laine a chargés,
Disait : « Tout est à nous, bois, prés, étangs, montagnes;
Le ciel pour nos besoins fait verdir les campagnes. »
L'âne passait auprès, et, se mirant dans l'eau,
Il rendait grâce au ciel en se trouvant si beau :
« Pour les ânes, dit-il, le ciel a fait la terre;
L'homme est né mon esclave, il me panse, il me ferre,
Il m'étrille, il me lave, il prévient mes désirs,
Il bâtit mon sérail, il conduit mes plaisirs;
Respectueux témoin de ma noble tendresse,
Ministre de ma joie, il m'amène une ânesse;
Et je ris quand je vois cet esclave orgueilleux
Envier l'heureux don que j'ai reçu des cieux. »
  L'homme vint, et cria : « Je suis puissant et sage;
Cieux, terres, éléments, tout est pour mon usage :
L'Océan fut formé pour porter mes vaisseaux;
Les vents sont mes courriers, les astres mes flambeaux.
Ce globe qui des nuits blanchit les sombres voiles
Croît, décroît, fuit, revient, et préside aux étoiles :
Moi, je préside à tout; mon esprit éclairé
Dans les bornes du monde eût été trop serré :
Mais enfin, de ce monde et l'oracle et le maître,
Je ne suis point encor ce que je devrais être. »
Quelques anges alors, qui là-haut dans les cieux
Règlent ces mouvements imparfaits à nos yeux,
En faisant tournoyer ces immenses planètes,

---

1. Homme très-savant dans l'histoire des Chinois, et même dans leur langue.

Disaient : « Pour nos plaisirs sans doute elles sont faites. »
Puis de là sur la terre ils jetaient un coup d'œil :
Ils se moquaient de l'homme et de son sot orgueil.
Le Tien[1] les entendit; il voulut que sur l'heure
On les fît assembler dans sa haute demeure,
Ange, homme, quadrupède, et ces êtres divers
Dont chacun forme un monde en ce vaste univers.
« Ouvrages de mes mains, enfants du même père,
Qui portez, leur dit-il, mon divin caractère,
Vous êtes nés pour moi, rien ne fut fait pour vous;
Je suis le centre unique où vous répondez tous.
Des destins et des temps connaissez le seul maître.
Rien n'est grand ni petit; tout est ce qu'il doit être.
D'un parfait assemblage instruments imparfaits,
Dans votre rang placés demeurez satisfaits. »
L'homme ne le fût point. Cette indocile espèce
Sera-t-elle occupée à murmurer sans cesse?
Un vieux lettré chinois, qui toujours sur les bancs
Combattit la raison par de beaux arguments,
Plein de Confucius, et sa logique en tête,
Distinguant, concluant, présenta sa requête.
 « Pourquoi suis-je en un point resserré par le temps?
Mes jours devraient aller par delà vingt mille ans;
Ma taille pour le moins dut avoir cent coudées;
D'où vient que je ne puis, plus prompt que mes idées,
Voyager dans la lune, et réformer son cours?
Pourquoi faut-il dormir un grand tiers de mes jours?
Pourquoi ne puis-je, au gré de ma pudique flamme,
Faire au moins en trois mois cent enfants à ma femme?
Pourquoi fus-je en un jour si las de ses attraits?
— Tes pourquoi, dit le dieu, ne finiraient jamais :
Bientôt tes questions vont être décidées :
Va chercher ta réponse au pays des idées :
Pars. » Un ange aussitôt l'emporte dans les airs,
Au sein du vide immense où se meut l'univers,
A travers cent soleils entourés de planètes,
De lunes et d'anneaux, et de longues comètes.
Il entre dans un globe où d'immortelles mains
Du roi de la nature ont tracé les desseins,
Où l'œil peut contempler les images visibles
Et des mondes réels et des mondes possibles.
 Mon vieux lettré chercha, d'espérance animé,
Un monde fait pour lui, tel qu'il l'aurait formé.
Il cherchait vainement : l'ange lui fait connaître
Que rien de ce qu'il veut en effet ne peut être;

1. Dieu des Chinois.

Que si l'homme eût été tel qu'on feint les géants,
Faisant la guerre au ciel, ou plutôt au bon sens,
S'il eût à vingt mille ans étendu sa carrière,
Ce petit amas d'eau, de sable, et de poussière,
N'eût jamais pu suffire à nourrir dans son sein
Ces énormes enfants d'un autre genre humain.
Le Chinois argumente : on le force à conclure
Que dans tout l'univers chaque être a sa mesure;
Que l'homme n'est point fait pour ces vastes désirs;
Que sa vie est bornée ainsi que ses plaisirs;
Que le travail, les maux, la mort sont nécessaires;
Et que, sans fatiguer par de lâches prières
La volonté d'un Dieu qui ne saurait changer,
On doit subir la loi qu'on ne peut corriger,
Voir la mort d'un œil ferme et d'une âme soumise.
Le lettré convaincu, non sans quelque surprise,
S'en retourne ici-bas ayant tout approuvé;
Mais il y murmura quand il fut arrivé :
Convertir un docteur est une œuvre impossible.
   Matthieu Garo chez nous eût l'esprit plus flexible;
Il loua Dieu de tout[1]! Peut-être qu'autrefois
De longs ruisseaux de lait serpentaient dans nos bois;
La lune était plus grande, et la nuit moins obscure;
L'hiver se couronnait de fleurs et de verdure;
L'homme, ce roi du monde, et roi très-fainéant,
Se contemplait à l'aise, admirait son néant,
Et, formé pour agir, se plaisait à rien faire.
Mais pour nous, fléchissons sous un sort tout contraire.
Contentons-nous des biens qui nous sont destinés,
Passagers comme nous, et comme nous bornés.
Sans rechercher en vain ce que peut notre maître,
Ce que fut notre monde, et ce qu'il devrait être,
Observons ce qu'il est, et recueillons le fruit
Des trésors qu'il renferme et des biens qu'il produit.
Si du Dieu qui nous fit l'éternelle puissance
Eût à deux jours au plus borné notre existence,
Il nous aurait fait grâce; il faudrait consumer
Ces deux jours de la vie à lui plaire, à l'aimer.
Le temps est assez long pour quiconque en profite;
Qui travaille et qui pense en étend la limite.

---

1. Voyez la fable de La Fontaine* :

> En louant Dieu de toute chose,
> Garo retourne à la maison.

Cependant on a répondu à Matthieu Garo dans les *Questions sur l'Encyclopédie***.

* *Le Gland et la Citrouille*. — ** Voy. l'art. *Calebasse*

On peut vivre beaucoup sans végéter longtemps;
Et je vais te prouver par mes raisonnements....
Mais malheur à l'auteur qui veut toujours instruire!
Le secret d'ennuyer est celui de tout dire.
  C'est ainsi que ma muse avec simplicité
Sur des tons différents chantait la vérité,
Lorsque, de la nature éclaircissant les voiles,
Nos Français à Quito cherchaient d'autres étoiles;
Que Clairaut, Maupertuis, entourés de glaçons,
D'un secteur à lunette étonnaient les Lapons,
Tandis que, d'une main stérilement vantée,
Le hardi Vaucanson, rival de Prométhée,
Semblait, de la nature imitant les ressorts,
Prendre le feu des cieux pour animer les corps.
  Pour moi, loin des cités, sur les bords du Permesse
Je suivais la nature, et cherchais la sagesse;
Et des bords de la sphère où s'emporta Milton,
Et de ceux de l'abîme où pénétra Newton,
Je les voyais franchir leur carrière infinie;
Amant de tous les arts et de tout grand génie,
Implacable ennemi du calomniateur,
Du fanatique absurde, et du vil délateur;
Ami sans artifice, auteur sans jalousie;
Adorateur d'un Dieu, mais sans hypocrisie;
Dans un corps languissant, de cent maux attaqué,
Gardant un esprit libre, à l'étude appliqué,
Et sachant qu'ici-bas la félicité pure
Ne fut jamais permise à l'humaine nature.

SEPTIÈME DISCOURS.

SUR LA VRAIE VERTU [1].

  Le nom de la vertu retentit sur la terre;
On l'entend au théâtre, au barreau, dans la chaire;
Jusqu'au milieu des cours il parvient quelquefois;
Il s'est même glissé dans les traités des rois.
C'est un beau mot sans doute, et qu'on se plaît d'entendre,

---

1. Ce discours fut d'abord adressé à Racine le fils, auteur d'un poëme janséniste sur la grâce.
  Il commençait alors de la manière suivante :

> J'ai lu les quatre points des sermons poétiques
> Qu'a débités ta muse, en ses vers didactiques;
> Peut-être il serait mieux de prêcher un peu moins,
> Et d'imiter Gresset, qui, sans art et sans soins,
> Dans un style rapide et vif avec mollesse,

SEPTIÈME DISCOURS.

Facile à prononcer, difficile à comprendre :
On trompe, on est trompé. Je crois voir des jetons
Donnés, reçus, rendus, troqués par des fripons;
Ou bien ces faux billets, vains enfants du système
De ce fou d'Écossais qui se dupa lui-même.
 Qu'est-ce que la vertu? Le meilleur citoyen,
Brutus, se repentit d'être un homme de bien :
« La vertu, disait-il, est un nom sans substance. »
 L'école de Zénon, dans sa fière ignorance,
Prit jadis pour vertu l'insensibilité.
Dans les champs levantins le derviche hébété,
L'œil au ciel, les bras hauts, et l'esprit en prières
Du Seigneur en dansant invoque les lumières,
Et, tournant dans un cercle au nom de Mahomet,
Croit de la vertu même atteindre le sommet.
 Les reins ceints d'un cordon, l'œil armé d'impudence,
Un ermite à sandale, engraissé d'ignorance,
Parlant du nez à Dieu, chante au dos d'un lutrin
Cent cantiques hébreux mis en mauvais latin.
Le ciel puisse bénir sa piété profonde !
Mais quel en est le fruit? quel bien fait-il au monde?
Malgré la sainteté de son auguste emploi,
C'est n'être bon à rien de n'être bon qu'à soi.
 Quand l'ennemi divin des scribes et des prêtres
Chez Pilate autrefois fut traîné par des traîtres,
De cet air insolent qu'on nomme dignité,
Le Romain demanda : « Qu'est-ce que vérité ? »
L'Homme-Dieu, qui pouvait l'instruire ou le confondre,
A ce juge orgueilleux dédaigna de répondre :
Son silence éloquent disait assez à tous
Que ce vrai tant cherché ne fut point fait pour nous
Mais lorsque, pénétré d'une ardeur ingénue,
Un simple citoyen l'aborda dans la rue,
Et que, disciple sage, il prétendit savoir

> Peint les plaisirs du sage, et chante la paresse.
> Mais j'aime mieux cent fois ta mâle austérité,
> Et de tes vers hardis la pénible beauté,
> Qu'un écrit bigarré de grave et de comique,
> Où le rimeur moderne affecte un air gothique;
> Et dans un vers forcé, que surcharge un vieux mot,
> Veut couvrir la raison du masque de Marot.
> Il faut parler français. Boileau n'a qu'un langage ;
> Son style est clair et pur; il prouve un esprit sage :
> Suis cet exemple heureux; laisse aux esprits mal faits
> L'art de moraliser du ton de Rabelais,
> Ce jargon dans un conte est encor supportable ;
> Mais le vrai veut un air, un ton plus respectable.
> Instruis-moi donc, poursuis, parle, et dans tes discours
> Définis la vertu que tu chantas toujours.
> C'est un beau mot sans doute, etc. (ÉD.)

SUR LA VRAIE VERTU.

Quel est l'état de l'homme, et quel est son devoir ;
Sur ce grand intérêt, sur ce point qui nous touche,
Celui qui savait tout ouvrit alors la bouche ;
Et dictant d'un seul mot ses décrets solennels :
« Aimez Dieu, lui dit-il, mais aimez les mortels. »
Voilà l'homme et sa loi, c'est assez : le ciel même
A daigné tout nous dire en ordonnant qu'on aime.
Le monde est médisant, vain, léger, envieux ;
Le fuir est très-bien fait, le servir encor mieux :
A sa famille, aux siens, je veux qu'on soit utile.
    Où vas-tu loin de moi, fanatique indocile ?
Pourquoi ce teint jauni, ces regards effarés,
Ces élans convulsifs [1], et ces pas égarés ?
Contre un siècle indévot plein d'une sainte rage,
Tu cours chez ta béate à son cinquième étage :
Quelques saints possédés dans cet honnête lieu
Jurent, tordent les mains, en l'honneur du bon Dieu :
Sur leurs tréteaux montés, ils rendent des oracles,
Prédisent le passé, font cent autres miracles ;
L'aveugle y vient pour voir, et, des deux yeux privé,
Retourne aux Quinze-Vingts marmottant son *Ave* ;
Le boiteux saute et tombe, et sa sainte famille
Le ramène en chantant, porté sur sa béquille ;
Le sourd au front stupide écoute et n'entend rien ;
D'aise alors tout pâmés, de pauvres gens de bien,
Qu'un sot voisin bénit, et qu'un fourbe seconde,
Aux filles du quartier prêchent la fin du monde.
    Je sais que ce mystère a de nobles appas ;
Les saints ont des plaisirs que je ne connais pas.
Les miracles sont bons ; mais soulager son frère,
Mais tirer son ami du sein de la misère,
Mais à ses ennemis pardonner leurs vertus,
C'est un plus grand miracle, et qui ne se fait plus.
    Ce magistrat, dit-on, est sévère, inflexible,
Rien n'amollit jamais sa grande âme insensible.
J'entends : il fait haïr sa place et son pouvoir ;
Il fait des malheureux par zèle et par devoir :
Mais l'a-t-on jamais vu, sans qu'on le sollicite,
Courir d'un air affable au-devant du mérite,
Le choisir dans la foule, et donner son appui
A l'honnête homme obscur qui se tait devant lui ?
De quelques criminels il aura fait justice !
C'est peu d'être équitable, il faut rendre service ;
Le juste est bienfaisant. On conte qu'autrefois
Le ministre odieux d'un de nos meilleurs rois

[1]. Les convulsionnaires.

Lui disait en ces mots son avis despotique :
« Timante est en secret bien mauvais catholique,
On a trouvé chez lui la Bible de Calvin;
A ce funeste excès vous devez mettre un frein :
Il faut qu'on l'emprisonne, ou du moins qu'on l'exile.
— Comme vous, dit le roi, Timante m'est utile.
Vous m'apprenez assez quels sont ses attentats;
Il m'a donné son sang, et vous n'en parlez pas! »
De ce roi bienfaisant la prudence équitable
Peint mieux que vingt sermons la vertu véritable.
   Du nom de vertueux seriez-vous honoré,
Doux et discret Cyrus, en vous seul concentré,
Prêchant le sentiment, vous bornant à séduire,
Trop faible pour servir, trop paresseux pour nuire,
Honnête homme indolent, qui, dans un doux loisir,
Loin du mal et du bien, vivez pour le plaisir?
Non; je donne ce titre au cœur tendre et sublime
Qui soutient hardiment son ami qu'on opprime.
Il t'était dû sans doute, éloquent Pellisson,
Qui défendis Fouquet du fond de ta prison.
Je te rends grâce, ô ciel, dont la bonté propice
M'accorda des amis dans les temps d'injustice,
Des amis courageux, dont la mâle vigueur
Repoussa les assauts du calomniateur,
Du fanatisme ardent, du ténébreux Zoïle,
Du ministre abusé par leur troupe imbécile,
Et des petits tyrans, bouffis de vanité,
Dont mon indépendance irritait la fierté.
Oui, pendant quarante ans poursuivi par l'envie,
Des amis vertueux ont consolé ma vie.
J'ai mérité leur zèle et leur fidélité;
J'ai fait quelques ingrats, et ne l'ai point été.
   Certain législateur[1] dont la plume féconde
Fit tant de vains projets pour le bien de ce monde,
Et qui depuis trente ans écrit pour des ingrats,
Vient de créer un mot qui manque à Vaugelas :
Ce mot est *bienfaisance* : il me plaît; il rassemble,
Si le cœur en est cru, bien des vertus ensemble.
Petits grammairiens, grands précepteurs des sots,
Qui pesez la parole et mesurez les mots,
Pareille expression vous semble hasardée;
Mais l'univers entier doit en chérir l'idée.

---

1. L'abbé de Saint-Pierre. C'est lui qui a mis le mot de *bienfaisance* à la mode, à force de le répéter. On l'appelle législateur, parce qu'il n'a écrit que pour réformer le gouvernement. Il s'est rendu un peu ridicule en France par l'excès de ses bonnes intentions.

SUR LES ÉVÉNEMENTS

DE L'ANNÉE 1744.

« Quoi! verrai-je toujours des sottises en France?
Disait, l'hiver dernier, d'un ton plein d'importance,
Timon, qui, du passé profond admirateur,
Du présent qu'il ignore est l'éternel frondeur.
Pourquoi, s'écriait-il, le roi va-t-il en Flandre?
Quelle étrange vertu qui s'obstine à défendre
Les débris dangereux du trône des Césars
Contre l'or des Anglais et le fer des houssards!
Dans le jeune Conti quel excès de folie
D'escalader les monts qui gardent l'Italie,
Et d'attaquer vers Nice un roi victorieux,
Sur ces sommets glacés dont le front touche aux cieux!
Pour franchir ces amas de neiges éternelles,
Dédale à cet Icare a-t-il prêté ses ailes?
A-t-il reçu du moins, dans son dessein fatal,
Pour briser les rochers, le secret d'Annibal? »
 Il parle, et Conti vole. Une ardente jeunesse,
Voyant peu les dangers que voit trop la vieillesse,
Se précipite en foule autour de son héros.
Du Var qui s'épouvante on traverse les flots;
De torrents en rochers, de montagne en abîme,
Des Alpes en courroux on assiége la cime;
On y brave la foudre; on voit de tous côtés
Et la nature, et l'art, et l'ennemi domptés.
Conti, qu'on censurait, et que l'univers loue,
Est un autre Annibal qui n'a point de Capoue.
Critiques orgueilleux, frondeurs, en est-ce assez?
Avec Nice et Démont vous voilà terrassés.
Mais, tandis que sous lui les Alpes s'aplanissent,
Que sur les flots voisins les Anglais en frémissent,
Vers les bords de l'Escaut Louis fait tout trembler :
Le Batave s'arrête, et craint de le troubler.
Ministres, généraux, suivent d'un même zèle
Du conseil au danger leur prince et leur modèle.
L'ombre du grand Condé, l'ombre du grand Louis,
Dans les champs de la Flandre ont reconnu leur fils.
L'Envie alors se tait, la Médisance admire.
Zoïle, un jour du moins, renonce à la satire;
Et le vieux nouvelliste, une canne à la main,
Trace au Palais-Royal Ypres, Furne et Menin.
 Ainsi lorsqu'à Paris la tendre Melpomène

De quelque ouvrage heureux vient embellir la scène,
En dépit des sifflets de cent auteurs malins,
Le spectateur sensible applaudit des deux mains :
Ainsi, malgré Bussy, ses chansons, et sa haine,
Nos aïeux admiraient Luxembourg et Turenne.
Le Français quelquefois est léger et moqueur,
Mais toujours le mérite eut des droits sur son cœur.
Son œil perçant et juste est prompt à le connaître;
Il l'aime en son égal, il l'adore en son maître.
La vertu sur le trône est dans son plus beau jour,
Et l'exemple du monde en est aussi l'amour.
Nous l'avons bien prouvé quand la fièvre fatale,
A l'œil creux, au teint sombre, à la marche inégale,
De ses tremblantes mains, ministres du trépas,
Vint attaquer Louis au sortir des combats :
Jadis Germanicus fit verser moins de larmes;
L'univers éploré ressentit moins d'alarmes,
Et goûta moins l'excès de sa félicité,
Lorsque Antonin mourant reparut en santé.
Dans nos emportements de douleur et de joie,
Le cœur seul a parlé, l'amour seul se déploie;
Paris n'a jamais vu de transports si divers,
Tant de feux d'artifice, et tant de mauvais vers.
Autrefois, ô grand roi, les filles de mémoire,
Chantant au pied du trône, en égalaient la gloire.
Que nous dégénérons de ce temps si chéri !
L'éclat du trône augmente, et le nôtre est flétri.
O ma prose et mes vers, gardez-vous de paraître !
Il est dur d'ennuyer son héros et son maître.
Cependant nous avons la noble vanité
De mener les héros à l'immortalité.
Nous nous trompons beaucoup; un roi juste et qu'on aime
Va sans nous à la gloire, et doit tout à lui-même :
Chaque âge le bénit; le vieillard expirant
De ce prince à son fils fait l'éloge en pleurant;
Le fils, éternisant des images si chères,
Raconte à ses neveux le bonheur de leurs pères;
Et ce nom dont la terre aime à s'entretenir
Est porté par l'amour aux siècles à venir.
Si pourtant, ô grand roi, quelque esprit moins vulgaire,
Des vœux de tout un peuple interprète sincère,
S'élevant jusqu'à vous par le grand art des vers,
Osait, sans vous flatter, vous peindre à l'univers,
Peut-être on vous verrait, séduit par l'harmonie,
Pardonner à l'éloge en faveur du génie;
Peut-être d'un regard le Parnasse excité
De son lustre terni reprendrait la beauté.

L'œil du maître peut tout; c'est lui qui rend la vie
Au mérite expirant sous la dent de l'envie;
C'est lui dont les rayons ont cent fois éclairé
Le modeste talent dans la foule ignoré.
Un roi qui sait régner nous fait ce que nous sommes;
Les regards d'un héros produisent les grands hommes.

POËME DE FONTENOY.

(1745.)

AU ROI.

Sire,

Je n'avais osé dédier à Votre Majesté les premiers essais de cet ouvrage; je craignais surtout de déplaire au plus modeste des vainqueurs; mais, sire, ce n'est point ici un panégyrique; c'est une peinture fidèle d'une partie de la journée la plus glorieuse depuis la bataille de Bovines; ce sont les sentiments de la France, quoique à peine exprimés; c'est un poëme sans exagération, et de grandes vérités sans mélange de fiction ni de flatterie. Le nom de Votre Majesté fera passer cette faible esquisse à la postérité, comme un monument authentique de tant de belles actions faites en votre présence, à l'exemple des vôtres.

Daignez, sire, ajouter à la bonté que Votre Majesté a eue de permettre cet hommage celle d'agréer les profonds respects d'un de vos moindres sujets, et du plus zélé de vos admirateurs.

DISCOURS PRÉLIMINAIRE [1].

Le public sait que cet ouvrage, composé d'abord avec la rapidité que le zèle inspire, reçut des accroissements à chaque édition qu'on en faisait. Toutes les circonstances de la victoire de Fontenoy, qu'on apprenait à Paris de jour en jour, méritaient d'être célébrées; et ce qui n'était d'abord qu'une pièce de cent vers est devenu un poëme qui en contient plus de trois cent cinquante : mais on y a gardé toujours le même ordre, qui

1. Dans les sixième, septième et huitième éditions, il commençait ainsi :
« Ce poëme fut composé presque le même jour qu'on apprit à Paris la victoire que le roi avait remportée à Fontenoy; et depuis on ajouta plusieurs traits à la pièce, à mesure qu'on savait quelque circonstance de ce grand événement, et qu'on faisait une nouvelle édition de l'ouvrage. La rapidité avec laquelle tant d'éditions furent épuisées à Paris et dans les provinces, en moins de quinze jours, n'est qu'un témoignage de l'intérêt qu'a pris la nation à la journée mémorable dont ce poëme était

consiste dans la préparation, dans l'action, et dans ce qui la termine; on n'a fait même que mettre cet ordre dans un plus grand jour, en traçant dans cette édition le portrait des nations dont était composée l'armée ennemie, et en spécifiant leurs trois attaques.

On a peint avec des traits vrais, mais non injurieux, les nations dont Louis XV a triomphé; par exemple, quand on dit des Hollandais qu'ils avaient autrefois brisé *le joug de l'Autriche cruelle*, il est clair que c'est de l'Autriche alors cruelle envers eux que l'on parle; car assurément elle ne l'est pas aujourd'hui pour les États généraux : et d'ailleurs la reine de Hongrie, qui ajoute tant à la gloire de la maison d'Autriche, sait combien les Français respectent sa personne et ses vertus, en étant forcés de la combattre.

Quand on dit des Anglais, *et la férocité le cède à la vertu*, on a eu soin d'avertir en note, dans toutes les éditions, que le reproche de férocité ne tombait que sur le soldat.

En effet, il est très-véritable que lorsque la colonne anglaise déborda Fontenoy, plusieurs soldats de cette nation crièrent *No quarter*, « point de quartier; » on sait encore que, quand M. de Séchelles seconda les intentions du roi avec une prévoyance si singulière, et qu'il fit préparer autant de secours pour les prisonniers ennemis blessés que pour nos troupes, quelques fantassins anglais s'acharnèrent encore contre nos soldats dans les chariots mêmes où l'on transportait les vainqueurs et les vaincus blessés. Les officiers, qui ont à peu près la même éducation dans toute l'Europe, ont aussi la même générosité; mais il y a des pays où le peuple, abandonné à lui-même, est plus farouche qu'ailleurs. On n'en a pas moins loué la valeur et la conduite de cette nation, et surtout on n'a cité le nom de M. le duc de Cumberland qu'avec l'éloge que sa magnanimité doit attendre de tout le monde.

Quelques étrangers ont voulu persuader au public que l'illustre Addison, dans son poëme de *la Campagne de Hochstedt*, avait parlé plus honorablement de la maison du roi que l'auteur même du *Poëme de Fontenoy :* ce reproche a été cause qu'on a cherché l'ouvrage de M. Addison à la bibliothèque de Sa Majesté, et on a été bien surpris d'y trouver beaucoup plus d'injures que de louanges; c'est vers le trois-centième vers. On ne les répétera point, et il est bien inutile d'y répondre; la maison du roi leur a répondu par des victoires. On est très-éloigné de refuser à un grand poëte et à un philosophe très-éclairé, tel que M. Addison, les éloges qu'il mérite; mais il en mériterait davantage, et il aurait plus honoré la philosophie et la poésie, s'il avait plus ménagé dans son poëme des têtes couronnées, qu'un ennemi alors le seul monument. L'auteur n'a eu en vue que de rendre fidèlement ce qui était venu à sa connaissance, et son seul regret est de n'avoir pu, dans un si court espace de temps, et dans une pièce de si peu d'étendue, célébrer toutes les belles actions dont il a depuis entendu parler. Il ne pouvait dire tout; mais au moins tout ce qu'il a dit est vrai. Ce n'était pas une occasion où les faits eussent besoin d'être altérés : la moindre flatterie eût déshonoré un ouvrage fondé sur la gloire du roi et de la nation.

« Tous ceux qui sont nommés, » etc.

même doit toujours respecter, et s'il avait songé que les louanges données aux vaincus sont un laurier de plus pour les vainqueurs. Il est à croire que, quand M. Addison fut secrétaire d'État, le ministre se repentit de ces indécences échappées à l'auteur.

Si l'ouvrage anglais est trop rempli de fiel, celui-ci respire l'humanité : on a songé, en célébrant une bataille, à inspirer des sentiments de bienfaisance. Malheur à celui qui ne pourrait se plaire qu'aux peintures de la destruction, et aux images des malheurs des hommes!

Les peuples de l'Europe ont des principes d'humanité qui ne se trouvent point dans les autres parties du monde; ils sont plus liés entre eux; ils ont des lois qui leur sont communes; toutes les maisons des souverains sont alliées; leurs sujets voyagent continuellement, et entretiennent une liaison réciproque. Les Européans chrétiens sont ce qu'étaient les Grecs : ils se font la guerre entre eux; mais ils conservent dans ces dissensions tant de bienséance, et d'ordinaire de politesse, que souvent un Français, un Anglais, un Allemand, qui se rencontrent, paraissent être nés dans la même ville. Il est vrai que les Lacédémoniens et les Thébains étaient moins polis que le peuple d'Athènes; mais enfin toutes les nations de la Grèce se regardaient comme des alliées qui ne se faisaient la guerre que dans l'espérance certaine d'avoir la paix : ils insultaient rarement à des ennemis qui dans peu d'années devaient être leurs amis. C'est sur ce principe qu'on a tâché que cet ouvrage fût un monument de la gloire du roi, et non de la honte des nations dont il a triomphé. On serait fâché d'avoir écrit contre elles avec autant d'aigreur que quelques Français en ont mis dans leurs satires contre cet ouvrage d'un de leurs compatriotes; mais la jalousie d'auteur à auteur est beaucoup plus grande que celle de nation à nation.

On a dit des Suisses qu'ils sont *nos antiques amis et nos concitoyens*, parce qu'ils le sont depuis deux cent cinquante ans. On a dit que les étrangers qui servent dans nos armées ont suivi l'exemple de la maison du roi et de nos autres troupes, parce qu'en effet c'est toujours à la nation qui combat pour son prince à donner cet exemple, et que jamais cet exemple n'a été mieux donné.

On n'ôtera jamais à la nation française la gloire de la valeur et de la politesse. On a osé imprimer que ce vers :

Je vois cet étranger, qu'on croit né parmi nous,

était un compliment à un général né en Saxe d'avoir l'air français. Il est bien question ici d'air et de bonne grâce! quel est l'homme qui ne voit évidemment que ce vers signifie que le général étranger est aussi attaché au roi que s'il était né son sujet?

Cette critique est aussi judicieuse que celle de quelques personnes qui prétendirent qu'il n'était pas honnête de dire que le général était dangereusement malade, lorsque en effet son courage lui fit oublier l'état douloureux où il était réduit, et le fit triompher de la faiblesse de son corps ainsi que des ennemis du roi.

Voilà tout ce que la bienséance en général permet qu'on réponde à ceux qui en ont manqué.

L'auteur n'a eu d'autre vue que de rendre fidèlement ce qui

était venu à sa connaissance; et son seul regret est de n'avoir pu, dans un si court espace de temps, et dans une pièce de si peu d'étendue, célébrer toutes les belles actions dont il a depuis entendu parler. Il ne pouvait dire tout; mais du moins ce qu'il a dit est vrai : la moindre flatterie eût déshonoré un ouvrage fondé sur la gloire du roi et sur celle de la nation.

Le plaisir de dire la vérité l'occupait si entièrement, que ce ne fut qu'après six éditions qu'il envoya son ouvrage à la plupart de ceux qui y sont célébrés.

Tous ceux qui sont nommés n'ont pas eu les occasions de se signaler également. Celui qui, à la tête de son régiment, attendait l'ordre de marcher, n'a pu rendre le même service qu'un lieutenant général qui était à portée de conseiller de fondre sur la colonne anglaise, et qui partit pour la charger avec la maison du roi. Mais si la grande action de l'un mérite d'être rapportée, le courage impatient de l'autre ne doit pas être oublié : tel est loué en général sur sa valeur, tel autre sur un service rendu; on a parlé des blessures des uns, on a déploré la mort des autres.

Ce fut une justice que rendit le célèbre M. Despréaux à ceux qui avaient été de l'expédition du passage du Rhin. Il cite près de vingt noms; il y en a ici plus de soixante; et on en trouverait quatre fois davantage, si la nature de l'ouvrage le comportait.

Il serait bien étrange qu'il eût été permis à Homère, à Virgile, au Tasse, de décrire les blessures de mille guerriers imaginaires, et qu'il ne le fût pas de parler des héros véritables qui viennent de prodiguer leur sang, et parmi lesquels il y en a plusieurs avec qui l'auteur avait eu l'honneur de vivre, et qui lui ont laissé de sincères regrets.

L'attention scrupuleuse qu'on a apportée, dans cette édition, doit servir de garant de tous les faits qui sont énoncés dans le poëme. Il n'en est aucun qui ne doive être cher à la nation et à toutes les familles qu'ils regardent. En effet, qui n'est touché sensiblement en lisant le nom de son fils, de son frère, d'un parent cher, d'un ami tué ou blessé, ou exposé dans cette bataille qui sera célèbre à jamais; en lisant, dis-je, ce nom dans un ouvrage qui, tout faible qu'il est, a été honoré plus d'une fois des regards du monarque, et que Sa Majesté n'a permis qu'il lui fût dédié que parce qu'elle a oublié son éloge en faveur de celui des officiers qui ont combattu et vaincu sous ses ordres?

C'est donc moins en poëte qu'en bon citoyen qu'on a travaillé. On n'a point cru devoir orner ce poëme de longues fictions, surtout dans la première chaleur du public, et dans un temps où l'Europe n'était occupée que des détails intéressants de cette victoire importante, achetée par tant de sang.

La fiction peut orner un sujet ou moins grand, ou moins intéressant, ou qui, placé plus loin de nous, laisse l'esprit plus tranquille. Ainsi, lorsque Despréaux s'égaya dans sa description du passage du Rhin, c'était trois mois après l'action; et cette action, toute brillante qu'elle fut, n'est à comparer ni pour l'importance ni pour le danger à une bataille rangée, gagnée sur un ennemi habile, intrépide et supérieur en nombre, par un roi exposé, ainsi que son fils, pendant quatre heures au feu de l'artillerie.

Ce n'est qu'après s'être laissé emporter aux premiers mouvements de zèle, après s'être attaché uniquement à louer ceux qui ont si bien servi la patrie dans ce grand jour, qu'on s'est permis d'insérer dans le poëme un peu de ces fictions qui affaibliraient un tel sujet si on voulait les prodiguer; et on ne dit ici en prose que ce que M. Addison lui-même a dit en vers dans son fameux poëme de *la Campagne d'Hochstedt*.

On peut, deux mille ans après la guerre de Troie, faire apporter par Vénus à Énée des armes que Vulcain a forgées, et qui rendent ce héros invulnérable; on peut lui faire rendre son épée par une divinité, pour la plonger dans le sein de son ennemi; tout le conseil des dieux peut s'assembler, tout l'enfer peut se déchaîner; Alecton peut enivrer tous les esprits des venins de sa rage : mais ni notre siècle, ni un événement si récent, ni un ouvrage si court, ne permettent guère ces peintures devenues les lieux communs de la poésie. Il faut pardonner à un citoyen pénétré de faire parler son cœur plus que son imagination; et l'auteur avoue qu'il s'est plus attendri en disant :

> Tu meurs, jeune Craon : que le ciel moins sévère
> Veille sur les destins de ton généreux frère !

que s'il avait invoqué les Euménides pour faire ôter la vie à un jeune guerrier aimable.

Il faut des divinités dans un poëme épique, et surtout quand il s'agit de héros fabuleux; mais ici le vrai Jupiter, le vrai Mars, c'est un roi tranquille dans le plus grand danger, et qui hasarde sa vie pour un peuple dont il est le père; c'est lui, c'est son fils, ce sont ceux qui ont vaincu sous lui, et non Junon et Juturne, qu'on a voulu et qu'on a dû peindre. D'ailleurs le petit nombre de ceux qui connaissent notre poésie savent qu'il est bien plus aisé d'intéresser le ciel, les enfers et la terre, à une bataille, que de faire reconnaître, et de distinguer, par des images propres et sensibles, des carabiniers qui ont de gros fusils rayés, des grenadiers, des dragons qui combattent à pied et à cheval; de parler de retranchements faits à la hâte, d'ennemis qui s'avancent en colonne, d'exprimer enfin ce qu'on n'a guère dit encore en vers.

C'était ce que sentait M. Addison, bon poëte et critique judicieux. Il employa dans son poëme, qui a immortalisé la campagne d'Hochstedt, beaucoup moins de fictions qu'on ne s'en est permis dans le *Poëme de Fontenoy*. Il savait que le duc de Marlborough et le prince Eugène se seraient très-peu souciés de voir des dieux où il était question de grandes actions des hommes; il savait qu'on relève par l'invention les exploits de l'antiquité, et qu'on court risque d'affaiblir ceux des modernes par de froides allégories : il a fait mieux; il a intéressé l'Europe entière à son action. Il en est à peu près de ces petits poëmes de trois cents ou de quatre cents vers sur les affaires présentes comme d'une tragédie : le fond doit être intéressant par lui-même, et les ornements étrangers sont presque toujours superflus.

On a dû spécifier les différents corps qui ont combattu, leurs armes, leur position, l'endroit où ils ont attaqué; dire que la colonne anglaise a pénétré; exprimer comment elle a été enfoncée par la maison du roi, les carabiniers, la gendarmerie, le régiment de Normandie, les Irlandais, etc. Si on n'était pas entré dans ces détails, dont le fond est si héroïque, et qui sont cependant si difficiles à rendre, rien ne distinguerait la bataille de Fontenoy d'avec celle de Tolbiac. Despréaux, dans le passage du Rhin, a dit :

> Revel les suit de près : sous ce chef redouté
> Marche des cuirassiers l'escadron indompté.

On a peint ici les carabiniers, au lieu de les appeler par leur nom, qui convient encore moins au vers que celui de cuirassiers. On a même mieux aimé, dans cette dernière édition, caractériser la fonction de l'état-major que de mettre en vers les noms des officiers de ce corps qui ont été blessés.

Cependant on a osé appeler la maison du roi par son nom, sans se servir d'aucune autre image. Ce nom de *maison du roi*, qui contient tant de corps invincibles, imprime une assez grande idée, sans qu'il soit besoin d'autre figure; M. Addison même ne l'appelle pas autrement. Mais il y a encore une autre raison de l'avoir nommée, c'est la rapidité de l'action.

> Vous, peuple de héros dont la foule s'avance,
> . . . .
> Louis, son fils, l'État, l'Europe est en vos mains :
> Maison du roi, marchez, etc.

Si on avait dit : *la maison du roi marche*, cette expression eût été prosaïque et languissante.

On n'a pas voulu un moment s'écarter dans cet ouvrage de la gravité du sujet. Despréaux, il est vrai, en traitant le passage du Rhin dans le goût de quelques-unes de ses épîtres, a joint le plaisant à l'héroïque; car après avoir dit :

> Un bruit s'épand qu'Enghien et Condé sont passés :
> Condé, dont le seul nom fait tomber les murailles,
> Force les escadrons, et gagne les batailles;
> Enghien, de son hymen le seul et digne fruit, etc.,

il s'exprime ensuite ainsi :

> Bientôt.... mais Wurts s'oppose à l'ardeur qui m'anime.
> Finissons, il est temps : aussi bien si la rime
> Allait mal à propos m'engager dans Arnheim,
> Je ne sais, pour sortir, de porte qu'Hildesheim.

Les personnes qui ont paru souhaiter qu'on employât dans le récit de la victoire de Fontenoy quelques traits de ce style familier de Boileau n'ont pas, ce me semble, assez distingué les lieux et les temps, et n'ont pas fait la différence qu'il faut faire entre une épître et un ouvrage d'un ton plus sérieux et plus sévère : ce qui a de la grâce dans le genre épistolaire n'en aurait point dans le genre héroïque.

On n'en dira pas davantage sur ce qui regarde l'art et le goût, à la tête d'un ouvrage où il s'agit des plus grands intérêts, et qui ne doit remplir l'esprit que de la gloire du roi et du bonheur de la patrie.

Quoi ! du siècle passé le fameux satirique
Aura fait retentir la trompette héroïque,
Aura chanté du Rhin les bords ensanglantés,

Ses défenseurs mourants, ses flots épouvantés,
Son dieu même en fureur, effrayé du passage,
Cédant à nos aïeux son onde et son rivage :
Et vous, quand votre roi dans des plaines de sang
Voit la mort devant lui voler de rang en rang,
Tandis que, de Tournay foudroyant les murailles,
Il suspend les assauts pour courir aux batailles;
Quand, des bras de l'hymen s'élançant au trépas,
Son fils, son digne fils, suit de si près ses pas;
Vous, heureux par ses lois, et grands par sa vaillance,
Français, vous garderiez un indigne silence !
   Venez le contempler aux champs de Fontenoy.
O vous, Gloire, Vertu; déesses de mon roi,
Redoutable Bellone, et Minerve chérie,
Passion des grands cœurs, amour de la patrie,
Pour couronner Louis prêtez-moi vos lauriers;
Enflammez mon esprit du feu de nos guerriers;
Peignez de leurs exploits une éternelle image.
   Vous m'avez transporté sur ce sanglant rivage :
J'y vois ces combattants que vous conduisez tous;
C'est là ce fier Saxon[1] qu'on croit né parmi nous,
Maurice, qui, touchant à l'infernale rive,
Rappelle pour son roi son âme fugitive,
Et qui demande à Mars, dont il a la valeur,
De vivre encore un jour et de mourir vainqueur.
Conservez, justes cieux, ses hautes destinées;
Pour Louis et pour nous prolongez ses années.
   Déjà de la tranchée Harcourt[2] est accouru;
Tout poste est assigné, tout danger est prévu.
Noailles[3], pour son roi plein d'un amour fidèle,
Voit la France en son maître et ne regarde qu'elle.
Ce sang de tant de rois, ce sang du grand Condé,
D'Eu[4], par qui des Français le tonnerre est guidé,
Penthièvre[5], dont le zèle avait devancé l'âge,
Qui déjà vers le Mein signala son courage,
Bavière avec de Pons, Boufflers et Luxembourg,
Vont chacun dans leur place attendre ce grand jour :
Chacun porte l'espoir aux guerriers qu'il commande.
Le fortuné Danoy[6], Chabanes, Galerande,

---

1. Le comte maréchal de Saxe, dangereusement malade, était porté dans une gondole d'osier, quand ses douleurs et sa faiblesse l'empêchaient de se tenir à cheval. Il dit au roi, qui l'embrassa après le gain de la bataille, les mêmes choses qu'on lui fait penser ici.
2. M. le duc d'Harcourt avait investi Tournay.
3. Maréchal de France.
4. Grand maître d'artillerie.
5. Il s'était signalé à la bataille de Dettingen.
6. M. de Danoy fut retiré par sa nourrice d'une foule de morts et de

Le vaillant Béranger, ce défenseur du Rhin,
Colbert, et du Chaila, tous nos héros enfin[1],
Dans l'horreur de la nuit, dans celle du silence,
Demandent seulement que le péril commence.
  Le jour frappe déjà de ses rayons naissants
De vingt peuples unis les drapeaux menaçants.
Le Belge, qui jadis fortuné sous nos princes,
Vit l'abondance alors enrichir ses provinces ;
Le Batave prudent, dans l'Inde respecté,
Puissant par son travail et par sa liberté,
Qui, longtemps opprimé par l'Autriche cruelle,
Ayant brisé son joug, s'arme aujourd'hui pour elle ;
L'Hanovrien constant, qui, formé pour servir,
Sait souffrir et combattre, et surtout obéir ;
L'Autrichien, rempli de sa gloire passée,
De ses derniers Césars occupant sa pensée ;
Surtout ce peuple altier qui voit sur tant de mers
Son commerce et sa gloire embrasser l'univers,
Mais qui, jaloux en vain des grandeurs de la France,
Croit porter dans ses mains la foudre et la balance :
Tous marchent contre nous ; la valeur les conduit,
La haine les anime, et l'espoir les séduit.
  De l'empire français l'indomptable génie
Brave auprès de son roi leur foule réunie.
Des montagnes, des bois, des fleuves d'alentour,
Tous les dieux alarmés sortent de leur séjour,
Incertains pour quel maître en ces plaines fécondes
Vont croître leurs moissons, et vont couler leurs ondes.
La Fortune auprès d'eux, d'un vol prompt et léger,
Les lauriers dans les mains, fend les plaines de l'air ;
Elle observe Louis, et voit avec colère
Que sans elle aujourd'hui la valeur va tout faire.
  Le brave Cumberland, fier d'attaquer Louis,
A déjà disposé ses bataillons hardis :
Tels ne parurent point aux rives de Scamandre,
Sous ces murs si vantés que Pyrrhus mit en cendre,
Ces antiques héros qui, montés sur un char,
Combattaient en désordre, et marchaient au hasard :
Mais tel fut Scipion sous les murs de Carthage ;
Tel son rival et lui, prudents avec courage,
Déployant de leur art les terribles secrets,
L'un vers l'autre avancés, s'admiraient de plus près.

mourants sur le champ de Malplaquet, deux jours après la bataille. C'est un fait certain : cette femme vint avec un passe-port, accompagnée d'un sergent du régiment du Roi, dans lequel était alors cet officier.
  1. Les lieutenants généraux, chacun à leur division.

L'Escaut, les ennemis, les remparts de la ville,
Tout présente la mort, et Louis est tranquille.
Cent tonnerres de bronze ont donné le signal :
D'un pas ferme et pressé, d'un front toujours égal,
S'avance vers nos rangs la profonde colonne
Que la terreur devance et la flamme environne,
Comme un nuage épais qui sur l'aile des vents
Porte l'éclair, la foudre et la mort dans ses flancs.
Les voilà, ces rivaux du grand nom de mon maître,
Plus farouches que nous, aussi vaillants peut-être,
Encor tout orgueilleux de leurs premiers exploits.
Bourbons, voici le temps de venger les Valois.

Dans un ordre effrayant trois attaques formées
Sur trois terrains divers engagent les armées.
Le Français, dont Maurice a gouverné l'ardeur,
A son poste attaché, joint l'art à la valeur.
La mort sur les deux camps étend sa main cruelle :
Tous ses traits sont lancés, le sang coule autour d'elle;
Chefs, officiers, soldats, l'un sur l'autre entassés,
Sous le fer expirants, par le plomb renversés,
Poussent les derniers cris en demandant vengeance.

Grammont, que signalait sa noble impatience,
Grammont dans l'Élysée emporte la douleur
D'ignorer en mourant si son maître est vainqueur :
De quoi lui serviront ces grands titres de gloire[1],
Ce sceptre des guerriers, honneurs de sa mémoire,
Ce rang, ces dignités, vanités des héros,
Que la mort avec eux précipite aux tombeaux?
Tu meurs, jeune Craon[2] : que le ciel moins sévère
Veille sur les destins de ton généreux frère!
Hélas! cher Longaunay[3], quelle main, quel secours
Peut arrêter ton sang et ranimer tes jours?
Ces ministres de Mars[4], qui d'un vol si rapide
S'élançaient à la voix de leur chef intrépide,
Sont du plomb qui les suit dans leur course arrêtés;
Tels que des champs de l'air tombent précipités
Des oiseaux tout sanglants, palpitants sur la terre.
Le fer atteint d'Havré[5]; le jeune d'Aubeterre
Voit de sa légion tous les chefs indomptés

---

1. Il allait être maréchal de France.
2. Dix-neuf officiers du régiment du Hainaut ont été tués ou blessés. Son frère, le prince de Beauvau, servait en Italie.
3. M. de Longaunay, colonel des nouveaux grenadiers, mort depuis de ses blessures.
4. Officiers de l'état-major, MM. de Puységur, de Mézières, de Saint-Sauveur, de Saint-George.
5. Le duc d'Havré, colonel du régiment de la Couronne.

Sous le glaive et le feu mourants à ses côtés.
　Guerriers que Chabrillant avec Brancas rallie,
Que d'Anglais immolés vont payer votre vie!
Je te rends grâce, ô Mars! dieu de sang, dieu cruel,
La race de Colbert¹, ce ministre immortel,
Échappe en ce carnage à ta main sanguinaire.
Guerchi n'est point frappé² : la vertu peut te plaire.
Mais vous, brave d'Aché³, quel sera votre sort?
Le ciel sauve à son gré, donne et suspend la mort.
Infortuné Lutteaux, tout chargé de blessures,
L'art qui veille à ta vie ajoute à tes tortures;
Tu meurs dans les tourments : nos cris mal entendus
Te demandent au ciel, et déjà tu n'es plus.
　O combien de vertus que la tombe dévore!
Combien de jours brillants éclipsés à l'aurore!
Que nos lauriers sanglants doivent coûter de pleurs!
Ils tombent ces héros, ils tombent ces vengeurs;
Ils meurent, et nos jours sont heureux et tranquilles;
La molle volupté, le luxe de nos villes,
Filent ces jours sereins, ces jours que nous devons
Au sang de nos guerriers, aux périls des Bourbons!
Couvrons du moins de fleurs ces tombes glorieuses.
Arrachons à l'oubli ces ombres vertueuses.
Vous⁴ qui lanciez la foudre et qu'ont frappé ses coups,
Revivez dans nos chants quand vous mourez pour nous.
　Eh! quel serait, grand Dieu! le citoyen barbare,
Prodigue de censure, et de louange avare,
Qui, peu touché des morts, et jaloux des vivants,
Leur pourrait envier mes pleurs et mon encens?
Ah! s'il est parmi nous des cœurs dont l'indolence,
Insensible aux grandeurs, aux pertes de la France,
Dédaigne de m'entendre et de m'encourager,
Réveillez-vous, ingrats, Louis est en danger.
　Le feu qui se déploie, et qui, dans son passage,
S'anime en dévorant l'aliment de sa rage,
Les torrents débordés dans l'horreur des hivers,
Le flux impétueux des menaçantes mers,
Ont un cours moins rapide, ont moins de violence
Que l'épais bataillon qui contre nous s'avance,

---

1. M. de Croissy, avec ses deux enfants, et son neveu M. Duplessis-Châtillon, blessés légèrement.
2. Tous les officiers de son régiment (Royal-des-Vaisseaux) hors de combat; lui seul ne fut point blessé.
3. M. d'Aché (on l'écrit d'Apcher), lieutenant général. M. de Lutteaux, lieutenant général, mort dans les opérations du traitement de ses blessures.
4. M. du Brocard, maréchal de camp, commandant l'artillerie.

Qui triomphe en marchant, qui, le fer à la main,
A travers les mourants s'ouvre un large chemin.
Rien n'a pu l'arrêter; Mars pour lui se déclare.
Le roi voit le malheur, le brave, et le répare.
Son fils, son seul espoir.... Ah! cher prince, arrêtez;
Où portez-vous ainsi vos pas précipités?
Conservez cette vie au monde nécessaire.
Louis craint pour son fils [1], le fils craint pour son père;
Nos guerriers tout sanglants frémissent pour tous deux,
Seul mouvement d'effroi dans ces cœurs généreux.
 Vous [2] qui gardez mon roi, vous qui vengez la France,
Vous, peuple de héros, dont la foule s'avance,
Accourez, c'est à vous de fixer les destins;
Louis, son fils, l'État, l'Europe est en vos mains.
 Maison du roi, marchez, assurez la victoire;
Soubise [3] et Pecquigny vous mènent à la gloire.
Paraissez, vieux soldats [4], dont les bras éprouvés
Lancent de loin la mort, que de près vous bravez.
Venez, vaillante élite, honneur de nos armées;
Partez, flèches de feu, grenades [5] enflammées.
Phalanges de Louis, écrasez sous vos coups
Ces combattants si fiers, et si dignes de vous.
Richelieu, qu'en tous lieux emporte son courage,
Ardent, mais éclairé, vif à la fois et sage,
Favori de l'Amour, de Minerve et de Mars,
Richelieu [6] vous appelle, il n'est plus de hasards;
Il vous appelle; il voit d'un œil prudent et ferme
Des succès ennemis et la cause et le terme;
Il vole, et sa vertu secondant vos grands cœurs,
Il vous marque la place où vous serez vainqueurs.
 D'un rempart de gazon, faible et prompte barrière
Que l'art oppose à peine à la fureur guerrière,

1. Un boulet de canon couvrit de terre un homme entre le roi et Mgr le dauphin; et un domestique de M. le comte d'Argenson fut atteint d'une balle de fusil derrière eux.
2. Les gardes, les gendarmes, les chevau-légers, les mousquetaires, sous M. de Montesson, lieutenant général; deux bataillons des gardes françaises et suisses, etc.
3. M. le prince de Soubise prit sur lui de seconder M. le comte de La Marck dans la défense obstinée du poste d'Antoin; il alla ensuite se mettre à la tête des gendarmes, comme M. de Pecquigny à la tête des chevau-légers : ce qui contribua beaucoup au gain de la bataille.
4. Carabiniers, corps institué par Louis XIV. Ils tirent avec des carabines rayées. On sait avec quel éloge le roi les a nommés dans sa lettre.
5. Grenadiers à cheval, commandés par M. le chevalier de Grille; ils marchent à la tête de la maison du roi.
6. Le marquis d'Argenson, qui n'a point quitté le roi pendant la bataille, a écrit à M. de Voltaire ces propres mots : « C'est M. de Richelieu qui a donné ce conseil, et qui l'a exécuté. »

La Marck[1], La Vauguyon[2], Choiseul, d'un même effort
Arrêtent une armée, et repoussent la mort.
D'Argenson, qu'enflammaient les regards de son père,
La gloire de l'État, à tous les siens si chère,
Le danger de son roi, le sang de ses aïeux,
Assaillit par trois fois ce corps audacieux,
Cette masse de feu qui semble impénétrable.
On l'arrête; il revient, ardent, infatigable;
Ainsi qu'aux premiers temps par leurs coups redoublés
Les béliers enfonçaient les remparts ébranlés.
   Ce brillant escadron[3], fameux par cent batailles,
Lui par qui Catinat fut vainqueur à Marseilles,
Arrive, voit, combat, et soutient son grand nom.
Tu suis du Chastelet, jeune Castelmoron[4],
Toi qui touches encore à l'âge de l'enfance,
Toi qui, d'un faible bras qu'affermit ta vaillance,
Reprends ces étendards déchirés et sanglants,
Que l'orgueilleux Anglais emportait dans ses rangs.
C'est dans ces rangs affreux que Chevrier expire.
Monaco perd son sang, et l'Amour en soupire.
Anglais, sur du Guesclin deux fois tombent vos coups :
Frémissez à ce nom si funeste pour vous.
   Mais quel brillant héros, au milieu du carnage,
Renversé, relevé, s'est ouvert un passage?
Biron[5], tels on voyait dans les plaines d'Ivry
Tes immortels aïeux suivre le grand Henri;
Tel était ce Crillon, chargé d'honneurs suprêmes,
Nommé brave autrefois par les braves eux-mêmes;
Tels étaient ces d'Aumonts, ces grands Montmorencys,
Ces Créquis si vantés renaissant dans leurs fils[6];
Tel se forma Turenne au grand art de la guerre,
Près d'un autre Saxon[7], la terreur de la terre,

1. M. le comte de La Marck, au poste d'Antoin.
2. MM. de La Vauguyon, Choiseul-Meuse, etc., aux retranchements faits à la hâte dans le village de Fontenoy. M. de Créqui n'était point à ce poste, comme on l'avait dit d'abord, mais à la tête des carabiniers.
3. Quatre escadrons de la gendarmerie arrivèrent après sept heures de marche, et attaquèrent.
4. Un cheval fougueux avait emporté le porte-étendard dans la colonne anglaise. M. de Castelmoron, âgé de quinze ans, lui cinquième, alla le reprendre au milieu du camp des ennemis. M. de Bellet commandait ces escadrons de gendarmerie; il eut un cheval tué sous lui, aussi bien que M. de Chimènes, en reformant une brigade.
5. M. le duc de Biron eut le commandement de l'infanterie, quand M. de Lutteaux fut hors de combat; il chargea successivement à la tête de presque toutes les brigades.
6. M. de Luxembourg, M. de Logni, et M. de Tingry.
7. Le duc de Saxe-Weimar, sous qui le vicomte de Turenne fit ses premières campagnes. M. de Turenne est arrière-neveu de ce grand homme.

Quand la justice et Mars, sous un autre Louis,
Frappaient l'aigle d'Autriche et relevaient les lis.
 Comment ces courtisans doux, enjoués, aimables,
Sont-ils dans les combats des lions indomptables?
Quel assemblage heureux de grâces, de valeur!
Boufflers, Meuse, d'Ayen, Duras, bouillants d'ardeur,
A la voix de Louis courez, troupe intrépide.
Que les Français sont grands quand leur maître les guide!
Ils l'aiment, ils vaincront; leur père est avec eux :
Son courage n'est point cet instinct furieux,
Ce courroux emporté, cette valeur commune ;
Maître de son esprit, il l'est de la fortune;
Rien ne trouble ses sens, rien n'éblouit ses yeux :
Il marche; il est semblable à ce maître des dieux
Qui, frappant les Titans et tonnant sur leurs têtes,
D'un front majestueux dirigeait les tempêtes;
Il marche, et sous ses coups la terre au loin mugit.
L'Escaut fuit, la mer gronde, et le ciel s'obscurcit.
 Sur un nuage épais que, des antres de l'Ourse,
Les vents affreux du nord apportent dans leur course,
Les vainqueurs des Valois descendent en courroux :
« Cumberland, disent-ils, nous n'espérons qu'en vous;
Courage, rassemblez vos légions altières;
Bataves, revenez, défendez vos barrières;
Anglais, vous que la paix semble seule alarmer,
Vengez-vous d'un héros qui daigne encor l'aimer :
Ainsi que ses bienfaits craindrez-vous sa vaillance? »
Mais ils parlent en vain; lorsque Louis s'avance
Leur génie est dompté, l'Anglais est abattu,
Et la férocité[1] le cède à la vertu.
 Clare avec l'Irlandais, qu'animent nos exemples,
Venge ses rois trahis, sa patrie, et ses temples.
Peuple sage et fidèle, heureux Helvétiens[2],
Nos antiques amis et nos concitoyens,
Votre marche assurée, égale, inébranlable,
Des ardents Neustriens[3] suit la fougue indomptable.
Ce Danois[4], ce héros qui, des frimas du Nord,
Par le dieu des combats fut conduit sur ce bord,

---

1. Ce reproche de férocité ne tombe que sur le soldat, et non sur les officiers, qui sont aussi généreux que les nôtres. On m'a écrit que, lorsque la colonne anglaise déborda Fontenoy, plusieurs soldats de ce corps criaient : *No quarter, no quarter!* « Point de quartier! »
2. Les régiments de Diesbach, de Betens et de Courten, etc., avec des bataillons des gardes suisses.
3. Le régiment de Normandie, qui revenait à la charge sur la colonne anglaise, tandis que la maison du roi, la gendarmerie, les carabiniers, etc., fondaient sur elle.
4. M. de Lowendahl.

Admire les Français qu'il est venu défendre ;
Mille cris redoublés près de lui font entendre :
« Rendez-vous, ou mourez, tombez sous notre effort. »
C'en est fait, et l'Anglais craint Louis et la mort.
   Allez, brave d'Estrée [1], achevez cet ouvrage ;
Enchaînez ces vaincus échappés au carnage ;
Que du roi qu'ils bravaient ils implorent l'appui :
Ils seront fiers encore, ils n'ont cédé qu'à lui [2].
   Bientôt vole après eux ce corps fier et rapide [3],
Qui, semblable au dragon qu'il eut jadis pour guide,
Toujours prêt, toujours prompt, de pied ferme, en courant,
Donne de deux combats le spectacle effrayant.
C'est ainsi que l'on voit, dans les champs des Numides,
Différemment armés, des chasseurs intrépides ;
Les coursiers écumants franchissent les guérets ;
On gravit sur les monts, on borde les forêts ;
Les piéges sont dressés ; on attend, on s'élance ;
Le javelot fend l'air, et le plomb le devance.
Les léopards sanglants, percés de coups divers,
D'affreux rugissements font retentir les airs ;
Dans le fond des forêts ils vont cacher leur rage.
   Ah ! c'est assez de sang, de meurtre, de ravage ;
Sur des morts entassés c'est marcher trop longtemps :
Noailles [4], ramenez vos soldats triomphants ;
Mars voit avec plaisir leurs mains victorieuses
Traîner dans notre camp ces machines affreuses,
Ces foudres ennemis contre nous dirigés :
Venez lancer ces traits que leurs mains ont forgés ;
Qu'ils renversent par vous les murs de cette ville,
Du Batave indécis la barrière et l'asile,
Ces premiers fondements [5] de l'empire des lis,
Par les mains de mon roi pour jamais affermis.
   Déjà Tournay se rend, déjà Gand s'épouvante :
Charles-Quint s'en émeut ; son ombre gémissante

---

1. M. le comte d'Estrées à la tête de sa division, et M. de Brionne à la tête de son régiment, avaient enfoncé les grenadiers anglais, le sabre à la main.
2. Depuis saint Louis, aucun roi de France n'avait battu les Anglais en personne, en bataille rangée.
3. On envoya quelques dragons à la poursuite : ce corps était commandé par M. le duc de Chevreuse, qui s'était distingué au combat de Sahy, où il avait reçu trois blessures. L'opinion la plus vraisemblable sur l'origine du mot *dragon* est qu'ils portèrent un dragon dans leurs étendards, sous le maréchal de Brissac, qui institua ce corps dans les guerres du Piémont.
4. Le comte de Noailles attaqua de son côté la colonne d'infanterie anglaise avec une brigade de cavalerie, qui prit ensuite des canons.
5. Tournay, principale ... e des Français sous la première race, dans laquelle on a trouvé le tombeau de Childéric.

Pousse un cri dans les airs, et fuit de ce séjour
Où pour vaincre autrefois le ciel le mit au jour :
Il fuit; mais quel objet pour cette ombre alarmée !
Il voit ces vastes champs couverts de notre armée;
L'Anglais deux fois vaincu, cédant de toutes parts,
Dans les mains de Louis laissant ses étendards;
Le Belge en vain caché dans ses villes tremblantes;
Les murs de Gand[1] tombés sous ses mains foudroyantes;
Et son char de victoire, en ces vastes remparts,
Ecrasant le berceau du plus grand des Césars[2];
Ostende, qui jadis a, durant trois années[3],

1. La ville de Gand soumise à Sa Majesté le 11 juillet, après la défaite d'un corps d'Anglais par M. du Chaila, à la tête des brigades de Crillon et de Normandie, le régiment de Grassin, etc.
2. Des Césars modernes.

Après ce vers, il y avait :

>Français, heureux Français, peuple doux et paisible,
>C'est peu qu'en vous guidant Louis soit invincible;
>C'est peu que, le front calme et la mort dans les mains,
>Il ait lancé la foudre avec des yeux sereins;
>C'est peu d'être vainqueur, il est modeste et tendre;
>Il honore de pleurs le sang qu'il vit répandre;
>Entouré de héros qui suivirent ses pas,
>Il prodigue l'éloge et ne le reçoit pas;
>Il veille sur des jours hasardés pour lui plaire.
>Le monarque est un homme, et le vainqueur un père.
>Ces captifs tout sanglants, portés par nos soldats,
>Par leur main triomphante arrachés au trépas,
>Après ces jours de sang, d'horreur et de furie,
>Ainsi qu'en leurs foyers, au sein de leur patrie,
>Des plus tendres bienfaits éprouvent les douceurs,
>Consolés, secourus, servis par les vainqueurs.
>O grandeur véritable! ô victoire nouvelle!
>Eh! quel cœur ulcéré d'une haine cruelle,
>Quel farouche ennemi peut n'aimer pas mon roi,
>Et ne pas souhaiter d'être né sous sa loi?
>Il étendra son bras, et calmera l'empire.
>Déjà Vienne se tait, déjà Londres l'admire.
>La Bavière, confuse au bruit de ses exploits,
>Gémit d'avoir quitté le protecteur des rois.
>Naple est en sûreté, la Sardaigne en alarmes.
>Tous les rois de son sang triomphent par ses armes;
>Et de l'Ebre à la Seine en tous lieux on entend :
>« Le plus aimé des rois est aussi le plus grand. »
>Ah! qu'on ajoute encore à ce titre suprême
>Ce nom si cher au monde et si cher à lui-même,
>Ce prix de ses vertus qui manque à sa valeur,
>Ce titre auguste et saint de pacificateur!
>Que de ses jours si beaux, de qui nos jours dépendent,
>La course soit tranquille, et les bornes s'étendent!
>Ramenez ce héros, ô vous qui l'imitez,
>Guerriers qu'il vit combattre et vaincre à ses côtés,
>Les palmes dans les mains, etc. (ÉD.)

3. Elle fut prise en 1604 par Ambroise Spinola, après trois ans et trois mois de siége.

Bravé de cent assauts les fureurs obstinées,
En dix jours à Louis cédant ses murs ouverts,
Et l'Anglais frémissant sur le trône des mers.
Français, heureux guerriers, vainqueurs doux et terribles,
Revenez, suspendez dans nos temples paisibles
Ces armes, ces drapeaux, ces étendards sanglants;
Que vos chants de victoire animent tous nos chants :
Les palmes dans les mains nos peuples vous attendent;
Nos cœurs volent vers vous, nos regards vous demandent :
Vos mères, vos enfants, près de vous empressés,
Encor tout éperdus de vos périls passés,
Vont baigner, dans l'excès d'une ardente allégresse,
Vos fronts victorieux de larmes de tendresse.
Accourez, recevez, à votre heureux retour,
Le prix de la vertu par les mains de l'amour.

POÈME SUR LA LOI NATURELLE,

EN QUATRE PARTIES.

AU ROI DE PRUSSE.

(1752.)

AVERTISSEMENT

DES ÉDITEURS DE KEHL

SUR LES DEUX POÈMES SUIVANTS.

L'objet du poëme sur *la Loi naturelle* est d'établir l'existence d'une morale universelle et indépendante, non-seulement de toute religion révélée, mais de tout système particulier sur la nature de l'Être suprême.

La tolérance des religions et l'absurdité de l'opinion qu'il peut exister une puissance spirituelle indépendante de la puissance civile, sont des conséquences nécessaires de ce premier principe, conséquences que M. de Voltaire développe dans les deux dernières parties. En effet, s'il existe une morale indépendante de toute opinion spéculative, ces opinions deviennent indifférentes au bonheur des hommes, et dès lors cessent de pouvoir être l'objet de la législation. Ce n'est pas pour être instruits sur la métaphysique, mais pour s'assurer le libre exercice de leurs droits, que les hommes se sont réunis en société; et le droit de penser ce qu'on veut, et de faire tout ce qui n'est pas contraire au droit d'autrui, est aussi réel, aussi sacré que le droit de propriété.

Dans le poëme sur *le Désastre de Lisbonne*, M. de Voltaire

attaque l'opinion que **tout est bien**, opinion très-répandue au commencement de ce siècle, parmi les philosophes d'Angleterre et d'Allemagne. La question de l'origine du mal a été insoluble jusqu'ici, et le sera toujours. En effet, le mal, tel qu'il existe à notre égard, est une suite nécessaire de l'ordre du monde; mais pour savoir si un autre ordre était possible, il faudrait connaître le système entier de celui qui existe. D'ailleurs, en réfléchissant sur la manière dont nous acquérons nos idées, il est aisé de voir que nous ne pouvons en avoir aucune de la possibilité prise en général, puisque notre idée de possibilité, relative à des objets réels, ne se forme que d'après l'observation des faits existants.

M. Rousseau (J. J.) a publié une lettre adressée à M. de Voltaire, à l'occasion du poëme sur la destruction de Lisbonne : elle contient quelques objections sur lesquelles la réputation méritée de cet auteur nous oblige d'entrer dans quelques détails.

Il convient d'abord que nous n'avons aucun moyen d'expliquer l'origine du mal; et il ajoute qu'il ne croit le système de l'optimisme que parce qu'il trouve ce système très-consolant, et qu'il pense qu'on doit déduire de l'existence d'un Dieu juste que tout est bien, et non déduire de la perfection de l'ordre du monde l'existence d'un Dieu juste.

Nous observerons, 1° que l'on ne doit croire une chose que parce qu'elle est prouvée. Il y a des hommes qui croient plus facilement ce qui leur est plus agréable; d'autres sont au contraire plus portés à croire les événements fâcheux. La constitution des premiers est plus heureuse; mais le doute sur ce qui n'est pas prouvé est le seul parti raisonnable.

2° En supposant que l'ordre du monde, tel que nous le connaissons, nous conduise à l'existence d'un Être suprême, il est évident que nous ne pouvons nous former une idée de sa justice ou de sa bonté que d'après la manière dont nous le voyons agir. Chercher *a priori* à se faire une idée des attributs de Dieu est une méthode de philosopher qui ne peut conduire à aucune véritable connaissance. Des métaphysiciens hardis en ont conclu qu'on ne pouvait se former une idée de Dieu; cette assertion est trop absolue; il fallait ajouter : « En suivant la méthode des théologiens et des métaphysiciens de l'école. » Mais on ne peut se former de Dieu, comme d'aucun autre objet réel, que des idées incomplètes, et seulement d'après des faits observés. (Voy. Locke, et l'article EXISTENCE dans l'*Encyclopédie*.)

M. de Voltaire avait dit dans ses notes que rien dans l'univers n'est assujetti à des lois rigoureusement mathématiques, et qu'il peut y avoir des événements indifférents à l'ordre du monde. M. Rousseau combat ces assertions; mais nous répondrons :

1° Qu'il ne peut être question que de lois mathématiques connues de nous; car dire qu'il existe peut-être dans l'univers un ordre que nous ne voyons pas, c'est apporter, non une preuve que cet ordre existe, mais un motif de ne pas en nier l'existence.

2° En supposant un ordre d'événements quelconque, ils suivront toujours entre eux une certaine loi générale. Supposez deux mille boules placées sur une table; quel que soit leur ordre, vous pourrez toujours faire passer une courbe géométrique par le centre de toutes ces boules : en conclurez-vous qu'elles ont été arrangées suivant un certain ordre? Ce mot d'ordre appliqué à la nature est vide de sens, s'il ne signifie un arrangement dont nous saisissons la régularité et le dessein.

Quant à l'existence des événements indifférents, il est difficile d'en nier la possibilité, parce que l'on peut supposer que le petit dérangement qui résulte de cet événement soit imperceptible pour la totalité du système général. Supposons, par exemple, cent millions de planètes mues suivant certaines lois, il est évident que leur position peut être telle qu'un léger dérangement dans la vitesse de l'une d'elles ne changera point leur ordre d'une manière sensible dans un temps même infini : cela est encore plus vrai pour les systèmes de corps qui, après un petit dérangement, reviennent à l'équilibre. L'ordre du monde peut être changé par la seule différence d'un mouvement que j'aurai fait à droite ou à gauche; mais il peut aussi ne pas l'être.

M. Rousseau proposait, dans cette même lettre, d'exclure de la tolérance universelle toute opinion intolérante. Cette maxime séduit par un faux air de justice ; mais M. de Voltaire n'eût pas voulu l'admettre. Les lois en effet ne doivent avoir d'empire que sur les actions extérieures : elles doivent punir un homme pour avoir persécuté, mais non pour avoir prétendu que la persécution est ordonnée par Dieu même. Ce n'est pas pour avoir eu des idées extravagantes, mais pour avoir fait des actions de folie, que la société a droit de priver un homme de sa liberté. Ainsi, sous aucun point de vue, une opinion qui ne s'est manifestée que par des raisonnements généraux, même imprimés, ne pouvant être regardée comme une action, elle ne peut jamais être l'objet d'une loi.

Le seul reproche fondé qu'on puisse faire à M. de Voltaire serait d'avoir exagéré les maux de l'humanité ; mais s'il les a sentis comme il les a peints, dans l'instant où il a écrit son poëme, il a eu raison. Le devoir d'un écrivain n'est pas de dire des choses qu'il croit agréables ou consolantes, mais de dire des choses vraies ; d'ailleurs la doctrine que *tout est bien* est aussi décourageante que celle de la fatalité. On trompe ses douleurs par des opinions générales, comme chaque homme peut adoucir ses chagrins par des illusions particulières : tel se console de mourir, parce qu'il ne laisse au monde que des mourants; tel autre, parce que sa mort est une suite nécessaire de l'ordre de l'univers; un troisième, parce qu'elle fait partie d'un arrangement où tout est bien ; un autre enfin, parce qu'il se réunira à l'âme universelle du monde. Des hommes d'une autre classe se consoleront en songeant qu'ils vont entendre la musique des esprits bienheureux, se promener en causant dans de beaux jardins, caresser des houris, boire la bière céleste, voir Dieu face à face, etc., etc.; mais il serait ridicule d'établir sur aucune de ces opinions le bonheur général de l'espèce humaine.

N'est-il pas plus raisonnable à la fois et plus utile de se dire : « La nature a condamné les hommes à des maux cruels, et ceux qu'ils se font à eux-mêmes sont encore son ouvrage, puisque c'est d'elle qu'ils tiennent leurs penchants? Quelle est la raison première de ces maux? je l'ignore; mais la nature m'a donné le pouvoir de détourner une partie des malheurs auxquels elle m'a soumis. L'homme doué de raison peut se flatter, par ses progrès dans les sciences et dans la législation, de s'assurer une vie douce et une mort facile, de terminer un jour tranquille par un sommeil paisible. Travaillons sans cesse à ce but, pour nous-mêmes comme pour les autres : la nature nous a donné des besoins; mais nous trouvons avec les arts les moyens de les satisfaire. Nous opposons aux douleurs physiques la tempérance et les remèdes; nous avons appris à braver le tonnerre; cherchons à pénétrer la cause des volcans et des tremblements de terre, à les prévoir, si nous ne pouvons les détourner. Corrigeons les mauvais penchants, s'il en existe, par une bonne éducation; apprenons aux hommes à bien connaître leurs vrais intérêts; accoutumons-les à se conduire d'après la raison. La nature leur a donné la pitié et un sentiment d'affection pour leurs semblables; avec ces moyens, dirigés par une raison éclairée, nous détournerons loin de nous le vice et le crime.

« Qu'importe que tout soit bien, pourvu que nous fassions en sorte que tout soit mieux qu'il n'était avant nous? »

PRÉFACE.

On sait assez que ce poëme n'avait pas été fait pour être public; c'était depuis trois ans un secret entre un grand roi et l'auteur. Il n'y a que trois mois qu'il s'en répandit quelques copies dans Paris, et bientôt après il y fut imprimé plusieurs fois, d'une manière aussi fautive que les autres ouvrages qui sont partis de la même plume.

Il serait juste d'avoir plus d'indulgence pour un écrit secret, tiré de l'obscurité où son auteur l'avait condamné, que pour un ouvrage qu'un écrivain expose lui-même au grand jour. Il serait encore juste de ne pas juger le poëme d'un laïque comme on jugerait une thèse de théologie. Ces deux poëmes sont les fruits d'un arbre transplanté : quelques-uns de ces fruits peuvent n'être pas du goût de quelques personnes; ils sont d'un clima étranger, mais il n'y en a aucun d'empoisonné, et plusieurs peuvent être salutaires.

Il faut regarder cet ouvrage comme une lettre où l'on expose en liberté ses sentiments. La plupart des livres ressemblent à ces conversations générales et gênées dans lesquelles on dit rarement ce qu'on pense. L'auteur a dit ce qu'il a pensé à un prince philosophe auprès duquel il avait alors l'honneur de vivre. Il a appris que des esprits éclairés n'ont pas été mécontents de cette ébauche : ils ont jugé que le poëme sur *la Loi naturelle* est une préparation à des vérités plus sublimes. Cela seul aurait déterminé l'auteur à rendre l'ouvrage plus complet et plus correct, si ses infirmités l'avaient permis. Il a été obligé de se borner à corriger les fautes dont fourmillent les éditions qu'on en a faites.

Les louanges données dans cet écrit à un prince qui ne cherchait pas ces louanges ne doivent surprendre personne; elles n'avaient rien de la flatterie, elles partaient du cœur : ce n'est

---

1. Frédéric. (Éd.)

pas là de cet encens que l'intérêt prodigue à la puissance. L'homme de lettres pouvait ne pas mériter les éloges et les bontés dont le monarque le comblait; mais le monarque méritait la vérité que l'homme de lettres lui disait dans cet ouvrage. Les changements survenus depuis dans un commerce si honorable pour la littérature n'ont point altéré les sentiments qu'il avait fait naître.

Enfin, puisqu'on a arraché au secret et à l'obscurité un écrit destiné à ne point paraître, il subsistera chez quelques sages comme un monument d'une correspondance philosophique qui ne devait point finir; et l'on ajoute que, si la faiblesse humaine se fait sentir partout, la vraie philosophie dompte toujours cette faiblesse.

Au reste, ce faible essai fut composé à l'occasion d'une petite brochure qui parut en ce temps-là. Elle était intitulée *Du souverain bien*, et elle devait l'être *Du souverain mal*. On y prétendait qu'il n'y a ni vertu ni vice, et que les remords sont une faiblesse d'éducation qu'il faut étouffer. L'auteur du poëme prétend que les remords nous sont aussi naturels que les autres affections de notre âme. Si la fougue d'une passion fait commettre une faute, la nature, rendue à elle-même, sent cette faute. La fille sauvage trouvée près de Châlons avoua que dans sa colère elle avait donné à sa compagne un coup dont cette infortunée mourut entre ses bras. Dès qu'elle vit son sang couler, elle se repentit, elle pleura, elle étancha ce sang, elle mit des herbes sur la blessure. Ceux qui disent que ce retour d'humanité n'est qu'une branche de notre amour-propre font bien de l'honneur à l'amour-propre. Qu'on appelle la raison et les remords comme on voudra, ils existent, et ils sont les fondements de la loi naturelle.

EXORDE.

O vous dont les exploits, le règne, et les ouvrages [1],
Deviendront la leçon des héros et des sages,
Qui voyez d'un même œil les caprices du sort,
Le trône et la cabane, et la vie et la mort;
Philosophe intrépide, affermissez mon âme;
Couvrez-moi des rayons de cette pure flamme
Qu'allume la raison, qu'éteint le préjugé.
Dans cette nuit d'erreur où le monde est plongé,
Apportons, s'il se peut, une faible lumière.

1. Nous savons que ce poëme, qu'on regarde comme l'un des meilleurs ouvrages de notre auteur, fut fait vers l'an 1751, chez Mme la margrave de Bareut, sœur du roi de Prusse. Je ne sais quels pédants eurent depuis l'atrocité imbécile de le condamner. Ces vils tyrans de l'esprit, qui avaient alors trop de crédit, ont été punis depuis de toutes leurs insolences. (*Note de Voltaire.*) Le parlement de Paris, qui, le 23 janvier 1759, avait condamné à être brûlés *la Religion naturelle* et autres écrits, était supprimé depuis décembre 1770, lorsque Voltaire imprima cette note. (*Note de M. Beuchot.*)

EXORDE.

Nos premiers entretiens, notre étude première,
Étaient, je m'en souviens, Horace avec Boileau.
Vous y cherchiez le *vrai*, vous y goûtiez le *beau*;
Quelques traits échappés d'une utile morale
Dans leurs piquants écrits brillent par intervalle :
Mais Pope approfondit ce qu'ils ont effleuré;
D'un esprit plus hardi, d'un pas plus assuré,
Il porta le flambeau dans l'abîme de l'être;
Et l'homme avec lui seul apprit à se connaître.
L'art quelquefois frivole et quelquefois divin,
L'art des vers est, dans Pope, utile au genre humain.
Que m'importe en effet que le flatteur d'Octave,
Parasite discret, non moins qu'adroit esclave,
Du lit de sa Glycère, ou de Ligurinus,
En prose mesurée insulte à Crispinus;
Que Boileau, répandant plus de sel que de grâce,
Veuille outrager Quinault, pense avilir le Tasse;
Qu'il peigne de Paris les tristes embarras,
Ou décrive en beaux vers un fort mauvais repas?
Il faut d'autres objets à votre intelligence.

De l'esprit qui vous meut vous recherchez l'essence,
Son principe, sa fin, et surtout son devoir.
Voyons sur ce grand point ce qu'on a pu savoir,
Ce que l'erreur fait croire aux docteurs du vulgaire,
Et ce que vous inspire un Dieu qui vous éclaire.
Dans le fond de nos cœurs il faut chercher ses traits :
Si Dieu n'est pas dans nous, il n'exista jamais.
Ne pouvons-nous trouver l'auteur de notre vie
Qu'au labyrinthe obscur de la théologie?
Origène et Jean Scott sont chez vous sans crédit :
La nature en sait plus qu'ils n'en ont jamais dit.
Écartons ces romans qu'on appelle systèmes;
Et pour nous élever descendons dans nous-mêmes.

PREMIÈRE PARTIE.

Dieu a donné aux hommes les idées de la justice, et la conscience pour les avertir, comme il leur a donné tout ce qui leur est nécessaire. C'est là cette loi naturelle sur laquelle la religion est fondée; c'est le seul principe qu'on développe ici. L'on ne parle que de la loi naturelle, et non de la religion et de ses augustes mystères.

Soit qu'un Être inconnu, par lui seul existant,
Ait tiré depuis peu l'univers du néant;
Soit qu'il ait arrangé la matière éternelle;
Qu'elle nage en son sein, ou qu'il règne loin d'elle[1];

---

1. Dieu étant un être infini, sa nature a dû être inconnue à tous les

Que l'âme, ce flambeau souvent si ténébreux,
Ou soit un de nos sens ou subsiste sans eux;
Vous êtes sous la main de ce maître invisible.
 Mais du haut de son trône, obscur, inaccessible,
Quel hommage, quel culte exige-t-il de vous ?
De sa grandeur suprême indignement jaloux,
Des louanges, des vœux, flattent-ils sa puissance ?
Est-ce le peuple altier conquérant de Byzance,
Le tranquille Chinois, le Tartare indompté,
Qui connaît son essence, et suit sa volonté ?
Différents dans leurs mœurs ainsi qu'en leur hommage,
Ils lui font tenir tous un différent langage :
Tous se sont donc trompés. Mais détournons les yeux
De cet impur amas d'imposteurs odieux[1];
Et, sans vouloir sonder d'un regard téméraire
De la loi des chrétiens l'ineffable mystère,
Sans expliquer en vain ce qui fut révélé,
Cherchons par la raison si Dieu n'a point parlé.
 La nature a fourni d'une main salutaire
Tout ce qui dans la vie à l'homme est nécessaire,
Les ressorts de son âme, et l'instinct de ses sens
Le ciel à ses besoins soumet les éléments.
Dans les plis du cerveau la mémoire habitante
Y peint de la nature une image vivante.
Chaque objet de ses sens prévient la volonté;
Le son dans son oreille est par l'air apporté;
Sans efforts et sans soins son œil voit la lumière.
Sur son Dieu, sur sa fin, sur sa cause première,
L'homme est-il sans secours à l'erreur attaché ?
Quoi ! le monde est visible, et Dieu serait caché ?
Quoi ! le plus grand besoin que j'aie en ma misère
Est le seul qu'en effet je ne puis satisfaire ?

---

hommes. Comme cet ouvrage est tout philosophique, il a fallu rapporter les sentiments des philosophes. Tous les anciens, sans exception, ont cru l'éternité de la matière; c'est presque le seul point sur lequel ils convenaient. La plupart prétendaient que les dieux avaient arrangé le monde; nul ne croyait que Dieu l'eût tiré du néant. Ils disaient que l'intelligence céleste avait, par sa propre nature, le pouvoir de disposer de la matière, et que la matière existait par sa propre nature.

 Selon presque tous les philosophes et les poëtes, les grands dieux habitaient loin de la terre. L'âme de l'homme, selon plusieurs, était un feu céleste; selon d'autres, une harmonie résultante de ses organes; les uns en faisaient une partie de la Divinité, *divinæ particulam auræ*; les autres, une matière épurée, une quintessence; les plus sages, un être immatériel; mais, quelque secte qu'ils aient embrassée, tous, hors les épicuriens, ont reconnu que l'homme est entièrement soumis à la Divinité.

 1. Il faut distinguer Confutzée, qui s'en est tenu à la religion naturelle, et qui a fait tout ce qu'on peut faire sans révélation.

Non; le Dieu qui m'a fait ne m'a point fait en vain :
Sur le front des mortels il mit son sceau divin.
Je ne puis ignorer ce qu'ordonna mon maître ;
Il m'a donné sa loi, puisqu'il m'a donné l'être.
Sans doute il a parlé; mais c'est à l'univers :
Il n'a point de l'Égypte habité les déserts;
Delphes, Délos, Ammon, ne sont pas ses asiles;
Il ne se cacha point aux antres des sibylles.
La morale uniforme en tout temps, en tout lieu,
A des siècles sans fin parle au nom de ce Dieu.
C'est la loi de Trajan, de Socrate, et la vôtre.
De ce culte éternel la nature est l'apôtre.
Le bon sens la reçoit, et les remords vengeurs,
Nés de la conscience, en sont les défenseurs ;
Leur redoutable voix partout se fait entendre.

Pensez-vous en effet que ce jeune Alexandre,
Aussi vaillant que vous, mais bien moins modéré,
Teint du sang d'un ami trop inconsidéré,
Ait pour se repentir consulté des augures?
Ils auraient dans leurs eaux lavé ses mains impures;
Ils auraient à prix d'or absous bientôt le roi.
Sans eux, de la nature il écouta la loi :
Honteux, désespéré d'un moment de furie,
Il se jugea lui-même indigne de la vie.
Cette loi souveraine, à la Chine, au Japon,
Inspira Zoroastre, illumina Solon.
D'un bout du monde à l'autre elle parle, elle crie .
« Adore un Dieu, sois juste, et chéris ta patrie. »
Ainsi le froid Lapon crut un Être éternel,
Il eut de la justice un instinct naturel;
Et le Nègre, vendu sur un lointain rivage,
Dans les Nègres encore aima sa noire image .
Jamais un parricide, un calomniateur,
N'a dit tranquillement dans le fond de son cœur :
« Qu'il est beau, qu'il est doux d'accabler l'innocence,
De déchirer le sein qui nous donna naissance !
Dieu juste, Dieu parfait, que le crime a d'appas ! »
Voilà ce qu'on dirait, mortels, n'en doutez pas,
S'il n'était une loi terrible, universelle,
Que respecte le crime en s'élevant contre elle.
Est-ce nous qui créons ces profonds sentiments?
Avons-nous fait notre âme? avons-nous fait nos sens?
L'or qui naît au Pérou, l'or qui naît à la Chine,
Ont la même nature et la même origine :
L'artisan les façonne, et ne peut les former.
Ainsi l'Être éternel qui nous daigne animer
Jeta dans tous les cœurs une même semence.

Le ciel fit la vertu; l'homme en fit l'apparence:
Il peut la revêtir d'imposture et d'erreur;
Il ne peut la changer; son juge est dans son cœur.

SECONDE PARTIE.

Réponses aux objections contre les principes d'une morale universelle.
Preuve de cette vérité.

J'entends avec Cardan Spinosa qui murmure :
« Ces remords, me dit-il, ces cris de la nature,
Ne sont que l'habitude, et les illusions
Qu'un besoin mutuel inspire aux nations. »
Raisonneur malheureux, ennemi de toi-même,
D'où nous vient ce besoin? pourquoi l'Être suprême
Mit-il dans notre cœur, à l'intérêt porté,
Un instinct qui nous lie à la société?
Les lois que nous faisons, fragiles, inconstantes,
Ouvrages d'un moment, sont partout différentes.
Jacob chez les Hébreux put épouser deux sœurs;
David, sans offenser la décence et les mœurs,
Flatta de cent beautés la tendresse importune;
Le pape au Vatican n'en peut posséder une.
Là, le père à son gré choisit son successeur;
Ici, l'heureux aîné de tout est possesseur.
Un Polaque à moustache, à la démarche altière,
Peut arrêter d'un mot sa république entière;
L'empereur ne peut rien sans ses chers électeurs.
L'Anglais a du crédit, le pape a des honneurs.
Usages, intérêts, cultes, lois, tout diffère.
Qu'on soit juste, il suffit; le reste est arbitraire [1].

[1]. Il est évident que cet *arbitraire* ne regarde que les choses d'institution, les lois civiles, la discipline, qui changent tous les jours, selon le besoin et selon la prudence des chefs de l'Église.
C'est-à-dire, il est arbitraire, il est égal pour le salut d'être dévot à saint François ou à saint Dominique, d'aller en pèlerinage à Notre-Dame de Lorette ou à Notre-Dame des Neiges, d'avoir pour directeur un carme ou un capucin, de réciter le rosaire ou l'oraison des trente jours. Mais il n'est point arbitraire, il n'est point égal sans doute d'être catholique apostolique romain, ou de servir Dieu dans une autre religion. Nous savons bien, nous l'avons dit, et nous le confirmons avec plaisir, que le roi et la reine d'Angleterre, la chambre des pairs et des Communes, en un mot les trois royaumes et leurs colonies, sont damnés à toute éternité, puisqu'ils ne sont pas catholiques apostoliques romains; qu'il en est de même du roi de Danemark, du roi de Suède, du roi de Prusse, de l'impératrice de Russie, et de tous les monarques de la terre qui sont hors de notre giron. Cette vérité est incontestable.
Cependant frère Nonnotte et frère Patouillet, ci-devant soi-disant jésuites, se sont portés pour délateurs de notre modeste auteur, et ils l'ont déféré à Rome à M. le secrétaire des brefs, comme nous

SECONDE PARTIE.

Mais tandis qu'on admire et ce juste et ce beau,
Londre immole son roi par la main d'un bourreau ;
Du pape Borgia le bâtard sanguinaire
Dans les bras de sa sœur assassine son frère ;
Là, le froid Hollandais devient impétueux,
Il déchire en morceaux deux frères vertueux ;

l'avons dit. Ils l'ont accusé d'avoir cru, dans le fond de son cœur, qu'il est égal d'être jésuite, ou janséniste, ou turc. Et comme souvent les puissances belligérantes font des trêves pour courir sus à l'ennemi commun, ils se sont réunis cette fois-ci pour accabler notre pauvre auteur, qui voudrait que tous les hommes vécussent en frères, si faire se peut.

Addition de l'auteur. M. le maréchal de R... me gronde toujours de ce que mes commentateurs font revenir tant de fois sur la scène l'ami Fréron, l'ami Patouillet, et l'ami Nonnotte. Mais je le supplie de considérer que je suis attaqué continuellement dans ce que j'ai de plus cher au monde par des hommes de la plus profonde érudition, du plus grand mérite et du plus grand crédit, sur qui l'univers a les yeux. Il est certain que ces grands hommes passeront à la postérité avec la théologie du R. P. Viret. Mon nom sera porté par eux, peut-être dans deux jours et pour deux jours, au tribunal souverain de cette postérité. Il faut bien que j'aie un avocat. Damilaville et Thieriot avaient entrepris ma défense. Ils sont morts, et Dieu sait où ils sont. Il ne me reste plus que l'avocat du diable.

Voici au fond de quoi il s'agit. Frère Nonnotte a voulu me faire cuire en ce monde, comme on voulut faire cuire frère Guignard, frère Girard, frère Malagrida, frère Mathos, frère Alexandre, et tant d'autres frères, et comme de fait on en a cuit quelques-uns. Non content de cette charité, il veut m'envoyer en enfer ; et, qui pis est, il veut que tous les siècles à venir lui donnent la préférence sur moi. Ah ! c'en est trop ! Passe pour être damné.

Mais cette postérité équitable, devant laquelle nous plaidons, que dira-t-elle de tout cela ? rien.

Note de l'éditeur. Le R. P. Nonnotte, dont notre auteur reconnaît le crédit immense, égal à son érudition, a été en effet régent de sixième, et a même prêché dans quelques villages.

C'est lui qui releva toutes les erreurs grossières de notre auteur, et qui eut la générosité de vouloir lui vendre toute l'édition pour deux mille écus.

Il est vrai que le R. P. Nonnotte ne savait pas que le fameux combat de saint Pierre et de saint Paul avec Simon le magicien, à qui ressusciterait un parent de l'empereur dans Rome et à qui ferait les plus beaux tours, était un conte d'Abdias de Marcel, répété par Hégésippe, et longtemps après très-indiscrètement recueilli par Eusèbe.

Il ne savait pas que les empereurs romains, permettant des synagogues aux Juifs dans Rome, toléraient aussi les chrétiens, et que Trajan, en écrivant à Pline : « Il ne faut faire aucune recherche contre les chrétiens, » leur donnait par ces mots essentiels la permission tacite d'exercer leur religion secrètement ; qu'en un mot, Trajan n'était pas un exécrable persécuteur, comme ce bon jésuite le représente.

Il est vrai que notre auteur ayant dit dans son *Histoire générale* : « L'ignorance se représente d'ordinaire Dioclétien comme un ennemi armé sans cesse contre les fidèles, » ce jésuite exact et officieux falsifie ainsi ce passage : « L'ignorance *chrétienne*, » etc., pour faire des amis à notre auteur.

Il ne savait pas que le célèbre docteur Dupin traite de fables ridicules les prétendus martyres de saint Clément, de saint Césaire, de saint Domitile, de sainte Hyacinthe, de sainte Eudoxie, de saint Eudoxe, de saint Romule, de saint Zénon, de saint Macaire, toutes fables, dit il,

Plus loin la Brinvilliers, dévote avec tendresse,
Empoisonne son père en courant à confesse;
Sous le fer du méchant le juste est abattu.
Eh bien ! conclurez-vous qu'il n'est point de vertu,
Quand des vents du midi les funestes haleines
De semences de mort ont inondé nos plaines?
Direz-vous que jamais le ciel en son courroux
Ne laissa la santé séjourner parmi nous?
Tous les divers fléaux dont le poids nous accable,
Du choc des éléments effet inévitable,
Des biens que nous goûtons corrompent la douceur;
Mais tout est passager, le crime et le malheur :
De nos désirs fougueux la tempête fatale
Laisse au fond de nos cœurs la règle et la morale.
C'est une source pure : en vain dans ses canaux
Les vents contagieux en ont troublé les eaux;
En vain sur sa surface une fange étrangère
Apporte en bouillonnant un limon qui l'altère;
L'homme le plus injuste et le moins policé
S'y contemple aisément quand l'orage est passé.
Tous ont reçu du ciel avec l'intelligence
Ce frein de la justice et de la conscience.
De la raison naissante elle est le premier fruit;
Dès qu'on la peut entendre, aussitôt elle instruit :
Contre-poids toujours prompt à rendre l'équilibre
Au cœur plein de désirs, asservi, mais né libre;

qu'il faut mettre avec les martyres des onze mille soldats et des onze mille vierges (page 178, tome II). Le pauvre homme ne connaissait ni Dupin, ni Dodwell.
Il ne savait pas que quelques rois de la première race avaient eu plusieurs femmes à la fois, comme son confrère Daniel l'avoue de Gontran, de Théodebert et de Clotaire second. Il n'avait pas même lu Daniel.
Il ne savait même rien de l'histoire de la confession publique et de la confession secrète, quoiqu'il se fût mêlé de confesser des filles. Il ne savait pas l'histoire de la synaxe et de la messe, quoiqu'il l'eût dite.
Enfin, pour abréger, il ne savait pas la fable mieux que la Bible. Il dit dans son beau livre, page 360, pour excuser ses petites méprises « Je suis comme Polyphème ; je m'écrie avec lui :

Video meliora proboque,
Deteriora sequor.

Nous ne nions pas que le R. P. Nonnotte n'ait quelque air de Polyphème ; mais il le cite fort mal; et M. le secrétaire des brefs, très-savant Italien qui a lu son Ovide, sait très-bien que ce n'est pas Polyphème amant de Galathée qui dit : *Deteriora sequor.*

M. Damilaville, qui a daigné relever tant de sottises de Nonnotte, a dit qu'il écrivit son libelle avec l'ignorance d'un prédicateur, l'effronterie d'un jésuite, les falsifications continuelles d'un procureur de couvent, la perfidie et la scélératesse d'un délateur. Mais, puisque notre auteur lui pardonne, je lui pardonne aussi, et me recommande à ses prières.

Arme que la nature a mise en notre main,
Qui combat l'intérêt par l'amour du prochain.
De Socrate, en un mot, c'est là l'heureux génie;
C'est là ce dieu secret qui dirigeait sa vie,
Ce dieu qui jusqu'au bout présidait à son sort
Quand il but sans pâlir la coupe de la mort.
Quoi ! cet esprit divin n'est-il que pour Socrate?
Tout mortel a le sien, qui jamais ne le flatte.
Néron, cinq ans entiers, fut soumis à ses lois;
Cinq ans, des corrupteurs il repoussa la voix.
Marc Aurèle, appuyé sur la philosophie,
Porta ce joug heureux tout le temps de sa vie.
Julien, s'égarant dans sa religion,
Infidèle à la foi, fidèle à la raison [1],
Scandale de l'Église, et des rois le modèle,
Ne s'écarta jamais de la loi naturelle.

On insiste, on me dit : « L'enfant dans son berceau
N'est point illuminé par ce divin flambeau;
C'est l'éducation qui forme ses pensées;
Par l'exemple d'autrui ses mœurs lui sont tracées;
Il n'a rien dans l'esprit, il n'a rien dans le cœur;
De ce qui l'environne il n'est qu'imitateur;
Il répète les noms de devoir, de justice;
Il agit en machine, et c'est par sa nourrice
Qu'il est juif ou païen, fidèle ou musulman,
Vêtu d'un justaucorps, ou bien d'un doliman. »

Oui, de l'exemple en nous je sais quel est l'empire.
Il est des sentiments que l'habitude inspire.
Le langage, la mode et les opinions,
Tous les dehors de l'âme, et ses préventions,

---

[1] Var. Infidèle à la foi, fidèle à la raison,
Ne s'écarta jamais de la loi naturelle.
Frédéric aujourd'hui l'a pris pour son modèle;
Vainqueur des préjugés, savant, ingénieux,
Environné des arts, éclairé par ses yeux,
Assemblage éclatant de qualités contraires,
Ecrasant les mortels en les nommant ses frères,
Misanthrope et farouche avec un air hautain,
Souvent impétueux, et quelquefois trop fin,
Modeste avec orgueil, colère avec faiblesse,
Pétri de passions, et cherchant la sagesse,
Dangereux politique et dangereux censeur,
Mon patron, mon disciple, et mon persécuteur,
C'est en vain qu'il se fait une secrète étude
De se cacher sa faute et son ingratitude.
Dans la bouche d'un autre il hait la vérité;
Elle parle à son cœur en secret révolté;
Elle parle; il l'écoute, il voit son injustice;
Sa raison, malgré lui, rougit de son caprice.
    On insiste, etc.

Dans nos faibles esprits sont gravés par nos pères,
Du cachet des mortels impressions légères.
Mais les premiers ressorts sont faits d'une autre main ;
Leur pouvoir est constant, leur principe est divin.
Il faut que l'enfant croisse, afin qu'il les exerce ;
Il ne les connaît pas sous la main qui le berce.
Le moineau, dans l'instant qu'il a reçu le jour,
Sans plumes dans son nid, peut-il sentir l'amour ?
Le renard en naissant va-t-il chercher sa proie ?
Les insectes changeants qui nous filent la soie,
Les essaims bourdonnants de ces filles du ciel
Qui pétrissent la cire et composent le miel,
Sitôt qu'ils sont éclos forment-ils leur ouvrage ?
Tout mûrit par le temps, et s'accroît par l'usage
Chaque être a son objet, et dans l'instant marqué
Il marche vers le but par le ciel indiqué.
De ce but, il est vrai, s'écartent nos caprices ;
Le juste quelquefois commet des injustices ;
On fuit le bien qu'on aime, on hait le mal qu'on fait :
De soi-même en tout temps quel cœur est satisfait ?

L'homme, on nous l'a tant dit, est une énigme obscure.
Mais en quoi l'est-il plus que toute la nature ?
Avez-vous pénétré, philosophes nouveaux,
Cet instinct sûr et prompt qui sert les animaux ?
Dans son germe impalpable avez-vous pu connaître
L'herbe qu'on foule aux pieds, et qui meurt pour renaître ?
Sur ce vaste univers un grand voile est jeté ;
Mais, dans les profondeurs de cette obscurité,
Si la raison nous luit, qu'avons-nous à nous plaindre ?
Nous n'avons qu'un flambeau, gardons-nous de l'éteindre.

Quand de l'immensité Dieu peupla les déserts,
Alluma des soleils, et souleva des mers ;
« Demeurez, leur dit-il, dans vos bornes prescrites. »
Tous les mondes naissants connurent leurs limites.
Il imposa des lois à Saturne, à Vénus,
Aux seize orbes divers dans nos cieux contenus,
Aux éléments unis dans leur utile guerre,
A la course des vents, aux flèches du tonnerre,
A l'animal qui pense, et né pour l'adorer,
Au ver qui nous attend, né pour nous dévorer.
Aurons-nous bien l'audace, en nos faibles cervelles,
D'ajouter nos décrets à ces lois immortelles¹ ?
Hélas ! serait-ce à nous, fantômes d'un moment,

---

1. On ne doit entendre par ce mot *décrets* que les opinions passagères des hommes, qui veulent donner leurs sentiments particuliers pour des lois générales.

Dont l'être imperceptible est voisin du néant,
De nous mettre à côté du maître du tonnerre,
Et de donner en dieux des ordres à la terre?

TROISIÈME PARTIE.

Que les hommes, ayant pour la plupart défiguré, par les opinions qui les divisent, le principe de la religion naturelle qui les unit, doivent se supporter les uns les autres.

L'univers est un temple où siége l'Éternel.
Là chaque homme [1] à son gré veut bâtir un autel.
Chacun vante sa foi, ses saints et ses miracles,
Le sang de ses martyrs, la voix de ses oracles.
L'un pense, en se lavant cinq ou six fois par jour,
Que le ciel voit ses bains d'un regard plein d'amour,
Et qu'avec un prépuce on ne saurait lui plaire;
L'autre a du dieu Brama désarmé la colère,
Et, pour s'être abstenu de manger du lapin,
Voit le ciel entr'ouvert, et des plaisirs sans fin.
Tous traitent leurs voisins d'impurs et d'infidèles :
Des chrétiens divisés les infâmes querelles
Ont, au nom du Seigneur, apporté plus de maux,
Répandu plus de sang, creusé plus de tombeaux,
Que le prétexte vain d'une utile balance
N'a désolé jamais l'Allemagne et la France.
Un doux inquisiteur, un crucifix en main,
Au feu, par charité, fait jeter son prochain,
Et, pleurant avec lui d'une fin si tragique,
Prend, pour s'en consoler, son argent qu'il s'applique;
Tandis que, de la grâce ardent à se toucher,
Le peuple, en louant Dieu, danse autour du bûcher.
On vit plus d'une fois, dans une sainte ivresse,
Plus d'un bon catholique, au sortir de la messe,
Courant sur son voisin pour l'honneur de la foi,
Lui crier : « Meurs, impie, ou pense comme moi. »
Calvin et ses suppôts, guettés par la justice,
Dans Paris, en peinture, allèrent au supplice.
Servet fut en personne immolé par Calvin.
Si Servet dans Genève eût été souverain,
Il eût, pour argument contre ses adversaires,
Fait serrer d'un lacet le cou des trinitaires.
Ainsi d'Arminius les ennemis nouveaux

---

1. *Chaque homme* signifie clairement chaque particulier qui veut s'ériger en législateur; et il n'est ici question que des cultes étrangers, comme on l'a déclaré au commencement de la première partie.

En Flandre étaient martyrs, en Hollande bourreaux.
　D'où vient que, deux cents ans, cette pieuse rage
De nos aïeux grossiers fut l'horrible partage?
C'est que de la nature on étouffa la voix;
C'est qu'à sa loi sacrée on ajouta des lois;
C'est que l'homme, amoureux de son sot esclavage,
Fit, dans ses préjugés, Dieu même à son image.
Nous l'avons fait injuste, emporté, vain, jaloux,
Séducteur, inconstant, barbare comme nous.
　Enfin, grâce en nos jours à la philosophie,
Qui de l'Europe au moins éclaire une partie,
Les mortels, plus instruits, en sont moins inhumains;
Le fer est émoussé, les bûchers sont éteints.
Mais si le fanatisme était encor le maître,
Que ces feux étouffés seraient prompts à renaître!
On s'est fait, il est vrai, le généreux effort
D'envoyer moins souvent ses frères à la mort;
On brûle moins d'Hébreux dans les murs de Lisbonne[1];
Et même le mouphti, qui rarement raisonne,
Ne dit plus aux chrétiens que le sultan soumet :
« Renonce au vin, barbare, et crois à Mahomet. »
Mais du beau nom de chien ce mouphti nous honore[2];
Dans le fond des enfers il nous envoie encore.
Nous le lui rendons bien : nous damnons à la fois
Le peuple circoncis, vainqueur de tant de rois,
Londres, Berlin, Stockholm et Genève; et vous-même
Vous êtes, ô grand roi, compris dans l'anathème.
En vain, par des bienfaits signalant vos beaux jours,
A l'humaine raison vous donnez des secours,
Aux beaux-arts des palais, aux pauvres des asiles,
Vous peuplez les déserts, vous les rendez fertiles;
De fort savants esprits jurent sur leur salut[3]
Que vous êtes sur terre un fils de Belzébut.
　Les vertus des païens étaient, dit-on, des crimes.

---

1. On ne pouvait prévoir alors que les flammes détruiraient une partie de cette ville malheureuse, dans laquelle on alluma trop souvent des bûchers.
2. Les Turcs appellent indifféremment les chrétiens *infidèles* et *chiens*.
3. On respecte cette maxime : « Hors de l'Église point de salut; » mais tous les hommes sensés trouvent ridicule et abominable que des particuliers osent employer cette sentence générale et comminatoire contre des hommes qui sont leurs supérieurs et leurs maîtres en tout genre : les hommes raisonnables n'en usent point ainsi. L'archevêque Tillotson aurait-il jamais écrit à l'archevêque Fénelon : « Vous êtes damné; » et un roi de Portugal écrirait-il à un roi d'Angleterre qui lui envoie des secours. « Mon frère, vous irez à tous les diables ? » La dénonciation des peines éternelles à ceux qui ne pensent pas comme nous est une arme ancienne qu'on laisse sagement reposer dans l'arsenal, et dont il n'est permis à aucun particulier de se servir.

Rigueur impitoyable! odieuses maximes!
Gazetier clandestin dont la plate âcreté
Damne le genre humain de pleine autorité,
Tu vois d'un œil ravi les mortels, tes semblables,
Pétris des mains de Dieu pour le plaisir des diables.
N'es-tu pas satisfait de condamner au feu
Nos meilleurs citoyens, Montagne et Montesquieu?
Penses-tu que Socrate et le juste Aristide,
Solon, qui fut des Grecs et l'exemple et le guide;
Penses-tu que Trajan, Marc Aurèle, Titus,
Noms chéris, noms sacrés, que tu n'as jamais lus,
Aux fureurs des démons sont livrés en partage
Par le Dieu bienfaisant dont ils étaient l'image;
Et que tu seras, toi, de rayons couronné,
D'un chœur de chérubins au ciel environné,
Pour avoir quelque temps, chargé d'une besace,
Dormi dans l'ignorance et croupi dans la crasse?
Sois sauvé, j'y consens : mais l'immortel Newton,
Mais le savant Leibnitz, et le sage Addison,
Et ce Locke, en un mot, dont la main courageuse [1]

---

[1]. Le modeste et sage Locke est connu pour avoir développé toute la marche de l'entendement humain, et pour avoir montré les limites de son pouvoir. Convaincu de la faiblesse humaine, et pénétré de la puissance infinie du Créateur, il dit que nous ne connaissons la nature de notre âme que par la foi ; il dit que l'homme n'a point par lui-même assez de lumières pour assurer que Dieu ne peut pas communiquer la pensée à tout être auquel il daignera faire ce présent, à la matière elle-même.

Ceux qui étaient encore dans l'ignorance s'élevèrent contre lui. Entêtés d'un cartésianisme aussi faux en tout que le péripatétisme, ils croyaient que la matière n'est autre chose que l'étendue en longueur, largeur et profondeur : ils ne savaient pas qu'elle a la gravitation vers un centre, la force d'inertie, et d'autres propriétés ; que ses éléments sont indivisibles, tandis que ses composés se divisent sans cesse. Ils bornaient la puissance de l'Être tout-puissant ; ils ne faisaient pas réflexion qu'après toutes les découvertes sur la matière, nous ne connaissons point le fond de cet être. Ils devaient songer que l'on a longtemps agité si l'entendement humain est une faculté ou une substance ; ils devaient s'interroger eux-mêmes, et sentir que nos connaissances sont trop bornées pour sonder cet abîme.

La faculté que les animaux ont de se mouvoir n'est point une substance, un être à part ; il paraît que c'est un don du Créateur. Locke dit que ce même Créateur peut faire ainsi un don de la pensée à tel être qu'il daignera choisir. Dans cette hypothèse, qui nous soumet plus que toute autre à l'Être suprême, la pensée accordée à un élément de matière n'en est pas moins pure, moins immortelle que dans toute autre hypothèse. Cet élément indivisible est impérissable : la pensée peut assurément subsister à jamais avec lui, quand le corps est dissous. Voilà ce que Locke propose sans rien affirmer. Il dit ce que Dieu eût pu faire, et non ce que Dieu a fait. Il ne connaît point ce que c'est que la matière ; il avoue qu'entre elle et Dieu il peut y avoir une infinité de substances créées absolument différentes les unes des autres. La lumière, le feu élémentaire, paraît en effet, comme on l'a dit dans les *Éléments* de Newton, une substance mitoyenne entre cet être inconnu,

A de l'esprit humain posé la borne heureuse ;
Ces esprits qui semblaient de Dieu même éclairés,
Dans des feux éternels seront-ils dévorés ?
Porte un arrêt plus doux, prends un ton plus modeste,
Ami ; ne préviens point le jugement céleste ;
Respecte ces mortels, pardonne à leur vertu :
Ils ne t'ont point damné, pourquoi les damnes-tu ?
A la religion discrètement fidèle,
Sois doux, compatissant, sage, indulgent, comme elle ;
Et sans noyer autrui songe à gagner le port :
La clémence a raison, et la colère a tort.
Dans nos jours passagers de peines, de misères,
Enfants du même Dieu, vivons au moins en frères ;
Aidons-nous l'un et l'autre à porter nos fardeaux ;
Nous marchons tous courbés sous le poids de nos maux,
Mille ennemis cruels assiégent notre vie,
Toujours par nous maudite, et toujours si chérie ;
Notre cœur égaré, sans guide et sans appui,
Est brûlé de désirs, ou glacé par l'ennui ;
Nul de nous n'a vécu sans connaître les larmes.
De la société les secourables charmes
Consolent nos douleurs, au moins quelques instants :
Remède encor trop faible à des maux si constants.
Ah ! n'empoisonnons pas la douceur qui nous reste.

nommé matière, et d'autres êtres encore plus inconnus. La lumière ne tend point vers un centre comme la matière, elle ne paraît pas impénétrable ; aussi Newton dit souvent dans son *Optique* : « Je n'examine pas si les rayons de la lumière sont des corps ou non. »

Locke dit donc qu'il peut y avoir un nombre innombrable de substances, et que Dieu est le maître d'accorder des idées à ces substances. Nous ne pouvons deviner par quel art divin un être, quel qu'il soit, a des idées, nous en sommes bien loin : nous ne saurons jamais comment un ver de terre a le pouvoir de se remuer. Il faut dans toutes ces recherches s'en remettre à Dieu, et sentir son néant. Telle est la philosophie de cet homme, d'autant plus grand qu'il est plus simple ; et c'est cette soumission à Dieu qu'on a osé appeler impiété ; et ce sont ses sectateurs, convaincus de l'immortalité de l'âme, qu'on a nommés matérialistes ; et c'est un homme tel que Locke à qui un compilateur de quelque physique* a donné le nom d'*ennuyeux*.

Quand même Locke se serait trompé sur ce point (si l'on peut pourtant se tromper en n'affirmant rien), cela n'empêche pas qu'il ne mérite la louange qu'on lui donne ici : il est le premier, ce me semble, qui ait montré qu'on ne connaît aucun axiome avant d'avoir connu les vérités particulières ; il est le premier qui ait fait voir ce que c'est que l'identité, et ce que c'est que d'être la même personne, le même *soi* ; il est le premier qui ait prouvé la fausseté du système des idées innées. Sur quoi je remarquerai qu'il y a des écoles qui anathématisèrent les idées innées, quand Descartes les établit, et qui anathématisèrent ensuite les adversaires des idées innées, quand Locke les eut détruites. C'est ainsi que jugent les hommes qui ne sont pas philosophes.

* Pluche, auteur du *Spectacle de la Nature*.

Je crois voir des forçats dans un cachot funeste,
Se pouvant secourir, l'un sur l'autre acharnés,
Combattre avec les fers dont ils sont enchaînés.

QUATRIÈME PARTIE.

C'est au gouvernement à calmer les malheureuses disputes de l'école
qui troublent la société.

Oui, je l'entends souvent de votre bouche auguste,
Le premier des devoirs, sans doute, est d'être juste;
Et le premier des biens est la paix de nos cœurs.
Comment avez-vous pu, parmi tant de docteurs,
Parmi ces différends que la dispute enfante,
Maintenir dans l'État une paix si constante?
D'où vient que les enfants de Calvin, de Luther,
Qu'on croit, delà les monts, bâtards de Lucifer,
Le grec et le romain, l'empesé quiétiste,
Le quakre au grand chapeau, le simple anabaptiste,
Qui jamais dans leur loi n'ont pu se réunir,
Sont tous, sans disputer, d'accord pour vous bénir?
C'est que vous êtes sage, et que vous êtes maître.
Si le dernier Valois, hélas! avait su l'être,
Jamais un jacobin, guidé par son prieur,
De Judith et d'Aod fervent imitateur,
N'eût tenté dans Saint-Cloud sa funeste entreprise :
Mais Valois aiguisa le poignard de l'Église¹,
Ce poignard qui bientôt égorgea dans Paris,
Aux yeux de ses sujets, le plus grand des Henris.
Voilà le fruit affreux des pieuses querelles.
Toutes les factions à la fin sont cruelles;
Pour peu qu'on les soutienne, on les voit tout oser :
Pour les anéantir, il les faut mépriser.
Qui conduit des soldats peut gouverner des prêtres.
Un roi dont la grandeur éclipsa ses ancêtres
Crut pourtant, sur la foi d'un confesseur normand,
Jansénius à craindre, et Quesnel important;
Du sceau de sa grandeur il chargea leurs sottises.
De la dispute alors cent cabales éprises,
Cent bavards en fourrure, avocats, bacheliers,
Colporteurs, capucins, jésuites, cordeliers,
Troublèrent tout l'État par leurs doctes scrupules :

---

1. Il ne faut pas entendre par ce mot l'Église catholique, mais le poignard d'un ecclésiastique, le fanatisme abominable de quelques gens d'Église de ces temps-là, détesté par l'Église de tous les temps.

Le régent, plus sensé, les rendit ridicules[1];
Dans la poussière alors on les vit tous rentrer.
    L'œil du maître suffit, il peut tout opérer.
L'heureux cultivateur des présents de Pomone,
Des filles du printemps, des trésors de l'automne,
Maître de son terrain, ménage aux arbrisseaux
Les secours du soleil, de la terre et des eaux,
Par de légers appuis soutient leurs bras débiles,
Arrache impunément les plantes inutiles,
Et des arbres touffus dans son clos renfermés
Émonde les rameaux de la séve affamés;
Son docile terrain répond à sa culture :
Ministre industrieux des lois de la nature,
Il n'est pas traversé dans ses heureux desseins;
Un arbre qu'avec peine il planta de ses mains
Ne prétend pas le droit de se rendre stérile,
Et, du sol épuisé tirant un suc utile,
Ne va pas refuser à son maître affligé
Une part de ses fruits dont il est trop chargé;
Un jardinier voisin n'eut jamais la puissance
De diriger des dieux la maligne influence,
De maudire ses fruits pendants aux espaliers,
Et de sécher d'un mot sa vigne et ses figuiers.
Malheur aux nations dont les lois opposées
Embrouillent de l'État les rênes divisées!
Le sénat des Romains, ce conseil de vainqueurs,
Présidait aux autels, et gouvernait les mœurs,
Restreignait sagement le nombre des vestales,
D'un peuple extravagant réglait les bacchanales.
Marc Aurèle et Trajan mêlaient, au Champ de Mars,
Le bonnet de pontife au bandeau des Césars;
L'univers, reposant sous leur heureux génie,
Des guerres de l'école ignora la manie :
Ces grands législateurs, d'un saint zèle enivrés,
Ne combattirent point pour leurs poulets sacrés.
Rome, encore aujourd'hui conservant ces maximes,
Joint le trône à l'autel par des nœuds légitimes;
Ses citoyens en paix, sagement gouvernés,
Ne sont plus conquérants, et sont plus fortunés.
    Je ne demande pas que dans sa capitale
Un roi, portant en main la crosse épiscopale,
Au sortir du conseil allant en mission,
Donne au peuple contrit sa bénédiction;

1. Ce ridicule, si universellement senti par toutes les nations, tombe sur les grandes intrigues pour de petites choses, sur la haine acharnée de deux partis qui n'ont jamais pu s'entendre sur plus de quatre mille volumes imprimés.

Toute Église a ses lois, tout peuple a son usage :
Mais je prétends qu'un roi, que son devoir engage
A maintenir la paix, l'ordre, la sûreté,
Ait sur tous ses sujets égale autorité[1].
Ils sont tous ses enfants; cette famille immense
Dans ses soins paternels a mis sa confiance.
Le marchand, l'ouvrier, le prêtre, le soldat,
Sont tous également les membres de l'État.
De la religion l'appareil nécessaire
Confond aux yeux de Dieu le grand et le vulgaire;
Et les civiles lois, par un autre lien,
Ont confondu le prêtre avec le citoyen.
La loi dans tout État doit être universelle :
Les mortels, quels qu'ils soient, sont égaux devant elle.
Je n'en dirai pas plus sur ces points délicats.
Le ciel ne m'a point fait pour régir les États,
Pour conseiller les rois, pour enseigner les sages;
Mais, du port où je suis contemplant les orages,
Dans cette heureuse paix où je finis mes jours,
Éclairé par vous-même, et plein de vos discours,
De vos nobles leçons salutaire interprète,
Mon esprit suit le vôtre, et ma voix vous répète.
Que conclure à la fin de tous mes longs propos?
C'est que les préjugés sont la raison des sots;
Il ne faut pas pour eux se déclarer la guerre :
Le vrai nous vient du ciel, l'erreur vient de la terre;
Et, parmi les chardons qu'on ne peut arracher,
Dans les sentiers secrets le sage doit marcher.
La paix enfin, la paix que l'on trouble et qu'on aime,
Est d'un prix aussi grand que la vérité même.

PRIÈRE.

O Dieu qu'on méconnaît, ô Dieu que tout annonce,
Entends les derniers mots que ma bouche prononce;
Si je me suis trompé, c'est en cherchant ta loi.
Mon cœur peut s'égarer, mais il est plein de toi.
Je vois sans m'alarmer l'éternité paraître;
Et je ne puis penser qu'un Dieu qui m'a fait naître,
Qu'un Dieu qui sur mes jours versa tant de bienfaits,
Quand mes jours sont éteints me tourmente à jamais.

---

1. Ce n'est pas à dire que chaque ordre de l'État n'ait ses distinctions, ses priviléges indispensablement attachés à ses fonctions. Ils jouissent de ces priviléges dans tout pays; mais la loi générale lie également tout le monde.

POÉME
SUR LE DÉSASTRE DE LISBONNE,
EN 1755,
OU EXAMEN DE CET AXIOME : *TOUT EST BIEN*.

PRÉFACE.

Si jamais la question du mal physique a mérité l'attention de tous les hommes, c'est dans ces événements funestes qui nous rappellent à la contemplation de notre faible nature; comme les pestes générales qui ont enlevé le quart des hommes dans le monde connu, le tremblement de terre qui engloutit quatre cent mille personnes à la Chine en 1699, celui de Lima et de Callao, et en dernier lieu celui du Portugal, et du royaume de Fez. L'axiome *Tout est bien* paraît un peu étrange à ceux qui sont les témoins de ces désastres. Tout est arrangé, tout est ordonné, sans doute, par la Providence; mais il n'est que trop sensible que tout, depuis longtemps, n'est pas arrangé pour notre bien-être présent.

Lorsque l'illustre Pope donna son *Essai sur l'homme*, et qu'il développa dans ses vers immortels les systèmes de Leibnitz, du lord Shaftesbury[1], et du lord Bolingbroke, une foule de théolo-

---

[1]. C'est peut-être la première fois qu'on a dit que le système de Pope était celui du lord Shaftesbury; c'est pourtant une vérité incontestable. Toute la partie physique est presque mot à mot dans la première partie du chapitre intitulé *les Moralistes*, section III : « Much is alleg'd in « answer to show, etc. » « On a beaucoup à répondre à ces plaintes des défauts de la nature : comment est-elle sortie si impuissante et si défectueuse des mains d'un être parfait? *Mais je nie qu'elle soit défectueuse....* Sa beauté résulte des contrariétés, et la concorde universelle naît d'un combat perpétuel.... Il faut que chaque être soit immolé à d'autres, les végétaux aux animaux, les animaux à la terre.... et les lois du pouvoir central et de la gravitation, qui donnent aux corps célestes leur poids et leur mouvement, ne seront point dérangées pour l'amour d'un chétif et faible animal, qui, tout protégé qu'il est par ces mêmes lois, sera bientôt par elles réduit en poussière. »

Cela est admirablement dit; et cela n'empêche pas que l'illustre docteur Clarke, dans son traité de l'existence de Dieu, ne dise que « le genre humain se trouve dans un état où l'ordre naturel des choses de ce monde est manifestement renversé; » page 10, tome II, deuxième édition, traduction de M. Ricotier. Cela n'empêche pas que l'homme ne puisse dire : « Je dois être aussi cher à mon maître, moi être pensant et sentant, que les planètes, qui probablement ne sentent point; » cela n'empêche pas que les choses de ce monde ne puissent être autrement, puisqu'on nous apprend que l'ordre a été perverti, et qu'il sera rétabli; cela n'empêche pas que le mal physique et le mal moral ne soient une chose incompréhensible à l'esprit humain; cela n'empêche pas qu'on ne puisse révoquer en doute le *Tout est bien*, en respectant Shaftesbury et Pope, dont le système a d'abord été attaqué comme suspect d'athéisme, et est aujourd'hui canonisé.

La partie morale de l'*Essai sur l'homme* de Pope est aussi tout entière

giens de toutes les communions attaqua ce système. On se révoltait contre cet axiome nouveau, que *tout est bien*, que *l'homme jouit de la seule mesure du bonheur dont son être soit susceptible*, etc. Il y a toujours un sens dans lequel on peut condamner un écrit, et un sens dans lequel on peut l'approuver. Il serait bien plus raisonnable de ne faire attention qu'aux beautés utiles d'un ouvrage, et de n'y point chercher un sens odieux : mais c'est une des imperfec..ons de notre nature, d'interpréter malignement tout ce qui peut être interprété, et de vouloir décrier tout ce qui a eu du succès.

On crut donc voir dans cette proposition, *Tout est bien*, le renversement du fondement des idées reçues. « Si tout est bien, disait-on, il est donc faux que la nature humaine soit déchue. Si l'ordre général exige que tout soit comme il est, la nature humaine n'a donc pas été corrompue ; elle n'a donc pas eu besoin de rédempteur. Si ce monde, tel qu'il est, est le meilleur des mondes possibles, on ne peut donc pas espérer un avenir plus heureux. Si tous les maux dont nous sommes accablés sont un bien général, toutes les nations policées ont donc eu tort de rechercher l'origine du mal physique et du mal moral. Si un homme mangé par les bêtes féroces fait le bien-être de ces bêtes et contribue à l'ordre du monde, si les malheurs de tous les particuliers ne sont que la suite de cet ordre général et nécessaire, nous ne sommes donc que des roues qui servent à faire jouer la grande machine ; nous ne sommes pas plus précieux aux yeux de Dieu que les animaux qui nous dévorent. »

Voilà les conclusions qu'on tirait du poëme de M. Pope ; et ces dans Shaftesbury, à l'article de la recherche sur la vertu, au second volume des *Characteristics*. C'est là que l'auteur dit que l'intérêt particulier bien entendu fait l'intérêt général. « Aimer le bien public et le nôtre est non-seulement possible, mais inséparable : « To be well affec-« ted towards the public interest and one's own, in not only consistent, « but inseparable. » C'est là ce qu'il prouve dans tout ce livre, et c'est la base de toute la partie morale de l'*Essai* de Pope *sur l'homme*. C'est par là qu'il finit.

That reason, passion, answer one great aim,
That true self love and social be the same.

« La raison et les passions répondent au grand but de Dieu. Le véritable amour-propre et l'amour social sont le même. »

Une si belle morale, bien mieux développée encore dans Pope que dans Shaftesbury, a toujours charmé l'auteur des poëmes sur *Lisbonne* et sur la *Loi naturelle* : voilà pourquoi il a dit page 156) :

Mais Pope approfondit ce qu'ils ont effleuré,
. . . .
Et l'homme avec lui seul apprend à se connaître.

Le lord Shaftesbury prouve encore que la perfection de la vertu est due nécessairement à la croyance d'un Dieu : « And thus perfection of virtue « must be owing to the belief of a God. »

C'est apparemment sur ces paroles que quelques personnes ont traité Shaftesbury d'athée. S'ils avaient bien lu son livre, ils n'auraient pas fait cet infâme reproche à la mémoire d'un pair d'Angleterre, d'un philosophe élevé par le sage Loke.

C'est ainsi que le P. Hardouin traita d'athées Pascal, Malebranche et Arnauld ; c'est ainsi que le docteur Lange traita d'athée le respectable

conclusions mêmes augmentaient encore la célébrité et le succès de l'ouvrage. Mais on devait l'envisager sous un autre aspect : il fallait considérer le respect pour la Divinité, la résignation qu'on doit à ses ordres suprêmes, la saine morale, la tolérance, qui sont l'âme de cet excellent écrit. C'est ce que le public a fait; et l'ouvrage, ayant été traduit par des hommes dignes de le traduire [1], a triomphé d'autant plus des critiques qu'elles roulaient sur des matières plus délicates.

C'est le propre des censures violentes d'accréditer les opinions qu'elles attaquent. On crie contre un livre parce qu'il réussit, on lui impute des erreurs : qu'arrive-t-il ? les hommes, révoltés contre ces cris, prennent pour des vérités les erreurs mêmes que ces critiques ont cru apercevoir. La censure élève des fantômes pour les combattre, et les lecteurs indignés embrassent ces fantômes.

Les critiques ont dit : « Leibnitz, Pope, enseignent le fatalisme; » et les partisans de Leibnitz et de Pope ont dit : « Si Leibnitz et Pope enseignent le fatalisme, ils ont donc raison, et c'est à cette fatalité invincible qu'il faut croire. »

Pope avait dit *Tout est bien* en un sens qui était très-recevable; et ils le disent aujourd'hui en un sens qui peut être combattu.

L'auteur du poëme sur *le Désastre de Lisbonne* ne combat point l'illustre Pope, qu'il a toujours admiré et aimé; il pense comme lui sur presque tous les points : mais, pénétré des malheurs des hommes, il s'élève contre les abus qu'on peut faire de cet ancien

Wolf, pour avoir loué la morale des Chinois; et Wolf s'étant appuyé du témoignage des jésuites missionnaires à la Chine, le docteur répondit : « Ne sait-on pas que les jésuites sont des athées ? » Ceux qui gémirent sur l'aventure des diables de Loudun, si humiliante pour la raison humaine; ceux qui trouvèrent mauvais qu'un récollet, en conduisant Urbain Grandier au supplice, le frappât au visage avec un crucifix de fer, furent appelés athées par les récollets. Les convulsionnaires ont imprimé que ceux qui se moquaient des convulsions étaient des athées; et les molinistes ont cent fois baptisé de ce nom les jansénistes.

Lorsqu'un homme connu [2] écrivit le premier en France, il y a plus de trente ans, sur l'inoculation de la petite-vérole, un auteur inconnu écrivit : « Il n'y a qu'un athée imbu des folies anglaises qui puisse proposer à notre nation de faire un mal certain pour un bien incertain. »

L'auteur des *Nouvelles ecclésiastiques*, qui écrit tranquillement depuis si longtemps contre les lois et contre la raison, a employé une feuille à prouver que M. de Montesquieu était athée, et une autre feuille à prouver qu'il était déiste.

Saint-Sorlin des Marets, connu en son temps par le poëme de *Clovis* et par son fanatisme, voyant passer un jour dans la galerie du Louvre La Mothe Le Vayer, conseiller d'État et précepteur de Monsieur : « Voilà, dit-il, un homme qui n'a point de religion. » La Mothe Le Vayer se retourna vers lui, et daigna lui dire : « Mon ami, j'ai tant de religion, que je ne suis pas de la tienne. »

En général, cette ridicule et abominable démence d'accuser d'athéisme à tort et à travers tous ceux qui ne pensent pas comme nous est ce qui a le plus contribué à répandre d'un bout de l'Europe à l'autre ce profond mépris que tout le public a aujourd'hui pour les libelles de controverse.

1. Silhouette et l'abbé Duresnel. (ÉD.)

2. Voltaire lui-même. (ÉD.)

axiome, *Tout est bien*. Il adopte cette triste et plus ancienne vérité reconnue de tous les hommes, qu'*il y a du mal sur la terre;* il avoue que le mot *Tout est bien*, pris dans un sens absolu et sans l'espérance d'un avenir, n'est qu'une insulte aux douleurs de notre vie.

Si, lorsque Lisbonne, Méquinez, Tétuan, et tant d'autres villes, furent englouties avec un si grand nombre de leurs habitants au mois de novembre 1755, des philosophes avaient crié aux malheureux qui échappaient à peine des ruines : « Tout est bien; les héritiers des morts augmenteront leurs fortunes; les maçons gagneront de l'argent à rebâtir des maisons; les bêtes se nourriront des cadavres enterrés dans les débris : c'est l'effet nécessaire des causes nécessaires; votre mal particulier n'est rien, vous contribuez au bien général; » un tel discours certainement eût été aussi cruel que le tremblement de terre a été funeste. Et voilà ce que dit l'auteur du poëme sur *le Désastre de Lisbonne*.

Il avoue donc avec toute la terre qu'il y a du mal sur la terre, ainsi que du bien; il avoue qu'aucun philosophe n'a pu jamais expliquer l'origine du mal moral et du mal physique; il avoue que Bayle, le plus grand dialecticien qui ait jamais écrit, n'a fait qu'apprendre à douter, et qu'il se combat lui-même; il avoue qu'il y a autant de faiblesse dans les lumières de l'homme que de misères dans sa vie. Il expose tous les systèmes en peu de mots. Il dit que la révélation seule peut dénouer ce grand nœud, que tous les philosophes ont embrouillé; il dit que l'espérance d'un développement de notre être, dans un nouvel ordre de choses, peut seule consoler des malheurs présents, et que la bonté de la Providence est le seul asile auquel l'homme puisse recourir dans les ténèbres de sa raison, et dans les calamités de sa nature faible et mortelle.

P. S. Il est toujours malheureusement nécessaire d'avertir qu'il faut distinguer les objections que se fait un auteur de ses réponses aux objections, et ne pas prendre ce qu'il réfute pour ce qu'il adopte.

O malheureux mortels! ô terre déplorable!
O de tous les mortels assemblage effroyable!
D'inutiles douleurs éternels entretien :
Philosophes trompés qui criez, « Tout est bien, »
Accourez, contemplez ces ruines affreuses,
Ces débris, ces lambeaux, ces cendres malheureuses,
Ces femmes, ces enfants l'un sur l'autre entassés,
Sous ces marbres rompus ces membres dispersés;
Cent mille infortunés que la terre dévore,
Qui, sanglants, déchirés, et palpitants encore,
Enterrés sous leurs toits, terminent sans secours
Dans l'horreur du tourment leurs lamentables jours!
Aux cris demi-formés de leurs voix expirantes,
Au spectacle effrayant de leurs cendres fumantes,
Direz-vous : « C'est l'effet des éternelles lois

Qui d'un Dieu libre et bon nécessitent le choix? »
Direz-vous, en voyant cet amas de victimes :
« Dieu s'est vengé, leur mort est le prix de leurs crimes? »
Quel crime, quelle faute ont commis ces enfants
Sur le sein maternel écrasés et sanglants?
Lisbonne, qui n'est plus, eut-elle plus de vices
Que Londres, que Paris, plongés dans les délices?
Lisbonne est abîmée, et l'on danse à Paris.
Tranquilles spectateurs, intrépides esprits,
De vos frères mourants contemplant les naufrages,
Vous recherchez en paix les causes des orages :
Mais du sort ennemi quand vous sentez les coups,
Devenus plus humains, vous pleurez comme nous.
Croyez-moi, quand la terre entr'ouvre ses abîmes,
Ma plainte est innocente et mes cris légitimes.
Partout environnés des cruautés du sort,
Des fureurs des méchants, des piéges de la mort,
De tous les éléments éprouvant les atteintes,
Compagnons de nos maux, permettez-nous les plaintes.
C'est l'orgueil, dites-vous, l'orgueil séditieux,
Qui prétend qu'étant mal, nous pouvions être mieux.
Allez interroger les rivages du Tage;
Fouillez dans les débris de ce sanglant ravage;
Demandez aux mourants, dans ce séjour d'effroi,
Si c'est l'orgueil qui crie : « O ciel, secourez-moi !
O ciel, ayez pitié de l'humaine misère ! »
Tout est bien, dites-vous, et tout est nécessaire.
Quoi ! l'univers entier, sans ce gouffre infernal,
Sans engloutir Lisbonne, eût-il été plus mal?
Êtes-vous assurés que la cause éternelle
Qui fait tout, qui sait tout, qui créa tout pour elle,
Ne pouvait nous jeter dans ces tristes climats
Sans former des volcans allumés sous nos pas!
Borneriez-vous ainsi la suprême puissance?
Lui défendriez-vous d'exercer sa clémence?
L'éternel artisan n'a-t-il pas dans ses mains
Des moyens infinis tout prêts pour ses desseins?
Je désire humblement, sans offenser mon maître,
Que ce gouffre enflammé de soufre et de salpêtre
Eût allumé ses feux dans le fond des déserts.
Je respecte mon Dieu, mais j'aime l'univers.
Quand l'homme ose gémir d'un fléau si terrible
Il n'est point orgueilleux, hélas ! il est sensible.
 Les tristes habitants de ces bords désolés
Dans l'horreur des tourments seraient-ils consolés
Si quelqu'un leur disait : « Tombez, mourez tranquilles;
Pour le bonheur du monde on détruit vos asiles;

D'autres mains vont bâtir vos palais embrasés,
D'autres peuples naîtront dans vos murs écrasés ;
Le Nord va s'enrichir de vos pertes fatales ;
Tous vos maux sont un bien dans les lois générales ;
Dieu vous voit du même œil que les vils vermisseaux
Dont vous serez la proie au fond de vos tombeaux. »
A des infortunés quel horrible langage !
Cruels, à mes douleurs n'ajoutez point l'outrage.

Non, ne présentez plus à mon cœur agité
Ces immuables lois de la nécessité,
Cette chaîne des corps, des esprits et des mondes.
O rêves de savants ! ô chimères profondes !
Dieu tient en main la chaîne, et n'est point enchaîné[1] ;

---

1. La chaîne universelle n'est point, comme on l'a dit, une gradation suivie qui lie tous les êtres. Il y a probablement une distance immense entre l'homme et la brute, entre l'homme et les substances supérieures ; il y a l'infini entre Dieu et toutes les substances. Les globes qui roulent autour de notre soleil n'ont rien de ces gradations insensibles, ni dans leur grosseur, ni dans leurs distances, ni dans leurs satellites.

Pope dit que l'homme ne peut savoir pourquoi les lunes de Jupiter sont moins grandes que Jupiter : il se trompe en cela ; c'est une erreur pardonnable qui a pu échapper à son beau génie. Il n'y a point de mathématicien qui n'eût fait voir au lord Bolingbroke et à M. Pope que si Jupiter était plus petit que ses satellites, ils ne pourraient pas tourner autour de lui ; mais il n'y a point de mathématicien qui pût découvrir une gradation suivie dans les corps du système solaire.

Il n'est pas vrai que, si on ôtait un atome du monde, le monde ne pourrait subsister ; et c'est ce que M. de Crousaz, savant géomètre, remarqua très-bien dans son livre contre M. Pope. Il paraît qu'il avait raison en ce point, quoique sur d'autres il ait été invinciblement réfuté par MM. Warburton et Silhouette.

Cette chaîne des événements a été admise et très-ingénieusement défendue par le grand philosophe Leibnitz ; elle mérite d'être éclaircie. Tous les corps, tous les événements, dépendent d'autres corps et d'autres événements. Cela est vrai ; mais tous les corps ne sont pas nécessaires à l'ordre et à la conservation de l'univers, et tous les événements ne sont pas essentiels à la série des événements. Une goutte d'eau, un grain de sable de plus ou de moins, ne peuvent rien changer à la constitution générale. La nature n'est asservie ni à aucune quantité précise, ni à aucune forme précise. Nulle planète ne se meut dans une courbe absolument régulière ; nul être connu n'est d'une figure précisément mathématique ; nulle quantité précise n'est requise pour nulle opération : la nature n'agit jamais rigoureusement. Ainsi on n'a aucune raison d'assurer qu'un atome de moins sur la terre serait la cause de la destruction de la terre.

Il en est de même des événements : chacun d'eux a sa cause dans l'événement qui précède ; c'est une chose dont aucun philosophe n'a jamais douté. Si on n'avait pas fait l'opération césarienne à la mère de César, César n'aurait pas détruit la république, il n'eût pas adopté Octave, et Octave n'eût pas laissé l'empire à Tibère. Maximilien épouse l'héritière de la Bourgogne et des Pays-Bas, et ce mariage devient la source de deux cents ans de guerre. Mais que César ait craché à droite ou à gauche, que l'héritière de Bourgogne ait arrangé sa coiffure d'une manière ou d'une autre, cela n'a certainement rien changé au système général.

Il y a donc des événements qui ont des effets, et d'autres qui n'e

Par son choix bienfaisant tout est déterminé
Il est libre, il est juste, il n'est point implacable.
Pourquoi donc souffrons-nous sous un maître équitable [1]?
Voilà le nœud fatal qu'il fallait délier.
Guérirez-vous nos maux en osant les nier?
Tous les peuples, tremblant sous une main divine,
Du mal que vous niez ont cherché l'origine.
Si l'éternelle loi qui meut les éléments
Fait tomber les rochers sous les efforts des vents,
Si les chênes touffus par la foudre s'embrasent,
Ils ne ressentent point les coups qui les écrasent :
Mais je vis, mais je sens, mais mon cœur opprimé
Demande des secours au Dieu qui l'a formé.
 Enfants du Tout-Puissant, mais nés dans la misère,
Nous étendons les mains vers notre commun père.
Le vase, on le sait bien, ne dit point au potier :
« Pourquoi suis-je si vil, si faible, et si grossier? »
Il n'a point la parole, il n'a point la pensée;
Cette urne en se formant qui tombe fracassée,
De la main du potier ne reçut point un cœur
Qui désirât les biens et sentît son malheur.
« Ce malheur, dites-vous, est le bien d'un autre être. »
De mon corps tout sanglant mille insectes vont naître;
Quand la mort met le comble aux maux que j'ai soufferts,
Le beau soulagement d'être mangé des vers!
Tristes calculateurs des misères humaines,
Ne me consolez point, vous aigrissez mes peines;
Et je ne vois en vous que l'effort impuissant

ont pas. Il en est de leur chaîne comme d'un arbre généalogique; on y voit des branches qui s'éteignent à la première génération, et d'autres qui continuent la race. Plusieurs événements restent sans filiation. C'est ainsi que dans toute machine il y a des effets nécessaires au mouvement, et d'autres effets indifférents, qui sont la suite des premiers, et qui ne produisent rien. Les roues d'un carrosse servent à le faire marcher; mais qu'elles fassent voler un peu plus ou un peu moins de poussière, le voyage se fait également. Tel est donc l'ordre général du monde, que les chaînons de la chaîne ne seraient point dérangés par un peu plus ou un peu moins de matière, par un peu plus ou un peu moins d'irrégularité.

 La chaîne n'est pas dans un plein absolu; il est démontré que les corps célestes font leurs révolutions dans l'espace non résistant. Tout l'espace n'est pas rempli. Il n'y a donc pas une suite de corps depuis un atome jusqu'à la plus reculée des étoiles; il peut donc y avoir des intervalles immenses entre les êtres sensibles, comme entre les insensibles. On ne peut donc assurer que l'homme soit nécessairement placé dans un des chaînons attachés l'un à l'autre par une suite non interrompue. *Tout est enchaîné* ne veut dire autre chose sinon que tout est arrangé. Dieu est la cause et le maître de cet arrangement. Le Jupiter d'Homère était l'esclave des destins; mais dans une philosophie plus épurée Dieu est le maître des destins. Voyez Clarke, *Traité de l'existence de Dieu.*
 1. « Sub Deo justo nemo miser nisi mereatur. » *Saint Augustin.*

D'un fier infortuné qui feint d'être content.
 Je ne suis du grand *tout* qu'une faible partie :
Oui ; mais les animaux condamnés à la vie,
Tous les êtres sentants, nés sous la même loi,
Vivent dans la douleur, et meurent comme moi.
 Le vautour, acharné sur sa timide proie,
De ses membres sanglants se repaît avec joie ;
Tout semble bien pour lui : mais bientôt à son tour
Une aigle au bec tranchant dévore le vautour ;
L'homme d'un plomb mortel atteint cette aigle altière :
Et l'homme aux champs de Mars couché sur la poussière,
Sanglant, percé de coups, sur un tas de mourants,
Sert d'aliment affreux aux oiseaux dévorants.
Ainsi du monde entier tous les membres gémissent ;
Nés tous pour les tourments, l'un par l'autre ils périssent :
Et vous composerez dans ce chaos fatal
Des malheurs de chaque être un bonheur général !
Quel bonheur ! ô mortel et faible et misérable,
Vous criez : « Tout est bien, » d'une voix lamentable ;
L'univers vous dément, et votre propre cœur
Cent fois de votre esprit a réfuté l'erreur.
 Éléments, animaux, humains, tout est en guerre.
Il le faut avouer, le *mal* est sur la terre :
Son principe secret ne nous est point connu.
De l'auteur de tout bien le mal est-il venu ?
Est-ce le noir Typhon [1], le barbare Arimane [2],
Dont la loi tyrannique à souffrir nous condamne ?
Mon esprit n'admet point ces monstres odieux
Dont le monde en tremblant fit autrefois des dieux.
 Mais comment concevoir un Dieu, la bonté même,
Qui prodigua ses biens à ses enfants qu'il aime,
Et qui versa sur eux les maux à pleines mains ?
Quel œil peut pénétrer dans ses profonds desseins ?
De l'Être tout parfait le mal ne pouvait naître ;
Il ne vient point d'autrui [3], puisque Dieu seul est maître :
Il existe pourtant. O tristes vérités !
O mélange étonnant de contrariétés !
Un Dieu vint consoler notre race affligée ;
Il visita la terre, et ne l'a point changée [4] !
Un sophiste arrogant nous dit qu'il ne l'a pu ;
« Il le pouvait, dit l'autre, et ne l'a point voulu :
Il le voudra, sans doute ; » et, tandis qu'on raisonne,

1. Principe du mal chez les Égyptiens.
2. Principe du mal chez les Perses.
3. C'est-à-dire d'un autre principe.
4. Un philosophe anglais a prétendu que le monde physique avait dû être changé au premier avénement, comme le monde moral.

Des foudres souterrains engloutissent Lisbonne,
Et de trente cités dispersent les débris ;
Des bords sanglants du Tage à la mer de Cadix,
 Ou l'homme est né coupable, et Dieu punit sa race,
Ou ce maître absolu de l'être et de l'espace,
Sans courroux, sans pitié, tranquille, indifférent,
De ses premiers décrets suit l'éternel torrent ;
Ou la matière informe, à son maître rebelle,
Porte en soi des défauts *nécessaires* comme elle ;
Ou bien Dieu nous éprouve, et ce séjour mortel [1]
N'est qu'un passage étroit vers un monde éternel.
Nous essuyons ici des douleurs passagères :
Le trépas est un bien qui finit nos misères.
Mais quand nous sortirons de ce passage affreux,
Qui de nous prétendra mériter d'être heureux ?
 Quelque parti qu'on prenne, on doit frémir, sans doute.
Il n'est rien qu'on connaisse, et rien qu'on ne redoute.
La nature est muette, on l'interroge en vain ;
On a besoin d'un Dieu qui parle au genre humain.
Il n'appartient qu'à lui d'expliquer son ouvrage,
De consoler le faible, et d'éclairer le sage.
L'homme, au doute, à l'erreur, abandonné sans lui,
Cherche en vain des roseaux qui lui servent d'appui.
Leibnitz ne m'apprend point par quels nœuds invisibles,
Dans le mieux ordonné des univers possibles,
Un désordre éternel, un chaos de malheurs,
Mêle à nos vains plaisirs de réelles douleurs,
Ni pourquoi l'innocent, ainsi que le coupable,
Subit également ce mal inévitable.
Je ne conçois pas plus comment tout serait bien :
Je suis comme un docteur ; hélas ! je ne sais rien.
 Platon dit qu'autrefois l'homme avait eu des ailes,
Un corps impénétrable aux atteintes mortelles ;
La douleur, le trépas, n'approchaient point de lui.
De cet état brillant qu'il diffère aujourd'hui !
Il rampe, il souffre, il meurt ; tout ce qui naît expire ;
De la destruction la nature est l'empire.
Un faible composé de nerfs et d'ossements
Ne peut être insensible au choc des éléments ;
Ce mélange de sang, de liqueurs et de poudre,
Puisqu'il fut assemblé, fut fait pour se dissoudre ;
Et le sentiment prompt de ces nerfs délicats
Fut soumis aux douleurs, ministres du trépas :

[1]. Voilà, avec l'opinion des deux principes, toutes les solutions qui se présentent à l'esprit humain dans cette grande difficulté ; et la révélation seule peut enseigner ce que l'esprit humain ne saurait comprendre.

C'est là ce que m'apprend la voix de la nature.
J'abandonne Platon, je rejette Épicure.
Bayle en sait plus qu'eux tous ; je vais le consulter :
La balance à la main, Bayle enseigne à douter [1] ;
Assez sage, assez grand pour être sans système,
Il les a tous détruits, et se combat lui-même :
Semblable à cet aveugle en butte aux Philistins,
Qui tomba sous les murs abattus par ses mains.

Que peut donc de l'esprit la plus vaste étendue ?
Rien : le livre du sort se ferme à notre vue.

---

[1] Une centaine de remarques répandues dans le *Dictionnaire* de Bayle lui ont fait une réputation immortelle. Il a laissé la dispute sur *l'origine du mal* indécise. Chez lui toutes les opinions sont exposées ; toutes les raisons qui les soutiennent, toutes les raisons qui les ébranlent, sont également approfondies ; c'est l'avocat général des philosophes, mais il ne donne point ses conclusions. Il est comme Cicéron, qui souvent, dans ses ouvrages philosophiques, soutient son caractère d'académicien indécis, ainsi que l'a remarqué le savant et judicieux abbé d'Olivet.

Je crois devoir essayer ici d'adoucir ceux qui s'acharnent depuis quelques années avec tant de violence et si vainement contre Bayle ; j'ai tort de dire vainement, car ils ne servent qu'à le faire lire avec plus d'avidité. Ils devraient apprendre de lui à raisonner et à être modérés : jamais d'ailleurs le philosohe Bayle n'a nié ni la Providence, ni l'immortalité de l'âme. On traduit Cicéron, on le commente, on le fait servir à l'éducation des princes : mais que trouve-t-on presque à chaque page dans Cicéron, parmi plusieurs choses admirables ? On y trouve que, « s'il est une Providence, elle est blâmable d'avoir donné aux hommes une intelligence dont elle savait qu'ils devaient abuser. » « Sic vestra ista « Providentia reprehendenda, quæ rationem dederit iis quos scierit ea « perverse et improbe usuros. (*De Natura deorum*, lib. III, cap. XXXI.) »

« Jamais personne n'a cru que la vertu vînt des dieux, et on a eu raison. » « Virtutem autem nemo unquam Deo retulit ; nimirum recte. « (Ibid., cap. XXXVI.) »

« Qu'un criminel meure impuni, vous dites que les dieux le frappent dans sa postérité. Une ville souffrirait-elle un législateur qui condamnerait les petits-enfants pour les crimes de leur grand-père ? » « Ferretne « ulla civitas latorem istiusmodi legis ut condemnaretur filius aut « nepos, si pater aut avus deliquisset ? (Ibid., cap. XXXVIII.) »

Et ce qu'il y a de plus étrange, c'est que Cicéron finit son livre de la *Nature des dieux* sans réfuter de telles assertions. Il soutient en cent endroits la mortalité de l'âme, dans ses *Tusculanes*, après avoir soutenu son immortalité.

Il y a bien plus ; c'est à tout le sénat de Rome qu'il dit, dans son plaidoyer pour Cluentius : « Quel mal lui a fait la mort ? Nous rejetons tous les fables ineptes des enfers ; qu'est-ce donc que la mort lui a ôté, sinon le sentiment des douleurs ? » « Quid tandem illi mali mors attulit ? nisi « forte ineptiis ac fabulis ducimur, ut existimemus illum apud inferos « impiorum supplicia perferre.... quæ si falsa sunt, id quod omnes in- « telligunt, quid ei tandem aliud mors eripuit, præter sensum doloris ? « (C. LXI.) »

Enfin dans ses lettres, où le cœur parle, ne dit-il pas : « Si non ero, « sensu omnino carebo ? » « Quand je ne serai plus, tout sentiment périra avec moi. » *Ep. fam.*, lib. VI, ep. III.)

Jamais Bayle n'a rien dit d'approchant. Cependant on met Cicéron entre les mains de la jeunesse ; on se déchaîne contre Bayle : pourquoi ? c'est que les hommes sont inconséquents, c'est qu'ils sont injustes.

L'homme, étranger à soi, de l'homme est ignoré.
Que suis-je, où suis-je, où vais-je, et d'où suis-je tiré¹ ?
Atomes tourmentés sur cet amas de boue,
Que la mort engloutit, et dont le sort se joue,
Mais atomes pensants, atomes dont les yeux,
Guidés par la pensée, ont mesuré les cieux;
Au sein de l'infini nous élançons notre être,
Sans pouvoir un moment nous voir et nous connaître.
Ce monde, ce théâtre et d'orgueil et d'erreur,
Est plein d'infortunés qui parlent de bonheur.
Tout se plaint, tout gémit en cherchant le bien-être :
Nul ne voudrait mourir, nul ne voudrait renaître ².
Quelquefois, dans nos jours consacrés aux douleurs,
Par la main du plaisir nous essuyons nos pleurs;
Mais le plaisir s'envole, et passe comme une ombre;
Nos chagrins, nos regrets, nos pertes, sont sans nombre.
Le passé n'est pour nous qu'un triste souvenir;
Le présent est affreux, s'il n'est point d'avenir,
Si la nuit du tombeau détruit l'être qui pense.
Un jour tout sera bien, voilà notre espérance;
Tout est bien aujourd'hui, voilà l'illusion.
Les sages me trompaient, et Dieu seul a raison.
Humble dans mes soupirs, soumis dans ma souffrance,
Je ne m'élève point contre la Providence.
Sur un ton moins lugubre on me vit autrefois [3] :
Chanter des doux plaisirs les séduisantes lois³ :
D'autres temps, d'autres mœurs : instruit par la vieillesse,
Des humains égarés partageant la faiblesse,
Dans une épaisse nuit cherchant à m'éclairer,
Je ne sais que souffrir, et non pas murmurer.

Un calife autrefois, à son heure dernière,

---

1. Il est clair que l'homme ne peut par lui-même être instruit de tout cela. L'esprit humain n'acquiert aucune notion que par l'expérience; nulle expérience ne peut nous apprendre ni ce qui était avant notre existence, ni ce qui est après, ni ce qui anime notre existence présente. Comment avons-nous reçu la vie? quel ressort la soutient? comment notre cerveau a-t-il des idées et de la mémoire? comment nos membres obéissent-ils incontinent à notre volonté? etc. Nous n'en savons rien. Ce globe est-il seul habité? a-t-il été fait après d'autres globes, ou dans le même instant? chaque genre de plantes vient-il, ou non, d'une première plante? chaque genre d'animaux est-il produit, ou non, par deux premiers animaux? Les plus grands philosophes n'en savent pas plus sur ces matières que les plus ignorants des hommes. Il en faut revenir à ce proverbe populaire : « La poule a-t-elle été avant l'œuf, ou l'œuf avant la poule? » Le proverbe est bas, mais il confond la plus haute sagesse, qui ne sait rien sur les premiers principes des choses sans un secours surnaturel.
2. On trouve difficilement une personne qui voulût recommencer la même carrière qu'elle a courue, et repasser par les mêmes événements
3. Voltaire désigne sa pièce du *Mondain*. (ÉD.)

Au Dieu qu'il adorait dit pour toute prière :
« Je t'apporte, ô seul roi, seul être illimité,
Tout ce que tu n'as pas dans ton immensité,
Les défauts, les regrets, les maux, et l'ignorance. »
Mais il pouvait encore ajouter *l'espérance*[1].

PRÉCIS DE L'ECCLÉSIASTE.

(1759.)

ÉPÎTRE DÉDICATOIRE AU ROI DE PRUSSE.

Sire,

On impute au troisième roi de la Judée le petit livre de *l'Ecclésiaste*. Je dédie le *Précis* de cet ouvrage au troisième roi de la Prusse, qui pense comme Salomon paraît penser, et qui a souvent exprimé les mêmes sentiments avec plus de méthode et plus d'énergie.

Quel que soit l'auteur de *l'Ecclésiaste*, il est certain qu'il était philosophe; et il n'est pas si certain qu'il fût roi. Vous êtes l'un et l'autre; ainsi vous réunissez tout ce qu'il y a, dit-on, de mieux sur la terre.

Des cuistres ignorants, qui détestaient les philosophes et qui n'aimaient pas les rois, ont condamné ce petit *Précis de l'Ecclésiaste*, apparemment parce qu'il est en vers; car ces messieurs ne sont pas plus touchés de la poésie que de la philosophie. C'est

---

1. La plupart des hommes ont eu cette espérance, avant même qu'ils eussent le secours de la révélation. L'espoir d'être après la mort est fondé sur l'amour de l'être pendant la vie; il est fondé sur la probabilité que ce qui pense pensera. On n'en a point de démonstration, parce qu'une chose démontrée est une chose dont le contraire est une contradiction, et parce qu'il n'y a jamais eu de disputes sur les vérités démontrées. Lucrèce, pour détruire cette espérance, apporte, dans son troisième livre, des arguments dont la force afflige; mais il n'oppose que des vraisemblances à des vraisemblances plus fortes. Plusieurs Romains pensaient comme Lucrèce; et on chantait sur le théâtre de Rome : « Post mortem nihil est, » « Il n'est rien après la mort. » Mais l'instinct, la raison, le besoin d'être consolé, le bien de la société, prévalurent, et les hommes ont toujours eu l'espérance d'une vie à venir: espérance, à la vérité, souvent accompagnée de doute. La révélation détruit le doute, et met la certitude à la place : mais qu'il est affreux d'avoir encore à disputer tous les jours sur la révélation; de voir la société chrétienne insociable, divisée en cent sectes sur la révélation; de se calomnier, de se persécuter, de se détruire pour la révélation; de faire des Saint-Barthélemy pour la révélation; d'assassiner Henri III et Henri IV pour la révélation; de faire couper la tête au roi Charles Ier pour la révélation; de traîner un roi de Pologne tout sanglant pour la révélation ! O Dieu, révélez-nous donc qu'il faut être humain et tolérant !

une nouvelle raison pour dédier cet ouvrage à Votre Majesté. Elle a sur Salomon l'avantage de faire des vers, et de n'être point tiraillée par sept cents épouses, dites légitimes, et par trois cents drôlesses, dites concubines ou femmes du second rang; ce qui ne convient pas trop à un sage.

L'Ecclésiaste a été inspiré par le Saint-Esprit; la traduction libre que je mets à vos pieds n'a été inspirée que par la raison : ainsi le traducteur peut être tombé dans des erreurs grossières. Il a pu, sans le savoir, hasarder des paroles malsonnantes et sentant l'hérésie : mais, comme Votre Majesté est hérétique, elle ne s'en offensera pas. Elle continuera à me donner sa protection contre les sots, dont elle est accoutumée à triompher comme de ses ennemis.

AVERTISSEMENT [1].

Soit que *l'Ecclésiaste* ait été effectivement composé par Salomon, soit qu'un autre auteur inspiré ait fait parler ce sage, ce livre a toujours été regardé comme un monument précieux. Il l'est d'autant plus qu'on y trouve plus de philosophie. Il montre le néant des choses humaines, il conseille en même temps l'usage raisonnable des biens que Dieu a donnés aux hommes : il ne fait pas de la sagesse un tableau hideux et révoltant; c'est un cours de morale fait pour les gens du monde. C'est pourquoi on a cru ce livre de l'Ecriture préférable à tout autre pour en donner un *Précis* en vers, et pour le présenter à la personne respectable [2] à qui on a eu l'honneur de l'adresser.

Il n'aurait pas été possible de le traduire d'un bout à l'autre avec succès; le style oriental est trop différent du nôtre. L'esprit divin, qui s'élève au-dessus de nos idées, néglige la méthode; il ne fait point difficulté de répéter souvent les mêmes pensées et les mêmes expressions; il passe rapidement d'un objet à un autre; il revient sur ses pas; il ne craint ni les contradictions apparentes que notre esprit borné est obligé de concilier, ni les grandes hardiesses que notre faiblesse est dans la nécessité d'adoucir.

Le sentiment de sa propre insuffisance a forcé le traducteur à rassembler en un corps les idées qui sont répandues dans ce livre avec une sublime profusion; à y mettre une liaison nécessaire pour nous, et un ordre qui était inutile à l'Esprit saint; et enfin à prendre un vol moins hardi, convenable à un laïque qui donne l'abrégé d'un livre divin.

Dans ma bouillante jeunesse,
J'ai cherché la volupté,
J'ai savouré son ivresse :
De mon bonheur dégoûté,

---

1. Cet avertissement est de Voltaire. (Éd.)
2. Mme de Pompadour. (Éd.)

PRÉCIS DE L'ECCLÉSIASTE.   403

   Dans sa coupe enchanteresse
   J'ai trouvé la vanité¹.
      La grandeur et la richesse²
   Dans l'âge mûr m'ont flatté :
   Les embarras, la tristesse,
   L'ennui, la satiété,
   Ont averti ma vieillesse
   Que tout était vanité.
      J'ai voulu de la science³
   Pénétrer l'obscurité.
   O nature, abîme immense
   Tu me laisses sans clarté ;
   J'ai recours à l'ignorance :
   Le savoir est vanité.

De quoi m'aura servi ma suprême puissance⁴,
Qui ne dit rien aux sens, qui ne dit rien au cœur ?
Brillante opinion, fantôme de bonheur,
Dont jamais en effet on n'a la jouissance.

J'ai cherché ce bonheur, qui fuyait de mes bras,
Dans mes palais de cèdre, aux bords de cent fontaines ;
Je le redemandais aux voix de mes sirènes :
Il n'était point dans moi, je ne le trouvais pas.

J'accablai mon esprit de trop de nourriture⁵ ;

---

1. « Vanitas vanitatum, et omnia vanitas. » Cap. I, v. 1. Dixi ego in « corde meo : « Vadam et affluam deliciis, et fruar bonis, » et vidi quod « hoc quoque esset vanitas. » Cap. II, v. 1.
« Vanité des vanités, et tout est vanité. » J'ai dit dans mon cœur : « Je « vais me plonger dans les délices, » et j'ai trouvé encore que cela est vanité.
2. « Et proposui in animo meo quærere... quæ fiunt sub sole... hanc « occupationem pessimam dedit Deus filiis hominum. » Cap. I, v. 13.
« Je me suis proposé d'examiner tout ce qui est sous le soleil, et c'est une très-mauvaise occupation. »
3. « Dedique cor meum ut scirem prudentiam, atque doctrinam, erro- « resque et stultitiam ; et agnovi quod in his quoque esset labor et « afflictio spiritus. » Cap. II, v. 7.
« J'ai voulu connaître la doctrine et les erreurs ; et c'est une affliction d'esprit. »
4. « Magnificavi opera mea, ædificavi domos.... » Cap. II, v. 4. « Possedi « servos et ancillas. » Cap. II, v. 5.
« Coacervavi mihi argentum et aurum, et substantias regum et pro- « vinciarum. Feci mihi cantatores et cantatrices.... » Cap. V, v. 8. « Feci « hortos et pomaria.... » Cap. II, v. 5. « Et omnia quæ desideraverunt oculi « mei, non negavi eis.... » Cap. II, v. 11. « Vidi in omnibus vanitatem et « afflictionem animi.... » Cap. II, v. 11. « Et idcirco tæduit me vitæ meæ. » Cap. II, v. 17.
« J'ai entrepris de grandes choses, j'ai bâti des palais, j'ai eu des esclaves, j'ai fait de grands amas d'or, j'ai accumulé les substances des rois et des provinces, j'ai eu des musiciens et des musiciennes, et j'ai planté des jardins ; je ne me suis refusé aucun désir ; j'ai reconnu qu'il n'y avait que vanité et affliction d'esprit : la vie m'est devenue in- supportable. »
5. « Rursus detestatus sum omnem industriam meam. » Cap. II, v. 18.

A prévenir mon goût j'épuise tous mes soins;
Mais mon goût s'émoussait en fuyant la nature :
Il n'est de vrais plaisirs qu'avec de vrais besoins.
    Je me suis fait une étude
    De connaître les mortels.
    J'ai vu leurs chagrins cruels.
    Et leur vague inquiétude,
    Et la secrète habitude
    De leurs penchants criminels
    L'artiste le plus habile
    Fut le moins récompensé;
    Le serviteur inutile
    Etait le plus caressé;
    Le juste fut traversé,
    Le méchant parut tranquille.
    Tu viens de trahir l'amour,
    Et tu ris, beauté volage;
    Un nouvel amant t'engage,
    T'aime, et te quitte en un jour;
    Et dans l'instant qu'il t'outrage
    On le trahit à son tour.
J'entends siffler partout les serpents de l'Envie[2];
Je vois par ses complots le mérite immolé;
L'innocent confondu traîne une affreuse vie;
Il s'écrie en mourant : « Nul ne m'a consolé ! »
  Le travail, la vertu, pleurent sans récompense,
La calomnie insulte à leurs cris douloureux;
Et du riche amolli la stupide insolence
Ne sait pas seulement s'il est des malheureux.
  Il l'est pourtant lui-même; un éternel orage[3]
Promène de son cœur les désirs inquiets;
Il hait son héritier, qui le hait davantage;
Il vit dans la contrainte, et meurt dans les regrets.

« Nam cum alius laboret in sapientia et doctrina.... Et hoc ergo vanitas. » Cap. II, v. 21.
« J'ai regardé ensuite avec détestation mes applications, après avoir cherché en vain la doctrine et la sagesse. »
1. « Verti me ad aliud, et vidi sub sole nec velocium cursum.... nec « artificum gratiam. » Cap. IX, v. 11
« J'ai tourné mes pensées ailleurs. J'ai vu que, sous le soleil, le prix n'était point pour celui qui avait le mieux couru, ni la faveur pour l'artiste le plus habile. »
2. « Verti me ad alia, et vidi calumnias et lacrimas innocentium, et «neminem consolatorem.... Cunctorum auxilio destitutos. » Cap. IV, v. 1.
« J'ai porté mon esprit ailleurs; j'ai vu les calomnies, l'innocent en larmes, sans secours et sans consolateur. »
3. « Homo extraneus vorabit illud, hoc vanitas et magna miseria est. » Cap. VI, v. 2.
« Un étranger dévorera toutes vos richesses après vous, et c'est là encore une très-grande misère. »

Dans leur course vagabonde
Les mortels sont entraînés ;
Frêles vaisseaux que sur l'onde
Battent les vents mutinés,
Et dans l'océan du monde
Au naufrage destinés.

D'espérances mensongères [1]
Nous vivons préoccupés :
Tous les malheurs de nos pères
Ne nous ont point détrompés ;
Nous éprouvons les misères
Dont nos fils seront frappés.

Rien de nouveau sur la terre [2] :
On verra ce qu'on a vu,
Le droit affreux de la guerre,
Par qui tout est confondu,
Et le vice et la vertu
En butte aux coups du tonnerre.

Le sage et l'imprudent, et le faible et le fort [3],
Tous sont précipités dans les mêmes abîmes ;
Le cœur juste et sans fiel, le cœur pétri de crimes,
Tous sont également les vains jouets du sort.

Le même champ nourrit la brebis innocente,
Et le tigre odieux qui déchire son flanc ;
Le tombeau réunit la race bienfaisante,
Et les brigands cruels enivrés de son sang.

En vain par vos travaux vous courez à la gloire [4] ;
Vous mourez : c'en est fait, tout sentiment s'éteint ;
Vous n'êtes ni chéri, ni respecté, ni plaint :

---

1. « Quid est quod fuit ? ipsum quod futurum est. Quid est quod factum est ? ipsum quod faciendum est. » Cap. I, v. 9.
« Qu'est-ce qui a été ? ce qui sera. Qu'est-ce qui s'est fait ? ce qui se fera. »

2. « Nihil sub sole novum.... » Cap. I, v. 10. « Ne dicas : « Quid putas « causæ est quod priora tempora meliora fuere quam nunc sunt ? » stulta « enim est hujusce modi interrogatio. » Cap. VII, v. 11.
« Rien de nouveau sous le soleil ; ne dites point que les premiers temps ont été meilleurs que ceux d'aujourd'hui : car c'est le discours d'un fou. »

3. « Justus perit in justitia sua, et impius multo vivit tempore in « malitia sua. » Cap. VII, v. 16. « Universa æque eveniunt justo et impio.... « mundo et immundo, immolanti victimas, et sacrificia contemnenti.... « Ut perjurus, ita et ille qui verum dejerat. » Cap. IX, v. 2.
« Le juste périt dans sa justice, et le méchant vit longtemps dans sa malice. Tout arrive également au juste et à l'injuste, au pur et à l'impur, à celui qui offre des sacrifices et à celui qui n'en offre pas ; le parjure est traité comme l'homme ami de la vérité. »

4. « Viventes enim sciunt se morituros ; mortui vero nihil noverunt « amplius, nec habent ultra mercedem... Amor quoque et odium, et « invidiæ simul perierunt. » Cap. IX, v. 5 et 6.
« Les vivants savent qu'ils doivent mourir ; mais les morts ne connaissent plus rien, et il ne leur reste plus de récompense : l'amour, la haine, l'envie, périssent avec eux. »

La mort ensevelit jusqu'à votre mémoire.
 Que la vie a peu d'appas¹!
 Cependant on la désire,
 Plus de plaisirs, plus d'empire
 Dans les horreurs du trépas.
 Un lion mort ne vaut pas
 Un moucheron qui respire.
 O mortel infortuné !
 Soit que ton âme jouisse
 Du moment qui t'est donné,
 Soit que la mort le finisse,
 L'un et l'autre est un supplice :
 Il vaut mieux n'être point né.
 Le néant est préférable
 A nos funestes travaux,
 Au mélange lamentable
 Des faux biens et des vrais maux,
 A notre espoir périssable
 Qu'engloutissent les tombeaux.
Quel homme a jamais su par sa propre lumière²
Si, lorsque nous tombons dans l'éternelle nuit,
Notre âme avec nos sens se dissout tout entière,
Si nous vivons encore, ou si tout est détruit?
 Des plus vils animaux Dieu soutient l'existence ;
 Ils sont, ainsi que nous, les objets de ses soins ;

---

1. « Si genuerit quispiam centum liberos, et vixerit multos annos....
« et anima illius non utatur bonis substantiæ suæ.... de hoc ego pro-
« nuntio quod melior illo sit abortivus. Frustra enim venit, et pergit
« ad tenebras et oblivione delebitur nomen ejus.... » Cap. VI, v. 3 et 4. « Et
« laudavi magis mortuos quam viventes, et feliciorem utroque judicavi
« qui necdum natus est, nec vidit mala quæ sub sole fiunt. » Cap. IV,
v. 2 et 3. « Et melior est canis vivus leone mortuo. » Cap. IX, v. 4.
 « Qu'un homme ait eu cent enfants, qu'il ait vécu longtemps, et qu'il
n'ait pas joui de ses richesses, je prononce qu'un avorton vaut mieux
que lui. C'est en vain qu'il est né ; il va dans les ténèbres, et son nom
dans l'oubli.... Et j'ai préféré l'état des morts à celui des vivants, et
j'ai estimé plus heureux celui qui n'est pas né encore, et n'a pas vu
les maux qui sont sous le soleil.... Un chien vivant vaut mieux qu'un
lion mort. »
 2. « Dixi in corde meo de filiis hominum, ut probaret eos Deus, et
« ostenderet similes esse bestiis. Idcirco unus interitus est hominis et
« jumentorum, et æqua utriusque conditio : sicut moritur homo, sic et
« illa moriuntur : similiter spirant omnia, et nihil habet homo jumento
« amplius. Cuncta subjacent vanitati. Et omnia pergunt ad eumdem
« locum : de terra facta sunt, et in terra pariter revertuntur. Quis novit
« si spiritus filiorum Adam ascendat sursum, et spiritus jumentorum
« descendat deorsum ? » Cap. III, v. 18, 19, 20, 21.
 « J'ai dit à mon cœur : Dieu met en probation tous les enfants des
hommes ; il montre qu'ils sont semblables aux bêtes. Les hommes meurent comme les bêtes, leur sort est égal ; ils respirent de même, l'homme
n'a rien de plus que la bête : tout est vanité, tout tend au même lieu ;
ils ont tous été tirés de la terre, et ils retourneront pareillement en

Il borna leur instinct et notre intelligence;
Ils ont les mêmes sens et les mêmes besoins.
Ils naissent comme nous, ils expirent de même :
Que deviendra leur âme au jour de leur trépas?
Que deviendra la nôtre à ce moment suprême?
Humains, faibles humains, vous ne le savez pas!
   Cependant l'homme s'égare[1]
  Dans ses travaux insensés.
  Les biens dont l'Inde se pare,
   Avec fureur amassés,
   Sont vainement entassés
  Dans les trésors de l'avare.
   Ce monarque ambitieux
  Menaçait la terre entière :
  Il tombe dans sa carrière;
  Et ce géant sourcilleux,
  Ce front qui touchait aux cieux,
  Est caché dans la poussière.
   La beauté dans son printemps[2]
  Brille pompeuse et chérie,
  Semblable à la fleur des champs,
   Le matin épanouie,
   Le soir livide et flétrie,
  En horreur à ses amants.
Ainsi tout se corrompt, tout se détruit, tout passe[3] :

terre. Qui connaît si l'âme des hommes monte en haut, et si l'âme des bêtes descend en bas? »

N. B. L'Ecclésiaste semble s'exprimer ici avec une dureté qui convenait sans doute à son temps, et qui doit être adoucie dans le nôtre. Ainsi l'auteur du *Précis* ne dit point : « L'homme n'a rien de plus que la bête; » mais : « Qui sait par sa propre lumière si l'homme n'a rien de plus que la bête? » C'est le sens de *l'Ecclésiaste*. L'homme ne sait rien par lui-même; il a besoin de la foi.

1. « Interdum dominatur homo homini in malum suum.... » Cap. VIII, v. 9. « Unus est, et secundum non habet, non filium, non fratrem, et « tamen laborare non cessat, nec satiantur oculi ejus divitiis, nec reco-« gitat, dicens . « Cui laboro....? » Cap. IV, v. 8. »

« Un homme quelquefois domine pour son propre malheur. Un homme est seul, sans enfants, sans frères; cependant il travaille sans cesse, il est insatiable de richesses; il ne lui vient point dans l'esprit de se dire : Pour qui est-ce que je travaille? »

2. « Et inveni amariorem morte mulierem. » Cap. VII, v. 27.
« J'ai trouvé la femme plus amère que la mort. »

3. « Quando commovebuntur custodes domus.... et otiosæ erunt mo-« lentes in minuto numero.... florebit amygdalus.... et dissipabitur cap-« paris.... antequam rumpatur funiculus argenteus, et recurrat vitta « aurea, et conteratur hydria super fontem.... » Cap. XII, v. 3, 5. 5.

« Lorsque les gardes de la maison (c'est-à-dire, les jambes) commenceront à trembler; quand celles qui doivent moudre (c'est-à-dire, les dents) seront en petit nombre et oisives; quand l'amandier fleurira (c'est-à-dire, quand la tête sera chauve), que le câprier se dissipera (c'est-à-dire, quand les cheveux seront tombés); quand la chaîne d'ar-

Mon oreille bientôt sera sourde aux concerts;
La chaleur de mon sang va se tourner en glace;
D'un nuage épaissi mes yeux seront couverts;
Des vins du mont Liban la sève nourrissante
Ne pourra plus flatter mes languissants dégoûts;
Courbé, traînant à peine une marche pesante,
J'approcherai du terme où nous arrivons tous.
 Je ne vous verrai plus, beautés dont la tendresse
Consola mes chagrins, enchanta mes beaux jours.
O charme de la vie! ô précieuse ivresse!
Vous fuyez loin de moi, vous fuyez pour toujours
  Du temps qui périt sans cesse [1].
  Saisissons donc les moments;
  Possédons avec sagesse,
  Goûtons sans emportements
  Les biens qu'à notre jeunesse
  Donnent les cieux indulgents.
  Que les plaisirs de la table
  Les entretiens amusants,
  Prolongent pour nous le temps;
  Et qu'une compagne aimable
  M'inspire un amour durable,
  Sans trop régner sur mes sens.
  Mortel, voilà ton partage?
  Par les destins accordé;
  Sur ces biens, sur leur usage,
  Ton vrai bonheur est fondé :
  Qu'ils soient possédés du sage,
  Sans qu'il en soit possédé.
Usez, n'abusez point; ne soyez point en proie [3]

---

gent sera rompue, que le ruban d'or se retirera, que la cruche se cassera sur la fontaine (c'est-à-dire, quand on ne sera plus propre aux plaisirs).... »

1. « Et deprehendi nihil esse melius quam lætari hominem in opere « suo, et hanc esse partem illius. Quis enim eum adducet ut post se « futura cognoscat ? » Cap. III, v. 22.

« Et j'ai reconnu qu'il n'y a rien de meilleur à l'homme que de se réjouir dans ses œuvres, et que c'est là son partage; car qui le ramènera de la mort, pour connaître l'avenir ? »

2. « Nonne melius est comedere, et bibere, et ostendere animæ suæ « bona de laboribus suis? et hoc de manu Dei est. » Cap. II, v. 24.

« Ne vaut-il pas mieux manger et boire, et faire plaisir à son cœur avec le fruit de ses travaux ? Cela même est de Dieu. »

3 « Et omni homini, cui dedit Deus divitias atque substantiam, po- « testatemque ei tribuit ut comedat ex eis, et fruatur parte sua.... hoc « est donum Dei. » Cap. V, v. 18. « Et cognovi quod non esset melius nisi « lætari, et facere bene in vita sua. » Cap. III, v. 11.

« Et quand Dieu lui a donné biens et richesses, et pouvoir d'en jouir, c'est un don de Dieu; et j'ai reconnu qu'il n'y a rien de meilleur que de se réjouir et de bien faire. »

Aux désirs effrénés, au tumulte, à l'erreur,
Vous m'avez affligé, vains éclats de la joie;
Votre bruit m'importune, et le rire est trompeur.
    Dieu nous donna des biens, il veut qu'on en jouisse [1];
Mais n'oubliez jamais leur cause et leur auteur;
Et lorsque vous goûtez sa divine faveur,
O mortels! gardez-vous d'oublier sa justice.
    Aimez ces biens pour lui, ne l'aimez point pour eux [2],
Ne pensez qu'à ses lois, car c'est là tout votre être.
Grand, petit, riche, pauvre, heureux, ou malheureux,
Étrangers sur la terre, adorez votre maître.

    N'affectez point les éclats [3]
    D'une vertu trop austère :
    La sagesse atrabilaire
    Nous irrite, et n'instruit pas;
    C'est à la vertu de plaire :
    Le vice a bien moins d'appas.

    Indulgent pour la faiblesse [4]
    Que vous voyez en autrui,
    Qu'il trouve en vous un appui,
    Que son sort vous intéresse.
    Hélas! malgré la sagesse,
    Vous tomberez comme lui.

    Favori de la nature [5],
    Le climat le plus vanté
    Par les vents, par la froidure,
    Voit son espoir avorté;
    Et la vertu la plus pure
    A ses temps d'iniquité.

Répandez vos bienfaits avec magnificence [6];

---

1. « Lætare ergo, juvenis, in adolescentia tua, et in bono sit cor tuum. » Cap. XI, v. 9.
« Réjouissez-vous donc, jeune homme, dans votre jeunesse; que votre cœur soit dans l'allégresse. »
2. « Deum time, et mandata ejus observa : hoc enim omnis homo. » Cap. XII, v. 13.
« Craignez Dieu, observez ses lois; car c'est là tout l'homme. »
3. « Noli esse justus multum; neque plus sapias quam necesse est, « ne obstupescas. » Cap. VII, v. 17.
« Ne soyez pas plus juste et plus sage qu'il ne faut, de peur d'êtr stupide. »
4. « Bonum est te sustentare justum, sed et ab illo (injusto) ne sub « trahas manum tuam. » Cap. VII, v. 19.
« Il est bon de soutenir le juste; mais ne retirez pas votre main de celui qui ne l'est pas. »
5. « Non est enim homo in terra qui... non peccet. » Cap. VII, v. 21.
« Il n'y a point de juste sur la terre qui ne pèche. »
6. « Mitte panem tuum super transeuntes aquas. » Cap. XI, v. 1.
« Jetez votre pain dans les eaux qui passent (c'est-à-dire, faites également du bien à tout le monde). »

Même aux moins vertueux ne les refusez pas;
Ne vous informez point de leur reconnaissance :
Il est grand, il est beau de faire des ingrats.
　　Laissez parler les cours, et crier le vulgaire[1];
Leur langue est indiscrète, et leurs yeux sont jaloux;
De leurs suffrages faux dédaignez le salaire :
Dieu vous voit, il suffit; qu'il règne seul sur vous.
　　L'homme est un vil atome, un point dans l'étendue[2];
Cependant du plus haut des palais éternels
Dieu sur notre néant daigne abaisser sa vue :
C'est lui seul qu'il faut craindre, et non pas les mortels.

PRÉCIS DU CANTIQUE DES CANTIQUES.

(1759.)

AVERTISSEMENT[3].

Après avoir donné le *Précis de l'Ecclésiaste*, qui est l'ouvrage le plus philosophique de l'ancienne Asie, voici le *Précis du Cantique des Cantiques :* c'est le poëme le plus tendre, et même le seul de ce genre, qui nous soit resté de ces temps reculés. Tout y respire une simplicité de mœurs qui seule rendrait ce petit poëme précieux. On y voit même une esquisse de la poésie dramatique des Grecs. Il y a des chœurs de jeunes filles et de jeunes hommes qui se mêlent quelquefois au dialogue des deux personnages. Les deux interlocuteurs sont le Chaton et la Sulamite. Chaton est le mot hébreu qui signifie l'amant ou le fiancé; la Sulamite est le nom propre de la fiancée. Plusieurs savants hommes ont attribué cet ouvrage à Salomon; mais on y voit plusieurs versets qui ont fait douter qu'il en puisse être l'auteur.

On a rassemblé les principaux traits de ce poëme pour en faire un petit ouvrage régulier qui en conservât tout l'esprit. Les répétitions et le désordre, qui étaient peut-être un mérite dans le style oriental, n'en sont point un dans le nôtre. On s'est abstenu surtout scrupuleusement de toucher aux sublimes et respectables allégories que les plus graves docteurs ont tirées de cet ancien poëme, et on s'en est tenu à la simplicité non moins respectable

---

1. « ...Cunctis sermonibus qui dicuntur, ne accommodes cor tuum. » Cap. VII, v. 22.
« Ne faites point attention aux choses qui se disent de vous. »
2. « Et cuncta, quæ fiunt, adducet Deus in judicium pro omni errato, « sive bonum, sive malum illud sit. » Cap. XII, v. 14.
« Dieu vous fera rendre compte en sa justice de ce que vous aurez fait en bien ou en mal. »
3. Cet *Avertissement* et la *Lettre de M. Eratou* sont de Voltaire. (ÉD.)

du texte. Nous autres éditeurs, nous ne pouvons donner une idée plus claire de ces choses qu'en imprimant la *Lettre de M. Eratou à M. Clocpitre*, aumônier de S. A. S. M. le landgrave.

LETTRE DE M. ERATOU A M. CLOCPITRE,

AUMÔNIER DE S. A. S. M. LE LANDGRAVE.

Monsieur et cher ami,

J'apprends avec mépris que le *Précis du Cantique des Cantiques* a encouru la censure de quelques ignorants qui l'ont les entendus. Ces pauvres gens ont jugé un ouvrage hébreu qui a environ trois mille ans d'antiquité, comme ils jugeraient un bouquet à Iris, ou une jouissance de l'abbé Tétu, ou une chanson de l'abbé de L'Attaignant, imprimée dans le *Mercure galant*. Ils ne connaissent que nos petits amours de ruelle, ce qu'on appelle des conquêtes; ils ne peuvent se faire une idée des temps héroïques ou patriarcaux; ils s'imaginent que la nature a été au fond de l'Asie ce qu'elle est dans la paroisse de Saint-André des Arts ou des Arcs, et dans la cour du Palais.

Il faut apprendre à ces pédants petits-maîtres qu'il y a toujours eu une grande différence entre les mœurs des Asiatiques, qui n'ont jamais changé, et celles des badauds de Paris, qui changent tous les jours. Ils doivent se mettre dans la tête que la princesse Nausicaa, fille du roi Alcinoüs, et l'épouse du *Cantique des Cantiques*, et la naïve parente de Booz, et Lia, et Rachel, n'ont rien de commun avec la femme ou la fille d'un marguillier.

Les chastes amours, la propagation de l'espèce humaine, ne faisaient point rougir; on ne célébrait point l'adultère en chanson : on ne mettait point sur un théâtre d'opéra les amours les plus lascifs, avec l'approbation d'un censeur et la permission du lieutenant de police de Jérusalem.

Si les amours respectables de l'époux et de l'épouse commencent par ces mots : *Isaguni minsichot piho kytobem dodeka me yayin*, « Qu'il me baise d'un baiser de sa bouche, car sa gorge est meilleure que du vin; » c'est que l'auteur de ce cantique n'était pas né à Paris; c'est que ni notre galanterie, ni notre esprit critique, ni notre insolence pédantesque, n'étaient pas connus à Hershalaïm, vulgairement nommée Jérusalem.

Vous qui insultez à l'antiquité sans la connaître; vous qui n'êtes savants que dans la langue de l'Opéra de Paris, du barreau de Paris, et des brochures de Paris; vous qui voulez que l'esprit divin emprunte votre style, osez lire le livre d'Ezéchiel : vous serez scandalisés que Dieu ordonne au prophète de manger son pain couvert d'excréments humains, et qu'ensuite il change cet ordre en celui de manger son pain avec de la fiente de vache. Mais sachez que dans toute l'Arabie déserte on mange quelquefois de la bouse de vache; surtout que les plus vils excréments et le bourgeois le plus fier qui achète un office sont absolument égaux aux yeux du Créateur, et même aux yeux du sage; que rien n'est ni dégoûtant, ni vil, ni odieux devant la sagesse, sinon l'esprit d'ignorance et d'orgueil, qui juge de tout suivant ses petits usages et ses petites idées.

Ceux qui ont osé regarder les expressions naturelles d'un amour légitime comme des expressions profanes seraient bien étonnés s'ils lisaient le seizième et le vingt-troisième chapitres d'Ézéchiel, qu'ils n'ont jamais lus : ils verront dans le seizième que Dieu même compare Jérusalem à une jeune fille pauvre, malpropre, dégoûtante. « J'ai eu pitié de vous, dit-il, et je vous ai fait croître comme l'herbe des champs. » *Et ubera tua intumuerunt, et pilus tuus germinavit, et eras nuda.... Et transivi per te, et vidi te, et ecce.... tempus amantium, et extendi amictum meum super te.... et facta es mihi. Et lavavi te aqua.... Et vestivi te discoloribus.... Et ornavi te ornamentis, et dedi armillas.... et torquem.... sed habens fiduciam in pulchritudine tua, fornicata es cum omni transeunte. Et fecisti tibi simulacra masculina, et fornicata es cum eis.... Et fecisti tibi lupanar, et fornicata es cum vicinis magnarum carnium.... Et dona donabas eis ut intrarent ad te undique ad fornicandum.*

Le vingt-troisième chapitre est encore beaucoup plus fort. Ce sont les deux sœurs Oolla et Oliba qui se sont abandonnées aux plus infâmes prostitutions ; Oolla a aimé avec fureur de jeunes officiers et de jeunes magistrats : *Oliba insanivit amore super concubitum eorum qui habent membra asinorum, et sicut fluxus equorum fluxus eorum.*

Vous voyez évidemment que dans ces temps-là on ne faisait point scrupule de découvrir ce que nous voilons, de nommer ce que nous n'osons dire, et d'exprimer les turpitudes par les noms des turpitudes.

D'où vient notre délicatesse ? c'est que plus les mœurs sont dépravées, plus les expressions deviennent mesurées. On croit regagner en paroles ce qu'on a perdu en vertu. La pudeur s'est enfuie des cœurs, et s'est réfugiée sur les lèvres. Les hommes sont enfin parvenus à vivre ensemble sans se dire jamais un seul mot de ce qu'ils sentent et de ce qu'ils pensent : la nature est partout déguisée, tout est un commerce de tromperie.

Rien de plus naturel, de plus ingénu, de plus simple, de plus vrai, que *le Cantique des Cantiques* ; donc il n'est pas fait pour notre langue, disent ces hypocrites qui lisent l'*Aloisia*, et qui prennent des airs graves en sortant des lieux que fréquentait Oliba.

La traduction que j'ai faite de cette ancienne églogue hébraïque n'est point indécente ; elle est tendre, elle est noble, elle n'est point recherchée comme celle de Théodore de Bèze :

> *Ecce tu bellissima*
> *His columbis prædita*
> *Pætulis ocellulis,*
> *Hinc et inde pendulis*
> *Crispulis cincinnulis.*

J'ai eu surtout l'attention de ne point traduire les endroits dont l'esprit licencieux de quelques jeunes gens abuse quelquefois. Plusieurs interprètes n'ont fait aucune difficulté de traduire littéralement ce passage : *Misit manum ad foramen, et in-*

tremuit venter meus; et cet autre : *Absque eo quod intrinsecus latet.*

Calmet même, en adoptant le sens dans lequel saint Jérôme entend ces paroles, ne craint point de les expliquer par ce demi-vers d'Ovide :

Si qua latent, meliora putat.
Métam., I, 502.

Calmet était comptable aux savants des diverses traductions de ces passages. Il devait rappeler les usages anciens de l'Orient Il n'écrivait ni pour les mauvais plaisants, ni pour les insolents pédants de nos jours; mais le devoir d'un commentateur et celui d'un poëte ne sont pas les mêmes. J'imite, je rédige, et je ne commente pas. J'ai dû retrancher ces images qui autrefois n'étaient que naïves, et peuvent aujourd'hui paraître trop hardies.

Je n'ai donc rendu que les idées tendres; j'ai supprimé celles qui vont plus loin que la tendresse, et qui peuvent paraître trop physiques; de même que j'ai adouci, dans *l'Ecclésiaste*, ce qui pouvait paraître d'une métaphysique trop dure. Ceux qui me reprochent d'avoir supprimé les choses hardies n'ont pas fait assez d'attention au temps présent; et ceux qui me reprochent d'avoir fidèlement exprimé les autres n'ont aucune connaissance des temps passés.

En un mot, l'esprit du texte est entièrement conservé dans mon ouvrage. C'est ainsi que les princes de l'Église de Rome en ont jugé; et leur approbation a un peu plus de poids que les censures de quelques laïques qui n'entendent ni l'hébreu ni le grec, qui savent très-peu de latin, parlent très-mal français, et se mêlent toujours de dire leur avis sur ce qui ne les regarde point.

INTERLOCUTEURS.

LE CHATON, LA SULAMITE, LES COMPAGNES DE LA SULAMITE.

(Les amis du Chaton ne parlent pas.)

LE CHATON.

Que les baisers ravissants[1]
De ta bouche demi-close
Ont enivré tous mes sens.
Les lis, les boutons de rose
De tes deux globes naissants
Sont à mon âme enflammée

---

1. *Texte :* « Qu'il me baise, ou Qu'elle me baise de baisers de sa bouche car vos mamelles sont meilleures que le vin; elles ont l'odeur du meilleur baume, et votre nom est une huile répandue. »
Remarque. Quoique plusieurs grands personnages aient cru que c'était la Sulamite qui parlait dans ces deux premiers versets, cependant, comme il s'agit de mamelles, il a paru plus convenable de mettre

Comme les vins bienfaisants
De la fertile Idumée,
Et comme le pur encens
Dont Tadmor est parfumée.
Sous les murs des pharaons [1],
A travers les beaux vallons,
Les cavales bondissantes
Ont moins de légèreté ;
Les colombes caressantes,
Dans leurs ardeurs innocentes,
Ont moins de fidélité.

LA SULAMITE.

J'ai peu d'éclat, peu de beauté ; mais j'aime,
Mais je suis belle aux yeux de mon amant ;
Lui seul il fait ma joie et mon tourment ;
Mon tendre cœur n'aime en lui que lui-même.
De mes parents la sévère rigueur ?
Me commanda de bien garder ma vigne ;
Je l'ai livrée au maître de mon cœur :
Le vendangeur en était assez digne.

LE CHATON.

Non, tu ne te connais pas,
O ma chère Sulamite !
Rends justice à tes appas,
N'ignore plus ton mérite.
Salomon dans son palais
A cent femmes, cent maîtresses,
Seul objet de leurs tendresses
Et seul but de tous leurs traits ;

---

ces paroles dans la bouche du Chaton. De plus, la comparaison des mamelles avec les grappes de raisin et avec du vin se trouve plusieurs fois dans le Cantique, et c'est toujours le Chaton qui parle. Les hébraïsants disent que le terme qui répond à mamelle est d'une beauté énergique en hébreu. Ce mot n'a pas en français la même grâce, tetons est trop peu grave, sein est trop vague. Les savants croient qu'il est difficile d'atteindre à la beauté de la langue hébraïque.

1. *Texte* : « Mon ami, je te compare aux chevaux attelés au char de Pharaon. Ah ! que vous êtes belle ! vos yeux sont comme des yeux de colombe

— Je suis noire, mais je suis belle comme les tabernacles de Cédar, et comme les pelisses de Salomon.... Ne considérez pas que je suis trop brune, car c'est le soleil qui m'a hâlée. Mes parents m'ont fait garder les vignes : hélas ! je n'ai pu garder ma propre vigne. »

Remarque. Ces paroles semblent prouver que la Sulamite est une bergère, une villageoise qui dit naïvement qu'elle se croit belle comme les tapisseries du roi, et que par conséquent ce cantique n'est pas l'épithalame de Salomon et d'une fille du roi d'Égypte, comme d'illustres commentateurs l'ont dit. Les princesses égyptiennes n'étaient pas noires, et ne gardaient pas les vignes.

2. *Texte* : « Si tu ne te connais pas, la plus belle des femmes, va paître tes moutons et tes chevreaux... Il y a soixante reines, quatre-vingts

Mille autres sont renfermées
Dans ce palais des plaisirs,
Et briguent par leurs soupirs
L'heureux moment d'être aimées.
Je ne possède que toi ;
Mais ce sérail d'un grand roi,
Ces compagnes de sa couche,
Ces objets si glorieux,
N'ont point d'attrait qui me touche,
Rien n'approche sous les cieux
D'un sourire de ta bouche,
D'un regard de tes beaux yeux.
Sais-tu que ces grandes reines,
Dans leurs pompes si hautaines,
A ton aspect ont pâli ?
Leur éclat s'en est terni ;
Défaites, humiliées,
Malgré leur orgueil jaloux,
Toutes se sont écriées :
« Elle est plus belle que nous ! »

LA SULAMITE.

Le maître heureux de mes sens, de mon âme[1],
De tous mes vœux, de tous mes sentiments,
Me fait goûter de fortunés moments.
Soutenez-moi, je languis, je me pâme,
Je meurs d'amour ; versez sur moi des fleurs,
Inondez-moi des plus douces odeurs :
Que sur mon sein mon tendre amant repose ;
Qu'en s'endormant de moi-même il dispose ;

---

concubines, et de jeunes filles sans nombre. Tu es seule ma colombe ma parfaite. Les reines et les concubines t'ont admirée. »

Remarque. Ces soixante reines et ces quatre-vingts concubines ont fait penser à plusieurs commentateurs que ce n'est pas Salomon qui composa ce cantique, puisque Salomon avait sept cents femmes et trois cents concubines, selon le texte sacré. Peut-être n'avait-il alors que soixante femmes. Il se peut aussi que l'auteur parle ici d'un autre roi que Salomon. Les commentateurs qui ne croient pas que *le Cantique des Cantiques* soit de ce roi juif prétendent qu'il n'est guère vraisemblable que Salomon dise à sa bien-aimée : « Tu es plus belle que toutes les maîtresses du roi. » C'est une expression qui semble convenir aux hommes d'un ordre inférieur, comme il est d'usage parmi nous d'appeler une femme ma reine ; cependant il est tout aussi naturel que Salomon dise à sa nouvelle femme : « Tu es plus belle que toutes mes femmes et mes maîtresses. »

1. *Texte* : « Mon bien-aimé est comme un bouquet de myrte ; il demeurera entre mes mamelles..... Soutenez-moi avec des fleurs, fortifiez-moi avec des fruits ; car je languis d'amour. Qu'il mette sa main gauche sur ma tête, et que sa main droite m'embrasse.
« Je dors, mais mon cœur veille. »

Remarque. Il est difficile d'exprimer comment à la fois on dort et on veille. C'est une figure asiatique qui exprime un songe.

Qu'il soit à moi dans les bras du sommeil;
Que de ses mains il me tienne embrassée;
Que son image occupe ma pensée,
Et qu'il m'embrasse encore à son réveil.
 Chère idole que j'adore,
 Mon cœur a veillé toujours!
 Je me lève avant l'aurore,
 Je demande mes amours.
 Lit sacré, dépositaire
 Des mouvements de mon cœur,
 Des amours doux sanctuaire,
 Qu'as-tu fait de mon bonheur?
 Éveillez-vous, mes compagnes,
 Venez plaindre mon tourment;
 Prés, ruisseaux, forêts, montagnes,
 Rendez-moi mon cher amant.
Je l'ai perdu, le seul bien qui m'enchante[1]!
Ah! je l'entends, j'entends sa voix touchante;
Il vient, il ouvre, il entre. Ah, je te vois!
Mon cœur s'échappe, et s'envole après toi.
 Hélas! une fausse image
 Trompe mes yeux égarés;
 Je ne vois plus qu'un nuage;
 Des regrets sont le partage
 De mes sens désespérés.
 O mes compagnes fidèles[2],
 Voyez mes craintes cruelles;
 Adoucissez ma douleur;
 Dites-moi quelle contrée,
 Quelle terre est honorée
 De l'objet de mon ardeur,
 Quel Dieu m'en a séparée.

LES COMPAGNES DE LA SULAMITE.

Apprenez-nous quel est l'amant heureux[3]
Qui vous retient dans de si douces chaînes,

---

1. *Texte*: « J'ai cherché durant la nuit celui qu'aime mon âme; je l'ai cherché, et je ne l'ai point trouvé. Mon bien-aimé a passé sa main par le trou, et mon ventre tressaillit à ce tact. J'ai ouvert la porte à mon bien-aimé, mais il n'y était plus : mon âme s'est liquéfiée. Je l'ai cherché, et je ne l'ai point trouvé. »
Remarque. La Sulamite dit ensuite qu'elle a cherché son Chaton aux portes de la ville, et que les gardes l'ont battue ; ce qui ne conviendrait guère à une épouse de Salomon.
2. *Texte*: « Je vous conjure, filles de Jérusalem, si vous trouvez mon bien-aimé, de lui dire que je languis d'amour. »
3. *Texte*: « LES FILLES. — Quel est le bien-aimé que vous aimez d'amour, ô la plus belle des femmes? » etc.

Nous partageons votre joie et vos peines,
Nous chercherons cet objet de vos vœux.

LA SULAMITE.

Le vainqueur que j'idolâtre [1]
Est le plus beau des humains ;
L'Amour forma de ses mains
Son sein, plus blanc que l'albâtre ;
L'ébène de ses cheveux
Ombrage son front d'ivoire,
Ce front noble et gracieux,
Ce front couronné de gloire ;
Un feu pur est dans ses yeux :
Sous une telle figure
Descendent du haut des cieux
Les maîtres de la nature,
Ministres du Dieu des dieux ;
Mais de son cœur vertueux
Si je faisais la peinture,
Vous le connaîtriez mieux.

LE CHATON.

Je vous retrouve, ô maîtresse chérie [2] !
Je vous revois, je vous tiens dans mes bras :
Dans mes jardins j'avais porté mes pas ;
Mais près de vous toute fleur est flétrie.
Charmant palmier, tige aimable et fleurie,
Je viens cueillir vos fruits délicieux.
Ciel, que le temps est un bien précieux !
Tout le consume, et l'amour seul l'emploie.
Mes chers amis, qui partagez ma joie,
Buvez, chantez, célébrez ses attraits :

---

1. *Texte* : « LA SULAMITE. — Mon bien-aimé est blanc et rouge, choisi entre mille ; ses cheveux sont comme des feuilles de palmier, noirs comme un corbeau ; ses yeux sont comme des pigeons sur le bord des eaux, lavés dans du lait ; ses joues sont comme des parterres d'aromates, sa poitrine est comme un ivoire marqueté de saphirs, » etc.
« LES FILLES. — Où est allé votre bien-aimé ? nous irons le chercher avec vous. »
2. *Texte* : « LE CHATON. — Je suis descendu dans le jardin des noyers, pour voir les fruits des vallées... Votre nez est comme la tour du mont Liban qui regarde vers Damas.... votre taille est semblable à un palmier. J'ai dit : « Je monterai sur le palmier, et j'en prendrai les fruits ; » car vos mamelles sont comme des grappes de raisin, etc.
« J'ai bu mon vin avec mon lait. Mangez, mes amis ; buvez, enivrez-vous, mes très-chers amis. »
Remarque. C'était un usage commun dans les pays chauds de ne point boire son vin pur ; on le mêlait souvent avec du lait Dans *l'Odyssée* on y infuse des raclures de fromage. Les anciens diffèrent de nous en tout.

Dans les bons vins que votre âme se noie ;
Je vais goûter des plaisirs plus parfaits.

LA SULAMITE.

Paix du cœur, volupté pure[1],
Doux et tendre emportement,
Vous guérissez ma blessure.
Ne souffrez pas que j'endure
Un nouvel éloignement ;
L'absence d'un seul moment
Est un moment de parjure.
Allons voir, allons tous deux
Voir nos myrtes amoureux ;
Prenons soin de leur culture,
Redoublons nos tendres nœuds
Sur nos tapis de verdure ;
Fuyons le bruyant séjour
De cette superbe ville :
Le village est plus tranquille ;
Et la nature et l'amour
L'ont choisi pour leur asile.

---

1. *Texte* : « LA SULAMITE. — Je suis à mon bien-aimé, et son cœur se retourne vers moi. Venez, sortons dans les champs, demeurons au village ; levons-nous matin pour aller aux vignes : c'est là que je vous donnerai mes mamelles. »

FIN DU HUITIÈME VOLUME.

TABLE.

ESSAI SUR LA POÉSIE ÉPIQUE.

		Pages.
Chapitre I.	Des différents goûts des peuples....................	2
II.	Homère..	10
III.	Virgile...	15
IV.	Lucain...	19
V.	Le Trissin..	22
VI.	Le Camoëns.....................................	24
VII.	Le Tasse...	28
VIII.	Don Alonzo de Ercilla............................	37
IX.	Milton...	48

Conclusion... 48
Réponse à la *Critique de la Henriade*.......................... 50

LA PUCELLE D'ORLÉANS.

Préface de don Apuleius Risorius, bénédictin............... 54
Chant I. — Amours honnêtes de Charles VII et d'Agnès Sorel. Siége d'Orléans par les Anglais. Apparition de saint Denys, etc. 57
Chant II. — Jeanne, armée par saint Denys, va trouver Charles VII à Tours; ce qu'elle fit en chemin, et comment elle eut son brevet de pucelle................................... 66
Chant III. — Description du palais de la Sottise. Combat vers Orléans. Agnès se revêt de l'armure de Jeanne pour aller trouver son amant : elle est prise par les Anglais, et sa pudeur souffre beaucoup.. 78
Chant IV. — Jeanne et Dunois combattent les Anglais. Ce qui leur arrive dans le château d'Hermaphrodix............... 89
Chant V. — Le cordelier Grisbourdon, qui avait voulu violer Jeanne, est en enfer très-justement. Il raconte son aventure aux diables.. 104
Chant VI. — Aventure d'Agnès et de Montrose. Temple de la Renommée. Aventure tragique de Dorothée................ 111
Chant VII. — Comment Dunois sauva Dorothée, condamnée à la mort par l'Inquisition...................................... 122
Chant VIII. — Comment le charmant La Trimouille rencontra un Anglais à Notre-Dame de Lorette, et ce qui s'ensuivit avec sa Dorothée... 131

CHANT IX. — Comment La Trimouille et sire Arondel retrouvèrent leurs maîtresses en Provence, et du cas étrange advenu dans la Sainte-Baume............................ 141

CHANT X. — Agnès Sorel poursuivie par l'aumônier de Jean Chandos. Regrets de son amant, etc. Ce qui advint à la belle Agnès dans un couvent.............................. 148

CHANT XI. — Les Anglais violent le couvent : combat de saint George, patron d'Angleterre, contre saint Denys, patron de la France.. 158

CHANT XII. — Monrose tue l'aumônier. Charles retrouve Agnès qui se consolait avec Monrose dans le château de Cutendre... 167

CHANT XIII. — Sortie du château de Cutendre. Combat de la Pucelle et de Jean Chandos : étrange loi du combat à laquelle la Pucelle est soumise. Vision du P. Bonifoux. Miracle qui sauve l'honneur de Jeanne..................................... 177

CHANT XIV. — Comment Jean Chandos veut abuser de la dévote Dorothée. Combat de La Trimouille et de Chandos. Ce fier Chandos est vaincu par Dunois................................ 187

CHANT XV. — Grand repas à l'hôtel de ville d'Orléans, suivi d'un assaut général. Charles attaque les Anglais. Ce qui arrive à la belle Agnès et à ses compagnons de voyage................. 195

CHANT XVI. — Comment saint Pierre apaisa saint Georges et saint Denys, et comment il promit un beau prix à celui des deux qui lui apporterait la meilleure ode. Mort de la belle Rosamore. 202

CHANT XVII. — Comment Charles VII, Agnès, Jeanne, Dunois, La Trimouille, etc., devinrent tous fous ; et comment ils revinrent en leur bon sens par les exorcismes du R. P. Bonifoux, confesseur ordinaire du roi........................... 212

CHANT XVIII. — Disgrâce de Charles et de sa troupe dorée.... 220

CHANT XIX. — Mort du brave et tendre La Trimouille et de la charmante Dorothée. Le dur Tarconel se fait chartreux...... 229

CHANT XX. — Comment Jeanne tombe dans une étrange tentation : tendre témérité de son âne ; belle résistance de la Pucelle... 236

CHANT XXI. — Pudeur de Jeanne démontrée. Malice du diable. Rendez-vous donné par la présidente Louvet au grand Talbot. Agnès. Repentir de l'âne. Exploits de la pucelle. Triomphe du grand roi Charles VII................................. 245

VARIANTES.................................... 255

POËMES.

	PAGES.
LA BASTILLE	340
LA POLICE SOUS LOUIS XIV	342
LE POUR ET LE CONTRE	345
APOLOGIE DE LA FABLE	318
DIVERTISSEMENT mis en musique pour une fête donnée par M. André et Mme la maréchale de Villars	320
LA MORT DE MLLE LE COUVREUR	321
LE TEMPLE DE L'AMITIÉ	323
DISCOURS EN VERS SUR L'HOMME	326
Premier Discours. De l'égalité des conditions	327
Deuxième Discours. De la Liberté	330
Troisième Discours. De l'Envie	332
Quatrième Discours. De la modération en tout, dans l'étude, dans l'ambition, dans les plaisirs	337
Cinquième Discours. Sur la nature du plaisir	341
Sixième Discours. Sur la nature de l'homme	345
Septième Discours. Sur la vraie vertu	349
SUR LES ÉVÉNEMENTS DE L'ANNÉE 1774	353
POEME DE FONTENOY	355
Au Roi	355
Discours préliminaire	355
Poëme de Fontenoy	360
POEME SUR LA LOI NATURELLE, en quatre parties	368
Avertissement des Éditeurs de Kehl sur les deux poëmes suivants	370
Préface	373
La Loi naturelle, poëme. Exorde	374
1re partie. — Dieu a donné aux hommes les idées de la justice, et la conscience pour les avertir, comme il leur a donné tout ce qui leur est nécessaire. C'est là cette loi naturelle sur laquelle la religion est fondée; c'est le seul principe qu'on développe ici. L'on ne parle que de la loi naturelle, et non de la religion et des augustes mystères.	375
IIe partie. — Réponses aux objections contre les principes d'une morale universelle. Preuve de cette vérité	378
IIe partie. — Que les hommes, ayant pour la plupart défiguré, par les opinions qui les divisent, le principe de la religion naturelle qui les unit, doivent se supporter les uns les autres	383
IVe partie. — C'est au gouvernement à calmer les malheureuses disputes de l'école qui troublent la société	387

	PAGES.
POEME SUR LE DÉSASTRE DE LISBONNE EN 1756	390
PRÉCIS DE L'ECCLÉSIASTE	401
Épître dédicatoire au roi de Prusse	401
Avertissement	402
Précis de l'Ecclésiaste	402
PRÉCIS DU CANTIQUE DES CANTIQUES	410
Avertissement	410
Lettre de M. Eralou à M. Cléopitre	411
Précis du Cantique des Cantiques	413

FIN DE LA TABLE DU HUITIÈME VOLUME.

COULOMMIERS. — Typogr. ALBERT PONSOT et P. BRODARD.

www.ingramcontent.com/pod-product-compliance
Lightning Source LLC
Chambersburg PA
CBHW060545230426
43670CB00011B/1694